商业分析
方法论与实践指南

孙淑霞　董峻含◎著

电子工业出版社·
Publishing House of Electronics Industry
北京·BEIJING

内 容 简 介

商业分析是一种复合型的岗位，对知识的广度和深度均有较高要求。既需要理解"业务"，又需要懂"数据"，还需要熟练掌握"方法论"，只有将这三者串联成一个整体并做到无缝衔接，才是真正的商业分析。

本书梳理了业务、数据、方法论三者的脉络关系，提出了商业分析是"业务—数据—业务"循环的观点，并将"方法论"贯穿始终。基于此，本书共分 6 篇进行阐述：第 1 篇带大家认识商业分析的真实工作场景；第 2 篇讲述商业分析的起源：业务；第 3 篇讲述商业分析的量化：数据；第 4 篇讲述商业分析的归宿：用数据驱动业务的优化和增长；第 5 篇讲述商业分析的重生循环：新业务/新数据/新优化增长；第 6 篇介绍商业分析的发展前景和能力培养方案。

本书的内容实践性强，强调案例形式的介绍，手把手教学，分模块、分步骤地讲述解决问题的方法，阐述的内容基本都是实际工作中高频出现的业务问题。因此，本书既适合从事商业分析、经营分析和数据分析的人员阅读，又适合从事用户增长、用户运营、产品、销售、财务、市场等业务的人员阅读。

图书在版编目（CIP）数据

商业分析方法论与实践指南 / 孙淑霞，董峻含著. —北京：电子工业出版社，2023.11
ISBN 978-7-121-46570-3

Ⅰ. ①商… Ⅱ. ①孙… ②董… Ⅲ. ①商业信息 – 数据处理 – 指南 Ⅳ. ①F713.51-62

中国国家版本馆 CIP 数据核字（2023）第 204351 号

责任编辑：吴宏伟
印　　刷：固安县铭成印刷有限公司
装　　订：固安县铭成印刷有限公司
出版发行：电子工业出版社
　　　　　北京市海淀区万寿路 173 信箱　　　　邮编：100036
开　　本：720×1000　　1/16　　印张：27.25　　字数：581 千字
版　　次：2023 年 11 月第 1 版
印　　次：2025 年 6 月第 7 次印刷
定　　价：136.00 元

凡所购买电子工业出版社图书有缺损问题，请向购买书店调换。若书店售缺，请与本社发行部联系，联系及邮购电话：（010）88254888，88258888。

质量投诉请发邮件至 zlts@phei.com.cn，盗版侵权举报请发邮件至 dbqq@phei.com.cn。

本书咨询联系方式：wuhongwei@phei.com.cn。

前　言

为什么要写这本书

不知不觉，从事商业分析工作已有十余载。一路走来，坎坷与欣喜同行，在磕磕绊绊中成长，走过不少弯路，但依然保持热情。做这份工作越久，就对分析越热爱，对写作越渴望。

两年前，我在"知乎"平台上分享了一些商业分析的心得和体会，有不少人来咨询商业分析的各种问题。既有人咨询商业分析是什么，商业分析需要什么能力，商业分析的前景如何，商业分析能力如何培养；也有人咨询如何解答面试题目；还有人咨询在实际工作中如何解决业务问题；甚至有人咨询如何转型做商业分析。

在解答这些问题的过程中，自己也做了思考和文字总结，某一天发现有接近 200 页的记录。于是，有了成书的想法。我对这些问题进行了系统的梳理、归类和补充，一是希望以总结和复盘的形式发现工作中的漏洞与盲区，寻找新的前进方向，二是希望分享给更多喜欢分析和思考的人，带给大家一点帮助和启发。

本书的主要内容

商业分析工作对综合能力的要求很高。熟悉业务不是真正的商业分析，会使用数据分析工具也不是真正的商业分析，熟悉各种方法论还不是真正的商业分析。真正的商业分析是懂业务、懂数据、懂方法论，游刃有余于三者之间，将这三者无缝衔接并提升业务价值。

这三者无法割裂，割裂的模块带来的是割裂的视角和思维，缺少任何一个模块都无法完成商业分析的闭环。只会使用数据分析工具无法驱动业务显著增长；只懂业务而缺乏数据分析往往会受主观和感性思维所累；只熟悉方法论而不懂业务和数据往往是纸上谈兵。

因此，本书分 6 篇 15 章，描绘了由业务、数据和方法论构成的商业分析全景图。

第 1 篇以一个经典案例揭开商业分析的神秘面纱，继而描述了商业分析的能力模型、商业分析的岗位类型和商业分析工作的基本流程。

第 2 篇重点介绍了商业分析的起源,从三个方面讲述如何认识和熟悉业务,即如何快速了解一个行业以做到"知全貌",如何研究你的竞争对手以做到"知彼",如何剖析所在的公司和业务以做到"知己"。

第 3 篇介绍了如何量化业务,将业务数据化,即如何搭建业务的"晴雨表"——数据指标体系,如何制定业务的"指南针"——目标,如何布局业务的"观测站"——监控体系,如何掌握数据分析的"百宝箱"——方法和模型。

第 4 篇介绍了商业分析的归宿,即如何在实际工作场景中用数据驱动业务的优化和增长,包括:在"用户运营业务"中,如何进行用户拉新、活跃、留存、付费和传播分析;在"广告业务"和"电商业务"中,如何进行异动、预测和评估分析;在"二手车和教育业务"中,如何使用 UE 模型和财务模型评估业务,如何进行敏感性测试。

第 5 篇揭示了商业分析的重生循环,即如何进行新业务的可行性评估,如何进行新业务的量化,以及新业务评估实际案例。

第 6 篇展望了商业分析的发展前景,提出了锻炼商业分析能力的 4 种方法,总结了商业分析师必经的 4 条职业发展路径。

本书的特色

(1)体系性强,帮助读者快速构建、优化与升级知识体系,实现由"树叶"到"树林"的跃迁。

顶级商业分析师和咨询顾问都有一个习惯:给他一个问题,他能输出一套知识体系。这就是业内所谓的"给我一片树叶,还你一片树林"。知识体系的重要性可见一斑。

本书对没有建立知识体系的读者来说,可以帮助其快速梳理和构建商业分析知识体系;对已经建立知识体系的读者来说,可以帮助其补齐知识体系里缺少的部分,优化和升级已有的部分。

(2)覆盖商业分析的全流程,帮助读者系统地梳理商业分析全景图。

商业分析本质上是"以分析驱动业务",因此需要很强的综合能力,绝不仅是数据分析能力。市面上大部分书籍以"数据分析"为主,本书则覆盖商业分析的全流程。

- 从分析对象来说,本书包含行业分析、竞争对手分析和自身公司的全方位分析。
- 从分析内容来说,本书覆盖数据指标体系搭建、目标制定、监控体系布局、异动分析、归因分析、供需分析、效果评估、业务预测、新业务可行性评估等一系列内容。
- 从分析场景来说,本书涉及用户增长、用户运营、产品、销售、财务、市场等各类业务场景。
- 从分析流程来说,本书涵盖"了解业务→将业务数据化→用数据驱动业务"的完整流程和重生循环。

（3）整合方法论和业务实践，践行"知行合一"，摆脱"知道不会用"的桎梏。

不管做任何事情，方法论和实践都是不可或缺的孪生兄妹。方法论指导实践，实践验证和反哺方法论。本书通过真实的业务场景代入和案例展现，将方法论落实到业务实践中，业务实践覆盖多种行业的业务场景。

- 从"方法论"来看，本书包含大量高频使用的方法论和可复制的模型，包括逻辑思维方法（如 5W2H、逻辑树、归纳演绎、假设检验、MECE 等）、行业和竞争对手分析方法（如 PEST、五力竞争模型、竞争态势矩阵、商业模式画布等）、业务分析方法（如 RFM、AARRR、生命周期、漏斗、购物篮、同期群、OSM、UJM、UE 等），且每种方法论背后均融入案例，帮助读者快速理解和上手。

- 从"业务实践"来看，本书涵盖商业分析在各行业和业务中的应用，包括用户运营、广告、电商、二手车和教育，这些业务场景都是商业分析的重要前沿阵地。

（4）大量插图，摆脱枯燥，享受数据和分析的乐趣。

本书大部分的原理、数据和流程均采用形态各异的图形来展示及表达，让读者在看图的过程中学会商业分析，领悟逻辑思维的魅力，感受输出价值的成就，体验数据之美，享受分析之乐。

- 大部分的原理和流程均采用图解，包括流程图、逻辑图、思维图、框架图、路径图、架构图、循环图、拆解图、测算图、指标体系图、旅程地图、概率图、关键因子图、生命周期图、杜邦分析图、监控图、预警图、模型图、评分图、操作图、步骤图、Cohort 图、敏感性测试图、趋势图、原理图、策略图等。

- 汇集各种形态和样式的图形用来解决商业问题，包括矩阵图、漏斗图、树形图、环形图、四象限图、九宫格图、散点图、S 曲线图、横向图、纵向图、交叉图等。

通过了解姿态万千的图形，不仅可以直观地理解商业分析知识，还可以学会如何用图形分析问题、展现问题和表达问题。

（5）问题模块化、步骤化、标准化，"几步走"学会解决问题。

本书把如何分析和解决问题模块化、步骤化和标准化，书中多采用"几步走"的策略为读者提供解决问题的步骤，让读者能够按照标准步骤一步一步学习和操作，快速上手，即学即用，摆脱"只知道方法和理论，却不知道如何应用"的困境。

（6）满足不同人群的需求，既适合商业分析岗位和业务岗位的读者，又适合传统行业和互联网行业的读者。

- 对专业的商业分析从业者来说，通过阅读本书不仅可以跳出岗位限制，拓宽知识体系和视野，还可以扩展业务分析场景，真正产出业务价值，做到从业务中来，到业务中去。

- 对业务人员（如用户增长、用户运营、产品、销售、财务、市场等）来说，通过阅读本书可以学会用数据、方法论、模型去思考和解决业务问题，让工作提升效率、产出增加亮点、效果脱颖而出，提升职场竞争力。
- 对传统行业从业者来说，通过阅读本书可以将互联网思维和数据思维引入工作中，提升用数据驱动业务的能力和效率。
- 对互联网行业从业者来说，通过阅读本书可以将传统行业的标准化和精细化思维引入工作中，提高标准化和精细化运营的能力。

本书的读者定位

（1）从事商业分析、经营分析和数据分析 1～5 年的专业人员。

本书可以帮助其更系统地梳理与分析方法论，以实际场景串联业务和数据，以便其能熟练地穿梭于"业务—数据—业务"的流程中，成为业务语言和数据语言的"翻译者"，做分析中最懂业务的那个实干者。

（2）从事用户增长、用户运营、产品、销售、财务、市场等业务的人员。

在日常工作中，很多人不懂数据，畏惧数据，缺乏逻辑思维，依赖感性或主观做判断，汇报工作思路混乱，分析结论缺乏说服力。本书可以帮助其学会用数据、方法论、模型去理性与缜密地分析业务和汇报工作，成为业务中最懂数据和方法论的那个理性人。

（3）零基础想新入行或零经验想转行商业分析、经营分析、数据分析的人员。

本书可以帮助其在脑海里描绘一张商业分析全景图——能力模型、岗位类型、工作内容、工作流程和职业前景，让其知道商业分析的前世今生，锻炼商业分析能力的方法，以及从事商业分析必走的路径。

孙淑霞

2023 年 5 月

目　录

第1篇　开篇

第2篇 商业分析的起源：业务

第 3 篇　商业分析的量化：数据

第 5 篇　商业分析的重生循环：新业务/新数据/新优化增长

第6篇 登高望远

第1篇
开篇

第1章

揭开商业分析的神秘面纱

　　互联网的普及和大数据的火爆带热了商业分析的概念，使商业分析成为大家津津乐道的话题，但实际上商业分析并不是一个新鲜的"物种"。

　　早在移动互联网还没有普及的年代，就能看到商业分析的雏形和影子。在咨询公司里工作的管理咨询顾问，在调研公司里工作的市场研究员，在传统公司里工作的经营分析师和战略分析师，在券商公司里工作的研究分析师，其实都是商业分析的"前世"。

　　随着互联网的普及，在数据量激增的同时，获取数据的难度逐渐降低，分析工作的难点也发生了转移，由之前的数据获取转移到了数据分析上。困扰企业的已不再是如何获取更多的数据，相反，面对日益增多的数据资产，企业却不知如何利用。围绕如何利用和分析数据资产以赋能业务，企业开设了许多商业分析岗位。

　　后来，互联网在各个行业不断渗透，业务涉及的范围也越来越广，由刚开始的高利润广告业务，到后来的电商业务，再到后来的外卖、教育和医疗等利润较低甚至不盈利的业务均被覆盖。越到后期业务的利润越低，因此对精细化运营的要求越来越高，管理层希望通过数据分析驱动业务的精细化运营。这个重任便落在商业分析团队上了，商业分析由此受到重视。

　　如今，商业分析的岗位越来越多，分工也越来越细。在行业上，由互联网行业延伸到传统行业，因为传统行业迫切想做数字化转型，以提升运营效率。在业务上，由原来管理层的专属参谋团队渗透至各个业务团队，如用户增长、用户运营、产品、销售、财务、市场等，有些财大气粗的企业恨不得在每个业务团队中都设置一支商业分析团队。在职能上，由原来的中台团队演变为"中台+BP（业务合作伙伴）"的模式（在让一部分人坚守中台的同时，让另一部分人驻扎到各个业务团队辅助其进行数据和商业分析工作）。这些林林总总、眼花缭乱的岗位形成了商业分析的"今生"。

　　了解了商业分析的"前世今生"，那么商业分析到底是干什么的？在本章中，将以一个经典案例来揭示什么是商业分析，用三大能力模型来展示商业分析所需要的能力，用商业分析的岗位类型来说明不同商业分析岗位的侧重点，用商业分析的工作流程图来呈现商业分析的具体工作内容。最终揭开商业分析的神秘面纱，刻画出清晰立体的商业分析轮廓图。

1.1　经典案例揭示什么是商业分析

有一个经典的营销管理学案例，讲的是老板安排几个销售人员去寺庙里卖梳子的故事。

- 第 1 个人一开始就抱怨，连寺庙都没有去，直接告诉老板没有办法去寺庙里卖梳子。
- 第 2 个人到寺庙问了一下和尚有无买梳子的需求，被拒绝后回去告诉老板卖不出去。
- 第 3 个人到寺庙劝说和尚把梳子当礼物送给香客，这样可以让香火更旺。结果卖出了 100 把梳子。
- 第 4 个人到寺庙建议有书法造诣的得道高僧在梳子上刻字后送给香客，这样既可以弘扬佛法，又可以弘扬书法。结果卖出了 1,000 把梳子。
- 第 5 个人到寺庙建议得道高僧为梳子开光，作为护身符卖给香客。结果卖出了 10,000 把梳子。

这虽然说的是销售的故事，但是在商业分析领域同样适用。我们把销售人员换成商业分析人员，就能看出其商业分析水平的高低。

1.1.1　问题：老板问能否去寺庙里卖梳子如何回答

首先重新明确和定义一下问题：假设你的老板是卖梳子的，最近梳子的销售量下滑，他想开拓新的渠道和市场，提出的问题是"要不要去寺庙里卖梳子"。

不同的商业分析人员会如何回答这个问题？可能有人会说要去卖，可能有人会说不要去卖。总结下来，不外乎以下 3 种回答。

1.1.2　第 1 种回答：混乱的思维，杂乱的论据，主观的臆想

第 1 种回答如图 1-1 所示。寺庙里都是和尚，和尚没头发，香客也不会在寺庙里梳头，梳子都是在商场和超市里卖的。因此，寺庙里没有买梳子的需求，结论是不要去寺庙里卖梳子。

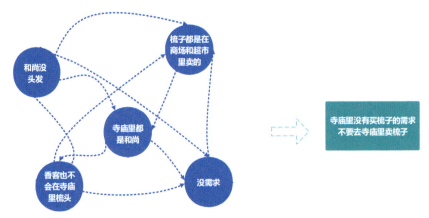

图 1-1　第 1 种回答：混乱的分析逻辑和思维的回答

通过图 1-1 可以看出，该回答的思维非常混乱，逻辑难以自洽，商业分析能力评分 1 分（满分 5 分），有 3 点原因。

（1）缺乏逻辑思维能力：回答的理由都是基于个人的主观臆想，且没有进行系统化的梳理，千头万绪，缺乏逻辑和因果关系。

（2）没有商业和业务思维：对梳子行业不够了解，没有深度探索消费者的需求。

（3）缺乏信息搜集和整合能力：没有数据支撑，没有信息搜集渠道，不知哪些信息有用、哪些信息无用，不知如何过滤噪音、整合有效信息。因此，没有形成有效洞察，得出了错误的结论。

1.1.3　第 2 种回答：基础的逻辑，一定的论据，堆积的答案

第 2 种回答如图 1-2 所示。在寺庙里的不仅有和尚，还有香客。寺庙为了维护客户关系，可以把梳子当礼物送给香客。除此之外，很多人会去寺庙里买佛珠手链戴在身上，他们相信这样可以祛除霉运。如果寺庙里的得道高僧愿意为梳子开光，则不仅可以让香客认为这种梳子能梳走霉运，且由于梳子和头的关联，还可以赋予其智慧的含义，因此可以高价卖给香客。所以，在寺庙里存在买梳子的需求，可以去寺庙里卖梳子。

图 1-2　第 2 种回答：稍有逻辑和条理的回答

通过图 1-2 可以看出，该回答相比第 1 种回答好些，有一定的逻辑和论据，商业分析能力评分 2 分（满分 5 分），有 3 点原因。

（1）具备一定的逻辑思维能力：知道并列、分类和因果关系，但明显不够熟练，因此无法从更多的维度展开分析，只分析了消费者，没有考虑其他因素。

（2）具备一定的商业和业务思维：熟悉消费者研究，能够将消费者分类并挖掘不同的潜在需求。但是视角不够全面，缺乏对市场规模、未来趋势、竞争格局、利润、定价、渠道、营销、产品等其他因素的综合考虑。

（3）信息搜集和整合能力不足：所有信息都是消费者的信息，没有其他信息的输入。说明其不知搜集什么信息，也不知从何处搜集。

1.1.4　第 3 种答案：严密的逻辑，翔实的论据，客观的答案

第 3 种回答如图 1-3 所示，包含五大方面：正确的结论、翔实的原因、可执行的策略、明确的投入产出规划和合理的风险点预估。

图 1-3　第 3 种回答：具备商业分析思维的回答

（1）正确的结论：经过市场调查发现，是可以在寺庙里卖梳子的。

（2）翔实的原因：可以售卖的原因主要有 6 点。

提示 寺庙里的香客有需求，市场规模大，预计未来3～5年会持续快速增长，目前是蓝海市场，竞争压力小，竞争对手弱，还没有形成竞争壁垒，行业利润可观。具体的原因分析如下。

- 寺庙里有没有买梳子的需求？有！目标消费者是香客，不是和尚。香客有求好运的需求，通过赋予梳子好运、智慧的含义，自然就有人愿意购买。
- 这个生意的规模有多大？中国有14亿人口，并不是所有人都会去寺庙，这里假设有30%的人会去寺庙，再假设其中有50%的人会购买梳子，每把梳子20元。那么据此可以推测出，每年的市场规模约42亿元，这个盘子足够大，值得去开拓。
- 前景怎么样？会不会一年之后生意就萎缩了？寺庙里的生意与经济大环境密切相关。经济好时，大家把去寺庙当作一种休闲旅游的方式；经济不好时，大家就会去寺庙祈福。最近几年，受经济下行影响，更多的人会去寺庙祈福，更多的祈福就会产生更多的买梳子需求。经过测算，购买人数每年会有至少20%的增长，未来3～5年这都是一个稳定增长的生意。
- 竞争如何？目前来看这个市场属于蓝海市场，只有3家企业的产品进入寺庙，且以礼物的形式送给香客。其市场集中度仅5%，竞争压力小。
- 竞争对手的实力如何？竞争对手的销售规模都不大，尚处于起步阶段，还没有对外形成竞争壁垒，此时进入不会面临很大的压力。
- 利润如何？一把普通梳子10元，毛利率50%左右。如果梳子被赋予特殊意义，则可抬高价格至20元，毛利率可提升至75%，利润非常可观。

（3）可执行的策略：具体按照如下的4P策略进行售卖。

- 渠道策略：优先进入旅游城市，选择香火旺盛的寺庙进驻。
- 价格策略：梳子被赋予特殊意义，有溢价效应。
- 营销策略：优先说服寺庙住持接受开光并愿意推广。
- 产品策略：产品设计体现好运元素，卖点突出梳走霉运和梳出智慧。

（4）明确的投入产出规划：预估第1年即可收回成本，实现盈利。

- 投入：需要专门成立一支BD（商务拓展）团队去各个城市进行推广，预计需要100万元；公关和产品设计费用，预计需要500万元。
- 产出：预计第1年开拓20个旅游城市，每个城市销售25万把梳子，市场份额渗透至2.4%，销售额达到1亿元。第1年就可以收回成本，实现盈利。

（5）合理的风险点预估：最大的风险点在于住持是否愿意为梳子开光并推广。

通过图1-3可以看出，该回答比较专业，商业分析能力评分4分（满分5分），有3点原因。

（1）逻辑和结构化思维非常好：把一个大问题拆解成5个小问题，针对每个小问题又展开了层次和结构严谨的放大分析，最终整合输出了正确的结论。整个分析过程展现了前后、因果和并列的逻辑关系，思路清晰、结构严谨，结论令人信服。通过抽丝剥茧，可以将其思路提炼成一个清晰的思维框架，如图 1-4 所示。明显发现其游刃有余地使用了常见的逻辑分析方法：5W2H 法、归纳法、4P 理论法、PEST 分析法、麦肯锡 MECE 分析法、SWOT 分析法等。

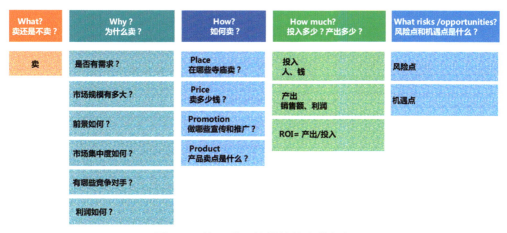

图 1-4　第 3 种回答提炼的思维框架

（2）商业和业务思维能力较好：既有宏观的经济环境研究，又有微观的消费者分析，也有落地的策略与动作，还有机遇和风险的预判，以及对投入的测算和对产出的预估。

（3）信息搜集和整合能力非常强：人口、城市、经济、收入、利润、竞争对手等多维度与多渠道的数据交叉验证，既有定性的数据，又有定量的数据，也有对已有数据的搜集，还有对未知数据的测算和预估，既熟悉数据搜集渠道，又知道数据测算公式和逻辑。

1.2　商业分析的能力模型

结合去寺庙里卖梳子的案例，这里给商业分析下一个定义。

商业分析是针对某一商业或业务问题，搜集与整合信息和数据，综合运用各种数据分析方法，拆解与分析业务问题，输出解决方案，实现解决问题、促进增长的业务目的。

要做好商业分析，须具备一定的能力。

1.2.1　商业分析的三大能力模型

根据案例中的第 3 种回答，可以提炼出商业分析所需要的三大能力，即逻辑思维能力、商业理解能力和数据分析与整合能力，每个大能力下又各自包含 3 个小能力。这 3 个大能力 9 个小能力共同构成了商业分析的三大能力模型，如图 1-5 所示。

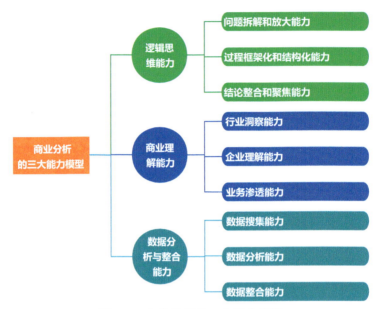

图 1-5　商业分析的三大能力模型

1.2.2　逻辑思维能力：贯穿所有的分析流程

逻辑思维能力不仅是商业分析的一种基础能力，还是认知世界、学习新事物的一种基本能力。对于商业分析工作，这种能力显得尤为重要，它贯穿所有的分析流程。将其修炼得越扎实，商业分析的路就会走得越远。它由 3 个小能力构成，如图 1-6 所示。

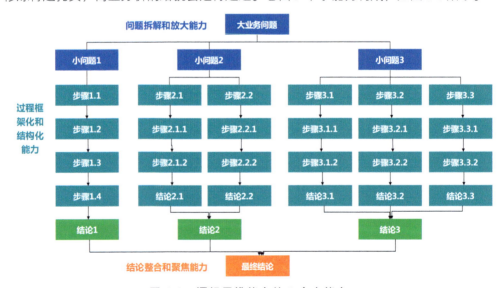

图 1-6　逻辑思维能力的 3 个小能力

（1）问题拆解和放大能力：将一个大业务问题拆解成若干小问题，并对这些小问题进行放大研究的能力。

（2）过程框架化和结构化能力：将若干小问题的研究过程有效地组织起来，并使其先后明确、主次分明、层次清晰和条分缕析的能力。

（3）结论整合和聚焦能力：对若干小问题的研究结论进行整合和聚焦，输出最终结论的能力。

1.2.3 商业理解能力：决定商业分析的高度

商业理解能力，即对商业运行规则和赚钱逻辑的理解能力，它决定了商业分析的高度。如果对商业的理解能力不够，则很难产出有深度和高价值的分析。商业理解能力由以下 3 个小能力构成。

（1）行业洞察能力：对行业现状的认知和未来趋势的洞察能力。

（2）企业理解能力：对竞争对手观察和研究，发掘竞争对手的蛛丝马迹，判断其发展策略和调整方向的能力。

（3）业务渗透能力：对所在企业的业务模式、赚钱逻辑、管理架构、业务运转流程的深度参与和理解能力。

1.2.4 数据分析与整合能力：商业分析的指示器和量化器

这里的数据要理解为广义的数据，不仅包括数字，还包括各种资料、信息和情报等。大到国家战略和军事战争，小到企业发展和个人规划，很大程度上都取决于手中掌握的情报和信息。

数据分析与整合能力就是对数据的搜集、分析、整合、输出和判断能力。它由以下 3 个小能力构成。

（1）数据搜集能力：整合各种渠道、搜集所需数据的能力，解决"数据从何处来"的问题。

（2）数据分析能力：对获取的数据用一定的方法和工具进行分析的能力，解决"数据如何处理"的问题。

（3）数据整合能力：对多维度与多渠道的数据进行交叉验证，去伪存真，得出正确结论的能力，解决"数据如何使用"的问题。

1.3　商业分析的岗位类型

在招聘网站上，经常会看到各种各样带"分析"字眼的岗位，且很容易被这些岗位迷惑。虽然不同岗位各有侧重，但本质上都属于广义的商业分析岗位，其工作内容也离不开商业分析的范畴。

在这里，我把市面上的这些商业分析岗位进行了统一梳理，称之为广义的商业分析岗位。它主要包含"经营分析师""商业分析师""数据分析师""战略分析师"，如图 1-7 所示。

提示 这些商业分析岗位的界限没有明确的界定，各个岗位之间还存在工作内容的重叠，甚至一个岗位会同时做所有岗位的工作。

这里的划分遵循的只是基础的脉络，在不同的企业，岗位的工作内容会有差异，尤其在中小型的企业，岗位设置的规范性还存在一定问题。

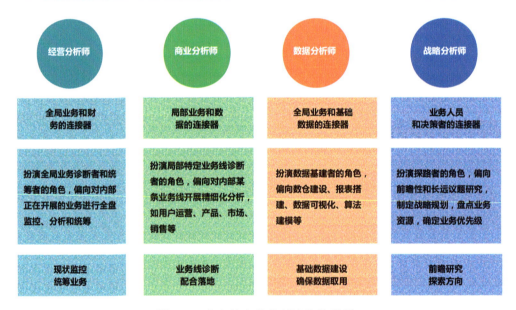

图 1-7　广义的商业分析岗位的类型

1.3.1　经营分析师：全局业务和财务的连接器，全局业务中最懂财务，财务中最懂全局业务

经营分析师是全局业务和财务的连接器，通过将管理层关注的收入、成本和利润等财务数据及业务数据进行统筹与综合分析，向管理层汇报所有业务的经营现状，同时协助管理层监控业务，制定业务目标和 KPI（关键绩效指标），开展专项分析，协调制定

预算，推动重要项目的开展和输出策略等。

因此，与其他岗位相比，经营分析师扮演的是全局业务诊断者和统筹者的角色。其最明显的特征是：对内部正在开展的业务进行经营现状的诊断，通过对目标、预算和重要项目的把控进行各业务线策略与动作的统筹。其需要有全局的业务理解能力、一定的财务分析能力、较为敏锐的数据洞察能力和优秀的协调统筹能力。

> **提示**　经营分析师是全局业务中最懂财务的人，也是财务中最懂全局业务的人。

1.3.2　商业分析师：局部业务和数据的连接器，局部业务中最懂数据，数据中最懂局部业务

广义的商业分析在不同业务中的应用产生了狭义的商业分析师，这是随着业务的扩大和精细化分工而产生的岗位。

商业分析师是局部业务和数据的连接器。这个岗位需要充分理解和熟悉所在的某条业务线，和业务线做好配合及协调工作，为这条业务线搭建数据指标体系并提供数据，监控指标变动情况，诊断与评估业务，输出所在业务线的发展策略和建议，协助业务线负责人做好业务的监控和具体业务的优化工作。

> **提示**　商业分析师和不同的业务团队配合，其分析和输出的策略也各有侧重。

- 和用户运营团队配合，主要开展用户增长、激活、留存、付费、传播和续费方向的分析，目的是提升用户的留存和付费转化比例。
- 和产品团队配合，主要开展产品功能的上线、流程的更新和体验的优化分析，目的是提升用户的产品体验。
- 和市场团队配合，主要开展获客渠道、获客链路和获客成本的分析，目的是以最低的成本获取更多高质量的用户。
- 和销售团队配合，主要开展渠道、产品、收入、定价、销售 SOP（标准操作程序）的优化和分析，目的是扩大销售规模，提升销售收入。
- 和服务团队配合，主要开展服务效率、流程、满意度和 NPS（净推荐值）等的分析，目的是提升用户的满意度。

因此，与其他岗位相比，商业分析师扮演的是局部特定业务线诊断者的角色。其最明显的特征是：对内部某条业务线开展精细化分析，输出更有深度的数据分析和可落地的优化策略。其需要有熟练的数据工具使用能力、敏锐的数据洞察能力和对某一业务的深入理解能力。

> **提示**　商业分析师是局部业务中最懂数据的人，也是数据中最懂局部业务的人。

1.3.3 数据分析师：全局业务和基础数据的连接器，全局业务中最懂基础数据，基础数据中最懂全局业务

数据分析师是全局业务和基础数据的连接器。

- 一方面，这个岗位需要将业务语言转化为数据指标体系，搭建基础的数据平台、埋点体系、报表体系和可视化平台等，为业务团队提供可取、可用、可信和可懂的平台及数据。
- 另一方面，这个岗位需要将难以理解的算法转化为可理解和可落地的业务模型，为产品、运营和策略团队赋能。

因此，与其他岗位相比，数据分析师扮演的是数据基建者的角色。其最明显的特征是：确保"有数据可取"和"有数据可用"。其需要有敏锐的数据感知能力、快速的数据计算能力、熟练的数据工具使用能力和严谨的逻辑思维能力。

> **提示** 数据分析师是全局业务中最懂基础数据的人，也是基础数据中最懂全局业务的人。

1.3.4 战略分析师：业务人员和决策者的连接器，比决策者更懂业务，比业务人员更懂战略方向

战略分析师是业务人员和决策者的连接器。

- 对业务人员来说，这个岗位需要传达决策者确定的战略方向、业务部署和发展基调，协助业务人员制定落地的策略与动作。
- 对决策者来说，这个岗位需要通过宏观政策研究、行业研究、市场研究、竞争对手分析、内部业务走向研究等，输出对市场未来和业务前景的预判，协助决策者探索业务方向，制定战略规划，盘点业务资源和确定业务优先级。

因此，与其他岗位相比，战略分析师扮演的是探路者的角色。其最明显的特征是：进行前瞻性的研究和方向性的探索。其需要有灵敏的市场嗅觉、敏锐的方向感知能力、深刻的行业理解能力和准确的洞察判断能力。

> **提示** 战略分析师比决策者更懂业务，比业务人员更懂战略方向。

1.4 商业分析工作的基本流程

在上文中介绍了什么是商业分析、商业分析的能力模型、商业分析的岗位类型，至此商业分析的基础轮廓已经描绘出来了。在本章的最后一部分，通过介绍商业分析工作的基本流程，将其轮廓描绘得更加清晰、立体。

1.4.1　总述：商业分析是"从业务到数据，再到业务"的循环

商业分析的第一步是深入了解业务，只有对业务充分熟悉之后，才能用合适的指标来评价和衡量业务。试想，如果对业务都不熟悉，那么怎么可能知道用哪些指标来评价和衡量业务呢？有了评价指标之后，就能通过一定的数据分析方法、模型和工具对业务进行实时监控及诊断，及时发现问题和机遇，最终驱动业务优化和增长。至此，一轮分析结束，新一轮分析开始。所以，商业分析的流程是"从业务到数据，再到业务"的循环往复过程，如图 1-8 所示。

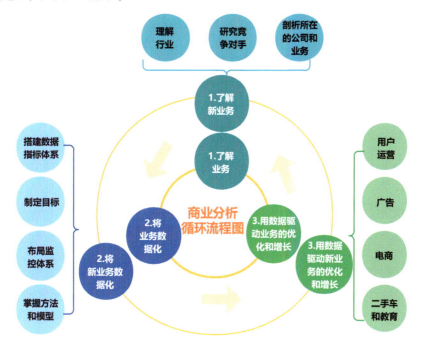

图 1-8　商业分析循环流程图

举个生活中的例子，父母手里有笔闲钱，想用手里的闲钱投资，让你帮忙选几只基金，你会怎么做？通常是以下的流程。

（1）研究证券市场，了解股票、基金、债券是什么，市面上有哪些类型的基金，基金的赚钱逻辑和购买流程是什么。

> **提示** 可以把"选基金"想象成一次商业分析历程。
>
> 第一步类似商业分析中的"了解业务"：研究证券市场就是"理解行业"，研究基金类型就是"研究竞争对手"，研究基金的赚钱逻辑和购买流程就是"剖析所在的公司和业务"。

（2）了解了基金的行业知识之后，需要根据父母的投资偏好和风险承受能力选择合适的指标来评估与筛选基金，如收益率、基金规模、阶段涨幅、同类排名、夏普比率、

购买手续费等。有了这些指标，是不是就能筛选出合适的基金了？当然不是。假如你发现 A 基金过去一年的涨幅为 20%，好还是不好，没有办法判断。因此，必须得设置一个参考目标，如同类 B 基金过去一年的涨幅为 10%，上证指数涨了 15%。通过对比发现 A 基金跑赢大盘和同类，于是选定这只基金。

> **提示** 第二步类似商业分析中的"将业务数据化"，包括搭建数据指标体系，制定目标，每天定时监控指标。

（3）接下来的每天，你都会观察 A 基金净值的变化，对比上证指数、深证成指的变化情况，据此判断该基金是不是赚钱，是不是值得继续持有。经过 6 个月的观察，你发现 A 基金最近的涨幅不及上证指数和深证成指，收益表现不理想，于是找准时机卖掉了这只基金。

> **提示** 第三步类似商业分析中的"用数据驱动业务的优化和增长"，即通过对数据指标的分析，发现业务问题，提出优化和增长方向。

（4）之后，你又开始评估新的基金，重复上述流程……

> **提示** 第四步类似商业分析中的新一轮"从业务到数据，再到业务"的循环。

1.4.2　商业分析的起源：业务

一切商业分析工作的起源都是业务，而非数据，也非方法，更非模型。很多人在做分析时，上来先取出一堆数据，然后多维度、无死角地对数据进行分析。数据是无穷无尽的，分析也是无穷无尽的，脱离业务做分析，即使得出了分析结果，也往往无关痛痒，要么被束之高阁，要么被弃如敝屣。

商业分析存在的基础是业务。业务是起源，没有业务，分析也就无用武之地。想要了解一项业务，最忌讳把自己置于这项业务的狭隘视野里。相反，任何商业分析人员都不可避免的工作，就是大量研究这个行业的信息及数据，大量分析主要公司的策略及动向，大胆在自身公司内部分析与验证。

即，对业务的分析要做到宏观和微观并行，既要有宏观认知，又要有微观洞察。宏观分析是对整个行业规则和机制的熟悉，代表了分析问题的思维和视角；微观分析是对业务运转流程的熟悉，代表了分析问题的深度和执行度。

因此，一次完整的业务分析包含"行业""竞争对手""自身公司"3 个方面的分析。

1. 通过行业分析，理解行业的运作模式，做到"知全貌"

行业分析包括市场规模、发展前景、区域市场、细分市场、产业链、市场集中度、竞争格局、关键取胜因素和财务利润等分析，大量阅读和研究行业资料可以拓展思维和视角。

2. 通过研究竞争对手，做到"知彼"

《孙子兵法·谋攻篇》中提到"知彼知己，百战不殆"，说明在军事战争中，如果能做到对敌我双方都有透彻的了解，那么打仗时就能立于不败之地。商场如战场，那么在商场中如何做到"知彼"？

首先，需要对行业里的玩家进行一次通盘扫描，明确谁是主要竞争对手，还要时刻警惕潜在进入者和替代者；其次，需要知道如何对竞争对手进行研究，从哪里获取竞争对手的信息，获取哪些信息，以及用什么方式获取。只有这样才能确保对竞争对手有足够的了解，从而在竞争中处于主动地位。

3. 通过剖析所在的公司和业务，做到"知己"

首先，需要深度参与和渗透所在公司的业务，了解自身公司的商业模式，能够用一页纸画出公司的商业模式画布。

其次，需要熟知公司的业务和职能是如何设置的，能够用一张图画出公司的组织架构。

再次，需要对所在业务的业务模式有深刻的认知，能够用一张逻辑图描绘出业务的赚钱逻辑，用一张流程图描述出业务的运转流程和产品的生命旅程图，用一张架构图展现出业务的管理模式。

最后，能够通过与竞争对手的对比，画出五力竞争模型，分析自身公司所处的竞争环境；能够通过竞争态势矩阵分析得出相比竞争对手自身公司的优劣势。

1.4.3 商业分析的量化：数据

管理学大师彼得·德鲁克有句名言："If you can't measure it, you can't manage it."中文翻译为："如果你无法量化它，你就无法管理它。"

在对业务有了清晰的了解和认知后，需要将业务数据化，只有这样才能更好地管理和衡量业务。这其实是对业务进行量化的过程，是将业务由感性认知转变为理性评估的过程，更是对业务进行艺术和科学结合的过程。这个过程包含 4 个小模块。

（1）找到合适的指标衡量复杂的业务，用以反映业务的健康度。这套衡量的指标称为业务的"晴雨表"——数据指标体系。

提示 业务的日常运营类似生活中的天气。"晴"和"雨"分别代表了业务的"正常"与"异常"。

晴雨表中的空气温度、相对湿度、风力风向、PM 2.5 等指标可以反映晴雨天气。同样，数据指标体系中的收入、成本、DAU（日活跃用户数量）、复购率等指标也可以反映业务的正常与异常。

（2）光有数据指标体系还不够，指标做到什么程度是做得好，做到什么程度是做得不好，还是没有办法判断。因此，还需要为业务制定目标。当偏离这个目标时，就代表业务方向出现了问题，需要及时做出调整。

> **提示** 业务的目标类似生活中的指南针。在生活中，在朝某个方向行进时，设置好指南针并跟随其指向行进就能到达目的地。同样，在商业中要开展某项业务时，需要为该业务设置好目标，所有人都要朝着目标努力才能保证业务的完成。

（3）有了"晴雨表"和"指南针"后，如果不去实时观测，听之任之，那么即使出现了问题也不能及时发现。因此，还必须布局业务的"观测站"——监控体系，实时监控指标变动情况。当有异常情况发生时，需要及时发出预警，让相关人员收到信息采取行动，从而避免损失。

> **提示** 业务的监控体系类似生活中的观测站。观测站需要全天候观测晴雨表的指标变动情况，据此预测天气变化，发出台风、暴雨等异常天气预警，避免因天气灾害而造成损失。
>
> 同样，业务的监控体系需要实时观测数据指标体系的变动情况，据此判断业务健康与否，发出用户流失、收入下滑等异常业务的预警，让业务人员及时采取行动优化业务。

（4）有了以上工具后，还必须掌握一定的数据分析方法和模型。当指标发生异常变动或偏离目标时，能通过这些方法和模型进行多维度、深层次的研究，如归因分析、预测分析、评估分析等。

> **提示** 数据分析的方法和模型类似生活中的百宝箱，可以衍生与变幻出各种深度、好玩的分析和探索。比如：
> - 通过购物篮分析能够发现哪两种商品适合做捆绑售卖。
> - 通过聚类分析能够发现哪些群体具有相似的特征，可以"物以类聚"。
> - 通过 UE 模型分析能够发现一种商业模式是否具备盈利能力和扩张能力。

1.4.4 商业分析的归宿：用数据驱动业务的优化和增长

将业务数据化后通过各种分析，得出来的结论都是要服务和反哺业务的，以更好地优化业务，促进业务的良性增长。

在"用户运营"领域，通过新老用户、DAU、留存率、流失率、付费率和复购频次等的波动、分层、归因和预测分析，最终目的就是获取更多的优质用户，提升用户留存率，降低用户流失率，提高用户付费率，拉长用户生命周期，增加用户复购频次，从而以最低的成本从用户身上获取最大的收益。

在"广告营销"领域，如百度、字节跳动和快手等互联网公司，它们的主要盈利模式就是广告收入。商业分析的最终目的是，一方面通过短视频和搜索产品获取更多的用户，另一方面则在短视频内容流中植入更多的广告位（当然需要考虑用户体验问题，广告位不是越多越好），让用户观看更多的广告，以获取更多的广告收入。

> **提示**　在用户侧，商业分析的主要工作与上面介绍的"用户运营"基本一致，即通过拉新、活跃、留存、流失和变现的分析，促使用户观看广告。
> 在广告主侧，商业分析的主要工作是研究广告位的增加、广告转化率的提升等，最终从广告主的手中获取更多的预算。

在"电商零售"领域，如阿里巴巴、京东和拼多多等互联网公司，它们的主要盈利模式除广告收入外还有佣金收入。

商业分析的最终目的是：①通过丰富的商品品类吸引更多的用户来平台浏览和购买商品；②利用用户吸引更多的商家入驻平台，通过提升 GMV（商品交易总额）来提升佣金和广告收入。

> **提示**　在用户侧，商业分析的主要工作与上面介绍的"用户运营"也基本一致，即通过拉新、活跃、留存、流失和变现的分析，促使用户购买商品。
> 在商家侧，商业分析的主要工作是吸引更多的商家入驻，为商家提供丰富的营销产品从而获取广告收入，设置更多的营销活动提升商家的 GMV 从而获取佣金收入。

所以，商业分析的最终归宿是，通过对业务的科学量化与分析，与业务部门一起，不断地优化业务，最终实现收入增长，这也是商业分析得以存在的基础。

1.4.5　商业分析的重生循环：新业务/新数据/新优化增长

商业的世界和人的世界一样，也会经历"生老病死"，经历一个个旧生命的衰亡和一个个新生命的诞生。业务也存在生命周期，通常都要经历萌芽期、成长期、成熟期、衰退期 4 个阶段，在生命周期内通过数据不断驱动业务的优化和增长。

而当旧业务衰亡、新业务诞生时，针对新业务就必须开始新一轮商业分析工作的循环：评估并分析新业务、构建新的数据指标体系、制定新的目标、布局新的监控体系、分析新的问题、定位新的原因，从而用数据驱动新业务的优化和增长，直至新业务再衰亡。此时，便完成了"业务—数据—业务"的第二轮完整旅程。

商业分析的工作就是在"业务—数据—业务"的旅程中循环往复，一环接一环，一轮接一轮，生生不息，代代不已。商业分析的价值也在这种循环往复中得到展现和认可。

第 2 篇

商业分析的起源：业务

第2章

知全貌——理解"行业"的运作模式

商业分析的起源是业务。业务是动态变化的,任何人都不可能做到100%了解业务,只能借助一定的方法尽可能扩展对业务的认知,超越大部分人。而要想超越大部分人,熟知业务并成为业务专家,就要做到宏观和微观并行,整体和个体双管齐下:既要了解行业,又要知晓竞争对手,还要熟知所在的公司和业务。

本章将介绍如何从宏观和整体入手了解行业,即如何开展行业研究。行业研究是一项综合性很强的工作,也是商业分析工作中不可或缺的一环,需要网罗各种信息、资料和数据,全面分析和透视行业的过去、现状及未来,从而形成对行业的判断。行业研究的最终目的是,基于对行业的判断为企业发展提供决策方向,助力企业发现机遇、判断风险和预测未来。

在日常工作中会发现一种现象,当老板交代同一项任务给不同的人时,有的人会快速高效地提交工作成果,而有的人则会绞尽脑汁不知从何处下手。在商业分析中,做行业研究也是同样的道理,有的人能在短期内快速摸清一个行业,而有的人则在长时间内踌躇不得要领。原因就在于:第一种人会搭框架、会找方法,他们刻意练就了框架思维,熟练掌握了研究方法和获取信息的渠道。

- "会搭框架"是商业分析和行业研究的基本功,类似绘画中的画轮廓、写作中的建目录。框架是指引和方向,有了框架后,就知道研究哪些内容了,之后的研究就会有迹可循、有章可遵,可以有条不紊地去填充具体内容了。
- "会找方法"能让商业分析工作变得更加高效。方法就是如何获取信息去填充框架,即信息获取通路。互联网让我们获取信息变得非常方便,但是也让我们淹没在信息的海洋里。信息无穷无尽,行业研究并不是获取无穷无尽的信息,而是从中获取有价值的信息。只要掌握信息获取通路,就可以快速找到隐藏在信息海洋和冰山下面的有价值信息,从而快速形成对行业的判断,快速输出有效的策略。

2.1　行业研究的基本构成框架

行业研究的第一步就是搭框架，即确定研究的基本框架。把一个大的行业问题拆解为一个个小的研究模块，通过研究这些小模块的结果与关系，就能够形成对这个行业的整体认知和判断。

现实世界中有众多的行业，每个行业都有独特的地方，但其框架是存在共性的，这个框架是快速分析问题，以不变应万变的强大"武器"。通常一个行业研究的框架包含6 个方面：研究行业的市场规模，研究行业的生命周期，研究产业链，研究竞争格局，研究宏观环境，研究盈利模式。

> **提示**　可以把行业研究想象成一次越野赛，通常会研究 6 个方面的内容。
> - 研究赛道的宽度，据此判断赛道能容纳多少人；对应行业研究的市场规模。
> - 研究赛道的长度，据此判断比赛的时长；对应行业研究的生命周期。
> - 研究所处的具体赛道，据此判断自己在比赛时所处的位置；对应行业研究的产业链。
> - 研究赛道的崎岖与平坦程度，据此判断比赛的难易程度；对应行业研究的竞争格局。
> - 研究天气和环境情况，据此判断它们对比赛的影响；对应行业研究的宏观环境。
> - 研究奖金情况，据此判断自己投入多少时间和精力；对应行业研究的盈利模式。

下面分别来介绍这 6 个方面。

2.1.1　研究行业的市场规模，判断赛道的宽度

研究行业的市场规模就是搞清楚行业的蛋糕有多大、粥有多少、水有多深。大水出大鱼，大规模的行业能诞生大企业。我们要寻找的就是蛋糕足够大、粥足够多、水足够养大鱼的行业和赛道。同时，行业的市场规模也决定了行业里所有企业的天花板。

1. 如何解决"费米问题"

在评判一个国家的经济时，通常用 GDP（国内生产总值）代表一个国家的经济体量和规模。同样，在做行业研究时，可以用市场规模代表一个行业的体量。正如 GDP 可以反映出不同国家的经济实力，市场规模也可以反映出不同行业的大小和实力。如何判断市场规模大小？这是做行业研究、商业分析和管理咨询都绕不开的话题，行业里称之为"费米问题"。解决"费米问题"的核心思想是"逻辑拆解"和"假设预估"。

提示 "费米问题"是根据美国物理学家恩利克·费米命名的,是指在科学研究和工作过程中通过一定的方法去估算问题。类似以下问题都是典型的"费米问题"。

- 人有多少根头发?
- 芝加哥有多少名钢琴调音师?
- 北京市有多少个加油站?

以上看似毫无头绪的问题,本质上类似预测市场规模,都是"费米问题"。

(1)"逻辑拆解"是指,将一个复杂的无法解决的大问题拆解为若干个小问题,通过逐一解决这些小问题,从而解决复杂的大问题。

(2)"假设预估"是指,对待不确定的问题,需要通过做出一定的假设将其转变为确定的、常识性的问题,然后基于这个假设预估出具体数值。

2. 如何测算中国咖啡行业的市场规模

以测算中国咖啡行业的市场规模为例,如图 2-1 所示。先进行"逻辑拆解",中国咖啡行业的市场规模=中国每年消费咖啡人数×每年人均消费咖啡杯数×每杯咖啡售价。这样测算市场规模的问题就拆解为 3 个小问题,即分别测算中国每年消费咖啡人数、每年人均消费咖啡杯数和每杯咖啡售价这 3 个指标。

图 2-1 中国咖啡行业的市场规模测算——逻辑拆解和假设预估

这 3 个指标都是不确定的问题,这时就需要通过"假设预估"将其转变为确定的问题。

(1)假设预估中国每年消费咖啡人数。

测算中国每年消费咖啡人数仍然是一个复杂的问题,需要再次进行"逻辑拆解"。中国每年消费咖啡人数=中国人口总数×城镇人口占比×咖啡渗透率。在这 3 个新的指标里,中国人口总数、城镇人口占比都是常识性和确定的问题,在国家统计局等官方网站上就可以直接查询。而咖啡渗透率仍然是一个不确定的指标,这时就要做出假设了。假设城镇人口中有30%的人会喝咖啡,此时咖啡渗透率也就变为确定的指标了。至此,就可以通过这 3 个确定的指标的乘积计算出中国每年消费咖啡人数了。

提示 这里假设咖啡渗透率为 30%，并不是说这是一个准确数值。有人可能会假设 20%，有人可能会假设 30%，有人可能会假设 40%，不同的人会做出不同的假设，这取决于每个人的研究方法和形成的判断。由于这本身就是一个估算问题，没有人知道准确数值，因此我们要做的就是尽量通过科学的方法减少判断失误，提高预估的准确性。通常可以通过如下两种方法辅助做出假设。

- 消费者抽样调查。
- 二手资料，采用咨询公司和市场调查公司已发布的二手数据做参考。

（2）假设预估每年人均消费咖啡杯数。

这也是一个不确定的指标，因为中国有十几亿人口，有的人是重度咖啡消费者，有的人是偶尔咖啡消费者，有的人则属于咖啡厌恶者。这里仍然需要采用假设预估的方式，假设每年人均消费 9 杯咖啡，此时这个指标也变为一个确定的指标。

提示 如何做出每年人均消费 9 杯咖啡的假设，同样采用上述的两种方法。
- 消费者抽样调查。
- 二手资料，采用咨询公司和市场调查公司已发布的二手数据做参考。

（3）假设预估每杯咖啡售价。

咖啡的售价也是一个不确定的指标，因为咖啡有不同的产地和口味，每杯咖啡的价格都不相同，此时仍然需要做出假设。假设每杯咖啡售价 30 元。

提示 如何做出每杯咖啡售价 30 元的假设，此处可以采用两种方法。
- 取所有咖啡售价的平均值。
- 取市面上畅销的咖啡售价。

通过以上 3 个小问题的"逻辑拆解"和"假设预估"，就能将不确定的小问题转变为确定的小问题，再将小问题整合计算后就可以得出中国咖啡行业的市场规模了。当然，这只是相对粗糙的一种预估方法。在实际预估过程中，为了提高预估的准确性，减少预估误差，通常进行很多次"逻辑拆解"和"假设预估"，可以说这两个环节是盘根错节、交叉且重复使用的。通过多次的拆解和假设，就能够抵消预估过程中出现的偏差，让预估结果更加接近真实数值。

提示 为了提升预测中国咖啡行业市场规模的准确性，在实际工作中会进行更细颗粒度的拆解。由于不同级别城市的消费习惯和认知水平存在明显差异，所以通常会按城市级别做拆解和假设。

首先会拆解为一线城市、二线城市、三线城市、四线城市规模之和，接着预估不同城市每年消费咖啡人数、每年人均消费咖啡杯数和每杯咖啡售价这 3 个指标。这样，预估的指标就由 3 个扩展为 12 个。虽然预估的指标变多，但预估误差会变小，预估准确性也会提升。

2.1.2 研究行业的生命周期，预估赛道的长度

人会经历生老病死，行业同样存在生命周期。通常，一个行业会经历萌芽期、成长期、成熟期和衰退期 4 个阶段。在每个阶段，行业的规模、增速、竞争、收入、利润都是不同的。人在生命的每个阶段会有不同的人生目标、生活和职业规划，身处行业中的每家企业在不同的生命周期，也应该采取不同的商业策略。而商业分析的目的就是判断行业所处的生命周期，帮助企业更好地制定每个阶段适宜的发展策略。

1. 判断生命周期的不同阶段

如何判断行业处于生命周期的哪个阶段？有两个重要的参考指标——增速和市场集中度。借助这两个指标可以大体判断出行业是处于萌芽期、成长期、成熟期还是衰退期，并据此制定相应的策略，如图 2-2 所示。

> **提示**
> - 增速：市场规模的增长速度。
> - 市场集中度（Concentration Ratio，CR）：行业里前 N 家企业的销售额所占的市场份额，代表了一个行业竞争的激烈程度。若 $N=8$，则代表行业里前 8 家企业的销售额所占的市场份额，用 CR8 表示。实际工作中经常使用的是 CR3、CR5、CR8 和 CR10。

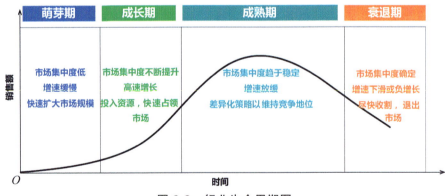

图 2-2　行业生命周期图

（1）在萌芽期，市场集中度低，增速缓慢，是一个机遇和风险并存的时期。行业里的企业都处于"跑马圈地"的状态，企业此时的策略通常是快速扩大市场规模。

（2）在成长期，市场集中度不断提升，高速增长，一般蕴含着较好的机会。企业此时的策略通常是投入资源，快速占领市场。

（3）在成熟期，市场集中度趋于稳定，增速放缓。企业此时通常需要采取差异化策略以维持竞争地位。

（4）在衰退期，市场集中度确定，增速下滑或负增长，一般潜藏着诸多风险。企业

此时通常需要尽快收割，退出市场。

2. 判断存量市场和增量市场

基于行业生命周期的研究，商业分析人员可以做出另一个重要决策——判断行业是存量市场还是增量市场。存量市场和增量市场面临的竞争格局、抢夺资源的激烈程度、进入市场的难易程度都是不同的。因此，在任何一个时间点，商业分析人员都要能够判断出自身的业务是在做存量市场还是在做增量市场。

提示

- 存量市场：已经存在的成熟市场，增长空间狭小，竞争激烈。
- 增量市场：冉冉上升的新兴市场，增长空间明朗，是一个"从 0 到 1"的市场，蕴含机遇。
- 处于萌芽期和成长期的行业通常是一个增量市场。增量市场受企业青睐，此时竞争还没有白热化，行业壁垒还不是那么坚固，存在进入机会。
- 处于成熟期和衰退期的行业通常是一个存量市场。存量市场是一个竞争非常激烈的市场，已经入局者很可能都在通过价格策略等巩固市场地位，新入局者和后发者会面临很高的行业壁垒。

2.1.3　研究产业链，明确身处哪条赛道

企业不是孤立存在的，行业也不是孤立存在的。众多的企业构成了行业，众多的行业构成了产业。

所谓产业链，就是由上、中、下游关系组成的网络。图 2-3 所示为新能源汽车产业链。它就是由上游原材料供应商、中游零部件制造商、下游整车制造商，以及终端消费者构成的长链条网络。

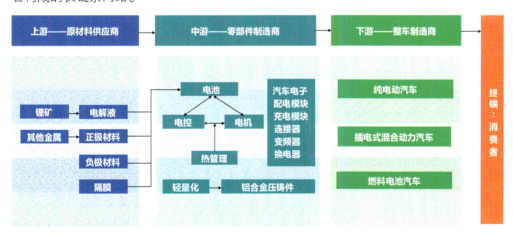

图 2-3　新能源汽车产业链

在商业分析中，对上、中、下游的产业链研究是必不可少的一环。研究产业链的目的主要有两个：①判断所处产业链的类型、战略控制点和链主；②判断行业在整个产业链中的位置和话语权。

> **提示**
>
> - 战略控制点：能对整个产业链产生重大影响的关键环节，如计算机行业的芯片环节。在理想情况下，企业应将其经营的业务范围覆盖至战略控制点，或者与之结成战略同盟，以此来巩固其在产业内的地位。
> - 链主：掌握链条主导权和主动权的企业，链条上的其他企业或多或少都要依赖链主生存。

1. 判断所处产业链的类型、战略控制点和链主

产业链通常分为两种类型：长链条和生态链。

- 长链条。

长链条通常存在于传统行业，常见的"研发、设计、生产、渠道、销售、消费者"就是一条典型的长链条。针对长链条的产业链，企业的理想状态是抓住战略控制点，成为这条链条上的链主。不同的行业，战略控制点和链主是不一样的。有的行业（如科技行业），战略控制点是研发，链主就是掌握技术资源的研发企业；有的行业（如消费行业），战略控制点是渠道，链主就是掌握渠道资源的经销商。

- 生态链。

生态链通常存在于互联网行业，通常由一个或几个平台控制着整个产业链的生态，其他企业都是生态中的一员，依赖平台而生存。比如，电商产业链中的阿 X 巴巴和拼 X 多，它们是整个平台和生态的控制者。按照它们的规划，产业链中诞生了大大小小的商家、物流、代运营、模特、数据、营销等玩家，这些玩家必须依赖它们而生存。在生态链里，企业的理想状态是成为生态链的建设者（平台）。

2. 判断行业在整个产业链中的位置和话语权

如何判断行业在整个产业链中的位置和话语权？主要有以下 4 种方法。

- 判断产业链的类型，画出产业链的中每个环节。

根据产业链中的每个环节，借助业内著名的"微笑曲线"（Smiling Curve）理论工具（见图 2-4），可以初步判断其在产业链中的位置。通常处在产业链上游接近核心供应资源的研发环节和下游接近消费者的营销环节具有较强的话语权。

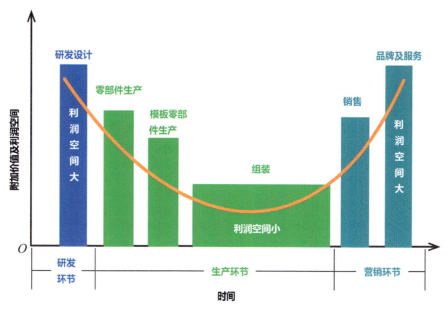

图 2-4　微笑曲线

提示　"微笑曲线"是宏碁创始人施振荣提出的理论，用于判断产业链中的哪个环节贡献了更高的价值。

它是一条两端朝上、中间朝下的宛如微笑形状的曲线，曲线两端分别代表产业链上游的研发环节和下游的营销环节。"微笑曲线"理论认为，正是这两个环节主导了整个产业链，贡献了产业链的大部分价值，而中间的生产环节则是价值和利润都不高的环节。

● 计算每个环节的企业数量。

根据产业链每个环节的企业数量也可以判断其在产业链中的位置。企业数量众多的环节，往往是控制力量薄弱、议价能力不强的环节；而企业数量不多的环节，往往是链主或议价能力强的环节。

● 测算每个环节的市场集中度。

根据产业链每个环节的市场集中度也可以判断其在产业链中的位置。市场集中度低的环节往往竞争激烈、技术和行业壁垒不高，通常是话语权比较弱的环节；而市场集中度高的环节往往竞争格局稳定、技术和行业壁垒较高，通常是话语权比较强的环节。

● 预估每个环节的利润率。

利润率同样是判断产业地位的一个重要参考指标。利润率高的环节往往掌握着核心资源和渠道，是产业链中的战略控制点；而利润率低的环节往往从事附加价值不高的业务，因此只是产业链中的辅助环节。

2.1.4 研究竞争格局，认清赛道的崎岖与平坦程度

在行业研究中，竞争格局的研究就是分析整个行业和赛道里有多少个玩家、这些玩家有多大实力，从而认清这个行业的竞争格局，据此判断是否要参与到行业的角逐中，是否要正面竞争，以及采用什么样的市场策略。

行业的竞争格局分为 4 种类型，分别为垄断市场、寡头市场、垄断竞争市场和完全竞争市场。通常来说，通过行业里的企业数量和市场集中度就可以形成对竞争格局的初步判断。

1. 垄断市场

行业里只有一家企业，这个行业的产品或服务完全由这家企业提供，被这家企业垄断。比如，公用事业、自来水与燃气等，这样的行业通常由国家统一控制，以提升资源的分配效率。个人企业进入这样的行业是基本没有胜算的。

2. 寡头市场

寡头市场是由少数企业主导的竞争格局。在中国，寡头市场多是被国有企业控制的市场，如钢铁、石油、煤炭、电力、铁路等均属于寡头市场。除此之外，还有大家熟知的互联网行业，通过早期享受的流量红利和资本的加持，基本也形成了寡头市场，如电商行业基本被阿 X 巴巴、京 X、拼 X 多垄断，短视频行业基本被抖 X 和快 X 垄断，社交行业基本被微 X 垄断。

3. 垄断竞争市场

垄断竞争市场是指，行业里企业数量多，行业壁垒低，生产不同质产品，但产品之间可以互相替代，如服装行业、快消品行业、化妆品行业等。这些行业的消费者需求多样化，且个性化需求很多，产品难以标准化。大部分企业采用差异化策略，但是产品之间的替代性强。

4. 完全竞争市场

完全竞争市场是指，行业里企业数量也很多，行业壁垒更低，但生产的是同质产品，买卖双方并不能控制价格，整个行业完全是由市场供需关系决定的。完全竞争市场是一个较为理想化和理论化的市场，现实生活中的例子并不多见。

> **提示**
> - 垄断市场和寡头市场意味着较高的行业壁垒，对垄断者或寡头来说，它们凭借高额的利润活得很滋润，但对新入局者来说，却不是好的选择。
> - 垄断竞争市场和完全竞争市场意味着行业里有很多的竞争者，入局者多在竞争和厮杀中，但对新入局者来说，进入的壁垒相对较低。

2.1.5　研究宏观环境，知晓比赛的天气和环境

每个个体都是时代洪流中的一粒尘埃，个人命运离不开时代趋势。同样，行业和企业的发展也离不开时代及环境而独立存在。个人要学会适应时代而生存，行业和企业更应该随宏观环境相机而动。

宏观环境是行业和企业得以发展的阳光、水分及空气。房地产行业的发展离不开国家政策和法规，互联网行业的发展离不开科学和技术，消费行业的发展离不开人口、经济和文化，游戏行业的发展离不开版号政策和青少年保护法律，金融行业的发展离不开货币和财政政策。每个行业的产生和消亡都伴随着宏观环境的变化。

研究宏观环境的目的是，识别出宏观环境变化对行业的影响，从而及早发现来自外界的风险和机遇，及时采取行动。

如何进行宏观环境研究？最常用的是 PEST 模型。PEST 模型是一种经过时间检验的宏观分析模型，能够快速厘清宏观层面影响行业发展的四大方面因素。这四大方面又各自包含若干小方面，如表 2-1 所示，几乎涵盖了宏观环境研究的基本内容。

提示　PEST 是四个英文单词的缩写，分别代表政治环境（Political）、经济环境（Economic）、社会环境（Social）和技术环境（Technological）。

表 2-1　PEST 模型

PEST 四大方面因素		具体分析内容
P	政治环境（Political）	国家的政治体制、经济体制、投资环境、政局稳定性、法律法规等
E	经济环境（Economic）	经济规划、产业政策、货币政策、财政政策、税收政策、GDP、经济结构、城镇化程度、失业、汇率、通货膨胀等
S	社会环境（Social）	人口、文化、生活方式、生活条件、教育、消费能力、消费理念、收入、年龄结构、环保等
T	技术环境（Technological）	技术迭代、创新能力、知识产品、能源、通信、互联网、半导体、信息技术等

2.1.6　研究盈利模式，知道如何赢取奖金

盈利是企业存续的基础，盈利模式决定上层建筑。所谓盈利模式，是指行业的赚钱方式，有的行业靠卖产品赚钱，有的行业靠卖服务赚钱。一个行业里的若干家企业，看似在做相同的业务，有的赚得盆满钵满，有的却在亏损的边缘徘徊，很大一个原因是它们底层的业务模式和盈利模式不同。

不同的业务模式导致了不同的盈利模式，不同的盈利模式又导致了不同的盈利能力。研究盈利模式的目的是，弄清楚行业的盈利模式，帮助企业挖掘更好的盈利模式，持续提升企业的盈利能力。通常来说，盈利模式大致包含以下 6 种类型，如表 2-2 所示。

表 2-2　盈利模式全景图

盈利模式	盈利模式解释	典型行业	典型企业
售卖产品	依靠生产和售卖产品获取收入	食品饮料行业、3C 行业、日化行业	可口可乐、雀巢、宝洁
售卖服务和方案	依靠为消费者提供劳动和服务获取收入	理发行业、美容行业、家政行业、云服务行业	阿里云、木北
售卖广告	依靠向广告主售卖广告资源获取收入	互联网行业	百度、抖音、快手
收取佣金	通过促成交易达成，从中收取一定比例的费用获取收入	电商行业、外卖行业	阿里巴巴、京东、美团、瓜子二手车
售卖游戏	通过游戏道具售卖、游戏发行获取收入	游戏行业	腾讯游戏、网易游戏、完美世界、三七互娱
售卖会员	通过让消费者充值成为会员，享受特权和增值服务获取收入	长视频行业	腾讯视频、爱奇艺、芒果 TV、B 站

2.2　如何在短时间内快速了解一个行业

"短时间"意味着"快速"。"快速"是一个非常重要的关键词，它意味着帮助企业更早发现机遇，意味着及时规避风险和损失，将竞争优势迅速构建为"护城河"，及时发现和补齐竞争短板。所以，在这个瞬息万变的时代，行业研究要求的不仅是产出高质量的研究报告和成果，对速度的要求同样重要。

既然快速如此重要，如何在短时间内快速了解一个行业？在上文中介绍了快速了解一个行业的关键点"搭框架"，还有一个关键点是"找方法"，即掌握信息获取渠道和搜集通路去填充框架。其中，框架是核心和灵魂。有了它，搜集信息时就有了方向；没有它，搜集信息时就会被淹没在信息的海洋中不能自拔。搜集通路是密码和工具。有了它，就能够打开信息的匣子，从无穷的信息中提取有价值的信息；没有它，就会面对信息匣子茫然无措，不知如何获取信息。

在做行业研究时，高频使用的信息有两种：二手资料和一手资料。它们对应的搜集通路是不同的。二手资料搜集考验的是整合能力和思考能力，而一手资料搜集更加考验人脉能力和沟通能力。

2.2.1　二手资料搜集通路

二手资料通常指经过别人加工和处理的资料,主要依靠公开资料搜集和整合,其搜集通路分为"付费通路"和"免费通路"两种方式,如表 2-3 所示。

1. 付费通路

付费通常和"价值高""速度快"画等号。如果所在企业购买了付费的数据库,如 Wind、Bloomberg,那么无疑这些专业的数据平台和工具是获取信息的首要来源。从这些付费的数据库中筛选出 10~20 篇深度行业研究报告进行阅读,基本上就可以把握住这个行业的基本脉络了。阅读这些报告的目的不是抄袭和盲从,而是帮助自己填充行业研究框架,形成自己的认知,辅助自己做行业的判断,从而结合企业自身情况输出有利于业务的结论。

2. 免费通路

如果没有付费工具,这时谁脑子里掌握的资料搜集网站多,谁就掌握了速度的主动权。资料搜集网站通常分为两类。

- 查询所有行业信息、报告和数据的网站,称之为通用网站。
- 查询一个或几个行业信息、报告和数据的网站,称之为垂类网站,如汽车行业的中国汽车工业协会(以下简称"中汽协")、乘用车市场信息联席会(以下简称"乘联会")和汽车之家等。这些渠道通常只能查询特定行业的信息、报告和数据。

表 2-3　二手资料搜集通路

免费/付费	搜集通路分类		搜集通路名称	获取信息类型
付费通路	券商数据库		Wind、Bloomberg、慧博	行业数据、行业研究报告、投资策略报告、宏观经济研究报告
	市场调研数据库		Euromonitor、英敏特	市场调研报告、消费者调研数据
免费通路	通用网站	政府/银行等网站	国家统计局、地方统计局、工业和信息化部、中国政府网、海关总署、中国人民银行、证监会、国家金融监督管理总局	人口、经济、金融、民生、货币、科技、政策等宏观经济数据
		券商公司网站	中金、国泰君安	行业研究报告、宏观经济研究报告、企业深度分析报告、投资策略报告
		咨询公司/调研公司网站	贝恩、BCG、麦肯锡、罗兰贝格、四大会计师事务所(德勤、毕马威、安永、普华永道)、尼尔森	行业研究报告、消费者研究报告、消费趋势研究报告
		数据和报告服务商网站	行行查、洞见研报、中研网、前瞻产业研究院、艾瑞、易观、亿欧、TalkingData	行业研究报告、行业资讯、企业资讯、企业深度分析报告、数据库

免费/付费	搜集通路分类		搜集通路名称	获取信息类型
免费通路	垂类网站	行业/协会网站	汽车行业：中汽协、乘联会、汽车之家 家电行业：中怡康、产业在线、奥维云 互联网行业：CNNIC、飞瓜、卡思、阿里研究院、腾讯大数据	垂类行业数据和报告
		自媒体号	互联网行业：36氪、虎嗅、钛媒体	垂类行业资讯

对信息搜集网站（尤其是垂类网站）的掌握和熟知程度，可以从侧面反映一个人对行业的熟悉和了解程度。对信息搜集网站越熟知，搜集信息的速度就越快，就越能在短时间内获取所需要的信息。

> **提示** 不管是付费通路还是免费通路，本质上搜集到的资料均属于二手资料，这些信息都是经过别人搜集、加工、整理和提炼得出来的。好处是获取的信息非常丰富，且较为干净，可即拿即用，节省重复造轮子的时间。但缺点也很明显，信息经过处理存在失真，获取的信息丰富度足够但价值并不高。而要获取高价值的信息，则需要一手资料大显神通。

2.2.2 一手资料搜集通路

所谓一手资料，就是没有加工过的第一手资料，通过公开资料很难获取，主要依靠专家访谈的方式获取。专家访谈有两个关键点：找到专家、访谈。前者需要人脉资源，后者需要沟通能力。

1. 如何寻觅专家

专家就是掌握行业关键信息的人，这个人往往深耕行业多年，深谙行业规则，是获取行业信息的关键人物。千里马不常有，专家也不常有，且很难寻觅，在短时间内想寻找到对口的专家并不容易。想要获得专家资源，就需要"养兵千日"，注重平时行业人脉的积累和维护，只有这样在需要时才能快速与专家取得联系、搭上关系。

> **提示** 很多大企业内部建有专家库系统，且会定期更新和维护这个专家库。当需要行业相关信息时，它们会从专家库及时调取专家信息，快速取得联系。这也是为什么大企业对行业的认知远远优于小企业的一个重要原因。

2. 如何进行访谈

有了专家的人脉资源，联系了专家后，还需要对专家进行访谈，只有这样才能获取需要的信息。专家的表现欲望和表达能力是参差不齐的，有些专家或许很健谈，总结能力也很强，可能只要抛出几个开放性的问题他们就会侃侃而谈、总结到位。有些专家则正好相反，他们可能惜字如金，需要问一句才答一句。这时，沟通能力尤为重要。因此，在进行专家访谈时，提前准备一份访谈大纲是非常有必要的。但访谈大纲并不是万全之策，在访谈过程中有很大可能跟不上专家的思路。所以，除准备访谈大纲外，还要预设问题的答案，这样在访谈和沟通过程中能快速抓住关键点，及时转换思维、跟上节奏。

> **提示**　"访谈大纲"和"预设答案"是访谈的两大法宝。
>
> - 访谈大纲是对要访谈的内容进行逻辑梳理后形成的问题清单。它既是对研究思路的梳理，又是对访谈中要沟通问题的罗列。它既能保证访谈时的思路清楚，又能避免遗漏重要信息。
> - 预设答案是对访谈问题提前准备好自己的答案并形成判断，哪怕这个判断是错误的。预设答案是对自己薄弱领域对话的积极应对，它在访谈人和专家之间设置了一个缓冲区，能够减缓一对一沟通场景下高密度、高难度知识的冲击，使访谈人快速理解专家表达的意思并及时跟上节奏，避免出现不对等沟通的尴尬。

通过建立行业人脉资源找到专家，准备好访谈大纲，预设答案，并与专家开展一对一访谈后，不出意外就可以获取关键的行业信息了。这些信息虽然不如二手资料那般丰富，但含金量是非常高的。甚至有时，和专家访谈一小时的收获就抵得上二手资料搜集一周的成果。这也是在信息获取如此便利的时代，专家访谈方式仍历久弥新的原因。

> **提示**　"二八原理"在信息获取上同样适用。二手资料可以提供 80% 的信息量，但只能贡献 20% 的价值；一手资料虽然只能提供 20% 的信息量，但可以贡献 80% 的价值。

既然专家访谈这么厉害，为什么不直接用专家访谈，还要做二手资料搜集呢？首先，关键信息掌控人是稀缺资源，并不容易寻找，其本质上是行业积累的结果；其次，即使找到了这个关键信息掌控人，访谈费用也不菲，可以说专家访谈的成本非常高；最后，即使能找到人且有足够的经费支持，与专家的一对一深度访谈和沟通，也需要提前准备大量的行业知识，这些知识储备从哪里来，只能是二手资料了。

很长时间以来，很多人对行业研究存在误解和偏见。有人认为行业研究就是一件简单的资料搜集工作，有人认为行业研究就是一项孤独的不需要接触人的工作。而真正理解了一手资料和二手资料的搜集方法与作用后，就会发现资料搜集和桌面研究仅是基本功，行业研究是更看重人脉积累的工作。它不仅需要搜集能力、整合能力、思考能力，更需要人脉资源和沟通能力。

在商业分析中，行业研究是搭框架和找方法的结合，是主动交流和桌面研究的碰撞，也是人脉和孤独的交融，是一项看似简单却不容易做好的工作。

2.3 传统行业的赚钱逻辑和盈利模式

传统行业的盈利模式比较简单，也很容易理解，多依靠售卖产品和服务获取收入。

2.3.1 传统企业盈利模式概览

大多数的传统企业可以划分为两种类型：金融服务型企业和产品型企业。传统 A 股龙头企业盈利模式概览如表 2-4 所示。

1. 金融服务型企业

主要依靠提供金融服务获取收入，典型的代表企业是银行、券商和保险公司。

2. 产品型企业

主要依靠生产、制造和售卖产品获取收入。比如，家电行业的美的和格力，食品饮料行业的瑞幸、星巴克和青岛啤酒，汽车行业的广汽和上汽，生物制药行业的药明康德和恒瑞医药，半导体行业的长电科技和中芯国际等。

表 2-4 传统 A 股龙头企业盈利模式概览

企业名称	行业	盈利模式	2021 财年收入	2021 财年利润率
美 X 集团	家电	售卖家电	3,412 亿元	毛利率 22.5% 净利率 8.5%
保 X 发展	房地产	售卖房产	2,849 亿元	毛利率 26.8% 净利率 13.1%
牧 X 股份	畜禽养殖	售卖肉食、饲料、养殖、屠宰等产品和服务	789 亿元	毛利率 16.7% 净利率 9.7%
广 X 集团	汽车	售卖汽车	751 亿元	毛利率 7.9% 净利率 9.8%
青 X 啤酒	食品饮料	售卖啤酒	302 亿元	毛利率 36.7% 净利率 10.8%
长 X 科技	半导体	售卖芯片封装和测试	305 亿元	毛利率 18.4% 净利率 9.7%
药 X 康德	生物制药	售卖药品、设备和服务	229 亿元	毛利率 36.3% 净利率 22.4%
海 X 证券	证券	售卖服务，获取手续费、利息等收入	432 亿元	毛利率 42.7% 净利率 29.7%
工 X 银行	银行	售卖服务，获取利息差和手续费等收入	9,428 亿元	毛利率 44.9% 净利率 37.1%
中 X 人寿	保险	售卖服务	8,585 亿元	毛利率 5.94% 净利率 5.93%

　　传统企业由于盈利模式单一，因此它们的收入和盈利能力并不依赖盈利模式，而是依赖其构建的竞争优势。正是依赖这些竞争优势，它们在行业里占据一席之位并获取利润。这些竞争优势包括研发优势、库存周转优势、品牌优势、产品优势、渠道优势、价格优势等。

　　以咖啡行业为例，星 X 克和瑞 X 作为头部企业，其盈利模式相同，均依靠售卖咖啡盈利，但是它们各自的盈利能力和竞争优势迥然不同。

2.3.2　星 X 克优势：先发者构建的品牌和大店直营优势

　　星 X 克于 1999 年进入中国市场，是咖啡行业最早的入局者。2021 财年全球收入 291 亿美元。其中，中国区占比约 13%，收入约 38 亿美元。星 X 克在中国市场一直处于领先地位，依靠的是品牌和大店直营模式构建的竞争优势与壁垒。

1. 品牌优势

　　星 X 克属于国际品牌，在国外品牌历史悠久。进入中国市场后，面向的主要是中高等收入的商务群体，为他们提供精品咖啡和舒适空间。经过多年的耕耘，已经在消费者心中树立了良好的品牌形象。

2. 大店直营优势

　　星 X 克创造了独立于家庭与办公场所的"第三空间"，是第一家将"第三空间"概念引入咖啡店的企业。

　　每个门店的面积基本为 100～200 平方米，且对装修有较高要求，店面的初始投资为 150 万～250 万元。门店选址多在购物中心和写字楼，以"臻选店"和"标准店"为主。

　　它采用直营模式，没有开放加盟模式，既保证了咖啡的品质，又保证了空间和服务的舒适。

2.3.3　瑞 X 优势：后来者塑造的价格和小店加盟优势

　　瑞 X 成立于 2017 年，2019 年上市，中间历经财务造假危机，后经过蜕变重获新生。2021 财年收入约 80 亿元，净利润 8.6%。

　　瑞 X 作为咖啡行业的后来者，在星 X 克构建的品牌壁垒下，仍然占据市场的领先地位，其依靠的是价格和小店加盟模式塑造的竞争优势。

1. 价格优势

　　通过发放大量的优惠券，瑞 X 收获了"高性价比"的评价，其咖啡的价格带为 10～20 元，而星 X 克的价格带为 35～45 元。瑞 X 通过低价优势成功俘获了年轻上班族和学生群体的芳心，获得了消费者的认可。

2. 小店加盟优势

与星 X 克的"大店精装修"模式不同，瑞 X 采取的是"小店快取"模式。门店面积为 20～50 平方米，以"自取店"和"悠享店"为主，这种小店模式极大地降低了门店的装修和运营成本，便于规模化扩张。

同时，开放加盟，采取"直营+加盟"的模式，快速扩张小店的数量，加速渗透三四线城市，在三四线市场抢占了先机。

截至 2022 年年底，瑞 X 拥有 8,000 多家门店，而星 X 克在中国拥有 6,000 多家门店。依靠小店加盟模式，瑞 X 在门店数量上已经超越星 X 克。

2.4 互联网行业的赚钱逻辑和盈利模式

互联网的兴起带动了一大批互联网公司的崛起，它们大部分在创始初期都被盈利模式困扰过，在经历十几年的艰难尝试和探索后，才催生了如今这些优秀的盈利模式。而也正是这些创新的盈利模式，造就了一大批"财富神话"。

2.4.1 互联网公司盈利模式概览

与传统行业中规中矩的盈利模式相比，互联网行业的盈利模式更加精彩纷呈，也更加不拘一格。即使同为一个"战壕"里的互联网公司，如抖音、快手，阿里巴巴、京东、拼多多，腾讯视频、爱奇艺等，表面上乍一看业务相差不大，但细细探究它们的盈利模式还是存在很大差距的。甚至在一家公司，会看到很多种盈利模式的集合体，如 B 站就包含广告、电商、游戏、会员、直播等多种盈利模式。

这些盈利模式各领风骚，既有共性，又有个性，它们影响了互联网公司的收入和利润，最终导致众多互联网公司截然不同的发展路径、盈利能力和竞争实力。互联网公司盈利模式概览如表 2-5 所示。

表 2-5 互联网公司盈利模式概览

公司名称	业务模式	盈利模式及收入结构	2021 财年收入	2021 财年利润率
小 X 书	内容社区+电商平台	电商收入 20% 广告收入 80%	估算约为 120 亿元	未披露
X 站	中视频内容平台	游戏收入 26% 广告收入 23% 增值服务收入 36% 电商等其他收入 15%	194 亿元	毛利率 21% 净利率-35%

续表

公司名称	业务模式	盈利模式及收入结构	2021 财年收入	2021 财年利润率
京 X	自营电商	商品收入 86% 广告收入 8% 物流等其他收入 6%	9,516 亿元	毛利率 14% 净利率 1.8%
阿 X 巴巴	平台电商	客户管理收入 55% 直营等其他收入 45% （占比中国零售）	整体 8,531 亿元 中国零售 5,760 亿元 （2022 财年）	毛利率 37% 净利率 7% （2022 财年）
拼 X 多	平台电商	广告收入 77% 佣金收入 15% 商品收入 8%	940 亿元	毛利率 66% 净利率 8%
快 X	短视频内容平台+内容电商	广告收入 53% 直播收入 38% 电商等其他收入 9%	811 亿元	毛利率 42% 净利率 -96%
抖 X	短视频内容平台+内容电商	广告收入 68% 直播收入 18% 电商等其他收入 14%	4,391 亿元	毛利率 56%
爱 X 艺	长视频内容平台	会员付费收入 55% 广告收入 23% 内容分发收入 9% 其他收入 13%	306 亿元	毛利率 10% 净利率 -20%

提示
- 小 X 书为未上市公司，收入数据来自估算，利润数据未披露。
- 抖 X 为未上市公司，收入和毛利率数据来自网络公开资料，净利率数据因涉及口径问题此处略去。
- 其他公司均为上市公司，数据来自财务报告。

以电商行业为例，京 X、阿 X 巴巴和拼 X 多是中国最大的 3 家电商公司，虽然同属电商，但它们的业务模式和盈利模式是不同的。京 X 是自营电商模式，主要依赖零售价差盈利，阿 X 巴巴和拼 X 多是平台电商模式，主要依赖广告盈利。

2.4.2　自营电商模式：价差是主要驱动力

京 X 成立于 1998 年，属于自营电商模式。从本质上看，它是沃尔玛、家乐福的线上化商城，模式和亚马逊一样。京 X 做的是价差生意，即从供货商处低价进货，然后通过加价售卖，赚取价差。

自 2004 年上线电商业务以来，经过近 20 年的发展，京 X 已从最初的线上零售商成长为中国最大的自营电商平台之一。而自营电商模式很大一部分也决定了其以商品收入（价差收入）为主的盈利模式及低毛利的盈利能力。

京 X2021 财年收入 9,516 亿元，主要由商品收入、广告收入和物流等其他收入 3 种盈利模式构成，三者收入占比分别为 86%、8% 和 6%。其中，商品收入的贡献度接近90%，而广告收入的占比不足 10%，进一步印证了其做的是价差生意而非流量生意。

利润方面，京 X2021 财年的毛利率仅有 14%。极低的毛利率进一步压缩了净利率的空间，2021 财年的净利率只有 1.8%，其利润率远低于阿 X 巴巴和拼 X 多。

2.4.3　平台电商模式：广告是主要驱动力

阿 X 巴巴和拼 X 多同属平台电商模式，分别成立于 1999 年和 2015 年。与京 X 不同，它们做的不是买进卖出的价差生意，而是平台生意。通过为商家提供平台和营销工具等获取收入，因此其主要盈利模式是广告收入，本质上它们做的是流量和营销的生意。

平台电商为众多品类的商家和消费者搭建买卖的平台，通过为商家提供一系列的营销产品助其获取流量、促成交易，从中赚取商家的大额广告营销费用。这种模式很大程度上也决定了阿 X 巴巴和拼 X 多以广告收入为主的盈利模式及高利润的盈利能力。

虽然盈利模式相似，但阿 X 巴巴和拼 X 多成功的策略各有千秋。阿 X 巴巴依靠扶持大的品牌商家获得成功，而拼 X 多则依靠扶持中小商家成功出圈。但是随着竞争的加剧，它们之间的业务边界也越来越模糊。

1. 阿 X 巴巴的收入结构和利润率

阿 X 巴巴 2022 财年的收入是 8,531 亿元，其中中国零售业务收入 5,760 亿元，这部分收入主要由零售电商贡献，包含两种类型。

- 客户管理收入（主要为广告和佣金收入）：实现收入 3,150 亿元，占中国零售业务的比重为 55%。客户管理收入远高于京 X，印证了阿 X 巴巴的流量和营销生意模式。
- 直营等其他收入（主要为商品收入）：实现收入 2,610 亿元，占中国零售业务的比重为 45%。

> **提示** 阿 X 巴巴的业务范围非常广，包含中国商业、国际商业、菜鸟、本地生活服务、云业务、数字媒体及娱乐、创新业务和其他。
>
> 中国商业包含中国零售业务和中国批发业务。中国批发业务主要为 1X88 业务。涉及中国电商业务的为中国零售业务。
>
> 中国零售业务包括淘 X、天 X、淘 X 菜、盒 X、天 X 超市、高 X 零售、天 X 国际等。盈利模式包含客户管理收入和直营等其他收入两部分。

- 客户管理收入主要为广告和佣金收入。
- 直营等其他收入主要为高 X 零售、天 X 超市、盒 X 等带来的商品收入。

利润方面，阿 X 巴巴 2022 财年的毛利率是 37%，净利率是 7%，远高于京 X，更加说明了营销生意有较高的利润，也证明了平台电商模式的利润要高于自营电商模式。

阿 X 巴巴旗下有天 X 和淘 X 两个平台，天 X 服务于大的品牌商家，而淘 X 则服务于中小商家。阿 X 巴巴初期更倾向于扶持淘 X，但后来慢慢给予天 X 更多的流量，即大力扶持品牌商家。因为阿 X 巴巴认为品牌商家手里握有更多的营销预算，它们有更多的钱买广告和流量，而中小商家则没有品牌商家那么财大气粗。正是依靠这个，阿 X 巴巴在电商市场掌控着霸主地位很多年，但也正是因为对中小商家的忽视，才给予拼 X 多机会。

2. 拼 X 多的收入结构和利润率

拼 X 多的业务模式和阿 X 巴巴相同，都是平台电商，其收入结构和净利率也与阿 X 巴巴更为接近。

拼 X 多 2021 财年收入 940 亿元，在收入规模上不及阿 X 巴巴。其中，有 77% 的收入来自广告，15% 的收入来自佣金，商品收入仅占 8%。广告收入的占比接近 80%，远高于京 X，也高于阿 X 巴巴，印证了拼 X 多做的是平台电商的流量生意。

利润方面，拼 X 多 2021 财年的毛利率是 66%，远高于京 X，也高于阿 X 巴巴。净利率是 8%，高于京 X，与阿 X 巴巴相差不大。

阿 X 巴巴通过天 X 大力扶持品牌商家，导致很多中小商家在淘 X 面临流量危机，拼 X 多此时收留了这部分中小商家，抓住了"消费降级"的趋势和"三四线人群"的消费痛点，实现弯道超车。

拼 X 多更与众不同的是它的流量推荐机制，类似抖 X，采用"货找人"的逻辑打造爆品，越是火爆的商品越是给予更多的曝光机会和流量。再加上与社交机制的绑定，借助微 X 的导流和助攻，裂变效应非常强大，爆品明星效应极为突出，带来了极低的获客成本。这也是拼 X 多的毛利率高于阿 X 巴巴的一个重要原因。

在用户数量与淘 X、天 X 接近的情况下，拼 X 多的收入不及阿 X 巴巴，主要是因为中小商家贡献的营销预算过低。所以，发展大的品牌商家，获取品牌预算是拼 X 多必走的一步棋，"百亿补贴"的推出正是为了解决这一问题。但这也导致了拼 X 多高昂的营销费用，这也是拼 X 多的毛利率高于阿 X 巴巴，但净利率与阿 X 巴巴相差不大的原因。

第3章

知彼——研究你的"竞争对手"

在第 2 章中,我们介绍了如何通过"行业研究",做到"知全貌"。在本章中,将介绍了解业务的第二项内容:通过"竞争对手研究",做到"知彼"。

《孙子兵法·谋攻篇》中有句名言:"知彼知己,百战不殆;不知彼而知己,一胜一负;不知彼不知己,每战必殆。"说明了解敌方和敌情的重要性。

这句话的意思是:

- 既能了解敌人又能了解自己,那么每次作战都没有危险。
- 不了解敌人,却了解自己,那么每次作战胜负就不能确定。
- 既不了解敌人,也不了解自己,那么每次作战都很危险。

在商业社会里,一家企业面临的敌人,就是企业的竞争对手。探知敌情,就是研究竞争对手。作为商业分析人员,竞争对手研究是必不可少的技能。

3.1 6 步走做好竞争对手研究

竞争对手研究类似拼图游戏,需要从各种渠道网罗各种信息,并对信息进行鉴别、重组、整合和判断,综合竞争对手和自身企业的实际情况做出最终决策的过程。

那么,如何对竞争对手进行研究呢? 通常需要 6 个步骤,如图 3-1 所示。

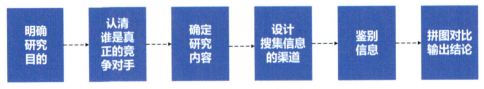

图 3-1 竞争对手研究流程图

1. 明确研究目的

部队里的侦察兵每次探知敌情，都是带着任务和目的去的。同样，竞争对手研究的第一步就是明确研究目的。明确目的，以终为始。

为什么要确定研究目的？主要有两个原因。

- 信息太多，如果没有目的地搜集信息，很快就会被淹没在信息的海洋里，导致在分析时抓不住重点，也不知道竞争对手研究要做到什么程度。
- 没有目的的大而全研究，除普及基础知识外，往往没有业务价值，结果只能是自我感动。

2. 认清谁是真正的竞争对手

每个人从上学到工作，在每个阶段接触的人不一样，面临的竞争对手是不一样的。在每个阶段，生活的节奏和内容不一样，面临的竞争对手也是不一样的。比如，参加马拉松比赛时，竞争对手就是马拉松参赛者；回归职场，竞争对手就是某些同事；晚上回家玩一场游戏，竞争对手就是游戏玩家。

企业是同样的道理，每家企业在不同的发展阶段，面临的竞争对手是不同的。在同一个发展阶段，研究目的不同，面临的竞争对手也是不同的。所以，明确了研究目的后，还需要确定对哪些竞争对手进行研究。只有找对了竞争对手，才能得到正确的结论。

3. 确定研究内容

针对不同的研究目的，研究内容也是不同的。如果研究目的是研究竞争对手的产品，那么研究内容就要围绕产品的功能、设计、流程、服务等分析；如果要研究竞争对手的运营策略，那么研究内容就要围绕推广渠道、活动内容、激励体系、成长体系等分析。

4. 设计搜集信息的渠道

同样，针对不同的研究内容，搜集信息的渠道也是不同的。如果要搜集竞争对手的产品信息，那么亲身体验产品将是最好的方式；如果要搜集竞争对手的用户信息，那么用户调研是不错的选择；如果要搜集竞争对手的收入和利润信息，那么查询财务报告是首选方式。

5. 鉴别信息

从各条渠道搜集的信息参差不齐，有的是竞争对手放出的烟幕弹，有的是其他人对信息的错误解读，还有的是谣传，当然其中也有真材实料。这时，对信息进行交叉验证，鉴别信息的真伪是必不可少的环节。

6. 拼图对比，输出结论

通过竞争对手和自身企业的信息与数据对比，得出竞争优势、竞争劣势、机会点和风险点，输出对业务有价值的研究结论。

3.2 为什么要研究竞争对手

爱因斯坦曾说："如果给我 1 小时解答一道决定我生死的问题，我会花 55 分钟来弄清楚这道题到底在问什么。一旦清楚了它在问什么，剩下的 5 分钟足够解答这个问题。"说明在做任何研究之前，弄清楚研究目的是十分重要的。

所以，在开始研究竞争对手之前，一定要问自己一个问题："研究竞争对手的目的是什么？"有人会说"是老板要求的"，也有人会说"是产品流程里规定的"，这些都不是研究竞争对手的目的。研究目的是指通过对竞争对手的研究，达成什么样的业务目的。比如，为企业制定产品优化策略提供参考，为企业探索商业化空间提供依据，探索企业服务流程的改善空间等。

大而全的研究目的往往不可取。最常见的研究场景就是"抖音和快手的对比""可口可乐和百事可乐的对比"，这样大而全的研究目的往往耗时耗力，得出的结论多而分散。看似结论很多，但拿出其中任何一点，对业务的借鉴作用都不大。

> **提示** 遇到大而全的研究目的，通常有两种解决方案。
> - 与老板或业务团队进一步沟通，明确他们基于什么背景要进行竞争对手研究。
> - 快速对竞争对手进行一轮扫描，定位出竞争对手的关键取胜因素。针对这几个关键取胜因素与老板或业务团队沟通，进一步明确他们的研究意向，聚焦研究目的。

通常来说，开展竞争对手研究的目的主要是辅助管理层和业务团队做出决策，判断是否进入新市场，是否上线新产品，是否重新设计渠道，用户运营如何做，服务流程如何改善等。具体来说，包含以下几个场景。

- 用于辅助管理层进行战略决策。对于此场景，竞争对手研究的内容主要是战略、组织架构、商业模式、财务投融资、重大产品等。
- 用于辅助产品团队进行研发、设计、上线和优化。对于此场景，竞争对手研究的内容主要是产品矩阵、功能、流程、效果、流量和质量等。
- 用于辅助渠道团队进行渠道设计和管理优化。对于此场景，竞争对手研究的内容主要是渠道模式、渠道层级、利益分配、渠道准入和准出机制等。
- 用于辅助用户运营团队开展内容和活动规划。对于此场景，竞争对手研究的内容主要是获客渠道、推广方式、活动规划、增长和激励体系等。
- 用于辅助服务团队进行服务质量及流程改善。对于此场景，竞争对手研究的内容主要是服务内容、服务流程和服务质量等。

3.3 谁才是你的竞争对手

战国时期田忌和齐威王赛马的故事我们都听说过。如果田忌用上、中、下三等马分别对战齐威王的上、中、下三等马，那么结局肯定是齐威王取胜。但是改变马的竞争对手，用田忌的下、上、中三等马分别对战齐威王的上、中、下三等马，如图 3-2 所示，那么结局就是田忌取胜。这意味着，只要改变竞争对手，就能改变结局。

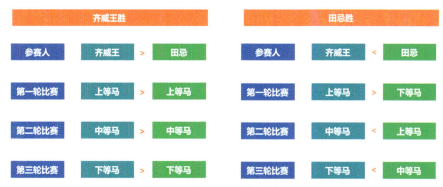

图 3-2 田忌赛马的对战场景

同样，在商业分析中，选错竞争对手，要么"显微镜看对手，放大镜看自己"，忽视了最重要的"对手"，错过了防御和反击的时间，要么"显微镜看自己，放大镜看对手"，过分夸大竞争对手的强大，让自己畏惧害怕、踌躇不前，错过了超越的机会。

因此，在做竞争对手研究时，要特别重视竞争对手的选择。一般来说，需要考虑 5 类竞争对手。

3.3.1 旗鼓相当：直接竞争对手

直接竞争对手的目标用户和自身企业的目标用户基本一致，产品功能相似，服务技术和解决方案也基本一致。这是企业需要重点关注和研究的对象。直接竞争对手通常是品牌上的竞争对手。

比如，可口可乐和百事可乐、王老吉和加多宝、伊利和蒙牛、宝洁和联合利华、阿里巴巴和京东、抖音和快手、飞书和钉钉等。

3.3.2 望尘莫及：行业领头羊

行业领头羊是一个行业里排名最靠前的企业。行业领头羊可能是企业的直接竞争对手，也可能不是，这取决于企业在市场中的地位。通常来说，行业领头羊是行业里所有企业学习的标杆。

3.3.3　悄然无声：潜在竞争对手

潜在竞争对手的目标用户和自身企业的目标用户高度重合，产品功能和解决方案虽然不同，但解决的用户痛点是一致的。目前还没有形成竞争和冲突，但是未来可能产生直接威胁。这也是我们研究的重点对象。

比如，可口可乐和王老吉、抖音和腾讯视频等。

3.3.4　取而代之：替代者

替代者和自身企业的产品功能与解决方案不同，但能解决相同的用户痛点，是此消彼长的关系。替代者可以分为以下四类。

- 时间上的替代者：比如短视频和游戏都可以用来打发时间，甚至短视频公司和教育公司也可能形成替代关系，当大家对刷手机产生负罪感时就有可能转向学习。
- 空间上的替代者：比如火车和飞机、民宿和酒店。
- 预算上的替代者：比如平板电脑和电子书。
- 跨界的替代者：比如相机和手机。

3.3.5　互不侵犯：跨行业标杆

跨行业标杆通常与自身企业不在同一个行业，但是由于在某些方面做到了极致，因此值得其他行业的企业学习和借鉴。跨行业标杆通常包括行业鼻祖、世界 500 强公司等。

比如，可口可乐和宝洁在渠道管理上的经验、711 的店面管理经验，当年曾被很多手机厂商学习和借鉴；Zara 和苹果这看似毫不相干的两家企业，却在供应链管理上都做到了天花板水平，被其他行业的企业当作学习标杆。

在选择竞争对手时，为了避免遗漏重要的竞争对手，需要结合以上 5 类竞争对手进行选择。

举个例子，在对抖音进行研究时，需要考虑哪些竞争对手？

（1）直接竞争对手：包含微信视频号、快手、B 站等。

（2）行业领头羊：在国内市场，抖音已经处于领头羊地位。国外市场可以研究 Google 和 Meta。

（3）潜在竞争对手：包含 3 类。第一类是长视频领域的腾讯视频、爱奇艺、芒果 TV 和优酷，第二类是电商领域的阿里巴巴、京东和拼多多，第三类是本地生活领域的美团和饿了么。

（4）替代者：游戏公司、教育公司等一切能打发时间的非同质产品都是替代者。

（5）跨行业标杆：包括在内容和用户方面做得非常优秀的国外公司，如 Disney、

Netflix、Apple 都值得借鉴。具体如表 3-1 所示。

表 3-1　抖音的 5 类竞争对手

竞争对手类型		竞争对手
直接竞争对手	—	微信视频号、快手、B 站
行业领头羊	—	Google、Meta
潜在竞争对手	长视频	腾讯视频、爱奇艺、芒果 TV、优酷
	电商	阿里巴巴、京东、拼多多
	本地生活	美团、饿了么
替代者	—	游戏公司
	—	教育公司
跨行业标杆	—	Disney、Netflix、Apple

3.4　浩如烟海的竞争信息，需要研究哪些内容

《孙子兵法》中提到，在与敌方作战前，要充分了解敌方的情况，从多个方面对敌方进行评估，据此判断敌我双方谁在战场上有更大的胜算。这些评估的维度被称为"五事七计"。

- "五事"是"道、天、地、将、法"。
- "七计"是"主孰有道、将孰有能、天地孰得、法令孰行、兵众孰强、士卒孰练、赏罚孰明"。具体解释如表 3-2 所示。

表 3-2　《孙子兵法》中的"五事七计"

五事七计		含义
五事	道、天、地、将、法	民心、天时、地利、将领、法令
七计	主孰有道	敌我双方的君主是否拥有民心，取得人民支持
	将孰有能	敌我双方谁的将领更有能力
	天地孰得	敌我双方谁占据了天时地利
	法令孰行	敌我双方谁拥有更好的法令
	兵众孰强	敌我双方谁的武器更强
	士卒孰练	敌我双方谁的士兵更训练有素
	赏罚孰明	敌我双方谁的赏罚更公正严明

"五事"是考察的 5 个方面，"七计"是对"五事"的具体分类。"五事七计"本质上是一种量化思想，通过量化敌我双方在军事上的实力来判断胜负。

在商业社会里，进行竞争对手研究时，同样需要确定研究哪些内容，明确从哪些维度和视角去评估竞争对手。一般来说，包括以下几个方面。

3.4.1 基础画像

如同研究一个人,最开始会去研究这个人的性别、年龄、出生日期、籍贯等基本信息,之后才会深入研究这个人的工作、社交、学习等其他方面的能力。

同样,在最开始研究竞争对手时,需要对其基础画像做一轮扫描,以便形成对竞争对手的初步判断。竞争对手的基础画像分析维度如表 3-3 所示。

表 3-3　竞争对手的基础画像分析维度

基础画像分析维度	具体内容
成立时间	竞争对手是什么时候成立的
创始人	竞争对手的创始人是谁,有什么背景
主营业务	竞争对手的业务范围包含哪些,主营业务是什么
发展历史	竞争对手经过哪些发展历程,重大转折点发生在什么时候
团队成员及规模	竞争对手的团队有多大规模,重要团队成员有什么背景
组织架构	竞争对手团队的组织架构是如何设置的
核心目标	竞争对手的核心目标是什么
战略定位	竞争对手的战略定位是什么
市场占有率	竞争对手目前的市场地位如何,市场占有率是多少
盈利模式	竞争对手目前主要依靠什么赚钱

3.4.2 产品

产品是一家企业存在的基础,也是收入的根本来源。在竞争对手研究中,有一半以上的场景是分析竞争对手的产品。

对竞争对手的产品研究主要包括 6 个方面:产品组合、产品功能、产品体验、产品商业化、产品技术和产品规划,具体如表 3-4 所示。

表 3-4　竞争对手的产品分析维度

产品分析维度		具体内容
产品组合	竞争对手有多少不同类型的产品	产品种类、数量等
产品功能	竞争对手的产品是干什么的	产品外观、布局、颜色、结构、尺寸、风格、性能、设计、卖点等
产品体验	竞争对手的产品是否解决了用户的痛点	用户体验、用户满意度、服务流程等
产品商业化	竞争对手的产品依靠什么赚钱	商业模式、价格等
产品技术	竞争对手的产品依靠什么技术做支撑	技术、算法、专利等
产品规划	竞争对手的产品未来有什么规划方向	组合规划、功能规划、技术规划等

3.4.3　用户

用户是直接使用产品的人，产品有用户使用才能为企业获取收入和利润。所以，研究用户也是竞争对手研究中常见的分析场景。

对竞争对手的用户研究主要包括 5 个方面：目标用户、用户规模、用户质量、用户特征、用户认知，具体如表 3-5 所示。

表 3-5　竞争对手的用户分析维度

用户分析维度		具体内容
目标用户	竞争对手的目标用户是谁	目标用户类型、目标用户特征等
用户规模	竞争对手的用户规模有多大	活跃用户数量、付费用户数量等
用户质量	竞争对手的用户质量如何	用户留存率、流失率、每日活跃时长、客单价、复购频次等
用户特征	竞争对手的用户特征是什么	社会属性、兴趣爱好、搜索行为、购买行为等
用户认知	竞争对手的用户对其认知和评价如何	用户认知度、用户喜爱度、用户购买度、用户满意度、用户忠诚度等

3.4.4　运营

一家企业开发出了产品后，需要一系列的运营方式将用户吸引到产品上，并促使用户在产品上活跃、留存和付费，最终让用户为企业贡献价值。这些运营方式包括渠道运营、活动运营、内容运营和用户运营。因此，在研究竞争对手的运营策略时，通常需要对这 4 个方面进行分析，具体如表 3-6 所示。

表 3-6　竞争对手的运营分析维度

运营分析维度		具体内容
渠道运营	竞争对手的投放渠道有哪些	投放渠道、转化路径、投放效果等
活动运营	竞争对手的活动是如何规划的	活动类型、活动规划、活动流程、规则设计、活动效果等
内容运营	竞争对手的内容是如何设计的	内容制作、生产、分发流程，内容传播效果等
用户运营	竞争对手用户运营的方式有哪些	用户运营方式、激励体系、成长体系、运营效果等

1. 渠道运营

渠道运营指通过各种渠道的运作，如广告付费渠道、免费渠道、转介绍渠道等，将用户吸引到企业的产品上。

2. 活动运营

活动运营指通过各类活动的策划、制定和组织，完成用户拉新、活跃、留存、付费等目标。比如，红包活动、11.11 活动、集五福活动、各类补贴活动等。

3. 内容运营

内容运营指通过文章、图片、视频等内容的生产、制作、创造、分发和传播等，完成用户拉新、活跃、留存和付费等目标。

4. 用户运营

用户运营指通过各种营销手段，完成用户由拉新到激活到转化再到付费的目标，促使用户由低价值用户向高价值用户转化。

3.4.5 财务

一家企业围绕着"产品""用户""运营"，会产生收入、付出成本、获取利润，这综合反映了一家企业的经营水平，这些数据可以通过财务报表去挖掘。因此，研究竞争对手很重要的一项内容就是分析财务报表。

通过研究竞争对手的财务报表，尤其是三表（利润表、资产负债表和现金流量表）的数据，可以判断竞争对手的盈利能力、成长能力、营运能力、短期偿债能力和长期偿债能力，具体如表 3-7 所示。

表 3-7　竞争对手的财务分析维度

财务分析维度		具体内容
盈利能力	毛利率	毛利率=毛利润/总收入×100%
	净利率	净利率=净利润/总收入×100%
	总资产收益率	总资产收益率=净利润/总资产×100%
	净资产收益率	净资产收益率=净利润/净资产×100%
成长能力	市盈率	市盈率=总市值/总净利润×100%
	市净率	市净率=总市值/总净资产×100%
	收入增长率	收入增长率=（本期收入−上期收入）/上期收入×100%
	净利润增长率	净利润增长率=（本期净利润−上期净利润）/上期净利润×100%
营运能力	周转率 周转周期 （分为总资产/应付账款/存货/流动资产周转等）	总资产周转率=销售收入/总资产×100% 总资产周转天数=360/总资产周转率
短期偿债能力	流动比率	流动比率=流动资产/流动负债×100%
	速动比率	速动比率=速动资产/流动负债×100%
长期偿债能力	利息收入倍数 资产负债率	利息收入倍数=经营净利润/利息费用 资产负债率=负债总额/资产总额×100%

3.5　从哪些地方获取竞争对手的信息

明确了竞争对手的研究内容后，需要明确从哪里获取竞争对手的情报。竞争对手的信息搜集途径往往不拘一格。总结下来，有七大类。

3.5.1　桌面研究

桌面研究（Desk Research）是直接通过搜索计算机、互联网、书籍、文档等现有二手资料并对其进行分析和研究的方法。在进行竞争对手研究时，桌面研究是使用最普遍的一种方法。开展桌面研究的方法主要有 5 种。

1. 阅读财务报告

想要更深入地了解竞争对手的经营和财务信息，学会搜集和阅读财务报告是必不可少的技能。这就需要掌握财务报告的发布途径、发布时间和主要内容。

（1）财务报告从哪里获取。

获取财务报告的方法很多，在上海证券交易所、深圳证券交易所、巨潮资讯、财经网站的股票板块、上市公司官网的投资者关系板块，均可以查询和下载上市公司最新及历年发布的财务报告。

（2）财务报告什么时候发布。

财务报告分为季度报告、半年度报告和年度报告，一般上市公司每年都会在规定的时间内按期发布，如表 3-8 所示。我们在发布时间内去相关网站查看和下载即可。

表 3-8　财务报告发布时间

财务报告类型		发布时间
季度报告	一季度	每年 4 月 1 日到 4 月 30 日
	二季度	每年 7 月 1 日到 8 月 30 日
	三季度	每年 10 月 1 日到 10 月 30 日
	四季度	次年 1 月 1 日到 4 月 30 日
半年度报告	—	每年 7 月 1 日到 8 月 30 日
年度报告	—	次年 1 月 1 日到 4 月 30 日

（3）财务报告中包含哪些信息。

财务报告是一家上市公司经营情况和财务数据的一面镜子。通过财务报告，我们通常能获得竞争对手的很多信息，包括：

● 公司和业务简介：包括公司简介、业务概要。

● 历史回顾和展望：通常在财务报告的"管理层讨论与分析"模块披露，包括行业分析与回顾、公司主营业务、核心竞争力、主要销售客户和供应商、研发投入、未来发展展望、重大关联交易、重大合同及其履行情况等。

- 员工情况：包括员工数量、薪酬政策、培训计划、劳务外包、公司股权激励计划、员工持股计划或其他员工激励措施等。
- 股权及股东情况：包括主要股东及股东变化，重大资产和股权出售情况，主要控股参股公司，股东大会和临时股东大会，董事、监事和高级管理人员背景及变动等。
- 财务报表：包括利润表、资产负债表、现金流量表等。可以判断竞争对手的收入规模、成本结构、盈利能力、现金流、资产负债、成长性和营运能力及财务风险等。

除财务报告外，竞争对手的招股说明书、各类公司公告，也是获取信息的重要来源。

2. 查询专业机构的调研报告

市面上定期追踪公司并得出研究结论的专业机构主要是各大券商。除此之外，也有咨询调研公司会追踪与研究，但是追踪频率和方式与券商还是存在一定差距的。

（1）从哪里获取券商研究报告。

比较好的路径包括 Bloomberg、汤森路透、Wind、Choice、慧博、萝卜投研、行行查、洞见研报等。缺点是需要付费或免费阅读的次数比较少，但是查询与搜索效率比较高。

（2）如何阅读券商研究报告。

券商研究报告只是了解竞争对手的辅助手段，应该有目的、有选择地进行阅读。

- 需要关注报告中披露的我们不知道的信息，不要盲从和迷信其中给出的估值及投资建议（如建议买入或强烈买入）等，要有自己的判断。
- 选择知名分析师的高质量的研究报告，其中有关对竞争对手的深度剖析，值得我们重点阅读。
- 关注调研纪要。调研纪要是券商研究员对各种上市公司调研得来的一手资料，从中我们能发掘出很多有价值的线索。

3. 关注自媒体

从自媒体中能获取竞争对手和行业中前沿、新鲜的信息。一位优秀的分析师对行业内的自媒体通常都能如数家珍。通常来说，需要关注 3 类自媒体。

（1）竞争对手自媒体。

竞争对手自媒体包括公司官方微博、高管微博、知乎、微信公众号等，其中会披露公司产品、战略、重要人员变更、品牌形象、活动等一线信息。

（2）行业知名自媒体。

行业知名自媒体在行业内有众多粉丝，比较权威。比如，互联网行业的虎嗅、爱范儿、艾瑞、36 氪、钛媒体、IT 桔子等。

（3）小众个人自媒体。

小众个人自媒体的知名度虽然不如行业知名自媒体，但是在某些垂直领域和板块能发布很多深度分析。其对竞争对手的理解和看法往往独到而犀利，从中我们能发现很多惊喜。

4. 查询公司工商信息

公司工商信息查询系统，包括企查查、爱企查、天眼查等，可以用来查询竞争对手的基础画像信息，包括公司注册时间、注册资金、员工人数、信用、创始人等。

5. 查看招聘网站

招聘网站包括 LinkedIn、脉脉、BOSS 直聘、猎聘等，从竞争对手在这些平台的招聘信息中可以找到很多有价值的线索。一般主要查看以下两类信息。

- 竞争对手发布的岗位，据此推测它们的组织架构、人事变动、产品动向和技术动向等。
- 竞争对手员工的联系方式，这是开展专家访谈重要的人脉资源。

3.5.2　产品亲身体验

产品亲身体验（Field Work）是亲身实际体验竞争对手的产品，从中发现竞争对手的产品功能、设计、布局、流程、服务等方面的信息，为自身产品的优化和改进提供参考。

产品亲身体验法主要用来获取竞争对手的产品和服务信息。如果是收费产品，则往往需要公司的预算支持。

3.5.3　专家访谈

专家访谈主要通过与竞争对手内部人员和行业资深专家进行一对一沟通与访谈来获取竞争对手的信息。这种方法在第 2 章提过，常用来获取一手资料。

专家访谈这种方法，只要能找到正确的人，且有足够的预算支持，财务、经营、产品、运营、用户等信息就均可以获取。这种方法获取的信息质量相对较好且效率较高，但是成本也非常高昂。

> **提示**　寻找合适的专家是专家访谈的难点。为了解决这一难点，市场上有很多专门从事寻访专家的公司，如格里、知藏、轻问、BCC、Guidepoint 等，大公司在进行竞争对手研究时，往往会和这些公司合作。

3.5.4 用户调研

用户调研是指通过向用户发送调研问卷、开展焦点小组座谈会或一对一深度访谈等方式，了解用户对竞争对手的产品使用和体验信息，包括产品功能、设计、布局、流程、服务的满意度，产品和品牌的认知度、喜爱度、忠诚度，以及产品使用痛点等。用户调研主要用于支撑产品开发和优化，常见的方式有 3 种。

1. 网上问卷调研

网上问卷调研是一种定量调研方式。需要事先设置好问卷，选择符合样本需求的用户发送问卷，在用户填写好问卷后进行回收，并对回收的问卷进行数据统计和分析，从而获取用户对竞争对手产品的看法及满意度。

2. 焦点小组座谈会

焦点小组座谈会是用户调研中常用的定性调研方式。

调研者按照样本的要求选择 6 ~ 12 个用户组成一个小组，将他们统一安排在一个设有单透镜和监听装置的会议室里，由一名经验丰富、训练有素的主持人对这些用户进行提问，从而获取用户对竞争对手产品、品牌、流程、服务、广告的看法及满意度。

3. 一对一深度访谈

一对一深度访谈是指调研者从备选用户中选出符合需求的用户，按照事先设置好的问题，对该用户进行一对一的沟通和提问。这种方式的时间较长，通常在一小时左右，是用户调研中常用的定性调研方式。

一对一深度访谈的好处是可以获取用户对竞争对手产品和体验的深度看法，常用于获取用户的使用行为、决策行为、偏好和倾向等信息，有利于深度挖掘用户深藏的需求和痛点。

> **提示** 市场上有很多专门从事用户调研的公司，很多大公司会选择与这些公司合作，调查竞争对手的用户和产品信息。
>
> 这样的公司包括尼尔森、益普索、Gfk、零点、凯度、Euromonitor 等。

3.5.5 技术和购买

技术和购买是指通过技术手段与购买手段获取竞争对手信息的方法。这种方法通常用来获取用户、流量和产品数据。

1. 爬虫技术

利用爬虫技术可以爬取竞争对手的产品和用户数据。在竞争对手的官网、App 或微信公众号上，梳理好它的产品、销售量和价格等公开数据，写一个爬虫程序，就可以把对方公开在网站上的数据爬取下来，对这些数据展开深度分析。

2. 第三方数据库购买

市场上有很多监测用户流量和行为的网站及数据库，我们可以通过购买这些数据库，从数据库中方便地获取竞争对手的信息。这些数据库分为两类。

- 用户流量数据库：包括艾瑞、易观、Quest Mobile、百度指数、微信指数、App Annie、Alexa 等。这些数据库通常可以查询竞争对手的用户和流量数据，如活跃用户数量、用户在线时长、用户打开频次、用户画像、用户浏览和观看行为等。
- 短视频数据库：包括克劳锐、卡思数据、西瓜数据等。这些数据库通常可以查询竞争对手的 KOL（关键意见领袖）排名、作品、粉丝、投放、带货及 MCN（网红运营）机构排名数据。

3.5.6　大脑强大的整合和测算能力

在做竞争对手研究时，经常听到很多人抱怨"无法获得完整的信息"。而实际上，没有办法获得完整的信息是再正常不过的现象，竞争对手的信息永远不完整。小线索里隐藏大格局，竞争对手研究需要将散落在各处的线索收集串联，演绎推理测算才是真功夫。我们需要像侦探一样，把从各处获得的信息进行串联、描写、画像、演绎、推理，从而分析出需要的最终信息。

1. 如何获取竞争对手的成本信息

举一个例子，"天天向上"是一家教育公司，主要售卖大学生和成人英语一对一外教课程。教学模式是外教老师负责上课，中教老师负责课堂作业发布和辅导。

目前该公司面临的问题是师资成本过高，其管理层想知道竞争对手一节中教老师课的成本，以便更好地制定成本控制策略。

提示 *一位中教老师的成本和一节中教老师课的成本不一样，这个需要理清楚。*

- *一位中教老师的成本：该公司支付给中教老师的薪资。*
- *一节中教老师课的成本：该公司为中教老师上一节课支付的成本。*

商业分析人员做了很多工作都没有找到这个数据，二手资料查过了，专家访谈也做过了，就是没有办法得出结论。

因为这是一个成本数据，所以往往很难直接获取。遇到这种情况，我们需要转变思维，用推理测算的方式获取答案。

我们可以将"一节中教老师课的成本"转化，通过其他容易获得的数据来推理。这里用逻辑树分析法对"一节中教老师课的成本"进行拆解，它等于"中教老师的月薪资"

除以"中教老师负责学员的月课消量"。而"中教老师负责学员的月课消量"又等于"中教老师负责的学员数量"乘以"每个学员的月课消量",如图 3-3 所示。

图 3-3 "一节中教老师课的成本"拆解路径

这时只要获取"中教老师的月薪资""中教老师负责的学员数量""每个学员的月课消量"这 3 个数据即可。而这 3 个数据是一家教育公司最重要的 3 个指标,获取难度不大。这样我们就将一个很难获取的数据通过推理的方式测算出来了。

2. 如何获取竞争对手的研发信息

同样,如果老板听说竞争对手最近有新的研发动向,在研发新的产品,让我们去获取研发方向的情报,那该怎么办?一般情况下,这种信息都是保密的,很难直接获取。

这时就需要转变思维,新的研发方向意味着新的用人需求。我们可以去招聘网站上搜索竞争对手的用人需求,观察新招岗位名称及技能要求,再结合其他渠道获取的信息,基本上就可以拼凑出它的研发动向来。

> **提示** 在做竞争对手研究时,永远要抱着信息不充分的心态,学会并适应在信息不充分的情况下做竞争对手研究。
>
> 竞争对手的研究工作与其说是信息搜集工作,不如说是逻辑推理和拼图工作。这要求我们必须具备强大的逻辑推理能力和信息鉴别能力。我们要把自己想象成侦探,做好搜集、分析、组合、关联、画像、演绎、推理工作,大胆假设,小心求证。

3.5.7 内部员工访谈和模拟招聘

获取情报的渠道永远没有标准化的答案。除上述所说的方法外,还有内部员工访谈和模拟招聘的方法。

1. 内部员工访谈

公司内部的员工,往往手里也掌握着竞争对手的很多动向,尤其是以下 3 类人。

- 一线市场的销售人员:可以提供有关竞争对手的用户、价格、产品、服务、质量、配送等一手资料。
- 从竞争对手处跳槽来的员工:手里掌握着原公司的一手资料和人脉资源。
- 管理者:通常会参加大量的外部会议,人脉广泛,信息渠道众多。

2. 模拟招聘

不可否认的是，现在很多公司为了获取竞争对手的信息，往往会采取"模拟招聘"的方法。即在招聘网站上发布招聘信息，借用"面试"的名义邀约竞争对手的员工并套取信息。这种方法有时可以获得不错的一手资料，但是对沟通技巧有较高的要求，且容易受到道德谴责，不建议采用。

3.6　如何进行多渠道信息的交叉验证

很多人从各条渠道拿到信息后，会不加验证，直接使用，最后发现很多结论都是错误的。现实情况是，很多信息都是虚假或模棱两可的，因此验证信息非常重要。我们要秉持一个原则，假信息、错误信息和模糊信息不如没有信息。那么，如何对信息进行验证呢？

3.6.1　CheckList 交叉验证

我们需要把从各条渠道获取的信息整合到一张表格里，输出一个 CheckList，如图 3-4 所示。一个 CheckList 需要包含 3 个部分。

（1）研究内容：研究竞争对手的哪些信息。

（2）信息来源：搜集信息的渠道及各条渠道统计的结果。

（3）验证核对：对各条渠道进行对比，结果一致的通过验证，结果不一致的需要进行测算核对后，再输出最终结果。

研究内容		信息来源						验证核对		
		Desk Research	专家访谈	用户调研	Field Work	技术法	第三方数据库	验证结果	测算核对	最终结果
财务情况	收入/亿元	30	20	☒	☒	☒	☒	不一致	口径不一致	30
	成本/亿元	☒	☒	☒	☒	☒	☒	–	公式测算	27
	毛利率	10%	11%	☒	☒	☒	☒	基本一致	–	10%~11%
	净利率	2%	2.1%	☒	☒	☒	☒	基本一致	–	2%~2.1%
用户情况	DAU/万人	100	120	☒	☒	☒	150	不一致	口径不一致	120
	用户在线时长/分钟	50	49	60	☒	☒	48	不一致	样本量不足	48
	用户留存率	20%	19%	☒	☒	☒	☒	基本一致	–	20%
	用户付费率	10%	9%	☒	☒	☒	☒	基本一致	–	10%
	用户复购频次/次	10	11	20	☒	☒	☒	不一致	幸存者偏差	10~11
	用户客单价/元	22	20	40	☒	☒	☒	不一致	幸存者偏差	20~22
	……									

图 3-4　竞争对手信息 CheckList

这里举例说明，图 3-4 是某短视频公司从 6 条渠道获取的竞争对手财务和用户信息。

- 对于收入，通过桌面研究（Desk Research）获取的信息是 30 亿元，通过专家访谈获取的信息是 20 亿元。发现两条渠道获取的信息是不一致的，这时需要测算核对。与专家进一步沟通后发现，专家提到的收入并不包含创新业务的收入，而通过桌面研究获取的是所有业务的收入。因此，最终采用桌面研究的信息，即 30 亿元。
- 对于成本，虽然通过各种方式没有得到成本信息，但借助收入和毛利率信息可以计算成本信息，最终得到成本是 27 亿元。
- 对于毛利率，通过桌面研究获取的信息是 10%，通过专家访谈获取的信息是 11%，桌面研究和专家访谈的结果相差不大，各条渠道的验证结果基本一致。因此，最终判断毛利率为 10%～11%。
- 对于用户复购频次，通过桌面研究获取的信息是 10 次，通过专家访谈获取的信息是 11 次，通过用户调研获取的信息是 20 次。3 条渠道获取的信息不同，验证结果不一致，需要进行进一步的测算核对。经过验证发现，用户调研选择的样本都是复购频次较高的用户，存在幸存者偏差问题，因此用户复购频次的最终结果确定为 10～11 次。

3.6.2 注意 4 种信息陷阱

在进行多渠道信息验证时，经常会因为"口径不一致""样本量不足""幸存者偏差""理解力偏差"导致获取错误的信息，这些是验证信息时需要重点关注的陷阱。

1. 注意"口径不一致"

"口径不一致"最常见的场景是：竞争对手的付费转化率是 5%，自身公司是 30%。由此得出结论：自身公司的付费转化率远远高于竞争对手。

而实际上，竞争对手付费转化率的口径是付费用户数除以下载用户数，而自身公司付费转化率的口径是付费用户数除以活跃用户数。自身公司的分母偏低，导致了付费转化率虚高，得出了错误的结论。

2. 注意"样本量不足"

当使用用户调研的方式获取竞争对手的信息时，经常会出现这样的问题。比如，通过焦点小组座谈会访谈了 6 个人，每人每天花在短视频上的时间是 60 分钟。由此得出结论：竞争对手的人均每日在线时长是 60 分钟，高于自身公司的 50 分钟。

而实际上，6 个人的样本量太少，并不能代表全体，数据大概率不准确。

3. 注意"幸存者偏差"

比如，通过问卷调研了 60 个人，经过分析得出每个人的复购频次是 20 次。由此得出结论：竞争对手的复购频次高于自身公司的 10 次。

实际上，问卷调研的这 60 个人，是在一家早教机构让宝妈们填写的，而宝妈是一个复购频次较高的群体，这是一个明显的幸存者偏差问题。

4. 注意"理解力偏差"

比如，在做专家访谈时，专家说"A 公司的产品体验不好"。实际上，此专家来自行业最好的公司，在他看来，其他公司的产品体验都不如他所在的公司好。

再如，在做用户调研时，用户 Jack 说"我对 B 公司的产品不太满意"，用户 Rose 说"我对 B 公司的产品比较满意"。但让他们打分时（10 分制），Jack 打了 8 分，Rose 打了 7 分。

A 心目中的"好"和 B 心目中的"好"不是一个标准。因此，在进行竞争对手研究时，遇到此类问题一定要"量化"和"追问"。

3.7　案例：如何通过竞争对手研究寻找商机

T 公司是一家互联网公司，主要依靠广告营销获取收入。其开屏广告产品的售卖率一直很低，公司想通过竞争对手研究寻找商机，并希望将这些商机提供给销售人员，让销售人员开发新客户，以此提升售卖率。

在这个案例中，如何帮助 T 公司开展竞争对手研究？我们按照竞争对手研究的 6 个步骤来展开分析。

（1）明确研究目的。

先来分析这次竞争对手研究的目的是什么。研究目的是监测竞争对手的开屏广告，分析开屏广告背后的广告主是谁。通过竞争对手和 T 公司的对比，找出在竞争对手中有开屏广告投放但在 T 公司中没有投放的广告主，为销售人员提供线索，让销售人员开发新客户。

（2）认清谁是真正的竞争对手。

由于研究目的是寻找商机提升售卖率，因此研究对象以直接竞争对手为主，包含所有的内容和社区型互联网公司：今日头条、网易新闻、腾讯新闻、一点资讯、新浪、知乎、爱奇艺、腾讯视频、抖音、快手、小红书、B 站等。

（3）确定研究内容。

研究内容是获取竞争对手的广告主信息，包括投放广告主、广告主类型、投放频次，整理成如下表格形式，如表 3-9 所示。

表 3-9　T 公司竞争对手的研究内容

日期	竞争对手名称	投放广告主	广告主类型	投放频次/次
2023.1	抖音	雅诗兰黛	日化	6
2023.1	B 站	比亚迪	汽车	5
2023.1	快手	网易游戏	游戏	4
2023.1	腾讯新闻	七猫	网服	2
2023.1	知乎	安德玛	服饰	1
2023.1	新浪	大疆	3C 电子	2
2023.1	小红书	迪奥	日化	4
......	......	......	......	......

（4）设计搜集信息的渠道。

如何获取这些信息？由于需要每日获取 10 多个竞争对手的信息，频率高且信息量大，因此决定采用技术手段获取。由技术团队每日截取竞争对手的开屏广告素材，自动分析并识别出广告主信息。

（5）鉴别信息。

商业分析团队对技术团队识别出的广告主信息进行数据清洗、验证和匹配。

（6）拼图对比，输出结论。

之后，商业分析团队把竞争对手的广告主信息和 T 公司的广告主信息进行对比（见图 3-5），通过对比将广告主划分为 3 类。

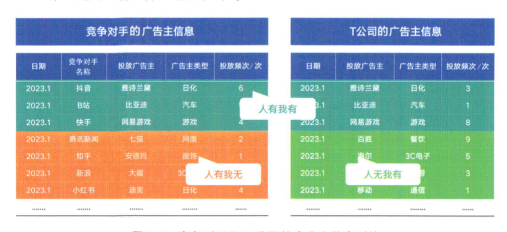

图 3-5　竞争对手和 T 公司的广告主信息对比

- 第一类：竞争对手有 T 公司也有的广告主，叫作"人有我有"。
- 第二类：竞争对手没有 T 公司有的广告主，叫作"人无我有"。
- 第三类：竞争对手有 T 公司没有的广告主，叫作"人有我无"，即 T 公司要关注的商机。

T 公司针对不同类型的广告主，应该采取不同的跟进策略，如图 3-6 所示。

图 3-6 不同类型广告主的跟进策略

- 第一类"人有我有"的广告主：采取关系加强策略，以获取更多的广告投放预算。
- 第二类"人无我有"的广告主：这是 T 公司最忠诚的客户，采取重点维护策略，防止客户发生转移。
- 第三类"人有我无"的广告主：这是潜力未开发的客户，采取销售开发策略，商业分析团队须按行业将线索提供给销售人员，由销售人员联系并开发这些新客户。

针对第三类商机客户，商业分析团队将广告主的线索提供给销售人员后，是不是就可以高枕无忧了？销售人员开发的结果是什么？如何追踪这个结果？因此，还需要有进一步的开发策略，可以制定 Loss Review（丢失客户追踪开发）分析机制，具体如图 3-6 所示。

（1）销售人员按照线索联系与拜访客户，反馈拜访结果。

（2）商业分析团队联合销售人员进行 Loss Review，即分析广告主投放竞争对手而不投放 T 公司的原因。

（3）根据原因，T 公司制订客户持续跟进计划，或者是优化产品，或者是实行政策优惠等措施。

（4）销售人员拿着改进方案进一步游说客户，直到客户签单为止。

第 4 章

知己——剖析"所在的公司和业务"

在第 3 章中，我们介绍了如何通过"竞争对手研究"，做到"知彼"。在本章中，将介绍如何通过"所在的公司和业务剖析"，做到"知己"。

对自身公司的剖析，采用的方法比较有趣，主要通过填充画布、作图和使用模型的方法进行如下多维度的刻画与分析。

（1）填充商业模式画布的 9 个方格，就可以梳理出自身公司的商业模式。

（2）绘制一张组织架构图，就可以弄清楚自身公司的人力配置。

（3）画出一张逻辑图、一张流程图和一张架构图，就可以了解所在业务是如何运转起来的。

（4）使用 2 种模型，就可以分析出自身公司的竞争环境和竞争实力。

4.1 一页纸梳理自身公司的商业模式——商业模式画布

管理学大师彼得·德鲁克说过："当今企业之间的竞争，不是产品和服务之间的竞争，而是商业模式之间的竞争。"可见商业模式的重要性。

到底什么是商业模式？《商业模式新生代》是一本对商业模式进行系统阐述的书。该书给商业模式的定义是："商业模式描述了一个企业如何创造价值、传递价值和获取价值的基本原理。"这个概念可以通过商业模式画布很好地阐述和解释出来。

4.1.1 商业模式画布是干什么的

商业模式画布（Business Model Canvas，BMC）也是在《商业模式新生代》这本书中提出来的。商业模式画布是一种用于系统梳理商业模式的思维方式和工具，可以描述和评估公司的商业模式，展示公司创造产品和服务、推广和创造收入的逻辑。

更重要的是，通过商业模式画布，可以把一家公司的战略规划和商业模式仅用一页纸就描绘出来，而不需要再写一份庞大的商业计划书。得益于这种精简、高效的模式，商业模式画布在全世界流传开来，至今仍未过时。在此画布的基础上还衍生出了很多经典的其他画布，如美国学者阿什·莫瑞亚提出的精益创业画布。

商业模式画布将一家公司的商业模式拆分成九大模块，如图 4-1 所示。这九大模块分别是：客户细分、价值主张、渠道通路、客户关系、收入来源、核心资源、关键活动、关键合作伙伴和成本结构。

图 4-1　商业模式画布

如果仔细审视这九大模块，就会发现其涵盖 4 个视角：客户、产品、基础设施及财务。这 4 个视角基本覆盖了一家公司最重要的业务和经营活动。

所以，商业模式画布是一个从四大视角、九大模块清晰梳理一家公司业务逻辑和商业模式的有效工具与思维模型，是剖析公司非常有效的方法。

4.1.2　商业模式画布的九大模块是什么

商业模式画布的九大模块究竟如何表达一家公司的商业模式呢？在整张画布里，以价值主张模块为分隔线，其右侧的 4 个模块"带来收入"，左侧的 4 个模块"产生成本"。

1. 客户细分（Customer Segments）

客户细分模块用来梳理公司的目标用户群体是谁，如何对目标用户群体进行细分，每个细分目标用户群体有什么共同特征。比如：

- 外卖平台的目标用户群体分为：白领群体、学生群体、社区群体。

- 联想电脑的目标用户群体分为：消费者群体（2C 群体）、企业群体（2B 群体）。
- 抖音的目标用户群体分为：观看短视频的用户群体、生产短视频内容的创作者群体、购买广告的广告主群体。
- 滴滴的目标用户群体分为：乘客用户群体、司机用户群体。

2. 价值主张（Value Propositions）

价值主张模块用来梳理公司为目标用户群体提供什么产品和服务，解决目标用户群体的什么问题，满足目标用户群体的什么需求。

这里要注意的是，不同的目标用户群体有不同的价值主张。比如，抖音和滴滴不同目标用户群体的价值主张如表 4-1 所示。

表 4-1　抖音和滴滴不同目标用户群体的价值主张

公司	目标用户群体	价值主张
抖音	观看短视频的用户群体	提供丰富且好看的视频
	生产短视频内容的创作者群体	提供视频分发路径，助其积累粉丝、获取收入
	购买广告的广告主群体	提供广告投放渠道，实现广告曝光和转化
滴滴	乘客用户群体	为用户提供及时、方便的打车服务
	司机用户群体	让司机有更多的订单，获取更多的收入

3. 渠道通路（Channels）

渠道通路模块用来梳理公司通过什么方式或渠道与目标用户群体沟通，向目标用户群体传达产品和服务的价值，实现产品和服务的售卖。

渠道通路通常分为实体渠道和网络渠道。

- 实体渠道：包括门店、网点、销售人员、促销人员等，如超市、餐厅等主要依托门店与用户沟通传递价值。
- 网络渠道：包括网站、App、小程序等。比如，抖音和滴滴不同目标用户群体的渠道通路如表 4-2 所示。

表 4-2　抖音和滴滴不同目标用户群体的渠道通路

公司	目标用户群体	渠道通路
抖音	观看短视频的用户群体	抖音 App
	生产短视频内容的创作者群体	抖音 App
	购买广告的广告主群体	巨量引擎（抖音的营销推广服务平台）
滴滴	乘客用户群体	乘客端 App
	司机用户群体	司机端 App

4. 客户关系（Customer Relationships）

客户关系模块用来梳理公司如何维护与目标用户群体之间建立的关系，以及维护什么样的关系。

目前，主流的方式是通过客服、自助服务、社群、会员、销售团队等维护与目标用户群体的关系。比如，抖音和滴滴不同目标用户群体的客户关系如表 4-3 所示。

表 4-3　抖音和滴滴不同目标用户群体的客户关系

公司	目标用户群体	客户关系
抖音	观看短视频的用户群体	App 自动化维护
	生产短视频内容的创作者群体	高粉创作者：网红运营团队维护 中低粉创作者：App 自动化维护
	购买广告的广告主群体	关键广告主：销售团队维护 中小广告主：App 自动化维护
滴滴	乘客用户群体	App 自动化维护
	司机用户群体	App 自动化维护

5. 收入来源（Revenue Streams）

收入来源模块用来梳理公司如何从每个细分目标用户群体中获取收入，以及通过什么方式获取收入。

收入来源包括售卖产品和服务、广告收入、佣金收入、会员收入等。比如，抖音和滴滴不同目标用户群体的收入来源如表 4-4 所示。

表 4-4　抖音和滴滴不同目标用户群体的收入来源

公司	目标用户群体	收入来源
抖音	观看短视频的用户群体	免费
	生产短视频内容的创作者群体	免费
	购买广告的广告主群体	广告收入
滴滴	乘客用户群体	免费
	司机用户群体	订单抽拥

6. 核心资源（Key Resources）

核心资源模块用来梳理公司需要哪些资源才能让目前的商业模式有效运转起来。

公司的核心资源可以是店面、资金、技术、专利、人才、品牌、供应链、渠道等。比如：

- 超市的核心资源是门店的地理位置和供应链。
- 抖音的核心资源是海量的用户、丰富的内容、高质量的广告主、高效的算法技术。
- 滴滴的核心资源是平台的算法技术、乘客和司机。

7. 关键活动（Key Activities）

关键活动模块用来梳理公司拥有了核心资源后，应该开展和从事什么样的业务活动，才能确保业务有效运转起来。比如：

- 联想电脑的关键活动是组装和生产电脑。
- 奢侈品店的关键活动是设计产品和宣传品牌。
- 超市的关键活动是采购和售卖商品。
- 抖音的关键活动是用户获取和运营、内容创造、广告主维护、平台维护、算法和技术升级。
- 滴滴的关键活动是平台维护、用户获取和运营（包括司机和乘客）。

8. 关键合作伙伴（Key Partnerships）

关键合作伙伴模块用来梳理公司在产业链上下游的合作伙伴有哪些，公司和它们的关系如何，合作关系如何影响公司。比如：

- 超市的关键合作伙伴是各种商品的供应商。
- 抖音的关键合作伙伴是各渠道媒体、MCN 机构、广告代理商、运营商。
- 滴滴的关键合作伙伴是运营商和出租车公司。

9. 成本结构（Cost Structure）

成本结构模块用来梳理公司为维持业务有效运转付出的成本。

成本包括软硬件成本、内容成本、获客成本、采购成本、原材料成本、租金、员工工资、分成等。比如：

- 超市的成本结构包括采购成本、租金、员工工资等。
- 抖音的成本结构包括获客成本、内容成本、广告代理商分成、软硬件成本等。
- 滴滴的成本结构包括软硬件成本、获客成本等。

4.1.3 案例：如何描绘抖音的商业模式画布

商业模式画布的核心就是九大模块。因此，在使用时，我们只要按照顺序依次填充 9 个方格即可，就像填充画布一样。但是要注意，九大模块的填充不是随便和随机的，要遵循一定的顺序。这里以抖音为例说明如何填充画布。

（1）确定目标用户群体。

抖音将其目标用户群体细分为 3 类：观看短视频的用户群体（视频观看者）、生产短视频内容的创作者群体（视频创作者）和购买广告的广告主群体（广告主）。

（2）确定目标用户群体的价值主张。

抖音为 3 类不同的目标用户群体分别提供不同的价值主张。

- 视频观看者的价值主张：提供丰富且好看的视频。
- 视频创作者的价值主张：提供视频分发路径，助其积累粉丝、获取收入。
- 广告主的价值主张：提供广告投放渠道，实现广告曝光和转化。

（3）确定接触用户的渠道通路。

抖音接触视频观看者和视频创作者的渠道通路是抖音 App，接触广告主的渠道通路是营销推广服务平台——巨量引擎。

（4）确定客户关系。

抖音采用不同的方式维护客户关系。针对视频观看者，通过 App 自动化维护。针对视频创作者，采用 App 自动化和网红运营团队两种维护方式，取决于视频创作者的等级和粉丝量。针对广告主，采用 App 自动化和销售团队两种维护方式，取决于广告主投放的金额多少。

（5）确定收入来源。

抖音对视频观看者和视频创作者免费，从广告主那里获取广告收入。

（6）确定核心资源。

抖音的核心资源是海量的用户、丰富的内容、高质量的广告主、高效的算法技术（高效的内容分发技术、精准的广告推荐技术）。

（7）确定关键活动。

为了保证业务正常运转，抖音的关键活动是用户获取和运营、内容创造、广告主维护、平台维护、算法和技术升级。

（8）确定关键合作伙伴。

抖音为了吸引更多的视频观看者，需要与各渠道媒体深度合作；为了更好地吸引和管理视频创作者，需要与 MCN 机构深度合作；为了开发和管理广告主，需要与广告代理商深度合作；为了维护平台的稳定，需要与运营商深度合作，获取网络和带宽资源。

（9）确定成本结构。

为了达成关键活动和维护关键合作伙伴关系，抖音的成本结构包括获客成本、内容成本（鼓励视频创作者和 MCN 机构生产内容）、广告代理商分成、软硬件成本等。

按照以上顺序填充 9 个方格，填充完成后，抖音的商业模式也就跃然纸上、水到渠成了。最终绘制完成的抖音的商业模式画布如图 4-2 所示。

图 4-2　抖音的商业模式画布

提示 在填充画布时，不同主题用不同颜色填充，只有这样才能完整地传递一条价值链。在图 4-2 中，蓝色代表视频观看者，墨绿色代表视频创作者，黄色代表广告主，绿色代表平台和技术。

这样每类目标用户群体的价值主张、渠道通路、客户关系、收入来源、核心资源、关键活动、关键合作伙伴和成本结构就可以完整地串联起来，组成一条故事链。

以黄色标注的广告主为例，抖音为广告主提供的价值主张为实现广告曝光和转化，通过巨量引擎将广告价值传递给广告主，通过 App 自动化和销售团队维护与广告主的关系，从广告主处获取广告收入。抖音的核心资源之一是高质量的广告主，围绕他们的关键活动是广告主维护，因此要与广告代理商深度合作，为此要支付给广告代理商提成或服务费。

4.2　一张图画出自身公司的组织架构——职能+业务+敏捷

公司商业模式的实现需要依靠员工。员工需要分工协作，明确岗位、责任和权力，并按一定形式组织起来，这就形成了公司的组织架构。有了组织架构，各个部门和业务线才能高效分工与合作，以达成公司的战略目标。

可以说，组织架构类似战争中的排兵布阵，是公司战略目标和业务布局的人力保障，服务于公司的战略和业务演进。通过了解一家公司的组织架构，可以形成对公司战略和业务的基本认知与判断。

提示　组织架构不是一成不变的，组织架构是公司战略和业务发展的"晴雨表"，它随着公司发展、业务变动、战略目标的变动而变动。

在一些快速变化的互联网公司中，组织架构变动非常快，有时几个月就会变动一次。

4.2.1　职能型组织架构：注重职能设置

组织架构其实是产品在人力安排中的呈现形式。当一家公司处于初创期或成长期时，公司通常只有一种产品，或者拥有几种产品但是相似度很高，那么它只要围绕这种产品，按职能设计组织架构，就能保证产品被生产和售卖出去。

大部分的初创型、成长型和中小型公司都按职能设计组织架构。这种组织架构也被称为职能型组织架构。职能型组织架构的部门通常分为产品、运营、销售、研发、采购、综合管理、财务和法务等。这几个部门通力合作，基本就可以支撑一家公司的目标和使命。

职能型组织架构可以用一张图绘制出来，如图 4-3 所示。

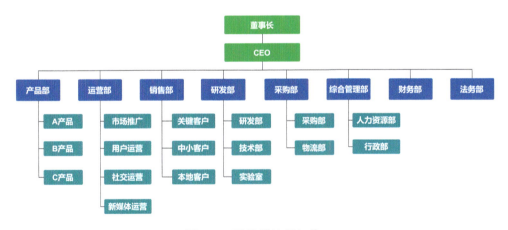

图 4-3　职能型组织架构

提示　职能型组织架构的优点和缺点。
- 优点是简单、易操作、易理解，且可以减少资源的重复和浪费。
- 缺点是部门之间容易出现不配合的现象。

4.2.2　事业部型组织架构：偏重业务发展

当一家公司逐渐发展壮大，产品逐渐丰富、业务逐渐多元化时，单一的职能型组织架构很难应对其多产品和多元化的发展。这时，事业部型组织架构就是更好的选择了。

事业部型组织架构就是按业务类型或产品类型将公司划分为若干个事业群/部，每个事业群/部再下设若干个业务线和业务组的组织形式。比如：

（1）腾讯事业群/部划分。

- 腾讯按业务类型划分为：企业发展事业群（CDG）、互动娱乐事业群（IEG）、技术工程事业群（TEG）、微信事业群（WXG）、云与智慧产业事业群（CSIG）、平台与内容事业群（PCG）。
- 微信事业群下设：微信、企业微信、QQ 邮箱、微信读书、秒剪、微信小程序、微信搜一搜、微信看一看、微信支付、微信听书、微信公众号、微信视频号等业务部。

（2）美团事业群/部划分。

- 美团按业务类型划分为：到店事业群、到家事业群、点评事业部、打车事业部、无人车配送事业部、买菜事业部、快驴事业部和优选事业部。
- 到店事业群下设：外卖事业部、配送部、闪购业务部、医药业务部、研发平台等。

事业部型组织架构可以用一张图绘制出来，如图 4-4 所示。

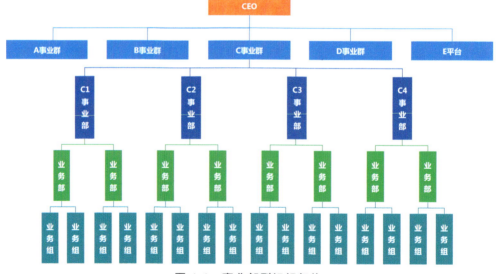

图 4-4　事业部型组织架构

提示　事业部型组织架构的优点和缺点。

- 优点是各事业群/部独立经营，能够发挥自主性和创造性。
- 缺点是容易造成人员和资源的重复与浪费。

4.2.3 "大中台，小前台"型组织架构：追求敏捷高效

为了提升数字化时代组织的快速反应能力，敏捷型的"大中台，小前台"型组织架构出现了。其由阿里巴巴于 2018 年提出，它将部分职能标准化，组成大中台，将业务灵活化，组成小前台。

> **提示**　"大中台，小前台"的理论来自美军的作战理论。
>
> 美军特种部队（小前台）活跃在战场一线，只由十几人甚至几人组成，却可以根据实际情况迅速决策，并引导进行精准打击。
>
> 精准打击的导弹往往从航母舰群（大中台）上发射而出，后方提供强大的侦查火力和后勤支援。
>
> 有了强大的航母舰群支持，前方的特种部队可以灵活地组成各种小组，去战场执行各种一线任务。正是这种灵活的特种小组，在战争中发挥了重要的作用，让美军在面对各种复杂战况时屡屡获胜。

在公司里，"大中台，小前台"的本质是资源的集中化和业务的敏捷化。

- 大中台资源集中化：大中台类似美军的航母舰群，通过集合整个公司的运营数据能力和产品技术能力，对各项前台业务形成强力支撑。大中台服务具备标准化。

> **提示**　在传统模式下，后台资源无法被前台高效使用，且更新与迭代迟缓。设置"大中台"就是为了提炼前台的共性需求，把后台产品做成标准化组件供前台使用。

- 小前台业务敏捷化：小前台类似美军的特种部队，每个业务团队都是一个小前台。通过中台提供的技术和数据支撑，前台部门关注于业务，负责完成业务的迅速和敏捷开发。小前台业务具备灵活性。

"大中台，小前台"型组织架构由两大部分构成。

1. 大中台架构

大中台必须具备一定的业务属性，为多项业务提供支撑和服务。这些平台可以划分为：

- 业务中台：把各项业务的共性总结出来，整合成通用的服务平台，如营销平台、支付平台、用户增长平台、商业化平台等。
- 技术中台：向各个业务团队提供通用的底层框架、引擎和中间件服务。
- 数据中台：向各个业务团队提供统一的数据采集和分析服务。
- 算法中台：向各个业务团队提供推荐、搜索、图像识别、语音识别等算法服务。

2. 小前台架构

小前台指在前线的各个业务团队。不同公司的业务不同，因此小前台也不同。比如：

- 阿里巴巴的小前台包括淘宝、天猫、菜鸟、聚划算、1688 等。
- 字节跳动的小前台包括抖音视频、今日头条、西瓜视频等。

"大中台，小前台"型组织架构可以用一张图绘制出来，如图 4-5 所示。

G事业群	H事业群	I事业群	J事业群	K事业群	L事业群
G1事业部	H1事业部	I1事业部	J1事业部	K1事业部	L1事业部
G2事业部	H2事业部	I2事业部	J2事业部	K2事业部	L2事业部
G3事业部	H3事业部	I3事业部	J3事业部	K3事业部	L3事业部
G4业务部	H4业务部	I4业务部	J4业务部	K4业务部	L4业务部

CEO — 小前台

业务中台			技术中台		
A中心	B中心	C中心	D中心	E中心	F中心
A1部门	B1部门	C1部门	D1部门	E1部门	F1部门
A2部门	B2部门	C2部门	D2部门	E2部门	F2部门
A3部门	B3部门	C3部门	D3部门	E3部门	F3部门

大中台

图 4-5　"大中台，小前台"型组织架构

4.3　3 张图描绘所在业务的业务模式——逻辑+流程+架构

一家公司是由大大小小的业务构成的。有的公司比较大，业务线可能有几十、几百条；有的公司比较小，业务线可能只有几条甚至一条。每项业务的业务逻辑、业务流程和业务架构都是不一样的。

所以，在对整体的公司有所了解后，还必须进一步剖析所在业务的业务模式。而一项业务的正常运转需要 3 个支撑点，如图 4-6 所示。

业务的底层逻辑　　业务的运转流程　　业务的管理模式

图 4-6　业务正常运转的 3 个支撑点

（1）业务的底层逻辑：业务的设计原理和赚钱逻辑是什么。

（2）业务的运转流程：业务是如何运转起来的。

（3）业务的管理模式：业务由哪些团队负责运转起来。

4.3.1　一张逻辑图厘清业务是如何赚钱的

在大学里学习的知识点，很多人都会觉得没用。为什么？原因就是没有理解知识点背后的底层逻辑，即为什么要学习这些知识点，它们能解决什么问题。在大多数人走上工作岗位后，会发现很多业务场景都需要用到大学里学到的知识点，如回归函数、时间序列和聚类分析等。到这时候，才理解这些知识点背后的逻辑，原来这些知识点是为了解决实际工作中存在的问题。在理解了知识点的底层逻辑后，我们不仅非常愿意去学习，而且很快就可以学会。这就是了解底层逻辑的重要性。

同样，每项业务诞生和运转的背后都是由一定的底层逻辑支撑的。业务的底层逻辑就是这项业务为什么存在，能解决什么问题，依靠什么赚钱。在我们摸透了业务的底层逻辑后，关于业务的一切问题就会迎刃而解。

如何摸透业务的底层逻辑？一项业务背后其实是人、物和钱的交易与流转。

（1）人。业务的参与者有哪些？他们之间的关系是什么？

（2）物。人和人之间交易的物品是什么？如何交易？

（3）钱。参与者之间的钱是如何支付、流转和分配的？

使用一张逻辑图就可以梳理清楚人、物和钱之间的关系。

举个例子，X 短视频公司旗下的 Y 业务，负责网红和广告主之间的交易。图 4-7 是 Y 业务的逻辑图，观察这张图，我们就可以厘清 Y 业务的底层逻辑。

图 4-7　X 短视频公司 Y 业务的逻辑图

（1）人。

业务的参与者包括广告主、Y 业务平台、网红。广告主和网红通过 Y 业务平台建立联系，Y 业务平台相当于中间人的角色。

（2）物：广告。

这三者之间交易的物品是广告。

当广告主有广告投放需求时，会通过 Y 业务平台与网红建立联系，网红评估后接受需求。之后，网红开始制作广告，制作完成后上传至 Y 业务平台，平台负责广告的分发。广告分发后，广告主通过广告获得流量，达成广告投放目的。

（3）钱。

广告主达成广告投放目的后，支付钱款给平台。平台接受钱款后，抽取一部分佣金，将剩余的部分按时打款给网红，网红最终就可以获得收入。

广告主支付广告费用，Y 业务平台和网红共同分割这部分收入。

所以，Y 业务就是一个服务广告主和网红的中间服务平台，一方面让广告主获得流量，另一方面让网红获得收益。其依靠提供服务抽取佣金获得收入。

4.3.2 一张流程图揭示业务是如何运转起来的

明确了业务的底层逻辑后，还需要使其运转起来才有实际意义和业务价值。一项业务是由诸多流程构成的。只有诸多流程的顺畅运转和衔接，才能让一项业务良性运转起来。流程包括用户注册流程、转化流程、分享流程、下单流程和支付流程等。

使用一张流程图就可以梳理清楚各流程之间的衔接关系，判断业务是如何运转起来的。仍以 X 短视频公司旗下的 Y 业务为例，图 4-8 是 Y 业务的流程图，观察这张图，我们就可以知道 Y 业务是如何运转起来的。

图 4-8　X 短视频公司 Y 业务的流程图

（1）广告主的运转。

广告主不是一上来就愿意在 Y 业务平台发出广告投放需求的，而是要经历 3 个流程：销售人员跟进和维护广告主、广告主入驻平台、广告主发出广告投放需求。

提示 这些流程由"销售团队"负责跟进。

（2）网红的运转。

网红也不是一上来就能够在 Y 业务平台接单的，也要经历 3 个流程：网红运营人员跟进和维护网红、网红入驻平台、网红活跃具备接单能力。

提示 这些流程由"网红运营团队"负责跟进。

（3）网红和广告主的交易运转。

广告主愿意发出广告投放需求，网红具备接单能力了，但网红和广告主的交易要想顺利达成，还必须经历 4 个流程。

● 广告主和网红能够建立联系。
● 广告主的需求和网红的供给能够双向匹配，达成合作意向。
● 网红能够按时履约交付广告主要求的广告。
● 广告主能够按时支付广告费用。

提示 这些流程由"履约服务团队"负责跟进。

4.3.3　一张架构图展现业务是如何被管理的

流程的运转和衔接离不开人的管理。人多了就会组成团队，团队必须按一定的形式组织起来才能高效管理和执行。

使用一张架构图就可以梳理清楚业务是如何被管理的。仍以 X 短视频公司旗下的 Y 业务为例，图 4-9 是 Y 业务的架构图，观察这张图，我们就可以知道 Y 业务是如何被管理的。

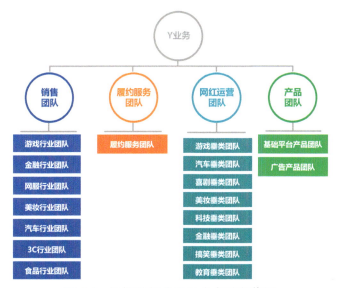

图 4-9　X 短视频公司 Y 业务的架构图

（1）广告主管理。

为了保证广告主流程的顺畅运转，以便有更多的广告主发出更多的广告投放需求，专门设立销售团队负责广告主的跟进和维护。

由于广告主来自不同的行业，不同行业广告主的广告投放存在差异。因此，销售团队按行业划分为 7 个行业团队。

（2）网红管理。

为了保证网红流程的顺畅运转，以便有更多的网红具备接单能力和接单意愿，专门设立网红运营团队负责网红的跟进、维护、运营、教育和赋能。

由于网红深耕的垂类内容不同，不同垂类的网红的活跃和接单能力不同。因此，网红运营团队按内容垂类划分为 8 个垂类团队。

（3）网红和广告主的交易管理。

为了保证网红和广告主能够达成交易，专门设立履约服务团队负责双方的联系合作和广告的履约交付。

（4）产品管理。

为了保证平台的稳定、功能的好用及广告的效果，专门设立产品团队负责产品的维护和升级。产品团队根据产品的不同功能划分为基础平台产品和广告产品 2 个团队。

4.4　2 种模型对比自身公司和竞争对手的竞争实力——五力竞争模型+竞争态势矩阵

了解了公司的商业模式、组织架构和业务模式后，还需要进一步剖析公司所处的竞争环境和公司的竞争实力。

竞争环境是指公司在被现有竞争者（竞争对手）、替代品、潜在进入者、供应商和购买者包围的环境里处于什么样的境地，竞争压力如何，处于被动或主动地位。竞争环境主要使用"五力竞争模型"进行剖析，它是一种定性的剖析方法。

竞争实力是指公司与其他竞争者相比，实力如何，优势和劣势在哪里。竞争实力主要使用"竞争态势矩阵"进行评估，它是一种定量的评估方法。

4.4.1　五力竞争模型：判断自身公司所处的竞争环境

五力竞争模型是由迈克尔·波特提出的，可以用来分析自身公司所处的竞争环境。五力竞争模型认为一家公司的竞争环境受 5 种力量影响。这 5 种力量分别是购买者的议价能力、供应商的议价能力、现有竞争者的竞争程度、替代品的威胁、潜在进入者的威胁，如图 4-10 所示。

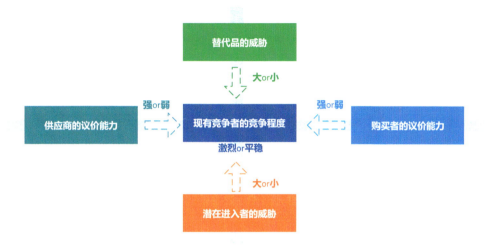

图 4-10　五力竞争模型

1. 购买者的议价能力

购买者的议价能力越强，公司面临的竞争压力就会越大；购买者的议价能力越弱，公司面临的竞争压力就会越小。那么，什么情况下购买者的议价能力强？什么情况下购买者的议价能力弱？

- 当公司售卖的是标准化产品时，购买者的议价能力较强；当公司售卖的是差异化产品或品牌产品时，购买者的议价能力较弱。
- 购买者的总数较少，且每个购买者的购买数量较大时，购买者的议价能力较强；反之，则较弱。

2. 供应商的议价能力

供应商的议价能力越强，公司面临的竞争压力就会越大；供应商的议价能力越弱，公司面临的竞争压力就会越小。那么，什么情况下供应商的议价能力强？什么情况下供应商的议价能力弱？

- 供应商所在行业的集中度越高，供应商的议价能力越强；供应商所在行业越分散，供应商的议价能力越弱。
- 供应商提供的产品替代性越弱，供应商的议价能力越强；供应商提供的产品替代性越强，供应商的议价能力越弱。
- 公司采购量越小，供应商的议价能力越强；公司采购量越大，供应商的议价能力越弱。

3. 现有竞争者的竞争程度

现有竞争者的竞争越激烈，对公司越不利，公司面临的竞争压力越大。一般情况下，公司所处行业越分散、产品标准化程度越高、行业发展越慢、进入壁垒越低、退出壁垒越高，现有竞争者的竞争越激烈。

4. 替代品的威胁

一般情况下，消费者对替代品越喜欢，替代品的产品、服务和性能越好，替代品的威胁就会越大，公司面临的竞争压力就会越大。

5. 潜在进入者的威胁

进入壁垒越低，公司构建的护城河越窄，潜在进入者的威胁越大，公司面临的竞争压力越大。

所谓的壁垒和护城河，是公司在自己的业务范围内砌成一堵又高又硬的墙，挖出一条又长又宽的河，形成自己特有且坚固的优势，其他的进入者很难突破这堵墙，越过这条河，"蚕食"公司目前的市场份额。

因此，通过构建坚硬的竞争壁垒和宽阔的护城河，公司就可以在既有市场或行业里持续保持领先地位，源源不断地获取利润，保持公司基业长青。有的公司构建的竞争壁垒比较强，有的比较弱。总结下来，有如下几种（见表 4-5）。

表 4-5　竞争壁垒的类型和强弱

竞争壁垒类型	竞争壁垒强弱	典型公司或行业
网络壁垒	强	微信、Meta 等
技术壁垒	强	Google、飞机制造商、光刻机等
品牌壁垒	强	LV、Chanel、世界 500 强等
资金壁垒	强	银行、投行、金融机构等
政府法律壁垒	强	支付、电力、水电、石化等
规模壁垒	中	滴滴、美团等
专利壁垒	中	微软、华为、三星等
数据壁垒	中	蚂蚁金服等
转换壁垒	中	苹果等
价格壁垒	弱	沃尔玛等
渠道壁垒	弱	可口可乐等
地域壁垒	弱	王老吉等

6. 案例：公司所处的竞争环境

5 种力量交织在一起，构成了一家公司所处的竞争环境。通过分析，可以判断出 5 种力量的强弱，从而评估出自身公司的竞争压力和竞争地位。

- 现有竞争者的竞争越激烈，潜在进入者和替代品的威胁越大，供应商和购买者的议价能力越强，代表自身公司面临的 5 种力量越强大。公司面临的竞争压力越大，在竞争中越占据被动地位。
- 现有竞争者的竞争越平稳，潜在进入者和替代品的威胁越小，供应商和购买者的议价能力越弱，代表自身公司面临的 5 种力量越弱小。公司面临的竞争压力越小，在竞争中越占据主动地位。

以微信、瑞幸、茅台和抖音为例，它们面临的 5 种力量强弱、自身的竞争压力和竞争地位如表 4-6 所示。

表 4-6　不同公司/业务面临的 5 种力量强弱、自身的竞争压力和竞争地位

		公司/业务			
		微信	瑞幸	茅台	抖音
五力竞争模型	现有竞争者的竞争程度	几乎没有竞争	竞争激烈	竞争平稳	竞争激烈
	潜在进入者的威胁	小（网络壁垒）	大	小（品牌壁垒）	中（技术壁垒）
	替代品的威胁	小	大（茶/果汁/饮料）	小	中（游戏/教育/音乐）
	供应商的议价能力	弱	强	弱	中
	购买者的议价能力	弱（转换成本高）	强（转换成本低）	弱（品牌力强）	强（转换成本低）
5 种力量强弱		弱	强	弱	中
自身的竞争压力		小	大	小	中
自身的竞争地位		主动	被动	主动	较为主动

4.4.2　竞争态势矩阵：确认自身公司相比竞争对手的实力和优劣势

在通过五力竞争模型分析自身公司所处的竞争环境后，就可以再借助竞争态势矩阵研究自身公司与竞争对手的差距具体在哪里。

1. 竞争态势矩阵是干什么的

举个例子，Jack 是一名大学毕业生，马上面临就业的问题。他想分析一下自己在就业市场的竞争情况，以便更好地做出就业选择。

Jack 用五力竞争模型判断出自己在就业市场的竞争压力还是比较小的，处于主动选择的地位。主要原因是学校属于"双一流"建设高校，专业热门且排名前 5，加之所学的专业具有技术壁垒，潜在进入者和替代品的威胁比较小。了解了自己的就业竞争环境后，他对自己非常有信心。因此，申请了一家顶尖公司的岗位，想判断自己与其他竞争对手的竞争实力。

这时，他又做了一个分析。首先把用人单位关注的因素列举出来，接着通过各种渠道打听到了其他竞争对手的信息，然后采用给自己和竞争对手打分的方式，最终计算出了各自的得分，如图 4-11 所示。

竞争关键因素		权重	Jack		竞争对手A		竞争对手B	
			评分/分	加权分数/分	评分/分	加权分数/分	评分/分	加权分数/分
教育背景	毕业院校	0.15	3	0.45	4	0.60	3	0.45
	学历学位	0.10	3	0.30	4	0.40	3	0.30
专业	专业匹配度	0.10	3	0.30	3	0.30	4	0.40
	学校专业排名	0.10	3	0.30	3	0.30	4	0.40
学习能力	论文发布情况	0.05	4	0.20	1	0.05	4	0.20
	奖学金	0.05	4	0.20	2	0.10	4	0.20
	平均成绩	0.10	4	0.40	2	0.20	4	0.40
社交能力	社团活动	0.02	2	0.04	4	0.08	2	0.04
	出国交换	0.05	2	0.10	4	0.20	2	0.10
	其他社会活动	0.03	1	0.03	4	0.12	1	0.03
实习经历	实习次数	0.05	2	0.10	2	0.10	1	0.05
	实习公司知名度	0.15	2	0.30	3	0.45	3	0.45
个人形象	身高	0.01	2	0.02	3	0.03	3	0.03
	体重	0.02	3	0.06	1	0.02	3	0.06
	颜值	0.02	4	0.08	1	0.02	2	0.04
总分		1.00	42	2.88	41	2.97	43	3.15

图 4-11　Jack 和竞争对手的竞争态势矩阵

通过得分对比，发现自己的竞争实力最弱（加权分数仅 2.88 分）。虽然 Jack 的学校和专业均不错，但其他竞争对手也不差。加之 Jack 平时只注重学习，在社交能力和实习经历上并没有构建明显优势。因此，Jack 判断自己拿到 Offer 的可能性比较小，要做好申请其他公司的准备。

Jack 在图 4-11 中使用的这种分析方法就叫竞争态势矩阵（Competitive Profile Matrix，CPM）。在商业活动中，竞争态势矩阵主要用于确认自身公司相比竞争对手的竞争实力、优势和劣势。

2. 竞争态势矩阵的五大构成部分

仔细观察图 4-11 就会发现，竞争态势矩阵由 5 部分构成。

（1）竞争关键因素。

它是影响自身公司和竞争对手的关键因素，需要结合行业的实际情况进行列举。比如，市场份额、产品功能、产品质量、产品价格、用户规模、用户忠诚度、渠道规模、推广渠道、供应链等。

（2）权重。

权重是根据每个竞争关键因素对公司成功经营的相对重要程度确定的，需要人为设定。每个竞争关键因素设置一个权重，所有竞争关键因素权重之和需要等于 1。

通常不同的人由于主观意识影响，会设置不同的权重。因此，在设置权重时，可请行业专家协助或团队内部讨论确定。

（3）竞争对手。

竞争对手的研究需要耗费大量的时间和精力。因此，需要根据研究目的选择合适的竞争对手进行研究。

（4）评分和加权分数。

评分是对自身公司和竞争对手的表现进行打分。评分值的区间为 1～4 分，其中：1 分代表最弱，2 分代表次弱，3 分代表次强，4 分代表强。

将每个竞争关键因素的评分乘以其对应的权重就可以得到加权分数。加权分数是考虑每个竞争关键因素的重要程度而调整的分数，也是最终评判时使用的分数。

> **提示**　如果竞争关键因素无法用量化的数据表示，而是定性的描述，在评分时就会带有主观色彩，不同的人就会给出不同的评分。此时，需要专家或团队资深成员打分取平均值。

（5）总分。

总分是将各项竞争关键因素的得分加总后得出的分数，分为原始评分和加权分数。在进行最终对比时，我们要使用加权分数，据此判断自身公司和竞争对手的竞争实力。

3. 如何使用竞争态势矩阵

按照竞争态势矩阵的五大构成部分，依次填充内容即可画出竞争态势矩阵。

（1）根据行业实际情况，确定竞争关键因素。

（2）根据竞争关键因素的重要程度，确定权重，权重之和为 1。

（3）筛选主要竞争对手。

（4）依次对自身公司和竞争对手的每个竞争关键因素进行打分。

（5）将分数与权重相乘，得出每个竞争关键因素的评分和加权分数。

（6）将每个竞争关键因素的评分和加权分数分别相加，即可获得自身公司和竞争对手的总分。依据总分，即可判断出自身公司和竞争对手的竞争实力。

4. 竞争态势矩阵的优缺点

竞争态势矩阵的优点是将各个竞争对手的对比量化，可以判断出其竞争实力的大小，发现自身公司的优势和劣势。

但是，其缺点也很明显。竞争关键因素的确定、权重的设置、自身公司和竞争对手的打分都带有主观性，一千个人可能得出一千个结论。

第 3 篇

商业分析的量化：数据

第5章

搭建业务的"晴雨表"——数据指标体系

在第2篇中，我们介绍了如何了解行业、竞争对手、所在的公司和业务。在对业务充分熟悉之后，就可以对业务进行量化了。为什么要进行"量化"呢？"量化"就那么重要吗？

先快速扫描一下没有"量化"的世界是什么样子的。描述胖瘦时，我们往往会说"她很胖"；描述身体健康状况时，我们往往会说"他不健康"；描述天气时，我们往往会说"天很热"。这些描述没有统一的标准，很难得出准确判断。往往一个人眼中的"胖"和"不健康"在另一个人眼中就很正常；这个人感受的"天气热"在另一个人的感受里是"温度刚刚好"。

有了"量化"后的世界是什么样子的？描述胖瘦时，我们往往会说"她目前的体重是 50kg"；描述身体健康状况时，我们往往会说"他目前的收缩压接近 150mmHg"；描述天气时，我们往往会说"今天的温度是 28℃"。

"量化"的好处显而易见：有了"量化"，人们就能用统一的标准去衡量和评判事物，就可以从"主观"升级到"客观"，从"感性"上升到"理性"，从"模糊"晋级到"准确"了。

如何进行量化？在衡量胖瘦时，"体重检测表"出现了；在诊断健康度时，"健康体检表"问世了；在预测天气时，"晴雨表"诞生了。而在评价商业和业务时，也有类似的表降生，我们称之为"数据指标体系"。

数据指标体系就是业务的"晴雨表"，通过它可以准确地衡量业务，判断出业务是好还是坏，是正常还是异常，是该大力投入还是该缩减投资，是该进入市场还是该及时退出业务。有了数据指标体系，管理层在做决策时，就有"数据"和"论据"可依，避免主观臆断带来的不理性和高风险。

5.1　"晴雨表"的最小单元：数据指标

正如"体重检测表"中包含"体重""BMI""体脂率"等诸多指标，"健康体检表"中包含"血压""血糖""血脂"等系列指标，"晴雨表"中包含"温度""风力""湿度"等各种指标，商业分析领域的"数据指标体系"中也包含各种各样的数据指标。

这些数据指标是构成数据指标体系的基本单元，是评判和衡量业务的最小度量。因此，想要搭建数据指标体系，以科学的方法量化业务、熟悉数据指标必不可少。正如学习时"不积跬步，无以至千里"，在商业分析工作中，"不学数据指标，则无法搭体系；不会搭体系，则无法量业务"。

5.1.1　数据指标的 3 个构成要素：维度+计算公式+度量

如何设计和使用数据指标？以衡量人的身高为例，有以下两种描述。

- 身高 170cm。
- 男性身高 170cm。

这两种对身高的描述是否正确？都不正确，因为这两种说法都无法判断所描述的男性是高还是矮。具体体现在 3 个方面。

- 不确定这个男性是个人还是群体，在哪个国家、哪个区域。
- 不确定是什么时候的身高，是 10 年前测量的还是现在测量的。
- 不确定是平均身高、最大身高还是最小身高。

对身高的一种正确描述是"中国南方男性在 2022 年年底测量的平均身高是 170cm"。通过这种描述，能够得出 3 个判断。

- 中国是国家维度，南方是地区维度，男性是性别维度，2022 年年底是时间维度。通过这些维度可以判断出，这句话描述的是 2022 年年底中国南方的男性群体身高。
- 平均身高是计算公式，它既不是最大身高，也不是最小身高。
- cm 是度量单位，它代表的是 170cm，既不是 170m，也不是 170mm。

据此可以得出一个较为准确的判断：这群人的身高是偏低的。（注：此案例仅介绍数据指标，不代表真实情况。）

由此，得出数据指标的 3 个构成要素，分别是维度、计算公式和度量。这 3 个构成要素缺一不可，有了它们，数据指标才能发挥准确衡量的价值。缺少了其中任何一个，就无法准确地衡量和判断事物（放到商业场景中说，就是指无法评价业务的好坏）。常见的数据指标及其价值如表 5-1 所示。

表 5-1 常见的数据指标及其价值

场景	数据指标	价值
生活场景	体重	评估一个人的胖瘦
	身高	评估一个人的高矮
商业场景	收入	评估一家公司的营收能力
	GMV	评估电商和零售公司的体量
	DAU	评估平台的活跃用户规模

5.1.2 数据指标的类型

1. 北极星指标、二级指标和三级指标

根据不同的标准，数据指标可以划分为不同的类型。按照拆解的不同层级，数据指标可以划分为北极星指标、二级指标和三级指标。

- 北极星指标是一级指标，它是一家公司关键和最重要的业务指标，它直接承接公司的战略和发展目标。公司制定的发展目标是否能实现，通过观察北极星指标就可以发现。
- 二级指标承接北极星指标，按照一定的逻辑和规则对北极星指标进行进一步的拆解，最终的目的是把一个大目标拆解为若干个可以落地执行的小目标。
- 三级指标承接二级指标，按照一定的逻辑和规则对二级指标进行进一步的拆解。

（1）以电商公司为例，其北极星指标为净 GMV，将净 GMV 按"量"乘以"价"的逻辑公式拆解为"购买用户数"和"实付客单价"2 个二级指标。

（2）对于"购买用户数"，按照乘积的逻辑公式拆解为"总用户数"和"转化率"2 个三级指标。

（3）对于"实付客单价"，按照相减的逻辑公式拆解为"客单价"和"补贴"2 个三级指标。

这个三级指标体系构成了一家电商公司最基础的数据指标体系，如图 5-1 所示。

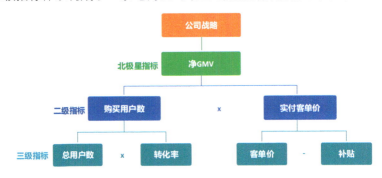

图 5-1 电商公司的北极星/二级/三级指标

2. 结果指标和过程指标

按照在业务中发挥的不同作用，数据指标可以划分为结果指标和过程指标。

- 结果指标：能够反映业务最终目标的指标，通常用于复盘和评价一项业务或活动的结果。
- 过程指标：对最终结果产生影响的中间指标。过程指标通常由两个及以上的指标构成，其中的单一指标不能反映最终结果，却可以影响最终的结果指标。有一个过程指标出现问题，就可能导致最终结果达不到预期。因此，过程指标一般用于监控，需要做高频率和实时性的追踪。

仍以电商公司为例，电商公司的一个重要目标是让更多的人购买商品，用一个指标衡量就是"购买用户数"。这个"购买用户数"就是一个结果指标，主要用来评价电商业务的交易结果。

"购买用户数"是从"总用户数"一步一步转化而来的，用户中间要经历进店、加购、支付、支付成功环节，各个环节对应的指标（如"进店率""加购率""支付率""支付成功率"）均对"购买用户数"产生影响。只有将它们做好了，"购买用户数"才能持续提升。这些指标不是电商公司追求的最终目标，却影响了最终目标，它们构成了过程指标，主要用于监控，如图 5-2 所示。

图 5-2 电商公司的结果指标和过程指标

3. 规模类指标、质量类指标、收入类指标和成本类指标

按照产品所处生命周期的不同阶段，数据指标可以划分为规模类指标、质量类指标、收入类指标和成本类指标，其作用及举例如表 5-2 所示。这种方法通常在用户拉新和运营业务上使用较多。

表 5-2　规模类指标、质量类指标、收入类指标和成本类指标的作用及举例

数据指标类型	作用	举例
规模类指标	评价用户规模	下载用户数、注册用户数和活跃用户数
质量类指标	评价用户质量	用户在线时长、用户每日打开次数、用户点赞率、用户转化率、用户评论率
收入类指标	评价用户贡献收入	客单价、LTV（生命周期价值）
成本类指标	评价用户获取成本	CAC（用户获取成本）

5.2 "晴雨表"的核心：北极星指标到底该怎么确定

北极星指标是一家公司最重要的指标，它像夜晚的北极星一样，指引公司全体人员朝着制定的同一目标的方向努力，它是指路灯和方向。

同时，北极星指标也是其他数据指标的基础，其他数据指标的搭建和设计都要围绕北极星指标开展。因此，量化业务的首要工作就是确定北极星指标。确定北极星指标主要分 3 步走，如图 5-3 所示。

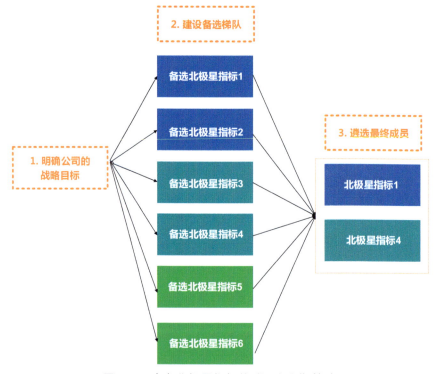

图 5-3　确定北极星指标的"3 步走"策略

5.2.1 明确公司的战略目标

公司的战略目标不是拍脑门决定的,而是综合考虑行业、竞争对手、产品类型和产品生命周期确定的,如表 5-3 所示。

表 5-3 制定战略目标需要考虑的因素

影响战略目标制定的因素	具体描述
行业	是增量市场还是存量市场
竞争对手	竞争格局是否稳定
	竞争态势是否激烈
	竞争壁垒是否坚固
产品类型	是社交、游戏、工具、内容、电商、SaaS(软件即服务),还是其他类产品
产品生命周期	引入期、成长期、成熟期、衰退期

首先,要考虑公司所处的行业是增量市场还是存量市场;其次,要考虑公司所处的竞争格局是否稳定、竞争态势是否激烈,以及竞争壁垒是否坚固;接着,要熟悉公司的产品类型,是社交、游戏、工具、内容、电商、SaaS,还是其他类产品;最后,要判断公司产品处在生命周期的哪个阶段。

只有将这 4 个因素都考虑到了,才能制定出符合公司实际的战略目标。战略目标明确了,各团队的策略才具备可执行性和落地性。

5.2.2 建设备选梯队

确定了战略目标之后,公司的业务重心也就明确了,这时就可以罗列出一些指标来对战略目标和业务重心进行量化。这些指标是北极星指标的备选梯队,可以罗列出多个指标备选,但是要遵循 3 个原则。

1. 备选北极星指标一定是可拆解的

北极星指标是公司全体上下需要共同完成的指标,这个指标必须可以进行拆解,可以将目标、策略和责任落实到相应的业务部门。

2. 备选北极星指标必须遵循 SMART 原则

北极星指标必须是具体的、可衡量的、可实现的、可关联的、有时间限制的。
- "规模""利润""质量"这些指标不能作为北极星指标,因为它们不够具体,没办法衡量,没办法实现,也没有时间限制。
- "GMV""毛利润率""用户在线时长"这些指标遵循了 SMART 原则,可以作为北极星指标。

提示 SMART 是 5 个英文单词的缩写。
- S：Specific，代表具体的。
- M：Measurable，代表可衡量的。
- A：Attainable，代表可实现的。
- R：Relevant，代表可关联的。
- T：Time-bound，代表有时间限制的。

3. 备选北极星指标既要体现对规模的追求，又要考虑用户长期价值

公司在扩大用户规模或收入规模时，为了短期利益，往往会损害用户长期价值，而用户长期价值的损害往往又不利于公司规模的进一步扩大，进而会对公司的长期发展产生影响。因此，在制定目标时一定要考虑规模和用户长期价值的平衡，本质上说是平衡"长期利益"和"短期利益"的关系。

提示 以互联网广告公司为例，其增加广告位可以扩大收入规模，但过多的广告会导致用户流失，这样在制定目标时既要考虑"广告收入规模"，又要考虑"用户流失"问题。

5.2.3 遴选最终成员

从备选梯队中选出一到两个指标，就可以确定最终的北极星指标了。根据什么样的标准进行选择，这时要遵守"不唯一"和"不永恒"2 个标准。

1. 北极星指标不是唯一的，可以引入反向互斥指标互相制衡

- 短视频公司为了追求收入会导致用户黏性下降，这时可以引入"收入"和"用户在线时长"2 个北极星指标互相制衡。
- 电商公司一味追求 GMV 增长就容易忽视用户退费问题，这时可以引入"GMV"和"退费率"2 个北极星指标互相制衡。

2. 北极星指标不是永恒和一成不变的

北极星指标不是说确定了就要永远遵循，而应该与时俱进，随着公司战略目标和业务重心的变化而变化。

- 外卖平台在初创期会关注"用户数量"，进入高速发展期则需要关注"GMV"，到了成熟期就会关注"利润"。
- 短视频内容平台在初创期会关注"用户数量"，用户规模达到瓶颈进入成长期，就会关注"用户在线时长"，进入成熟期就会关注"收入"。

5.3 经典问题：你会用哪些数据指标评价一款 App

不管是在面试中，还是在实际工作中，从事商业分析的人大概率会碰到一个经典问题：你会用哪些数据指标评价一款 App。这个问题看起来简单，其实背地里考察的是一个人的综合知识和素质。

具体来说，主要考察 3 个方面的知识点：①对 App 分类的了解度；②对北极星指标的熟悉度；③对指标拆解的掌握度。回答这个问题，要分 4 个步骤。

5.3.1 明确 App 的类型，挑选最熟悉的 App

目前市场上主流的 App 分为内容、社交、电商、工具和游戏 5 类，其特点如表 5-4 所示。从这些主流的 App 中挑选出一个最熟悉的，接着进入第二步。

表 5-4 主流 App 的类型和特点

App 类型	App 特点	举例
内容类 App	以输出内容获取用户，通过广告获取收入	抖音、快手、网易新闻、腾讯新闻等
社交类 App	以提供聊天、交友、通信等获取用户，通过广告、会员和增值服务获取收入	微信、陌陌、Meta、Soul 等
电商类 App	促成买卖双方的交易，通过佣金、服务费和价差等获取收入	天猫、京东、拼多多、美团、饿了么等
工具类 App	以提供特定的功能（如天气查询、程序下载、云空间、美颜等）获取用户，通过广告和增值服务获取收入	墨迹天气、应用宝、百度网盘、美图秀秀等
游戏类 App	以游戏获取用户和收入	腾讯游戏、网易游戏、三七互娱等

5.3.2 针对不同的 App 类型，罗列备选北极星指标

不同类型的 App，由于其产品特性、业务类型和商业模式不同，因此其北极星指标也是不同的。选择好最熟悉的 App 后，根据 App 的类型和特点，罗列备选北极星指标，接着进入第三步。

1. 内容类 App

用户数量越多，浏览内容的时间越长，内容点击率越高，视频播放完成率越高，用户对 App 的黏性和依赖性越强，用户为 App 贡献的价值越大。

因此，内容类 App 的北极星指标以 DAU、用户在线时长、CTR（点击率）和收入等为主。

2. 社交类 App

用户数量越多，用户的关系越紧密，互动频次越高，使用时长越长，用户越离不开 App，为 App 贡献的价值也就越大。

因此，社交类 App 的北极星指标以 DAU、互动量、关系数量、用户在线时长和收入等为主。

3. 电商类 App

用户数量越多，付费转化率越高，用户的消费能力越强，用户的购买频次越高，用户为 App 贡献的价值越大。

因此，电商类 App 的北极星指标以 DAU、付费购买人数、客单价、复购次数和 GMV 等为主。

4. 工具类 App

用户数量越多，用户每日活跃度越高，用户打开 App 的次数越多，使用频率越高，用户为 App 贡献的价值越大。

因此，工具类 App 的北极星指标以用户活跃度、每日打开次数、每日使用频次和收入等为主。

5. 游戏类 App

用户数量越多，付费用户越多，付费意愿越强烈，消费能力越强，用户为 App 贡献的价值越大。

因此，游戏类 App 的北极星指标以用户数量、ARPU（每用户平均收入）、ARPPU（每付费用户平均收入）、付费率和收入等为主。

5.3.3 判断 App 所处的生命周期，确定北极星指标

同一款 App 所处的生命周期不同，业务重心会发生转移，北极星指标也会发生动态变化。根据产品生命周期理论，大部分公司的产品都要经历引入期、成长期、成熟期及衰退期 4 个阶段。在每个阶段，产品特征、业务重心、用户需求、盈利模式都是不一样的。因此，在明确了 App 的类型后，就需要判断出 App 所处的生命周期，根据所处生命周期，就可以从备选梯队中确定最终的北极星指标了，如图 5-4 所示。

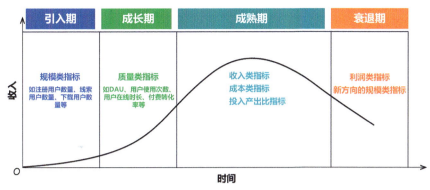

图 5-4　在 App 不同生命周期关注的指标类型

1. 引入期

在引入期，大部分公司以积累和获取用户为首要目标。因此，其多以规模类指标为关键指标，如注册用户数量、线索用户数量和下载用户数量等。

2. 成长期

进入成长期，这时已经积累了一定规模的用户，业务重心开始转向关注用户的质量和效率，追求用户的活跃度和黏性等成为重点发展的策略，而不是一味地追求野蛮获取用户了。此时，多以质量类指标为关键指标，如 DAU、用户使用次数、用户在线时长、付费转化率等。

3. 成熟期

进入成熟期，除更关注用户的精细化运营外，还会关注营收能力，追求较高的收入和 ROI（投入产出比）成为重点发展的策略。此时，多以收入类指标、成本类指标和投入产出比指标为关键指标。

4. 衰退期

进入衰退期，公司一方面会获取产品剩余的价值和利润，另一方面会探索第二增长曲线。此时，多以利润类指标和新方向的规模类指标为关键指标。

提示 以内容类 App 为例，在引入期，其关键指标是注册用户数量等规模类指标；到了成长期，就会变为 DAU 和用户在线时长等质量类指标；到了成熟期，就会变为收入等收入类指标；到了衰退期，就会变为净利润率等利润类指标。

5.3.4　对北极星指标进行下钻式拆解，明确二级指标

确定北极星指标后，还需要对北极星指标进行下钻式拆解，通常有两种下钻方式——乘积方式和加总方式。

1. 乘积方式

北极星指标可以拆解为若干个二级指标的乘积，公式为：北极星指标=A 指标×B 指标×C 指标×D 指标。

乘积方式又可以细分为两种：逻辑公式型乘积关系和漏斗转化型乘积关系，如图 5-5 所示。

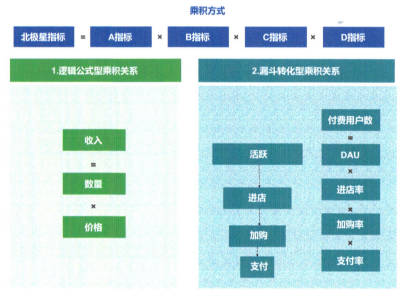

图 5-5　北极星指标的下钻式拆解——乘积方式

- 逻辑公式型乘积关系：二级指标的乘积是逻辑公式关系。最常见的就是：收入=数量×价格。以房地产公司为例，北极星指标为收入，其可以下钻式拆解为：收入=售房数量×楼房单价。
- 漏斗转化型乘积关系：二级指标的乘积是转化关系。最常见的就是用户运营的漏斗转化，比如：付费用户数=DAU×进店率×加购率×支付率。

2. 加总方式

北极星指标还可以拆解为若干个二级指标的加总，公式为：北极星指标=A 指标+B 指标+C 指标+D 指标。北极星指标和 A、B、C、D 指标之间的关系通常是总分和包含的关系。

- 以房地产公司收入为例，如图 5-6 所示，北极星指标为收入，其可以下钻式拆解为：房地产公司收入=华东区收入+华北区收入+华南区收入+华中区收入+西北区收入+西南区收入+东北区收入。
- 以用户运营为例，北极星指标为 DAU，其可以下钻式拆解为：DAU=新用户 DAU+老用户 DAU。

图 5-6　北极星指标的下钻式拆解——加总方式

5.4　众木成林：数据指标体系

体系是将某些东西系统地组织起来而构成的一个整体。将多个数据指标按照某种特征系统地组合到一起，就形成了数据指标体系。

5.4.1　什么是数据指标体系

通常来说，数据指标可以按以下几种方式组合成数据指标体系。

（1）按业务组合。

按业务组合到一起，可以形成外卖业务指标体系、电商业务指标体系、长视频会员业务指标体系及游戏业务指标体系。

（2）按场景组合。

电商业务按场景组合到一起，可以形成人的指标体系、货的指标体系和场的指标体系。

（3）按功能模块组合。

按功能模块组合到一起，可以形成营收指标体系、流量指标体系、用户指标体系、商品指标体系和服务指标体系。

（4）按数据指标类型组合。

按数据指标类型组合到一起，可以形成规模类指标体系、质量类指标体系和转化类指标体系。

数据指标上升为数据指标体系之后，就可以更加全面、准确地评估业务了。

以评价人的胖瘦为例，当用一个数据指标"体重"来评价时，就会出现不准确的现象，因为没有考虑到身高、体脂率等。当用"体重""BMI""体脂率"等多个数据指标组成的数据指标体系来衡量时，就可以综合考虑，从而更加准确地评价胖瘦。

再以评价用户为例，当用"UV"一个数据指标来评价用户时，只能判断用户的规模如何。而如果上升到数据指标体系，加上"在线时长""打开次数""留存率""流失率"等数据指标，就可以判断用户的质量如何。如果再加上"客单价""付费转化率""购买频次"等数据指标，就能判断用户的付费价值。有了这套数据指标体系，就可以从规模、质量、价值等多个维度评价用户，对用户的评价会更加准确，制定的策略会更加落地和实用。

5.4.2 搭建数据指标体系的两大高频模型：OSM 模型和 UJM 模型

OSM 模型和 UJM 模型是搭建数据指标体系高频使用的两大模型。

1. OSM 模型

OSM 模型的作用是将公司的北极星指标进行策略和二级指标的拆解。可以将北极星指标通过策略落实到各业务部门，同时为了保证各业务部门的策略落地和目标达成，又制定若干个二级指标进行监控和衡量。

因此，OSM 模型包括北极星指标、策略和二级指标（度量指标）。三者之间具有严格的上下层次和拆解关系，是一个从上到下的拆解过程，如图 5-7 所示。

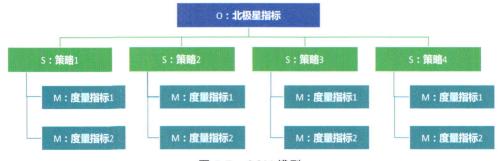

图 5-7　OSM 模型

提示 OSM 模型的意思如下。

- O：Objective，代表业务目标，即北极星指标，与公司战略紧密相关。
- S：Strategy，代表业务策略，即为了达到北极星指标采取的策略。
- M：Measurement，代表业务度量，即二级指标，用来衡量每种策略的结果。

以教育公司为例，其北极星指标为课程收入。按照 OSM 模型，可以将北极星指标拆解为 4 种策略和 4 个二级指标，如图 5-8 所示。

- 让更多的人买，主要由用户增长团队和销售团队负责，二级指标为购买人数。
- 让买的人多上课，主要由助教团队和教研团队负责，二级指标为人均课消量。
- 让买的人多续费，主要由助教团队和教研团队负责，二级指标为续费率。
- 让课程更贵，主要由教研团队负责，二级指标为课单价。

图 5-8　教育公司的 OSM 模型

2. UJM 模型

UJM（User Journey Map）模型，代表用户旅程图，其作用是从产品流程或用户生命周期出发，对策略和二级指标进行拆解，从流程上确保目标和策略的实现。

UJM 模型可以将策略和二级指标拆解为若干个环节，这些环节和指标之间具有严格的流程转化关系，是一种流程的先后拆解关系。

仍以教育公司为例，在上文中，我们将课程收入拆解为购买人数、人均课消量、续费率和课单价 4 个二级指标。在这里对用户的购买、课消和续费进行流程上的拆解，如图 5-9 所示，主要分为 3 个大流程和若干个小环节。

- 用户增长团队会在各个渠道投放广告，获取用户的线索。
- 销售团队会根据分配的线索，打电话邀约用户上体验课，上完体验课之后，用户会付费买正式课。
- 助教团队和教研团队会通过各种方式让学员进行课时消耗，还会提供辅导作业等课后服务，从而促成学员续费。

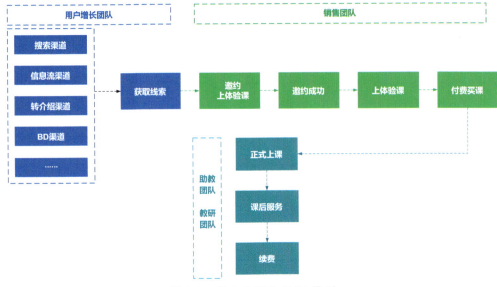

图 5-9 教育公司的 UJM 模型

提示

- OSM 模型偏重于将北极星指标以策略和二级指标的形式拆解至各业务部门。
- UJM 模型偏重于帮助各业务部门将策略拆解至业务流程中,将二级指标过程化,保证策略在流程上的落地。

5.4.3 7 步走学会搭建数据指标体系

熟悉了北极星指标、OSM 模型和 UJM 模型后,就可以上手搭建数据指标体系了,具体分 7 步走,如图 5-10 所示。

图 5-10 数据指标体系搭建流程

(1)业务扫描,明确公司的战略和业务的具体需求。

(2)承接公司的战略,确定北极星指标。

(3)利用 OSM 模型将北极星指标拆解为各业务部门的策略和二级指标。

(4)利用 UJM 模型梳理流程,将策略和二级指标拆解为过程指标。

(5)通过 OSM 模型和 UJM 模型已经基本确定了北极星指标、二级指标和过程指标，到此为止已经初步搭建了数据指标体系。

（6）在现有的数据指标体系之上，开始进行数据的采集工作。

（7）在数据采集完成之后，开发成各业务部门可以使用的报表体系。

5.4.4 数据指标体系有什么作用

数据指标体系是用数据驱动业务的基石，也是开展其他业务的前提条件。有了数据指标体系后，量化业务的工作就打好了地基，在这个地基之上，就可以进行用数据驱动业务的一系列工作了。

从制定目标到监控业务现状，到复盘和评估业务效果，再到预测业务未来，最后到评估新业务的可行性，这一系列的工作都可以在数据指标体系这个地基之上生根发芽，建设成高楼大厦。

1. 制定并监控目标，保证完成度

每个公司和团队都有相应的目标，目标的完成度很大程度上决定了一个人、一个团队甚至一家公司的发展状况。很多人只知道自己的目标，却不知道目标从何而来。目标的制定不是拍脑门决定的，通常是由商业分析部门借助数据指标体系测算出来的。

制定目标的流程分为 10 步，如图 5-11 所示。首先，明确北极星指标；接着，基于北极星指标搭建计算逻辑和公式，明确二级和三级指标及其对应的负责部门，获取历史数据；之后，商业分析部门联合各业务部门进行策略和目标预估并进行多次调整；最后，确定最终目标和策略，并将其下发给各业务部门，各业务部门在内部再进行目标和策略的进一步拆解。

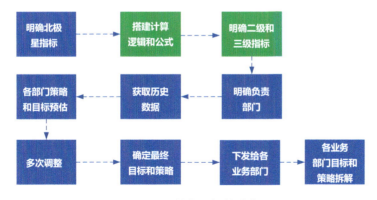

图 5-11 制定目标的流程

在整个流程中，要想搭建北极星指标的计算逻辑和公式，明确二级和三级指标，就必须有数据指标体系的支撑。

> **提示** 没有数据指标体系，目标的制定没有办法量化，还会停留在主观拍脑门的阶段。所以说，数据指标体系是制定目标的前提和基础。

2. 监控现状，诊断业务问题

监控现状，就是通过监控各个指标的变化，剖析出其背后存在的业务问题。

如同医生给病人做诊断，会通过血压、血糖等指标的变化来判断一个人身体健康与否。在业务监控上，当某个指标发生变化，尤其是出现异常时，很大可能是业务的某个环节出现了问题，这时必须定位出原因。要想判断异常和定位原因，数据指标体系必不可少。

定位原因的流程分为 9 步，如图 5-12 所示。首先，指标出现波动，要判断指标波动是否异常，如果是，则需要对指标进行下钻式拆解，直到锁定最细颗粒度的指标为止；接着，提炼出该指标的关键影响因子，对这些因子做出假设，借助多方手段验证假设的真伪，验证成功后就可以定位原因；最后，针对原因提出优化建议。

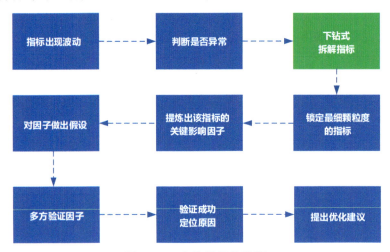

图 5-12　定位原因的流程

在整个流程中，指标下钻式拆解的依据和基础就是数据指标体系。如果没有数据指标体系，则在监控业务时很难定位原因和诊断问题。因此，数据指标体系是开展现状监控的基础。

3. 复盘结果，评估效果

复盘结果，就是对过去一段时间内业务、活动等的开展效果进行评估，发现问题，并对未来做出规划。

复盘工作通常分为两类。

● 对全局业务的复盘，如月度复盘、季度复盘和年度复盘。

- 对特定业务的复盘，如对拉新渠道的表现进行复盘，对运营活动的效果进行复盘，对产品的某项功能进行复盘，对投放广告的效果进行复盘。

不论是全局业务还是特定业务，在复盘时都要用到数据指标体系。以复盘拉新渠道的表现为例，具体的流程如图 5-13 所示。首先，搭建复盘和评估的数据指标体系；接着，确定企业生命周期以明确核心指标，构建渠道矩阵图以明确维度指标；之后，基于此搭建评估表，从数据库中获取实际数据；最后，画出复盘和评估的四象限图。

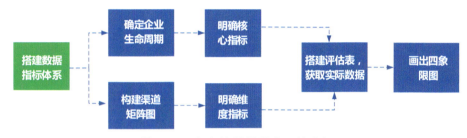

图 5-13　复盘拉新渠道表现的流程

在整个流程中，数据指标体系扮演的仍然是基石的角色。没有数据指标体系，后续的复盘环节很难开展下去。

4. 预测未来，判断趋势

预测未来，就是对业务未来的发展趋势进行推测，如预测收入、DAU、GMV 等。预测常见于两种工作场景中。

- 对未来 1～3 年的业务进行预测。这类预测通常用于规划和分配内部的资源，如人力、财力和物力。
- 对业务的天花板进行预测。这类预测通常用于帮助管理层看清行业蛋糕有多大，自己能做多大规模，从而能够及时转型，发现第二增长曲线。

以预测业务的天花板为例，具体的流程如图 5-14 所示。首先搭建预估逻辑和公式，接着从中定位出关键指标，之后通过一定的研究方法求解关键指标的最大值，最后依据公式求出业务的天花板值。

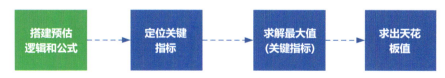

图 5-14　预测业务天花板的流程

在整个流程中，第一步搭建预估逻辑和公式，仍然依赖的是数据指标体系。没有数据指标体系，预测将变得遥不可及。

5. 评估可行性，辅助决策

评估可行性，就是对未知业务或新业务在公司内部开展的可行性进行评估。比如，公司由 2C 业务转向 2B 业务的可行性评估，由线下业务转向线上业务的可行性评估，产品增加新功能的可行性评估，新增广告位的可行性评估等。

以新增广告位的可行性评估为例，具体的流程如图 5-15 所示。首先，明确广告增加在哪个位置；接着，据此判断增加后的正向指标，并计算正向指标带来的收益增量，与此同时充分考虑负向指标，并计算负向指标带来的收益缩量；之后，基于收益增量和缩量计算总收益；最后，据此确定是否增加广告位。

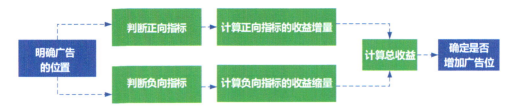

图 5-15 新增广告位可行性评估的流程

在整个流程中，没有数据指标体系的支撑，根本无法确定正向或负向指标，更无法计算收益。因此，数据指标体系也是评估业务可行性的基础。

5.5 案例：以 X 短视频公司旗下的 Y 业务为例，搭建数据指标体系

我们这里以第 4 章的 X 短视频公司旗下的 Y 业务为例，说明在实际业务场景中如何搭建数据指标体系。

5.5.1 平台的业务原理和团队设置

Y 业务是一个短视频创作者变现平台，该平台负责连接网红和广告主。要搭建它的数据指标体系，梳理清楚其业务原理和团队设置是必不可少的工作。

1. 平台的业务原理

当广告主有广告投放需求时，会在平台上发出需求。网红通过该平台承接广告主的需求从而获取收入。平台则从网红收入中抽取佣金作为收入。其业务原理如图 5-16 所示。

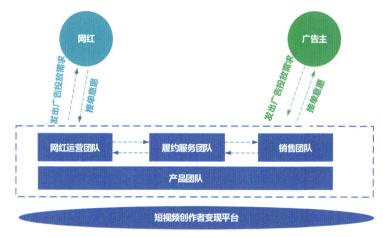

图 5-16　短视频创作者变现平台的业务原理

2. 平台的团队设置

平台由 4 个重要的团队构成：销售团队、网红运营团队、产品团队和履约服务团队，4 个团队的职责如表 5-5 所示。

表 5-5　短视频创作者变现平台的团队构成及职责

团队构成	职责
销售团队	负责对接广告主，获取广告主更多的广告预算
网红运营团队	负责对接网红，让更多的网红入驻平台、活跃、留存并接单
产品团队	负责设计和运营商业化广告产品，确保广告的曝光量和价格
履约服务团队	负责连接广告主和网红，促使双方完成建联（建立联系）、接单、履约和结算

5.5.2　确定 GMV 作为北极星指标

熟悉业务后，就可以着手搭建数据指标体系了，首先确定北极星指标。该平台的整体战略为"通过提供更好的产品和服务，促成更多的广告主和网红达成交易"。因此，其目标是，一方面帮助广告主找到网红投放广告获取流量，另一方面帮助网红赚到更多的收入。当广告主和网红的需求都得到满足时，平台就会持续繁荣。

什么指标能反映广告主和网红的需求都得到满足？那就是双方的订单成交金额。订单成交金额越大，代表有更多的广告主投放广告，同时有更多的网红承接广告。因此，北极星指标为 GMV，代表广告主和网红成交的总金额。

5.5.3　四大策略拱卫 GMV，形成二级指标

要达成北极星指标，4 个团队都要承接 GMV 这个指标。借助 OSM 模型，将 GMV

拆解为 4 个团队的策略和二级指标，如图 5-17 所示。

图 5-17　GMV 的拆解

- 销售团队需要拉需求，以获取更多的广告预算。
- 网红运营团队需要扩供给，以保证有足够多的网红承接广告投放需求。
- 产品团队需要保效果，以保证广告投放的性价比。
- 履约服务团队需要匹供需，以保证广告主和网红之间的顺畅沟通与及时履约交付。

1. 销售团队拉需求

对销售团队而言，完成 GMV 有 3 个关键环节。

（1）获取足够多的广告主，即保证下单成功的广告主数量。

（2）保证每个广告主的广告单价要足够大，即要激励每个广告主的广告单价变大。

（3）增加广告主的下单频次，即让广告主多次投放。

GMV 和这三者之间是乘积的关系，可以表达为：GMV = 下单成功的广告主数量×每个广告主的广告单价×下单频次。

> 提示　GMV 为北极星指标，下单成功的广告主数量、每个广告主的广告单价、下单频次为 3 个二级指标。

2. 网红运营团队扩供给

对网红运营团队而言，完成 GMV 也有 3 个关键环节。

（1）让更多的网红接单，即保证接单成功的网红数量。

（2）激励每个网红的订单单价变大。

（3）增加网红的接单频次，即促使网红高频率接单。

GMV 和这三者之间也是乘积的关系，可以表达为：GMV=接单成功的网红数量×每个网红的订单单价×接单频次。

> **提示** GMV 为北极星指标，接单成功的网红数量、每个网红的订单单价和接单频次为 3 个二级指标。

3. 产品团队保效果

对产品团队而言，完成 GMV 也有 3 个关键环节。

（1）让网红制作的广告作品有更多的曝光量。

（2）提升广告投放的效果，广告效果可以用 CTR 这个指标来表示。

（3）保证广告作品曝光的价格，也就是 ACP（平均点击价格）。这个价格既不能过高也不能过低，过高会导致广告主流失，过低会导致 GMV 下滑。

GMV 和这三者之间也是乘积的关系，可以表达为：GMV=广告作品的曝光量×CTR×ACP。

> **提示** GMV 为北极星指标，广告作品的曝光量、CTR 和 ACP 为 3 个二级指标。

4. 履约服务团队匹供需

对履约服务团队来说，则主要通过广告主和网红的建联匹配与履约结算来促成 GMV 的完成，我们用"订单成交率"这个指标来表示。它是一个二级指标，代表广告主发出的订单需求中最终完成结算成交的比率。

5.5.4　借助 UJM 模型梳理行为路径，形成过程指标

要保证有足够多的广告主投放广告，保证有足够多的网红接单，以及保证广告主和网红之间的订单成交率，则需要借助 UJM 模型对他们的行为路径进行梳理。由于涉及供需双方的交易和匹配，因此分 3 条路径线进行梳理，如图 5-18 所示。

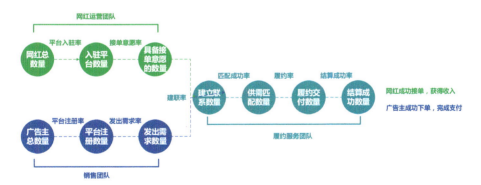

图 5-18　行为路径梳理

1. 网红路径线

首先网红入驻平台，入驻之后需要在平台创作以持续活跃，保证作品产出，具备接

单的能力和意愿。在广告主有需求后，网红就有机会被撮合与广告主建联。经过沟通，供需双方完成匹配，网红接下广告主的订单。之后按需求制作视频广告，及时完成履约和交付，最后结算获取收入。

将整个流程公式化，可以表达为：接单成功的网红数量=网红总数量×平台入驻率×接单意愿率×建联率×匹配成功率×履约率×结算成功率。

> **提示** 平台入驻率和接单意愿率由网红运营团队负责承接，是该团队的过程指标。

2. 广告主路径线

首先销售人员通过关系维护让广告主入驻平台并注册，接着广告主通过该平台发出广告投放需求。需求发出后，平台负责促使广告主和网红建联。经过沟通，供需双方完成匹配，广告主的广告投放需求被承接。之后网红开始制作视频广告，完成履约和交付，广告主付款完成结算。

将整个流程公式化，可以表达为：下单成功的广告主数量=广告主总数量×平台注册率×发出需求率×建联率×匹配成功率×履约率×结算成功率。

> **提示** 平台注册率和发出需求率由销售团队负责承接，是该团队的过程指标。

3. 履约服务路径线

这条路径线其实是广告主路径线和网红路径线的交叉线，负责供给和需求的建联匹配，从供需双方的建联开始到结算成功结束，保证订单成交率。

将整个流程公式化，可以表达为：订单成交率=建联率×匹配成功率×履约率×结算成功率。

> **提示** 建联率、匹配成功率、履约率和结算成功率由履约服务团队负责承接，是该团队的过程指标。

5.5.5 团队管理模式打造最小执行单元，形成维度指标

在上文中，将销售团队和网红运营团队的策略、二级指标都做了一一拆解，但数据指标体系的搭建到此并没有结束。因为销售团队和网红运营团队还设置了各自的团队管理模式，为了保证小团队成员达成团队的共同目标，还需要进一步设置小团队的数据指标体系。

1. 销售团队的团队管理模式

销售团队的团队管理模式采取分行业管理的方式，按广告主所在的行业类型划分为游戏行业团队、金融行业团队、网服行业团队、美妆行业团队、汽车行业团队、3C行业团队、食品行业团队。销售团队的GMV目标等于各个行业团队GMV加总之和。

> **提示** 销售团队GMV=游戏行业团队GMV+金融行业团队GMV+网服行业团队GMV+美妆行业团队GMV+汽车行业团队GMV+3C行业团队GMV+食品行业团队GMV。

每个小团队的数据指标体系和目标的设置与整体一致，也要承接下单成功的广告主数量、每个广告主的广告单价、下单频次这 3 个二级指标，以及平台注册率和发出需求率这 2 个过程指标。

> **提示** 以游戏行业团队为例，其 GMV 可以拆解为：游戏行业团队 GMV = 下单成功的游戏广告主数量×每个游戏广告主的广告单价×下单频次。
>
> 将二级指标进一步拆解为过程指标：游戏行业团队 GMV = 游戏广告主总数量×平台注册率×发出需求率×建联率×匹配成功率×履约率×结算成功率×每个游戏广告主的广告单价×下单频次。

2. 网红运营团队的团队管理模式

由于网红是按照其创作的视频内容进行划分的，因此网红运营团队的团队管理模式采取分内容垂类管理的方式。按网红创作的作品类型划分为游戏垂类团队、汽车垂类团队、喜剧垂类团队、美妆垂类团队、科技垂类团队、金融垂类团队、搞笑垂类团队、教育垂类团队。网红运营团队的 GMV 目标等于各个垂类团队 GMV 加总之和。

> **提示** 网红运营团队 GMV=游戏垂类团队 GMV+汽车垂类团队 GMV+喜剧垂类团队 GMV+美妆垂类团队 GMV+科技垂类团队 GMV+金融垂类团队 GMV+搞笑垂类团队 GMV+教育垂类团队 GMV。

每个小团队的数据指标体系和目标的设置与整体一致，也要承接接单成功的网红数量、每个网红的订单单价、接单频次这 3 个二级指标，以及平台入驻率和接单意愿率这 2 个过程指标。

> **提示** 以美妆垂类团队为例，其 GMV 可以拆解为：美妆垂类团队 GMV=接单成功的美妆网红数量×每个美妆网红的订单单价×接单频次。
>
> 将二级指标进一步拆解为过程指标：美妆垂类团队 GMV=美妆网红总数量×平台入驻率×接单意愿率×建联率×匹配成功率×履约率×结算成功率×每个美妆网红的订单单价×接单频次。

5.6 行业应用：互联网广告行业的数据指标体系

互联网广告行业的运作模式是：大规模获取用户，大规模招募创作者，激励创作者产出海量内容，依靠海量内容聚集大量用户，又依靠大量用户吸引广告主投放广告，最后从广告主手里获取广告收入。

因此，互联网广告行业的数据指标体系是围绕 5 个方面搭建的，广告主、营收、流量/用户、创作者、内容构成了其数据指标体系的基础轮廓，如图 5-19 所示。

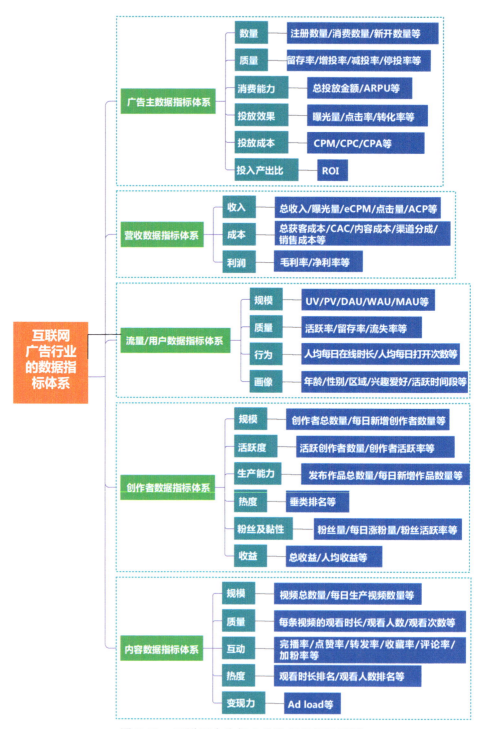

图 5-19　互联网广告行业的数据指标体系图

5.6.1 广告主数据指标体系

广告主数据指标体系用来评价互联网广告平台上广告主的数量、质量、消费能力、投放效果、投放成本、投入产出比，如表 5-6 所示。

表 5-6　广告主数据指标体系

数据指标分类	数据指标	口径
数量	注册数量	平台上注册的广告主总数量
	消费数量	平台上有广告消费的广告主数量
	新开数量	销售人员新开发的广告主数量
质量	留存率	留存的广告主数量占广告主总数量的比重
	增投率	增加投放预算的广告主数量占广告主总数量的比重
	减投率	减少投放预算的广告主数量占广告主总数量的比重
	停投率	停止投放的广告主数量占广告主总数量的比重
消费能力	总投放金额	所有广告主投放的广告金额之和
	ARPU	每个广告主在一定时间内投放的广告金额
投放效果	曝光量	广告曝光的人数
	点击率	点击广告的数量占曝光量的比重
	转化率	转化的数量占点击量的比重
投放成本	CPM	广告主为千次曝光花了多少钱
	CPC	广告主为一次点击花了多少钱
	CPA	广告主为一次转化花了多少钱
投入产出比	ROI	投放广告带来的收入与广告主投放广告付出成本的比值

5.6.2 营收数据指标体系

营收数据指标体系用来评价互联网广告平台的收入、成本、利润，如表 5-7 所示。

表 5-7　营收数据指标体系

数据指标分类	数据指标	口径
收入	总收入	平台通过广告获取的总收入
	曝光量	平台上广告的总曝光量
	eCPM	平台从每千次用户曝光中获取的预期收入
	点击量	平台上广告的总点击量
	ACP	平台从每次用户点击中获取的收入
成本	总获客成本	平台为获取用户付出的总成本
	CAC	平台为获取单个用户付出的成本
	内容成本	平台为激励创作者创作内容付出的成本

续表

数据指标分类	数据指标	口径
成本	渠道分成	平台为合作伙伴、代理商、创作者支付的分成
	销售成本	平台为销售人员支付的提成等成本
	服务器成本	平台为购买硬件和服务器等设备付出的成本
	中后台人员成本	平台为中后台人员支付的工资等成本
	其他成本	平台为办公场所支付的租金、行政等成本
利润	毛利率	毛利润/总收入×100%
	净利率	净利润/总收入×100%

5.6.3　流量/用户数据指标体系

流量/用户数据指标体系用来评价互联网广告平台上用户的规模、质量、行为和画像，如表 5-8 所示。

表 5-8　流量/用户数据指标体系

数据指标分类	数据指标	口径
规模	UV	访问 App 的独立用户数量
	PV	App 的浏览量
	DAU/WAU/MAU	日活跃用户数/周活跃用户数/月活跃用户数
质量	活跃率	活跃用户数占初始用户数的比重
	留存率	留存用户数占初始用户数的比重
	流失率	流失用户数占初始用户数的比重
行为	人均每日在线时长	每人每天浏览视频花费的时长
	人均每日打开次数	每人每天打开视频 App 的次数
	人均每日观看视频数量	每人每天观看视频的条数
画像	年龄/性别/区域/兴趣爱好/活跃时间段等	不同年龄/性别/区域/兴趣爱好/活跃时间段的用户数量及占比

5.6.4　创作者数据指标体系

创作者数据指标体系用来评价互联网广告平台上创作者的规模、活跃度、生产能力、热度、粉丝及黏性、收益，如表 5-9 所示。

表 5-9　创作者数据指标体系

数据指标分类	数据指标	口径
规模	创作者总数量	平台上入驻的创作者总数量
	每日新增创作者数量	每日新入驻的创作者数量

续表

数据指标分类	数据指标	口径
活跃度	活跃创作者数量	每日活跃的创作者数量
	创作者活跃率	活跃的创作者数量占创作者总数量的比重
生产能力	发布作品总数量	创作者发布的作品总数量
	每日新增作品数量	每日新发布的作品数量
	人均生产作品数量	平均每个创作者在一定时间内创作的作品数量
热度	垂类排名	所在垂类排第几位
粉丝及黏性	粉丝量	平均每个创作者的粉丝数量
	每日涨粉量	创作者每日新增的粉丝数量
	粉丝活跃率	创作者拥有的活跃粉丝数量占粉丝总数量的比重
	创作者浏览量/点赞量/转发量/评论量/收藏量/分享量	平均每个创作者的浏览量/点赞量/转发量/评论量/收藏量/分享量
收益	总收益	所有创作者获得的收益之和
	人均收益	平均每个创作者在一定时间内获得的收益

5.6.5 内容数据指标体系

内容数据指标体系用来评价互联网广告平台上内容的规模、质量、互动、热度、变现力，如表 5-10 所示。

表 5-10 内容数据指标体系

数据指标分类	数据指标	口径
规模	视频总数量	平台上生产的视频总数量
	每日生产视频数量	每日生产的视频数量
质量	每条视频的观看时长	每条视频的观看时间
	每条视频的观看人数	每条视频有多少人观看
	每条视频的观看次数	每条视频被观看了多少次
互动	完播率	看完整条视频的人数占观看总人数的比重
	点赞率	点赞的人数占观看总人数的比重
	转发率	转发的人数占观看总人数的比重
	收藏率	收藏的人数占观看总人数的比重
	评论率	评论的人数占观看总人数的比重
	加粉率	成为粉丝的人数占观看总人数的比重
热度	观看时长排名	所属垂类按观看时长排名的名次
	观看人数排名	所属垂类按观看人数排名的名次
	点赞人数排名	所属垂类按点赞人数排名的名次
变现力	Ad load（广告加载率）	多少条视频中会出现广告

第6章

制定业务的"指南针"——目标

在第 5 章中，我们介绍了数据指标体系。数据指标体系非常重要，它是公司量化业务的基石，也是反映业务开展情况的监视器。借助数据指标体系，公司就可以用数据判断出各个业务指标的发展变化情况了。

但是仅有数据指标体系还远远不够，我们仍然无法"正确"判断业务的好坏。

试想一个场景，Rose、Mary 和 Jack 讨论自己在 2 月的收入情况。

- Rose 说自己在 2 月收入了 5 万元。
- Mary 说自己在 2 月收入了 2 万元。
- Jack 说自己在 2 月收入了 8,000 元。

那么，从他们的对话中，能够判断出他们做得是好还是不好吗？

这时很多人会说，Rose 收入最高，做得最好，Jack 收入最低，做得最差。这个结论正确吗？

我们再来看一下他们 3 人的实际情况。

- Rose 在上海有自己的餐厅，过去 1 年平均每月收入 20 万元。她给自己设定的目标是 20 万元。
- Mary 是北京的一个普通白领，过去 1 年平均每月收入 2 万元，北京市中位数薪资在 1 万元左右。她给自己设定的目标是 2 万元。
- Jack 在西北某小镇做小生意，过去 1 年平均每月收入 4,000 元，该小镇中位数薪资在 3,000 元左右。他给自己设定的目标是 4,000 元。

知道了他们 3 人各自设定的目标后，我们又得出一个判断：Jack 的收入目标完成度 200%，做得最好；Mary 的收入目标完成度 100%，做得也不错；Rose 的收入目标完成度 25%，做得最差。

同理，假设一家公司的 DAU 是 50 万人，我们能够判断出它做得是好还是不好吗？当然不能。因为没有目标和标准，没有办法判断。

- 如果该公司和抖音、阿里巴巴相比，那它的 DAU 做得很差，简直不值一提。

- 如果该公司是一家创业公司，刚刚成立两个月 DAU 就做到了 50 万人，代表它做得很好了。

普通人不能和马云比收入，公司也不能和强自己太多的龙头公司比营收，人和公司都需要找到适合自己的目标与标准。

所以，有了数据指标体系后，如果找不到目标和标准，则同样无法做出正确的判断。只有找准了目标和标准，对业务的判断和评价才能"正确"与"客观"。

而目标必须是反映现实情况的，不切实际的目标不如没有目标。

- 比如，一家初创电商公司给自己制定 1,000 亿元/月 GMV 的目标，这个目标就不切实际，大大超出了公司的实际情况和能力范围。制定这样的目标非但起不到激励作用，反而只能打压员工的自信心。
- 再如，一家龙头电商公司给自己制定 1 亿元/月 GMV 的目标，这个目标显然也不合理，远远低估了公司水平。此目标只能培养团队和员工的惰性，使其丧失前进的斗志。

因此，制定目标并不是随意拍脑门决定的事情，而是需要综合考虑公司的现状、资源和能力进行评估与测算。这样制定出来的目标才具有实际意义，才能真正帮助公司判断业务、团队和员工做得是好还是差。

6.1　利用"两大模型"制定目标

在很多创业公司和小公司中，目标可能就是老板拍脑门一下子决定的事情，商业分析发挥不了太大作用。但在很多大公司和发展成熟的公司中，对数据比较重视，加上数据指标体系相对完善，因此在目标制定上基本已经形成了比较体系化的方法和流程，商业分析或经营分析团队承担了目标制定的大部分工作。

通常来说，目标制定流程图如图 6-1 所示。

图 6-1　目标制定流程图

- 360 度扫描业务。扫描业务的最终目的是确定北极星指标是什么。
- 在确定了北极星指标后，就可以通过回归预测快速预测目标。

- 商业分析团队会与老板进行初步沟通，探知老板意向。
- 沟通之后，大概就可以知晓老板的预期和目标的范围值。
- 有了一个大概的目标范围值后，需要明确目标涉及哪些业务部门。接着和这些业务部门联手搭建业务模型，联合开展精准预测。
- 精准预测之后，需要与老板进行多次沟通和目标调整，确定最终目标。
- 将目标下发至各个部门，并进行目标的追踪。

通过目标制定流程图可以看到，整个目标制定流程分为两个大的阶段。

1. 第一阶段：利用"算法模型"快速粗测

在第一阶段，主要通过回归预测的方式，快速地预测出目标。然后拿着这个目标与老板做初步的探讨，基本上可以探知老板的心意，大概知道目标在什么区间内既符合实际又符合老板的预期。

在这个阶段，主要就是快速出结果，为第二阶段打前阵，减轻第二阶段的负担。

2. 第二阶段：利用"业务模型"精准预测

在第二阶段，主要通过和各个业务部门联合，一起预测目标，明确实现目标的策略、路径和风险。这个阶段耗时较长，需要不断和业务部门开会、沟通、打磨。但是预测出来的目标比较靠谱，因为它综合考虑了数据表现和业务部门的策略，架设了目标和策略的桥梁，而且可以预知风险。因此，这个阶段制定的目标更贴合实际业务。

6.2 进行宽度测算：用算法模型测算北极星指标的范围值

所谓的算法模型，是指利用回归预测去测算北极星指标的范围值，而回归预测的关键一步是求出预测函数。

6.2.1 回归预测的 7 个流程

回归预测具体分 7 个步骤来开展。

（1）确定北极星指标。

（2）获取北极星指标的历史数据，需要包含年份和北极星指标的具体数值。

（3）明确自变量 x 和因变量 y。通常年份为自变量 x，北极星指标为因变量 y。

（4）开始预测。一般使用 Excel 或 SPSS 都能达到效果。

（5）得到预测函数：$y=f(x)$。通过函数就可以将 x 和 y 的关系用数学表达式呈现出来。

（6）判断拟合程度，通过 R^2 判断。R^2 越接近 1 代表拟合程度越好。而当 $R^2>0.9$ 时代表拟合程度较好，预测较为准确，可以使用得出来的函数进行预测。

（7）代入自变量 x 值，求出因变量 y 的目标值。

提示

- 回归预测适合成熟公司，其历史数据足够多，且数据稳定性较好。
- 如果历史数据比较少，或者数据波动比较大，就不适合利用算法模型进行预测。

6.2.2　案例：如何制定短视频公司的广告收入目标

X 短视频公司已经进入成熟期，目前主要的收入来源为广告，如何为其制定 2022 年的广告收入目标？

首先确定"广告收入"是 X 短视频公司的北极星指标。我们获取了 2008—2021 年的收入数据，其中 2021 年该短视频公司的广告收入是 306 亿元。

确定因变量 y 为广告收入，自变量 x 为年份，准备构建一个关于广告收入和年份关系的函数。

如何构建并得到函数？在 Excel 中就可以实现，具体步骤如下。

（1）在 Excel 中选定历史数据。

（2）单击"插入"→"图表"→"折线图"按钮，就会得到如图 6-2 所示的不同年份广告收入趋势图。

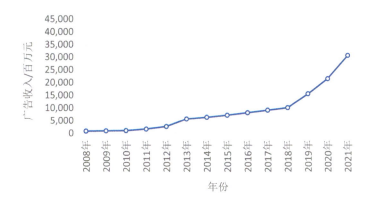

图 6-2　不同年份广告收入趋势图

（3）选定图 6-2 中的蓝色曲线并右击，在弹出的快捷菜单中选择"添加趋势线"命令，就会得到图 6-3 中的黄色趋势线。

（4）选定黄色趋势线并右击，在弹出的快捷菜单中选择"设置趋势线格式"命令，就会出现如图 6-3 最右侧所示的窗格。

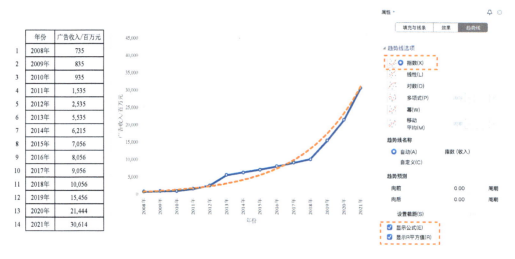

年份	广告收入/百万元
1	2008年	735
2	2009年	835
3	2010年	935
4	2011年	1,535
5	2012年	2,535
6	2013年	5,535
7	2014年	6,215
8	2015年	7,056
9	2016年	8,056
10	2017年	9,056
11	2018年	10,056
12	2019年	15,456
13	2020年	21,444
14	2021年	30,614

图 6-3　设置趋势线格式

（5）在图 6-3 中，在"趋势线选项"选项区域中选中"指数"单选按钮，勾选"显示公式"和"显示 R 平方值"复选框，就会得到如图 6-4 黄色字体所示的预测函数和 R^2 值。

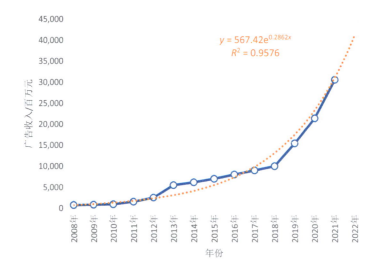

图 6-4　预测函数和 R^2 值

从图 6-4 中，得到幂指型函数：$y=567.42e^{0.2862x}$。其中，y 代表广告收入，x 代表年份。

同时，得到了 $R^2=0.9576$。其值大于 0.9，代表曲线的拟合程度较好，意味着使用该函数能较好地进行 2022 年广告收入目标的预测。

（6）代入自变量 $x=15$（2022 年），求得 $y=415$ 亿元。

得出最终结果：通过回归预测，推测出 2022 年 X 短视频公司能够做到 415 亿元的广告收入目标。

与老板初步沟通后，探知老板对 2022 年广告收入的预期为 420 亿～440 亿元。

> **提示** 不同的公司和不同的业务，得到的函数曲线和类型也是不一样的。既有可能是一个线性回归函数，也有可能是一个指数函数，还有可能是一个对数函数。这时需要根据实际做出来的曲线判断和选择合适的函数类型。

6.2.3 回归预测的"利"与"弊"

1. 回归预测的"利"

回归预测耗费的时间非常短。只要结合历史数据做一个函数，就能够快速给到老板对目标的预期，不用花很多时间去开展精准预测。有了这样一个大概的值后，再经过和老板沟通，就知道了老板心中的预期，这样在开展精准预测时，就会更加顺畅和高效。

2. 回归预测的"弊"

第一，通过回归预测只能给出一个数值，大概是 415 亿元，但是没有办法给出深层次的原因和逻辑。怎么样做到 415 亿元？为什么能做到 415 亿元？是没有办法给出具体解释的。

第二，对于缺乏稳定历史数据的业务，没有办法进行回归预测。

6.3 进行深度测算：用业务模型确定北极星指标的精确值

算法模型只能给我们一个数值，具体怎么实现这个数值我们无从而知。而在大多数情况下，老板需要我们解释目标从何而来，以及如何完成目标。这时就需要使用业务模型进行精准预测了。

这里仍以 X 短视频公司如何制定 2022 年的广告收入目标为例。通过回归预测后与老板的沟通，初步确定 2022 年广告收入的目标范围为 420 亿～440 亿元，接着用业务模型进行精准预测。

6.3.1 搭建北极星指标的计算逻辑和公式

确定北极星指标为广告收入，对广告收入进行拆解。其拆解的整体逻辑为：收入=量×价。在短视频的广告业务里，"量"就是广告售卖量，"价"就是广告售卖价格（用 eCPM 表示）。这里要注意的是，eCPM 是千次广告展示的价格，而一次广告展示的价格要用 eCPM 除以 1000，所以广告收入=广告售卖量×eCPM/1000。具体拆解如图 6-5 所示。

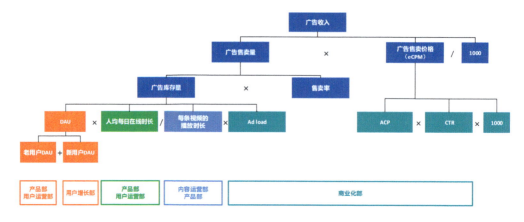

图 6-5　广告收入指标拆解图

1. 广告售卖量

$$广告售卖量 = 广告库存量×售卖率$$

- 广告库存量=用户每天观看的视频条数×视频条数中的广告加载率（Ad load）。
- 用户每天观看的视频条数=每天活跃在短视频平台上的用户数量（DAU）×人均每日在线时长/每条视频的播放时长。
- DAU=老用户 DAU +新用户 DAU。

2. 广告售卖价格（eCPM）

$$eCPM = 平均点击价格（ACP）×点击率（CTR）×1000$$

据此可以将收入的公式拆解为：广告收入=（老用户 DAU+新用户 DAU）×人均每日在线时长/每条视频的播放时长×Ad load×售卖率× eCPM/1000。

6.3.2　确定每个指标的负责部门

搭建好北极星指标的计算逻辑和公式后，需要明确每个指标的负责部门。

- 老用户 DAU：通常由产品部和用户运营部负责。
- 新用户 DAU：通常由用户增长部负责。
- 人均每日在线时长：通常由产品部和用户运营部负责。
- 每条视频的播放时长：通常由内容运营部和产品部负责。
- Ad load/售卖率/eCPM：这 3 个指标通常都由商业化部负责。

确定好了这些指标的负责部门后，我们就要获取历史数据，联合各个业务部门预测 2022 年的目标值和策略。

6.3.3 搭建预估框架

获取历史数据，将拆解的指标和历史数据搭建成如表 6-1 所示的框架。

表 6-1 广告收入的预估框架

关键指标	指标类型	负责部门	历史数据		2022 年预估		
			2020 年	2021 年	策略	目标值	
						增量	总量
广告收入	北极星指标	—					
DAU	二级指标	用户增长部 用户运营部 产品部					
●新用户 DAU	维度指标	用户增长部					
●老用户 DAU	维度指标	用户运营部 产品部					
人均每日在线时长	二级指标	用户运营部 产品部					
每条视频的播放时长	二级指标	产品部 内容运营部					
Ad load	二级指标	商业化部					
售卖率	二级指标	商业化部					
eCPM	二级指标	商业化部					
●ACP	三级指标	商业化部					
●CTR	三级指标	商业化部					

第 1 列：设置各种具体指标。

第 2 列：设置指标类型，包括北极星、二级、三级和维度指标。

第 3 列：明确指标的负责部门。

第 4 列和第 5 列：填充历史数据。

第 6 列：制定 2022 年的策略。

第 7 列：预估 2022 年的增量值。

第 8 列：预估 2022 年的总量值。

6.3.4 开展层级预估

对各个指标的预估要逐级逐层开展，先预估三级指标和维度指标，之后预估二级指标，最后利用二级指标的公式关系计算出北极星指标。

1. 预估三级指标和维度指标

- 新用户 DAU：一个维度指标，由用户增长部负责。2020 年是 1.2 亿人，2021 年是 1.23 亿人。2022 年业务部门计划采取 3 种策略：①引入两条新的获客渠道；②投放采用新的广告形式；③获客路径优化。3 种策略预估增量 300 万人，2022 年预估新用户 DAU 为 1.26 亿人。

- 老用户 DAU：一个维度指标，由用户运营部和产品部负责。2020 年是 2.8 亿人，2021 年是 2.87 亿人。2022 年业务部门计划采取 2 种策略：①在产品中增加打卡积分功能；②用户运营活动增加两次。2 种策略预估增量 200 万人，2022 年预估老用户 DAU 为 2.89 亿人。

- ACP：一个三级指标，由商业化部负责。2020 年是 1.0 元，2021 年是 1.1 元。2022 年业务部门计划采取 2 种策略：①增加新的广告样式；②引入更多的广告主。2 种策略预估增量 0.1 元，2022 年预估 ACP 提升至 1.2 元。

- CTR：一个三级指标，由商业化部负责。2020 年是 1.7%，2021 年是 1.8%。2022 年业务部门计划采取 3 种策略：①引入新的技术；②广告路径优化；③引入动态素材机制。3 种策略预估增量 0.1%，2022 年预估 CTR 提升至 1.9%。

2. 预估二级指标

- DAU：2022 年 DAU 为新用户 DAU 和老用户 DAU 加总之和，目标 DAU=1.26+2.89=4.15 亿人。

- 人均每日在线时长：由用户运营部和产品部负责。2020 年是 40 分钟，2021 年是 42 分钟。2022 年业务部门计划采取 4 种策略：①人和内容的匹配策略优化升级；②运营活动增加激励力度；③在内容上引入新的垂类内容；④原有产品流程优化。4 种策略预估增量 3 分钟，2022 年预估人均每日在线时长为 45 分钟。

- 每条视频的播放时长：由产品部和内容运营部负责。2020 年是 20 秒，2021 年是 20 秒。2022 年策略保持不变，仍然为 20 秒。

- Ad load：由商业化部负责。2020 年是 9%，2021 年是 10%。2022 年业务部门计划采取一种策略：增加新的广告位。该策略预估增量 1%，2022 年预估 Ad load 提升至 11%。

- 售卖率：由商业化部负责。2020 年是 80%，2021 年是 82%。2022 年业务部门计划采取 5 种策略：①增加新的广告样式；②增加新的售卖方式；③优化流量标签；④外接 ADX（广告交易平台）；⑤引入更多的广告主。5 种策略预估增量 2%，2022 年预估售卖率提升至 84%。

- eCPM：由商业化部负责，为两个三级指标 ACP 和 CTR 的乘积再乘 1000。2022 年目标 eCPM=1.2×1.9%×1000=22.8 元。

3. 计算北极星指标

2022 年广告收入=DAU×人均每日在线时长/每条视频的播放时长×Ad load×售卖率×eCPM/1000=415,000,000×45×60/20×11%×84%×22.8/1000×365=43,080,580,620 元 ≈ 430 亿元。最终的结果如图 6-6 所示。

关键指标	指标类型	负责部门	历史数据		2022 年预估		
			2020 年	2021 年	策略	目标值	
						增量	总量
广告收入/元	北极星指标	—	21,444,480,000	30,614,439,240	—	12,466,141,380	43,080,580,620
DAU/人	二级指标	用户增长部 用户运营部 产品部	400,000,000	410,000,000	—	5,000,000	415,000,000
•新用户 DAU/人	维度指标	用户增长部	120,000,000	123,000,000	引入两条新的获客渠道 投放采用新的广告形式 获客路径优化	3,000,000	126,000,000
•老用户 DAU/人	维度指标	用户运营部 产品部	280,000,000	287,000,000	在产品中增加打卡积分功能 用户运营活动增加两次	2,000,000	289,000,000
人均每日在线时长/分钟	二级指标	用户运营部 产品部	40	42	人和内容的匹配策略优化升级 运营活动增加激励力度 在内容上引入新的垂类内容 原有产品流程优化	3	45
每条视频的播放时长/秒	二级指标	产品部 内容运营部	20	20	策略保持不变	0	20
Ad load	二级指标	商业化部	9%	10%	增加新的广告位	1%	11%
售卖率	二级指标	商业化部	80%	82%	增加新的广告样式 增加新的售卖方式 优化流量标签 外接 ADX 引入更多的广告主	2%	84%
eCPM/元	二级指标	商业化部	17.0	19.8	—	3.0	22.8
•ACP/元	三级指标	商业化部	1.0	1.1	增加新的广告样式 引入更多的广告主	0.1	1.2
•CTR	三级指标	商业化部	1.7%	1.8%	引入新的技术 广告路径优化 引入动态素材机制	0.1%	1.9%

图 6-6 目标预估结果表

6.3.5 多轮沟通调整，确定最终值

本轮预估得出 430 亿元后，我们就可以拿着这个目标和老板汇报了。在和老板汇报的过程中，需要带着 Excel 版的预估模型。和老板汇报目标是多少，如何得出这个目标，以及实现策略是什么。

老板会和各个业务部门一起对各个策略实现的风险与可能性进行评估，进而调整策略和目标值。几轮沟通和调整下来，基本上就会确定 2022 年的目标。我们这里假设仍然为 430 亿元，符合老板 420 亿～440 亿元的预期。

6.3.6　目标下发

目标确定之后，需要把目标下发给各个业务部门。通常采用邮件的形式下发，格式如表 6-2 所示。

表 6-2　2022 年 X 短视频公司目标下发表

部门	承担指标	2021 年实际值	2022 年目标值	达成目标的策略
用户增长部	新用户 DAU/亿人	1.23	1.26	引入两条新的获客渠道 投放采用新的广告形式 获客路径优化
用户运营部	老用户 DAU/亿人	2.87	2.89	用户运营活动增加两次 运营活动增加激励力度 在内容上引入新的垂类内容
	人均每日在线时长/分钟	42	45	
产品部	老用户 DAU/亿人	2.87	2.89	在产品中增加打卡积分功能 人和内容的匹配策略优化升级 原有产品流程优化
	人均每日在线时长/分钟	42	45	
商业化部	Ad load	10%	11%	增加新的广告位/广告样式/售卖方式 优化流量标签 外接 ADX 引入更多的广告主/新的技术/动态素材机制 广告路径优化
	售卖率	82%	84%	
	eCPM/元	19.8	22.8	

提示 在利用业务模型预测目标时，其实考察了商业分析师几个方面的能力。

（1）对业务和行业的理解能力。

（2）搭建数据指标体系的能力、对数据指标的熟练使用能力。

（3）各部门协调、沟通和组织的能力。

相比回归预测，沟通和协调的软技能尤为重要。既要鉴别业务部门提供信息的真实性，又要处理好各业务部门的抵触、抱怨和不配合。

所以，与其说制定目标的工作更考验严密的测算逻辑，不如说它是一项高难度的沟通工作。

6.4　借助"3 条线路"拆解目标

大目标不是一个人一下子就能完成的,它通常是多个小团队日积月累、兢兢业业优化工作流程的结果。

因此,一个大目标制定好之后,还必须将目标落实到月、落实到人、落实到业务流程中,经过"人"在"时间线"和"业务流程线"的实际执行才能确保目标的达成。

这就需要对大目标进行拆解,拆解目标可按 3 条线路开展,如图 6-7 所示。

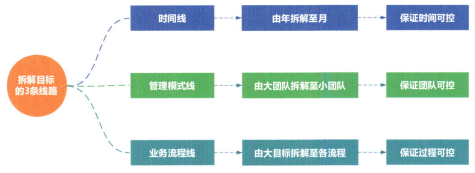

图 6-7　拆解目标的 3 条线路

- 第一条线路:时间线。将年度目标拆解至月度目标,目的是通过月度目标的达成来实现年度目标的达成。
- 第二条线路:管理模式线。按照业务团队内部各自的管理模式将目标拆解至下一级团队甚至个人,目的是通过各个小团队目标的达成来实现总目标的达成。
- 第三条线路:业务流程线。按照业务运转流程将大目标拆解至各业务环节,目的是通过各个过程目标的达成来实现总目标的达成。

6.4.1　横向拆解:2 种方法进行"时间线"拆解

横向拆解是指公司将制定的年度目标拆解到每月。通过保证每月监控和达成目标,最终实现年度目标的达成。

横向拆解目标有 2 种方法:一种是"占比"加权平均值法;另一种是"日系数"加权平均值法。

这里仍以上文中 X 短视频公司制定的 430 亿元广告收入目标为例进行拆解。

1.　"占比"加权平均值法拆解

平均值有很多种计算方法,加权平均值是其中的一种方法。它是先给每一组数值赋予权重,然后对赋予权重的这些数求平均值的方法。

提示 平均值包含4种类型。

- 算数平均值：n 个数据的总和除以数据的个数 n。
- 几何平均值：n 个数的乘积开 n 次方根。
- 加权平均值：先给 n 个数值赋予不同权重，然后对这些数求平均值。
- 移动平均值：滚动计算最近 n 个值的平均值。

在拆解 2022 年目标至各月时，"占比"加权平均值法就是求出历史上每年各月收入占比，接着为不同年份赋予不同的权重，最后计算各月收入占比的加权平均值，就可以近似看成 2022 年各月收入占比。按占比拆分 430 亿元的年度收入目标即可求出各月收入目标。具体来说，分 3 步展开。

（1）获取历史上每年各月的收入数据，计算各月收入占比。

这里我们选择 2019—2021 年这 3 年各月的收入数据，并计算其占比，就得到表 6-3。

表 6-3 2019—2021 年不同月份收入占比

年份	月份											
	1	2	3	4	5	6	7	8	9	10	11	12
2019	5%	1%	7%	6%	7%	6%	8%	9%	9%	9%	12%	21%
2020	8%	6%	12%	9%	9%	11%	10%	8%	7%	6%	6%	8%
2021	4%	1%	6%	8%	8%	9%	9%	10%	10%	11%	11%	13%

（2）赋予权重，计算 2022 年各月收入占比。

不同年份数据对 2022 年预测产生的影响也不同。越靠近 2022 年的数据影响越大，赋予的权重也应该越大。

这里假设为 2019 年赋予 20% 的权重，为 2020 年赋予 30% 的权重，为 2021 年赋予 50% 的权重。

提示 具体赋予多少权重，需要根据实际情况自己设定。每个人的判断不同，设定的权重也不同。这也是加权平均值的一个缺点：100 个人可能给出 100 个权重值。

权重被赋予之后，求出各月的加权平均值，就是 2022 年各月收入占比，如表 6-4 中的黄色斜体字所示。

提示 加权平均值的计算方式，以 1 月为例。

- 2022 年 1 月加权平均值=2019 年 1 月收入占比×2019 年赋予权重+2020 年 1 月收入占比×2020 年赋予权重+2021 年 1 月收入占比×2021 年赋予权重。
- 2022 年 1 月加权平均值=5%×20%+8%×30%+4%×50%=5%（四舍五入后的结果）。

表 6-4　2022 年各月收入占比预测

年份	权重	月份											
		1	2	3	4	5	6	7	8	9	10	11	12
2019	20%	5%	1%	7%	6%	7%	6%	8%	9%	9%	9%	12%	21%
2020	30%	8%	6%	12%	9%	9%	11%	10%	8%	7%	6%	6%	8%
2021	50%	4%	1%	6%	8%	8%	9%	9%	10%	10%	11%	11%	13%
2022	—	*5%*	*3%*	*8%*	*8%*	*8%*	*9%*	*9%*	*9%*	*9%*	*9%*	*10%*	*13%*

（3）拆解 2022 年各月收入目标。

用整体 430 亿元的年度收入目标乘以各月收入占比，即可得出各月收入目标。具体数据如表 6-5 中的黄色斜体字所示。

表 6-5　2022 年各月收入目标拆解结果

统计项	整体	月份											
		1	2	3	4	5	6	7	8	9	10	11	12
占比	100%	5%	3%	8%	8%	8%	9%	9%	9%	9%	9%	10%	13%
收入目标/亿元	*430*	*21*	*13*	*34*	*34*	*34*	*39*	*39*	*39*	*39*	*39*	*43*	*56*

"占比"加权平均值法的优点是简单、容易理解，所以使用得比较多，但是缺点也很明显。

- 首先，在赋予权重时需要凭借个人对业务的主观判断，不同的人会得出不同的权重值。其中，个人对业务的熟悉度发挥着重要作用。
- 其次，该方法并不适用于所有的业务和公司。业务日波动比较大、呈现明显周度特点（工作日和周末差异明显）的公司更适合采用"日系数"加权平均值法。

2.　"日系数"加权平均值法拆解

如果公司的业务在工作日和周末有明显的差异（如零售行业、出行行业等），则需要以一周为周期，借助"日系数"加权平均值法进行测算。这种方法需要以"周"为周期，将每日收入经过简单的数据处理，转变为周一到周日的不同日系数，通过赋予权重求出日系数的加权平均值。

这里假设某零售公司 2022 年制定的年度收入目标为 430 亿元，拆解 430 亿元至 12 个月的流程具体如下。

（1）获取每日收入数据，计算周一到周日的日系数。

获取 2021 年每日收入数据，整理成如表 6-6 所示的格式。计算从周一到周日每日的收入平均值。

接着，以周一到周日收入平均值的最小值为基点，计算其他六天的日系数。日系数的计算公式为：

$$日系数 = 当天的收入平均值 / Min（周一到周日的收入平均值）$$

提示 从表 6-6 中可知，周一到周日收入平均值的最小值为周日的值，即 95，那么 95 就是基点值。周二的日系数=周二的收入平均值/周日的收入平均值= 109/95=1.1（四舍五入后的结果）。

表 6-6 2021 年每日收入（百万元）及日系数

周度	Sun	Mon	Tue	Wed	Thu	Fri	Sat
W1	100	110	130	109	123	156	189
W2	98	108	128	106	120	147	187
W3	96	106	126	103	117	138	185
W4	94	104	124	100	114	129	183
W5	92	102	122	97	111	120	181
W6	90	100	120	94	108	111	179
W7	88	98	118	91	110	114	182
……	……	……	……	……	……	……	……
W17	100	120	122	124	130	144	212
W18	102	124	126	128	132	147	215
W19	104	128	130	132	134	150	218
W20	106	132	134	136	136	153	221
W21	108	136	138	140	138	156	224
……	……	……	……	……	……	……	……
收入平均值	*95*	*109*	*120*	*109*	*122*	*135*	*198*
日系数	*1.0*	*1.1*	*1.3*	*1.2*	*1.3*	*1.4*	*2.1*

（2）为每年赋予权重，计算 2022 年的日系数。

同 2021 年的日系数计算逻辑一样，计算出 2019 年和 2020 年的日系数，如表 6-7 所示。

接着，为 2019 年赋予 20%的权重，为 2020 年赋予 30%的权重，为 2021 年赋予 50%的权重。

之后，求出日系数的加权平均值，即 2022 年的日系数，如表 6-7 中的黄色斜体字所示。

表 6-7 日系数及权重指数

年份	权重	Sun	Mon	Tue	Wed	Thu	Fri	Sat
2019	20%	1.2	1.4	1.5	1.3	1.2	1.5	2.0
2020	30%	1.3	1.4	1.5	1.4	1.3	1.6	1.9
2021	50%	1.0	1.1	1.3	1.2	1.3	1.4	2.1
2022	*—*	*1.1*	*1.3*	*1.4*	*1.3*	*1.3*	*1.5*	*2.0*

（3）计算 2022 年的月系数。

每月由不同的天数构成，将每月的日系数相加就可以得出月系数。

如何加总呢？以 2022 年 1 月为例，画出表 6-8。将日系数填充进去，加总即可计算出月系数为 44.0。

表 6-8 2022 年 1 月日系数和月系数

周度	Sun	Mon	Tue	Wed	Thu	Fri	Sat
W1	—	—	—	—	—	—	2.0
W2	1.1	1.3	1.4	1.3	1.3	1.5	2.0
W3	1.1	1.3	1.4	1.3	1.3	1.5	2.0
W4	1.1	1.3	1.4	1.3	1.3	1.5	2.0
W5	1.1	1.3	1.4	1.3	1.3	1.5	2.0
W6	1.1	1.3	—	—	—	—	—
1 月月系数	*44.0*						

以此类推，可以求出 2022 年 12 个月的月系数，如表 6-9 中的蓝色斜体字所示。

（4）计算月系数占比，得出各月收入目标。

求出各月的月系数占比，就是 2022 年各月收入占比。用年度收入目标 430 亿元乘以各月收入占比就得出各月收入目标，具体如表 6-9 所示。

表 6-9 2022 年各月月系数及各月收入目标

统计项	整体	月份											
		1	2	3	4	5	6	7	8	9	10	11	12
月系数	*517.3*	*44.0*	*39.6*	*43.6*	*43.1*	*43.9*	*42.2*	*44.2*	*43.6*	*42.4*	*44.0*	*42.3*	*44.4*
占比	100%	8.5%	7.7%	8.4%	8.3%	8.5%	8.2%	8.5%	8.4%	8.2%	8.5%	8.2%	8.6%
收入目标/亿元	*430*	*37*	*33*	*36*	*35*	*37*	*35*	*37*	*36*	*35*	*37*	*35*	*37*

6.4.2 纵向拆解：3 个步骤进行"管理模式线"拆解

纵向拆解是指公司将制定的团队目标拆解到各个下属的小团队或个人。通过保证每个小团队的监控和目标达成，最终实现整体团队目标的达成。

具体拆解到哪些小团队取决于团队的管理模式。

（1）用户增长部。

该部门负责用户拉新，通常按获客渠道来划分，可划分为信息流渠道团队、搜索渠道团队、转介绍渠道团队、应用商店渠道团队、地推渠道团队等。

用户增长部承担的目标有用户注册数量、DAU、CAC、ROI 等。要想达成总目标，就需要将其拆解到各个小的"渠道团队"中去。

> **提示** "用户增长部"是通过"一定的成本"为公司产品或功能带来"有效用户"的团队。
>
> 该团队涉及的工作很多,在不同的公司中设置也不太一样,部门名称也有区别。一般包括:
>
> (1)市场投放部。
> - 通过各种广告投放渠道(如搜索、信息流等)获取新用户的部门。
> - 通常考核的指标为有效用户数量和 ROI 等。
> - 这个部门是最主要的核心部门。
>
> (2)活动拉新部。
> - 通过各种活动获取新用户的部门,如拼团裂变、转介绍等活动。
> - 通常考核的指标为 ROI、CAC、K 因子(在第 9 章中有详细介绍)、反作弊等。
>
> (3)新媒体运营部。
> - 通过新媒体的创新活动获取新用户的部门,如在抖音/快手开设账号。

(2)广告销售部。

该部负责广告销售,通常按客户所在的行业来划分,可划分为汽车行业团队、网服行业团队、游戏行业团队、食品饮料行业团队、旅游行业团队等。

广告销售部承担的是广告收入的总目标。要想达成总目标,就需要将其拆解到各个小的"行业团队"中去。

(3)内容运营部。

该部负责内容产出和运营,如抖音、快手的网红运营部,通常按垂类内容来划分,可划分为科技垂类团队、喜剧垂类团队、游戏垂类团队、短剧垂类团队、美妆垂类团队等。

网红运营部承担的目标通常是活跃达人数量,或者有收益的达人数量。要想达成总目标,就需要将其拆解到各个小的"垂类团队"中去。

在上文的短视频案例中,X 短视频公司制定的广告收入目标是 430 亿元,如何把 430 亿元的目标拆解至销售的各个团队?

1. 画出业务管理架构图

要想将总目标拆解至各个团队,必须熟知团队的管理模式和组织架构。X 短视频公司的广告销售部共分为 3 个大群组,每个群组下按行业设置了 3~4 个小团队,总计 11 个行业团队,如图 6-8 所示。

2. 明确收入的拆分逻辑和公式

画出了业务管理架构图之后,需要明确每个团队收入目标的拆解逻辑和公式。使用什么样的方式将总收入拆解至 11 个团队?

通常先推测各个团队的收入占比数据,用总收入目标乘以各个团队的收入占比即可求出各个团队的收入目标。其计算公式为：

各个团队的收入目标 = 总收入目标×各个团队的收入占比

图 6-8 广告销售部业务管理架构图

3. 获取历史数据，推测各个团队的收入占比

这里我们选择 2019—2021 年的收入占比数据，分别赋予 2019 年、2020 年和 2021 年各自 20%、30%与 50%的权重，计算出 2022 年各个团队的收入占比数据。

到这里计算出来的收入占比数据很粗糙，只考虑了历史情况，没有考虑公司内部的发展定位、资源投入，以及外部的行业发展趋势。加之拆解的目标多少涉及各个团队的利益纠纷，很容易被各个团队挑战。因此，还需要结合公司内部和外部行业增速对收入占比数据进行手动调整，调整结果如表 6-10 所示。

表 6-10 广告销售部 2022 年收入目标拆解表

行业团队	历史收入占比			初步预估	调整参考因素		调整后预估	
	2019 年	2020 年	2021 年	2022 年占比	2021 年内部同比	预估行业增速	2022 年占比	2022 年收入/亿元
App	9.2%	9.9%	9.6%	9.6%	14.0%	15.0%	9.8%	42.1
房产家居	3.1%	2.9%	2.6%	2.8%	2.6%	3.0%	2.4%	10.3
教育	6.2%	5.9%	5.5%	5.7%	5.5%	4.0%	5.2%	22.4
金融	9.0%	9.0%	8.8%	8.9%	13.0%	15.0%	9.0%	38.7
电商零售	13.8%	13.1%	13.2%	13.3%	13.2%	18.0%	13.3%	57.2
旅游	7.6%	6.9%	6.6%	6.9%	6.6%	2.0%	6.2%	26.7
汽车	6.6%	6.5%	6.1%	6.3%	6.1%	10.0%	5.7%	24.5
快消品	16.9%	17.1%	18.0%	17.5%	11.0%	7.0%	17.5%	75.2
游戏	18.7%	18.7%	20.0%	19.4%	20.0%	25.0%	21.2%	91.2
医药	0.7%	0.7%	0.6%	0.7%	40.0%	50.0%	1.0%	4.3
资讯	8.2%	9.3%	9.0%	8.9%	9.0%	15.0%	8.7%	37.4
整体	100.0%	100.0%	100.0%	100.0%	12.4%*	6.0%*	100.0%	430.0

注：*中的 12.4%是根据历史数据计算的，6.0%是根据经济和行业发展估算的。

6.4.3 漏斗拆解：3 个步骤进行"业务流程线"拆解

漏斗拆解是指公司将制定的业务目标拆解到业务流程中的每个环节。通过保证每个环节的监控和目标达成，最终实现整体业务目标的达成。每项业务都有其独特的转化流程，如表 6-11 所示，各个转化流程顺畅流转才成就了业务。

表 6-11　不同业务的转化流程

业务类型	转化流程
电商	买量→下载→注册→进店→访问店铺→点击商品→加购物车→支付→支付成功
长视频	买量→下载→注册→访问→点击视频→观看视频→购买会员→付费→正式会员
短视频：用户	买量→下载→注册→访问→观看视频→浏览广告→点击广告→进入落地页→转化
短视频：广告主	线索客户→联系成功客户→意向客户→注册充值客户→消耗客户

这里仍以 X 短视频公司 430 亿元的广告收入目标为例说明如何进行流程拆解。

由 X 短视频公司的历史数据可知，平均每个广告主每年消耗 50 万元预算，那么达成 430 亿元的目标需要 8.6 万个广告主。目前老客户有 7.4 万个，因此广告销售部 2022 年需要完成开发 1.2 万个新客户的目标。那么，如何将 1.2 万个新客户拆解到各个环节中？

1. 画出转化漏斗图，计算转化率

依据客户的转化流程，画出如图 6-9 所示的转化漏斗图，并计算每个阶段的转化率。

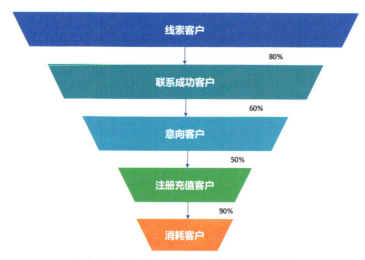

图 6-9　X 短视频公司客户转化漏斗图

2. 明确各个环节的过程指标

根据画出的漏斗，明确各个环节的过程指标。这里的过程指标包含两类。

- 规模类指标：包括线索客户数、联系成功客户数、意向客户数、注册充值客户数和消耗客户数。
- 转化率类指标：包括联系成功率、意向率、注册充值率和消耗率。

3. 获取历史数据，反推 2022 年的过程指标

2021 年注册充值客户到消耗客户的转化率为 90%，2022 年假设能提升至 92%，则注册充值客户数的目标值是 1.2/92%=1.3 万个。

2021 年意向客户到注册充值客户的转化率为 50%，2022 年假设能提升至 54%，则意向客户数的目标值是 1.3/54%=2.4 万个。

2021 年联系成功客户到意向客户的转化率为 60%，2022 年假设能提升至 63%，则联系成功客户数的目标值是 2.4/63%=3.8 万个。

2021 年线索客户到联系成功客户的转化率为 80%，2022 年假设能提升至 85%，则线索客户数的目标值是 3.8/85%=4.5 万个。

到此为止，广告销售部的 1.2 万个新客户的开发目标就拆解到各个环节中了，结果如表 6-12 所示。

表 6-12　X 短视频公司新客户转化流程和过程指标预估表

指标	指标类型	2021 年历史值	*2022 年目标值*
线索客户数/万个	过程指标	4.6	*4.5*
联系成功率	过程指标	80%	*85%*
联系成功客户数/万个	过程指标	3.7	*3.8*
意向率	过程指标	60%	*63%*
意向客户数/万个	过程指标	2.2	*2.4*
注册充值率	过程指标	50%	*54%*
注册充值客户数/万个	过程指标	1.1	*1.3*
消耗率	过程指标	90%	*92%*
消耗客户数/万个	*结果指标*	*1.0*	*1.2*

6.5　通过 "3 种策略" 平衡各方利益

目标制定不但涉及公司的发展，还涉及业务、团队和人员的切身利益（如奖金和晋升等）。

因此，每次制定目标的季节来临时，就是 "风起云涌" 的时候，办公室里会暗流涌动，各方势力开始蠢蠢欲动。管理层、业务部门、商业分析部门纷纷出马，上演一场角逐和博弈的大战，构成了办公室里一道独特的风景线。

作为制定目标的商业分析部门，会受到来自各方势力的挑战。有人会觉得目标定

太高，有人会觉得目标分配不够公平，有人会质疑其不懂业务，有人会吐槽不该背这个指标。

被各种质疑裹挟，被各种口诛笔伐，商业分析部门如何自救？是"躺平"，是自卫，是奋起反击，还是泰然处之？这里总结了3种策略以应对目标制定的诸多挑战。

6.5.1 找准立场，厘清利益链条，抓住主要矛盾

商业分析部门是中立的第三方角色，这意味着：首先不能和业务部门联手欺骗管理层，其次不能被业务部门牵着鼻子走。

厘清利益链条就是要清楚参与目标制定的部门有哪些，它们关注什么利益，各方利益的冲突点体现在哪里。

1. 知晓参与目标制定的3个利益群体

（1）管理层。

管理层希望在风险可控的范围内制定高目标，既能激发团队潜力，又能防范风险。在他们眼里，目标是收益和风险的平衡点。

（2）业务部门。

业务部门是指背负和承担目标的部门，包括用户增长部门、用户运营部门、产品部门、销售部门和市场部门等。

其中大部分人不希望承担过高的目标，但是有少部分人为了某些原因可能主动夸大或虚报目标。

（3）商业分析部门。

商业分析部门负责制定目标的测算逻辑，是各个业务部门的协调者和沟通人。它通过内部数据分析、策略沟通，以及外部信息整合测算出最终的目标。

2. 厘清各方利益的冲突点

各方参与者都会捍卫自己的利益，每两方之间都会存在利益冲突，如表6-13所示。

表 6-13 各利益相关方冲突点梳理

利益相关方	冲突点	是否是主要矛盾
管理层 vs 业务部门	目标高低的冲突	×
	虚报高目标和高风险的冲突	×
	目标分配是否公平的冲突	×
管理层 vs 商业分析部门	商业分析部门被业务部门牵着鼻子走的冲突	√
	商业分析部门脱离业务的冲突	√

续表

利益相关方	冲突点	是否是主要矛盾
业务部门 vs 商业分析部门	目标测算逻辑是否自洽、是否了解业务、数据是否准确的冲突	×
	目标分配是否公平的冲突	×
业务部门 vs 业务部门	目标由谁承担的冲突	×

（1）管理层和业务部门的利益冲突。

- 管理层想要高目标，业务部门表示目标太高，难度太大，很难完成。
- 某些业务部门为保住地位讨好老板，不考虑实际情况，虚报目标，致使管理层不得不承担风险。
- 业务部门质疑管理层的目标分配不公平。

（2）管理层和商业分析部门的利益冲突。

- 管理层质疑商业分析部门没有独立判断能力，被业务部门牵着鼻子走。
- 管理层质疑商业分析部门脱离业务，测算的目标不具备实际落地性。

（3）业务部门和商业分析部门的利益冲突。

- 目标超出业务部门的预期，业务部门质疑商业分析部门的目标测算逻辑不自洽、不了解业务，以及数据不准确等。
- 业务部门质疑商业分析部门的目标分配不公平。

（4）各业务部门之间的利益冲突。

A 部门认为某个指标应该由 B 部门承担，B 部门认为应该由 C 部门承担。

3. 定位主要矛盾

商业分析部门的主要定位就是第三方，帮助管理层客观、公正地制定目标。因此，解决的主要矛盾就是转变管理层对商业分析部门的印象：脱离业务、被业务部门牵着鼻子走。

6.5.2 用数据和事实说话，准备充足的论据

在任何时候，做好充足的准备可以让自己在解决问题时更自信、更得心应手。目标制定尤其如此。

目标制定本身就是预测工作，没有人会 100%预测准确，谁也不敢说自己制定的目标是一定正确的。目标没有正确与错误之分，但目标需要有严密和自洽的测算逻辑，还需要充足的论据支持，以说服管理层与业务部门。这就要求提前准备好各种论据，一切用客观的数据和事实说话。

目标的影响因素很多也很复杂。准备论据时需要充分考虑到这些因素，具体如表 6-14 所示，包括：

（1）公司内部因素。

公司内部因素需要考虑公司的历史数据、业务的发展战略和定位、产品和服务策略的升级与更改、公司的资源投入、组织架构的变更等。

（2）公司外部因素。

首先，除了与上文内部相同的数据，竞争格局的改变、竞争对手的产品和服务策略的改变均会对公司产生影响。

其次，需要考虑行业整体的规模和发展趋势、行业的政策和经济环境的变化，以及影响行业的关键因素（如供应链、渠道、利润等）的变化等。

表 6-14　制定目标需要准备的论据清单

论据类型		具体内容
内部	历史数据	北极星指标历史数据：如收入、DAU
		维度指标历史数据：如新用户 DAU、老用户 DAU
		二级指标历史数据：如客单价、复购频次、eCPM
		过程指标历史数据：如各种转化率
	战略和策略	业务的发展战略和定位
		产品和服务策略的升级与更改
		公司的资源投入
		组织架构的变更
外部	竞争对手	与上文内部相同的数据（不求全）
		竞争格局的改变
		竞争对手的产品和服务策略的改变
	行业	行业整体的规模和发展趋势
		行业的政策和经济环境的变化
		影响行业的关键因素（如供应链、渠道、利润等）的变化

6.5.3　3 种机制与业务部门紧密沟通，防止闭门造车

与业务部门保持紧密沟通，不代表被业务部门牵着鼻子走。相反，只有与它们保持紧密沟通，才能熟悉业务，才能保证不被业务部门牵着鼻子走。在制定目标时，可以通过 3 种机制加强与业务部门的沟通。

1. 引入目标上报机制

在制定目标之前，商业分析部门需要搭建好预测的逻辑和框架，填充好历史数据，并以 Excel 的形式设计成模板。之后将模板下发给业务部门，让业务部门上报一版自己对未来目标的估算和预期。当然这个上报不是单纯的报一个数字，而是要报数字、测算逻辑和原因。

一般来说，Excel 模板（也就是上报的内容）里应包含以下 5 个方面。

（1）指标：包含北极星指标，以及推导和计算北极星指标用到的二级指标、三级指标和过程指标。

（2）历史数据：获取指标在过去 1～2 年的历史数据，以便业务部门在填写目标时做参考。

（3）目标预估：来年业务部门预估能做到多少目标。

（4）策略和动作：对于变动较大的指标值，说明其背后的策略和动作调整。

（5）需要的支持：业务部门为达成预估的目标，需要哪些人力、物力和财力上的支持。

> **提示** 目标上报机制是一种对业务部门和商业分析部门均有利的机制。
>
> - 业务部门：可以系统梳理业务情况，对来年的业绩做到心中有数。同时，可以将业务的变更和外界不可控因素及时传递给商业分析部门。
> - 商业分析部门：可以据此深入了解业务部门来年的策略和动作调整，在制定目标时不至于脱离业务。

假设让广告销售部门上报 2022 年的收入目标，应该报什么数据？上报模板应该如何设计？

广告销售部门的收入来自广告主这些客户们。所以，要想目标制定得靠谱准确，按"客户"维度进行目标梳理是非常有必要的。

在客户数量少的情况下，逐个梳理客户情况是完全没有问题的。但是在大公司里，通常客户数量成千上万，这时按客户梳理就会耗费大量的人力和时间。所以，这时分类思想就显得尤其重要。

（1）老客户。

针对老客户，需要将客户按贡献价值划分为"头部客户""腰部客户""长尾客户"。

- 头部客户：头部客户基本符合"二八原理"，即 20%的客户量贡献了 80%的价值。也就是说，这些客户的数量比较少，但是贡献的价值很大。这些客户必须一对一盘点和梳理。
- 腰部客户和长尾客户：基本上单个客户贡献的价值相对较小，因此不必逐一盘点，按整体盘点即可。

（2）新客户。

新客户是指未来能新开发和引入的客户。对于新客户的数量，商业分析部门很难做出预测，因此必须由业务部门自己盘点。

针对这些客户，广告销售部门需要做出 2022 年的收入目标预估。如果预估的 2022 年收入目标与 2021 年存在较大差距，尤其是预估的收入下滑，则此时要说明原因。具体的上报模板如表 6-15 所示。

提示

- 不同的业务部门须设计不同的上报模板，业务不同，预估逻辑也不同。
- 目前很多大公司采用"在线文档"的形式上报。商业分析部门搭建好表格模板后，会通知各个业务部门在线填写。

在线填写的好处是既能实时共享给相关参与人，又能掌控进度，还能添加评论等。

表 6-15　广告销售部门上报收入目标模板

客户分类		客户名称/数量	2021 年收入	收入目标预估		
				2022 年收入	策略和动作	需要的支持
老客户	头部客户	"天天向上"教育公司				
		"好好学习"教育公司				
		……				
	腰部客户	20 个				
	长尾客户	1000 个				
新客户						

2. 采用现场复查机制

在业务部门上报预估收入目标的过程中，商业分析部门也应该在内部测算一版收入目标。测算的依据就是上文介绍的内部和外部数据。当然这些数据肯定有遗漏，但没有关系，只需基于手头信息做出预测即可。

在业务部门将预估收入目标上报之后，商业分析部门需要先检查数据的正确性。确定数据无误后，则需要对两个版本进行对比与分析，并列出疑问和需要进一步确认的清单。

文字的东西总会存在歧义和误解，所以现场复查机制非常重要。针对问题清单，商业分析部门需要组织与业务部门的沟通会议，现场一一确认和梳理清单中的问题。其中，需要重点沟通和确认的问题如下。

（1）双方预估差距过大的指标。

（2）业务部门预估和历史数据差距过大的指标。

（3）模糊或存在歧义的指标。

（4）关键策略的调整。

（5）业务部门不确定的指标或策略。

（6）变化原因（如上报的不真实或不自洽等）。

3. 使用上报数据与实际数据对比机制

因为预估目标本质上是一种预估行为，所以业务部门上报的目标会和实际存在差距。有差距是正常的，但差距太大就不正常了。

有的业务部门为了制定较低的目标,在上报时就会故意少报,这通常称为"少报型";有的业务部门为了某些原因则喜欢夸大目标,就会故意多报,这通常称为"夸大型";有的业务部门则比较客观,喜欢实事求是,会基于业务实际情况如实上报,这通常称为"求是型"。

就像人的行为和习惯通常是很难改变的,业务部门的行为也是会持续的。一旦有过几次少报或夸大行为,这种行为在后续的目标预估中就会延续。

作为商业分析师,需要有能力鉴别出各个业务部门的上报类型,清楚知道各个业务部门的上报风格。这样在之后的目标制定工作中,有助于快速识别出上报数据的真实性,调整和改变与业务部门的沟通方式及协作模式。

那么,商业分析部门应如何进行鉴别?

(1)建立上报数据规范存储机制。

对各个业务部门上报的数据要建立统一的存储机制。目前很多公司没有这个机制,上报通常都是一次性的,用完一次上报的数据之后,基本上数据就丢失了。只有把这些数据规范地存储好,才能确保后期可用,以便拿出来和实际数据进行对比。

(2)对比上报数据和实际数据,计算误差。

将上报数据规范存储后,每次制定目标时,商业分析师就可以把过往上报的数据和实际完成的数据都取出来进行对比,并计算上报数据和实际数据的误差。误差的计算公式为:

$$误差=(上报数据-实际数据)/实际数据×100\%$$

提示 如何计算上报数据和实际数据的误差?

比如,2021 年 A 部门上报的收入目标是 40 亿元,2021 年实际完成的收入是 50 亿元,则上报和实际的误差=(40-50)/50×100% = -20%。

(3)判断业务部门的上报风格。

通过误差的绝对值和正负就可以判断出业务部门的上报风格,如表 6-16 所示。

表 6-16 业务部门上报风格判断

部门名称	上报数据/亿元		实际数据/亿元		误差		上报风格判断
	2020 年	2021 年	2020 年	2021 年	2020 年	2021 年	
A 部门	10	15	15	20	-33%	-25%	少报型
B 部门	20	25	20	26	0	-4%	求是型
C 部门	20	40	10	25	100%	60%	夸大型
……	……	……	……	……	……	……	……

第一,观察误差的绝对值。

- 当 | 误差 | >10%时,代表上报误差较大,该业务部门可能是"少报型"风格,也可能是"夸大型"风格。
- 当 | 误差 | ≤10%时,代表上报误差较小,该业务部门是"求是型"风格。

第二，观察误差的正负。

● 当误差为正时，代表该业务部门可能是"夸大型"风格。

● 当误差为负时，代表该业务部门可能是"少报型"风格。

（4）制定应对不同风格的沟通策略。

"少报型"的业务部门：最容易"哭穷"，喜欢找管理层或商业分析部门理论，列举各种因素来证明制定的目标太高、难度太大。那么此时，商业分析部门除告诉它测算逻辑外，可以将它"上报数据和实际数据的误差"摆出来，并告知它"你们部门过去的上报和预测都不靠谱，这次很难说服我"。

"夸大型"的业务部门：很可能是能力不足的部门，由于它的夸大和虚报，很容易给公司管理层的决策带来风险。因此，针对这些部门，每次都需要和管理层做好风险评估和预告知。

"求是型"的业务部门：往往是业务的中坚力量。对于它的上报，通常采取信任的原则，与其确认和沟通好预估逻辑及策略、动作即可。

第7章

布局业务的"观测站"——监控体系

在第 5 章中，我们介绍了如何搭建数据指标体系。在第 6 章中，我们介绍了如何制定和拆解目标。有了数据指标体系和目标之后，就能够高枕无忧了吗？

我们还是以 Rose 的案例来说明。

Rose 在上海开了一家餐厅，2 月给自己设定的收入目标是 20 万元，到月底核算时，发现实际收入只有 5 万元，目标完成度只有 25%。看到实际收入之后，Rose 没有任何办法，因为事已至此，2 月的收入目标总归是达不成了。

Rose 此时就是典型的设置了目标却没有进行监控的行为。因为没有对目标进行监控，导致 Rose 到了月底才发现远未达成目标。但此时已经晚矣，任何措施也挽救不了目标没达成的事实。

再来看另一种场景：如果 Rose 设置了监控体系会出现什么情况？

（1）Rose 每天监控目标的达成情况。要达成月入 20 万元的目标，那么她每天至少得有 7,150 元的收入。如果每天收入都能达到 7,150 元，那么月收入 20 万元就没有问题。如果某一天没有达成 7,150 元的目标，她在之后就必须把这个差距补上才能完成月收入目标。

（2）Rose 在某天没有达成目标，通过监控体系，她能够分析出收入减少是因为顾客数减少了，还是因为每个顾客的消费减少了，从而会采取不同的措施来提升收入。如果是顾客数减少了，就可以通过活动、打折、优惠等方式吸引更多的顾客进店消费。如果是每个顾客的消费减少了，就可以通过推出套餐等方式提升客单价。

这就是监控的好处：及时发现异常数据，及时发现业务中存在的问题，及时采取方案解决问题，最终保证业务正常开展，以达成目标。

那么，到底什么是监控？监控是指通过对一系列数据指标的实时观察和统计，发现异常数据及其原因，并能及时做出预警，通知相关业务部门及时修复、改进和优化业务问题，让问题业务回归正轨，从而实现持续、稳定盈利。

一个完整的监控体系，需要进行两个机制的搭建，如图 7-1 所示。

（1）监控机制：知道监控哪些指标，在什么时间监控，监控哪些产品和团队等。最终目的就是全方位监控业务的变化，业务有任何"风吹草动"都能及时捕捉到。

（2）预警机制：能够及时发现异常，鉴别异常，判断异常程度和预警级别，并能将预警信息以快速高效的方式传递给相关业务部门。

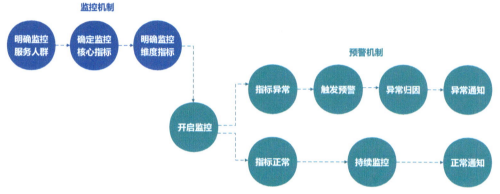

图 7-1 一个完整的监控体系和流程

一次监控的历程类似一次体检的流程，如表 7-1 所示。

表 7-1 "体检"和"监控"的相似点

机制	体检	监控
监控机制	根据个体选择不同的体检套餐	明确监控服务人群
	检查各种健康指标	监控业务数据指标
预警机制	观察体检指标是否正常	判断数据指标是否正常
	体检指标正常，告知体检人结果即可	数据指标正常，持续监控即可
	体检指标异常，发出健康预警	数据指标异常，向业务部门发出业务预警
	医生诊断原因，给出治疗方案	商业分析部门和业务部门诊断原因，提出改善方案
	体检人治愈疾病	业务部门修复与解决业务问题

体检前大家会根据自己的年龄等基本信息，选择体检项目和体检套餐。不同的人会选择不同的体检套餐，如老人套餐、女士套餐、男士套餐和儿童套餐。每种体检套餐会有不同的检查项目和检查指标。

提示 在监控体系里，这个流程就是明确监控服务人群，根据不同的人群设置不同的监控指标。

体检时会测量和观察人体的各种健康指标，通过各种指标的变化和对比，判断身体是否存在问题。

提示 在监控体系里，这个流程就是监控业务数据指标，通过各种方法判断数据指标是否正常。

如果体检指标正常，则告知体检人结果即可。如果不正常，则意味着身体的某些方面可能存在健康隐患，这时就需要向体检人发出健康预警了。预警的方式可以是发邮件，可以是通过在线平台，也可以是打电话。

提示　在监控体系里，这个流程就是判断哪些方面异常、什么时候异常、异常是否严重、是否要预警，以及通过什么方式预警。

体检人接到健康预警后会去医院复查，医生会帮助诊断病因，然后给出治疗方案，体检人积极配合治愈疾病。

提示　在监控体系里，这个流程就是进行归因分析和解决问题。

7.1　如何构建监控机制？点线面全方位出击

体检时不同的人会选择不同的体检套餐。在进行监控时，商业分析师服务的人群也是不同的，而不同的人群有不同的监控需求。首先需要明确监控服务的人群是谁，然后根据监控服务人群明确监控哪些指标。通常来说，监控服务人群包括 4 类。

（1）高层决策者：公司整体战略和业务的统筹者、规划者和决策者。

（2）业务线负责人：一家公司通常由若干条业务线构成，业务线负责人就是负责某条业务线整体业务决策的人。他们通常直接向高层决策者汇报。

（3）部门主管：每条业务线会根据各自的业务特点，下设若干各小部门，部门主管就是小部门的管理人。他们直接向业务线负责人汇报。

（4）业务执行人员：实际执行业务的人员。他们接受部门主管的任务分配和安排，是业务的实际执行人和落地者。

以上 4 种不同的人员，他们的职责和负责的业务不一样，因此关注的指标也是不一样的。

如果给高层决策者每天发送注册率、下载率、播放率、点赞率这些过程指标，估计他们每天都会沉浸在指标的海洋里，都不用做其他事情了。

如果给业务执行人员每天发总收入、GMV 的情况，那么当出现问题时他们将无所适从，像无头苍蝇一样，到处找原因，导致业务无法落地和执行。

提示　构建监控机制的第一步就是要明确监控服务的人群是谁。根据不同的人群，设置不同的监控指标。

7.1.1　点的监控：筛选 5 类监控指标

监控指标通常分为北极星指标、二级指标、维度指标、结果指标和过程指标。高层决策者、业务线负责人、部门主管和业务执行人员关注的指标如表 7-2 所示。

表 7-2 不同监控服务人群关注的指标

指标分类		监控服务人群			
		高层决策者	业务线负责人	部门主管	业务执行人员
点	北极星指标	◎	◎	×	×
	二级指标	◎	◎	◎	×
	维度指标	×	×	◎	◎
	结果指标	×	◎	◎	◎
	过程指标	×	×	◎	◎

（1）如果为高层决策者做监控，则通常应该监控的是北极星指标及围绕北极星指标的重要二级指标。

（2）如果为业务线负责人做监控，则通常应该监控的是北极星指标、二级指标和结果指标。

（3）如果为部门主管做监控，则通常应该监控的是二级指标、维度指标、结果指标和过程指标。

（4）如果为业务执行人员做监控，则通常应该监控的是维度指标、结果指标、过程指标。

7.1.2 线的监控：4 条线开展监控

明确了监控服务人群和监控指标，这时监控机制的拼图仍然不完善。为了把拼图拼凑完整，还需要确定其他因素：是按日监控，还是按周监控；是对所有的产品线进行监控，还是对其中一条产品线进行监控；是对所有团队进行监控，还是对部分团队进行监控。

这些因素可梳理成 4 条线：时间线、产品线、流程线和团队线，如表 7-3 所示。

表 7-3 不同监控服务人群的"4 条线"监控

指标分类		监控服务人群			
		高层决策者	业务线负责人	部门主管	业务执行人员
时间线	日	×	◎	◎	◎
	周	◎	◎	◎	◎
	月	◎	◎	◎	◎
	季	◎	◎	◎	◎
	年	◎	◎	◎	◎
产品线	现金牛产品	◎	×	×	×
	明星产品	◎	×	×	×
	负责产品	×	◎	◎	◎

续表

指标分类		监控服务人群			
		高层决策者	业务线负责人	部门主管	业务执行人员
流程线	关键流程	×	◎	×	×
	所有流程	×	×	◎	◎
团队线	—	◎	◎	◎	×

1. 时间线的监控

在时间线上，监控频率通常可以分为日、周、月、季和年维度的监控。

- 如果为高层决策者做监控，则通常做到周、月、季和年维度的监控即可，每日的监控可以省略。
- 如果为业务线负责人、部门主管、业务执行人员做监控，则监控频率覆盖日、周、月、季和年维度的监控是有必要的。

2. 产品线的监控

- 如果为高层决策者做监控，则通常需要重点进行现金牛产品和明星产品的监控。

提示

- 现金牛产品：销售增长率低、市场占有率高的产品，是为公司提供大部分现金流的重要产品。
- 明星产品：销售增长率高、市场占有率也高的产品，是公司具备发展潜力的重要产品。
- 如果为业务线负责人做监控，则通常需要对其负责的所有产品线都进行监控。
- 如果为部门主管和业务执行人员做监控，则通常对他们负责的单一产品做监控就可以了。

3. 流程线的监控

流程线的监控是指对业务开展的具体流程和环节进行监控。

- 对高层决策者来说，他们通常不关注过程和流程指标，因此可以不做监控。
- 对业务线负责人来说，他们通常只会关注关键流程，因此需要开展关键流程指标的监控。
- 对部门主管和业务执行人员来说，他们负责具体业务的开展和优化，因此需要开展流程线上所有环节的监控。

4. 团队线的监控

团队线的监控是指对每个团队的业绩进行监控。

- 对高层决策者、业务线负责人和部门主管来说，他们都有各自的直属团队，只有保证每个团队的业绩都达标，他们负责的大团队业绩才能达标。因此，如果为他们做监控，则对他们所辖团队线开展监控是必不可少的。

- 如果为业务执行人员做监控，由于他们不涉及业务管理，因此不需要做团队方面的监控。

7.1.3 面的监控：点和线的交织网络

把点的监控和线的监控交织在一起就形成了面的监控网络。

以第 6 章介绍的 X 短视频公司的广告销售部为例，商业分析部门为其制定了目标之后，如何帮助销售业务线负责人做监控？

首先明确监控服务的目标群体是销售业务线负责人。其最关注的指标就是"收入"，围绕"收入"，需要搭建好"两大类的监控指标"和"3 条线的监控网络"。

1. 两大类的监控指标

两大类的监控指标包括收入目标完成情况和收入变化情况的监控。前者用于监控是否能够如期完成目标，后者用于监控业务是否出现异常。

（1）收入目标完成情况。

包括目标值、实际完成值（通常用 MTD 收入、QTD 收入、YTD 收入表示）、目标完成度（通常用 MTD 完成率、QTD 完成率、YTD 完成率表示）、时间进度和时间进度差。监控此类指标的目的是及时通知销售业务线负责人目标完成是否在进度之中，目前的进度是领先、落后还是刚刚好。

> **提示** 目标完成度、时间进度和时间进度差的计算将在 7.2 节中详细说明。

（2）收入变化情况。

包括日环比增长率、MTD 同比增长率、MTD 环比增长率、周同比增长率等。监控此类指标的目的是及时告知业务线负责人收入的变化情况，以及业务是否出现了问题。

> **提示**
>
> - MTD：Month To Date，表示月初至今累计。
> - QTD：Quarter To Date，表示季初至今累计。
> - YTD：Year To Date，表示年初至今累计。
>   假设某公司 2022 年 5 月制定的收入目标是 100 万元，2022 年从 5 月 1 日到 5 月 15 日的累计收入是 50 万元，MTD 收入=50 万元，MTD 完成率=50/100×100%=50%。
> - 2021 年从 5 月 1 日到 5 月 15 日的累计收入是 40 万元，则 MTD 同比增长率=（50-40）/40×100%=25%。

- 2022 年从 4 月 1 日到 4 月 15 日的累计收入是 45 万元，则 MTD 环比增长率=（50-45）/45×100%=11%。

2. 3 条线的监控网络

3 条线的监控网络是指时间线、产品线、团队线的监控。

（1）时间线：每日的收入波动都会影响整体的目标完成度。因此，需要进行日、周、月、季和年维度的监控。

（2）产品线：该广告销售部的收入由 3 条产品线贡献，因此须分产品线进行收入的监控。

（3）团队线：销售业务线负责人下辖 11 个小的行业团队，因此须分 11 条团队线进行收入的监控。

将收入的两大类指标和时间线（这里以日为例）、产品线、团队线交织起来，形成监控网络，如图 7-2 所示。

		销售业务线负责人监控报表——日报							
时间：	3月23日		时间进度：	74.2%					
		收入目标完成情况				收入变化情况			
	线	目标值/万元	MTD收入/万元	MTD完成率	时间进度差	日环比增长率	MTD同比增长率	MTD环比增长率	周同比增长率
整体		633.1	497.8	78.6%	4.4%	-0.1%	10.3%	7.4%	5.2%
产品线	搜索产品	427.4	351.2	82.2%	8.0%	0.2%	4.0%	3.0%	0.0%
	信息流产品	103.0	67.1	65.1%	-9.1%	7.2%	11.3%	10.0%	9.6%
	展示产品	102.7	79.5	77.4%	3.2%	1.5%	-3.9%	3.3%	-4.3%
团队线	App	95.5	71.9	75.3%	1.1%	5.8%	26.0%	4.0%	1.8%
	房产家居	85.2	71.1	83.5%	9.3%	-8.0%	12.0%	3.0%	9.8%
	教育	67.7	55.3	81.8%	7.6%	1.3%	-4.0%	-6.0%	0.7%
	资讯	62.0	45.0	72.6%	-1.6%	1.0%	9.0%	-1.0%	6.2%
	金融	57.6	47.1	81.8%	7.6%	2.5%	1.0%	2.0%	-3.5%
	电商零售	54.9	44.7	81.4%	7.2%	5.3%	12.7%	3.0%	14.2%
	旅游	51.8	33.8	65.2%	-9.0%	-1.2%	-2.0%	-2.1%	-6.0%
	汽车	50.3	45.4	90.3%	16.1%	4.1%	10.0%	9.0%	3.3%
	快消品	47.4	38.0	80.1%	5.9%	2.6%	19.0%	12.0%	4.3%
	游戏	30.7	24.9	81.0%	6.8%	1.7%	5.5%	3.5%	-0.6%
	医药	30.0	20.6	68.8%	-5.4%	-9.3%	3.0%	1.0%	-5.4%

图 7-2 销售业务线负责人监控报表

7.2 如何搭建预警机制？5W2H 法鉴别异常、发出预警

在监控机制构建好之后，就正式开启监控与观察了。在这一阶段，通过对数据的观察，借助一系列方法，可以判断出数据是正常还是异常。如果正常，则持续监控即可；如果异常，则需要触发预警机制，发出预警信号。

这就要求商业分析师知道哪些数据异常、是否真的异常、为什么异常、是否需要预警，以及如何预警，这些我们用 5W2H 法来判断。

7.2.1 什么是 5W2H 法

5W2H 法是一种可以进行"步骤化""流程化""体系化""标准化"思考的工具和方法，可以让我们的思维更缜密和全面，避免遗漏。

5W2H 法是 5 个"W"开头的英文单词和 2 个"H"开头的英文单词的缩写，分别指：

- What：什么，指做哪件事。
- Where：哪里，指从哪里着手做。
- When：何时，指什么时机最合适。
- How Much：多少，指做到什么程度，需要花费多少，能产出多少。
- Why：为什么，指为什么要做某件事，原因和理由是什么。
- How：如何做，指如何高效开展和实施。
- Who：谁，指由谁来承担、完成和负责。

本书将 5W2H 法中的"Who"改用"Which"，即"哪一个"，指通过什么方式完成。

5W2H 法最大的优势就是易于理解、使用简单、能快速上手，可帮助个人和公司快速梳理解决问题的思路，同时弥补思考的缺陷和漏洞。在公司管理、公司决策、制定策略和提问时，这种方法被广泛使用。

在搭建业务的预警机制时，5W2H 法同样适用，具体如表 7-4 所示。

表 7-4　5W2H 法搭建预警机制

5W2H	预警机制的内容
What	哪些数据异常
Where	哪里异常 是否是由于"数据口径变动"和"底层数据错误"引发异常的
When	什么时候异常 是否是由于"周期性波动"和"不可抗力因素"导致异常的
How Much	异常的严重程度如何 指标的波动幅度有多大
Why	异常的原因是什么 什么场景需要开展归因分析 如何通过归因分析定位异常原因
How	如何处理异常 是否进行预警 如何进行预警
Which	以什么方式预警 通过什么方式触达相关责任人

7.2.2 What：找出哪些数据异常

什么叫数据异常？某项指标突然在某段时间达到了一个不可能达到的值，或者出现大幅度波动，或者超出了某个标准范围，这些情况叫作数据异常。

判断数据是否异常与判断体检报告中的指标是否异常是同样的道理。在我们拿到体检报告之后，如何判断体检指标是否异常？大家知道，每个体检指标都有一定的标准区间，如果体检指标的实际数值不在这个区间内，那么这个体检指标就会被特殊标记出来，提示体检人体检指标出现异常。

在业务监测过程中，判断数据是否异常的原理相同，但方法更加多样化。总结下来，有以下 5 种方法。

1. 趋势图法

最常用的方法就是画出"趋势变化曲线"。当然通过数字也可以观察出来，但不如图表直观明显，因此"可视化图表"是寻找异常点的重要方式。

借助曲线图，能够发现一些或者是"大起"的点，或者是"大落"的点，或者是"持续下滑"的点，如图 7-3 中黄色虚线标注的点，这些都被称为异常数据。作为商业分析师，需要对这些异常数据保持高度敏感和追根究底的态度。

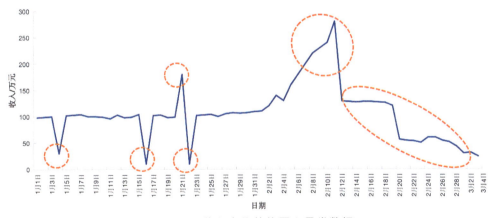

图 7-3 日收入变化趋势图和异常数据

2. 目标对比法

对比也是发现异常的常用方法。通常对于北极星指标和关键指标都设有目标值，通过实际完成值与目标值的对比，可以发现异常点。对于目标，一般需要分析如下 3 个指标。

（1）目标完成度。

目标完成度就是截止到某个时间点，实际完成的数值除以目标值。

其计算公式为：目标完成度=实际完成值/目标值×100%。

> **提示** 比如，6月制定的收入目标是100万元，截止到6月15日完成了40万元，那么目标完成度=40/100×100%=40%。

（2）时间进度。

时间进度是截止到某个时间点，已经过去的天数除以完成目标的总天数。

其计算公式为：时间进度=已经过去的天数/完成目标的总天数×100%。

> **提示** 比如，6月制定的收入目标是100万元，截止到6月15日完成了40万元。完成目标的总天数为30天，到6月15日已经过去的天数为15天，则时间进度=15/30×100%=50%。

（3）时间进度差。

时间进度差为目标完成度与时间进度的差值。

其计算公式为：时间进度差=目标完成度-时间进度。

> **提示** 比如，6月制定的收入目标是100万元，截止到6月15日完成了40万元。目标完成度为40%，时间进度为50%，则时间进度差=40%-50%=-10%。意味着截止到6月15日，目标完成度落后于时间进度10%。

通过观察目标完成度和时间进度的变化趋势，即时间进度差的变化，可以判断出目标完成度是否落后于时间进度。

- 如果目标完成度落后于时间进度，即时间进度差<0，则意味着按照目前的节奏持续下去，很可能达不成目标。要想达成目标，不仅要完成之后设定的目标，还必须把之前欠下的债还上。需要及时采取相应的措施，加快进度。
- 如果目标完成度比时间进度领先或二者持平，即时间进度差≥0，则意味着按照目前的节奏持续下去，是可以达成目标的，只需要持续观察时间进度差就可以。

图7-4是A公司2022年第二季度的目标完成情况，蓝色线代表"时间进度"，黄色线代表"目标完成度"，蓝色线和黄色线中间地带的阴影部分代表"时间进度差"。

从图7-4中可以看出：A公司从4月1日开始目标完成度就落后于时间进度；5月15日以后时间进度差拉大；6月8日以后做了一定的追赶动作，但是仍然没有追上时间进度，到了季末目标完成度只有54%。

从4月1日起，A公司的目标完成度就落后于时间进度，意味着数据出现异常。若能及时向业务部门发出预警，及早采取措施，就有可能挽救颓势和败局。

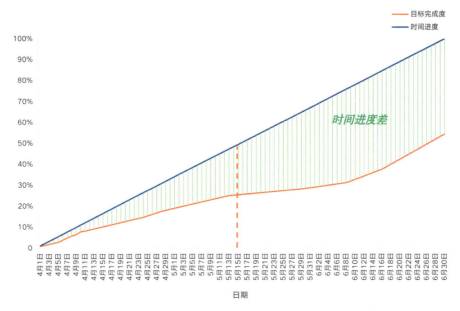

图 7-4　A 公司 2022 年第二季度目标完成度和时间进度趋势图

3. 时间对比法

时间对比法是指通过同环比分析发现异常点。

（1）同比分析。

同比分析是同期时间的数据对比。比如，2020 年 4 月相比 2019 年 4 月的增长率，2020 年第二季度相比 2019 年第二季度的增长率。这里的时间维度可以是日、月、季、年等。

（2）环比分析。

环比分析是连续两个周期内的数据对比。比如，2020 年 4 月相比 2020 年 3 月的增长率，2020 年第二季度相比 2020 年第一季度的增长率。

同比和环比的增减幅度过大意味着数据可能存在异常。比如，平常日环比的增长率在 10%以内，某一天突然下降了 30%，意味着这一天的数据很可能存在异常，需要及时排查。

4. 阈值对比法

所谓阈值，就是设置一个上限值和一个下限值，如图 7-5 所示。当实际值落在阈值区间内时，代表数据正常；当实际值落在阈值区间外时，代表数据异常。

阈值如何设定？其设定思路包括最大最小值法、三倍标准差法、目标法、最低成本法等。

图 7-5 阈值的上限值和下限值设定

5. 行业或竞争对手对比法

与行业或实力相当的竞争对手进行对比，也能发现异常数据。如果与行业或竞争对手在某些数据上差距过大，则意味着数据可能存在异常，说明业务可能存在问题。

通过这种对比法寻找异常点，通常可用于帮助企业进行产品模式或商业模式的优化。如果竞争对手超越自己很多，则说明自己的产品模式或商业模式存在问题，需要重新梳理或审视。如果差距不是很大，则说明自己在产品流程、服务及效率上存在优化空间。

7.2.3 Where：判断哪里异常

"狼来了"是一则家喻户晓的故事，告诉我们"做人要诚实，不能说谎话欺骗别人"。我们换个视角来看这个问题，当别人喊"狼来了"时，我们是选择逃跑，还是选择拿起工具去打狼呢？都不是，此时应该先去识别这句话的真假，如果不能识别真假，那么后边的一系列动作都是无用功。所以，这则故事从侧面说明了我们应该增强辨别事物真假的能力，对看到的和听到的事物不盲从、不迷信，先识别。

商业分析师尤其应该如此，对看到的、听到的、拿到手的异常数据，第一步就是"鉴别数据"，而不是喊"狼来了"。

在数据监控工作中，据统计有 40% 的数据异常是由于"数据口径变动"和"底层数据错误"导致的。如果异常只是由于这两个原因引起的，那么此时向业务部门发出预警，只能导致"狼来了"的结果。

因此，在通过趋势图法和对比法找出异常数据后，还要进一步鉴别这些数据哪里异常，是不是由数据口径变动和底层数据错误带来的异常。

1. 确认数据口径是否发生变动

数据突然出现大幅度变化的第一个可能的原因是数据口径的改变。比如，GMV 由原来的"包含已退订单"调整为"不包含已退订单"，DAU 由原来的"设备数"调整为"用户数"，收入由原来的"实收"改为"净收"。

此时，需要与数据或数仓部门确认数据口径是否发生变动。如果是由于数据口径变动引起的，那么这不属于异常范畴，不需要向业务部门发出预警，也不需要进行后续的归因分析。如果不是由于数据口径变动引起的，则需要进行下一步的排查。

2. 明确底层数据是否出现错误

数据突然出现大幅度变化的第二个可能的原因是底层或上游数据出现错误，此时也需要与数据或数仓部门确认数据是否出现错误。

对于底层数据错误导致的数据异常，需要向数据、数仓或研发部门发出预警，通知它们紧急修复错误。由于不属于业务侧的异常范畴，因此无须向业务部门发出预警，也不需要进行后续的归因分析。

7.2.4 When：判断什么时候异常

在排除了数据口径变动和底层数据错误两个原因后，数据的异常还有可能是由于业务的"周期性波动"和"不可抗力因素"引起的。

判断数据什么时候异常就是判断数据是否在周期性波动和不可抗力因素发生期间出现的异常。如果异常是由于周期性波动和不可抗力因素导致的，那么这也不属于异常范畴，无须向业务部门发出预警，也不需要进行后续的归因分析。

1. 判断数据是否属于周期性波动

什么叫周期性波动？周期性波动指业务因为周期性原因出现的波动，这属于正常波动，并非异常。空调、零售、广告、外卖、打车等业务，都具备较强的周期性。

> **提示**
> - 比如空调销售具备强周期性，7 月的销售收入环比 6 月大幅度提升是正常的业务波动。
> - 比如滴滴，在周末和上班的时间，它的订单量就会有明显区别。甚至在同一天的上班高峰和非上班高峰，也是有明显区别的。

● 比如零售企业，周末和工作日的销售量有明显区别，节假日、营销日与工作日的销售量也差别显著。

常见的行业、企业周期性波动规律如表 7-5 所示。

表 7-5　常见的行业、企业周期性波动规律

行业	企业	周期性波动规律
空调	格力/美的	夏季销售量与其他季节有明显差异
游戏	腾讯/网易	寒假和暑假在线人数与其他月份有明显差异
零售	超市/商场	周末销售量与工作日有明显差异 节假日销售量与工作日有明显差异
汽车	比亚迪/大众	车展、新车上市、10—12 月及 1—2 月销售量与其他时间有明显差异
打车	滴滴	上班高峰订单量和非上班高峰有明显差异
外卖	美团/饿了么	工作日和周末、用餐时段和非用餐时段订单量有明显差异
电商	京东/天猫	11.11、6·18 等期间订单量与平时有明显差异

如何判断数据的波动是否是由于周期性波动引起的？可通过权重曲线来判断。

这里以一个案例来说明。图 7-6 是某电商公司 2022 年 10 月 GMV 的日变化趋势图。10 月 29 日和 30 日（分别为周六和周日）的 GMV 分别是 142 万元与 152 万元，10 月 28 日（周五）的 GMV 为 113 万元。

请问 10 月 29 日和 30 日的数据是异常数据吗？

由图 7-6 可以看出，周六和周日环比数据大幅度增长，10 月 29 日环比 28 日增长率为 26%，因此大部分人会判断这是一个异常数据。

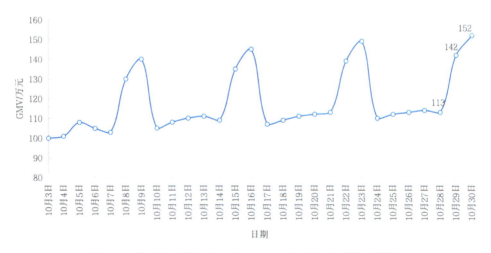

图 7-6　某电商公司 2022 年 10 月 GMV 的日变化趋势图

仔细观察图 7-6 就会发现，这种波动呈现周期性，每隔一段时间（大概一周），这种起伏的趋势就会出现一次。出现这种有规律的波动，我们就要考虑周期性波动的问题了。

遇到周期性的波动，首先需要排除其他方面的干扰，再画一条曲线，称为权重曲线。这条权重曲线考虑了周期性波动带来的影响，可以真实地反映周期性数据的波动。

那么，如何得出这样一条权重曲线呢？只需要以下两个步骤就可以画出来。

（1）计算"日系数"。

由于数据波动呈现"周"的规律，所以将 10 月的数据，以周的维度整理成如表 7-6 所示的表格，分别计算周一到周日的 GMV 平均值。

得到平均值之后计算日系数。如何计算？找到周一到周日平均值的最小值作为基点，让其日系数等于 1。用其余六天的值除以基点值，可以得到其余六天的日系数，如表 7-6 中的黄色斜体字所示。

提示

- 周一到周日平均值的最小值是周一的 106，日系数为 1。
- 周二的日系数=108/106=1.02，周三的日系数=111/106=1.05。以此类推，得到其他天的日系数，分别为 1.05、1.04、1.29 和 1.39。

表 7-6　周一至周日 GMV（万元）及日系数计算表

周度	周一	周二	周三	周四	周五	周六	周日
W1	100	101	108	105	103	130	140
W2	105	108	110	111	109	135	145
W3	107	109	111	112	113	139	149
W4	110	112	113	114	113	142	152
GMV 平均值	106	108	111	111	110	137	147
日系数	*1.00*	*1.02*	*1.05*	*1.05*	*1.04*	*1.29*	*1.39*

注："GMV 平均值"和"日系数"为四舍五入后的结果。

（2）计算权重曲线值，画出权重曲线。

用 GMV 除以日系数，就可以得到权重曲线值，如图 7-7 中的黄色斜体字所示。以"日期"为横轴，以"GMV/权重曲线值"为纵轴，就可以画出权重曲线趋势图，如图 7-8 所示。

通过权重曲线的变化趋势可以发现，排除周期性波动，实际上 10 月 29 日环比 28 日并没有上涨，而是基本持平的状态。因此，10 月 28 日和 29 日的数据并不属于异常数据，而是由于周期性波动带来的正常上涨。

周	日期	GMV/万元	日系数	权重曲线值
周一	10月3日	100.00	1.00	*100.00*
周二	10月4日	101.00	1.02	*99.10*
周三	10月5日	108.00	1.05	*102.86*
周四	10月6日	105.00	1.05	*100.00*
周五	10月7日	103.00	1.04	*99.04*
周六	10月8日	130.00	1.29	*100.76*
周日	10月9日	140.00	1.39	*100.72*
周一	10月10日	105.00	1.00	*105.00*
周二	10月11日	108.00	1.02	*105.88*
周三	10月12日	110.00	1.05	*104.76*
周四	10月13日	111.00	1.05	*105.71*
周五	10月14日	109.00	1.04	*104.81*
周六	10月15日	135.00	1.29	*104.65*
周日	10月16日	145.00	1.39	*104.32*
周一	10月17日	107.00	1.00	*107.00*
周二	10月18日	109.00	1.02	*106.86*
周三	10月19日	111.00	1.05	*105.71*
周四	10月20日	112.00	1.05	*106.67*
周五	10月21日	113.00	1.04	*108.65*
周六	10月22日	139.00	1.29	*107.75*
周日	10月23日	149.00	1.39	*107.19*
周一	10月24日	110.00	1.00	*110.00*
周二	10月25日	112.00	1.02	*109.80*
周三	10月26日	113.00	1.05	*107.62*
周四	10月27日	114.00	1.05	*108.57*
周五	10月28日	113.00	1.04	*108.65*
周六	10月29日	142.00	1.29	*110.08*
周日	10月30日	152.00	1.39	*109.35*

图 7-7 "权重曲线值"计算表

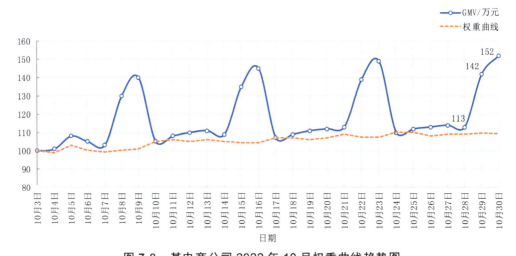

图 7-8 某电商公司 2022 年 10 月权重曲线趋势图

2. 评估数据是否受不可抗力影响

什么是不可抗力？就是突然发生的难以预测到的或外部环境带来的我们无法改变的事件。比如，新冠病毒感染疫情期间各行各业的收入下滑，雨雪天气对外卖、打车、单车的订单影响，都属于不可抗力因素带来的波动。

常见的这类事件包括环境、疫情、疾病、重大自然灾害、国家政策和法律等。当有这类事件发生时，收入或销售量的大幅度波动受影响也是正常的，不需要进行归因分析。

如何判断异常是否是由于不可抗力因素导致的？

通常，由于不可抗力因素导致的波动都是全行业的数据波动，而不仅是一家企业的波动。将数据与整体行业、相关企业、竞争对手的变化情况做对比，如果数据变化趋势一致，那大概率是由于不可抗力影响的。

> **提示**　在做监控时，重视内部数据但又不局限于内部数据非常重要。平时积累自身行业、竞争对手、产业链上下游行业、高关联度行业，时刻关注它们的变化对监控也是大有益处的。
>
> 通常，商业分析师花费大力气找不出的原因，通过观察相关行业或其他企业的信息，问题往往就会迎刃而解。

7.2.5　How Much：判断波动幅度的大小

通过"Where"和"When"的分析，我们可以判断出数据异常是否是由于数据口径变动、底层数据错误、周期性波动及不可抗力因素导致的。排除这些因素后，数据异常的原因很可能就是产品、流程、策略、执行等方面出现了问题。这些问题可能有大有小，反映在数据上就是波动幅度的大小。

如何判断数据波动幅度的大小和数据的异常程度？通常使用两种方法：三倍标准差判别法和 Tukey's Test 法。

1. 三倍标准差判别法

这种方法是观察数据是否落在历史数据平均值的"正负三倍标准差"范围之内。

> **提示**　方差和标准差是判断数据波动性的两个指标。
> - 方差是一组数据与该组数据平均值之差的平方数的平均值。
> - 标准差其实就是方差的平方根，通常用 σ 来表示。

- 如果数据在平均值的正负一倍标准差（1σ）范围之内波动，则视为正常波动数据。
- 如果数据在平均值的正负一倍标准差（1σ）范围之外，并且在正负二倍标准差（2σ）范围之内波动，则视为普通异常波动数据。
- 如果数据在平均值的正负二倍标准差（2σ）范围之外，并且在正负三倍标准差（3σ）范围之内波动，则视为中度异常波动数据。

- 如果数据在平均值的正负三倍标准差（3σ）范围之外，则视为严重异常波动数据。

这里举个例子说明，某公司 2022 年 1 月 1 日到 15 日的收入数据如表 7-7 所示。

表 7-7　某公司 2022 年 1 月 1 日到 15 日的收入数据

日期	1 日	2 日	3 日	4 日	5 日	6 日	7 日	8 日	9 日	10 日	11 日	12 日	13 日	14 日	15 日
收入/万元	15	30	25	38	30	35	26	35	30	35	50	50	60	40	30

通过表 7-7 的数据，可以求出平均值=35.0，标准差 σ =11.3，平均值的正负一倍标准差（1σ）范围为 23.7 ~ 46.3，平均值的正负二倍标准差（2σ）范围为 12.4 ~ 57.6，平均值的正负三倍标准差（3σ）范围为 1.1 ~ 68.9，如表 7-8 所示。

表 7-8　某公司收入数据三倍标准差统计结果

平均值	标准差	3σ 范围		2σ 范围		1σ 范围	
		最大值	最小值	最大值	最小值	最大值	最小值
35.0	11.3	68.9	1.1	57.6	12.4	46.3	23.7

- 若 1 月 16 日收入数据为 40 万元，那么 1 月 16 日收入数据在 1σ 范围之内，属于正常波动数据。
- 若 1 月 16 日收入数据为 50 万元，那么 1 月 16 日收入数据在 1σ 范围之外、2σ 范围之内，属于普通异常波动数据。
- 若 1 月 16 日收入数据为 60 万元，那么 1 月 16 日收入数据在 2σ 范围之外、3σ 范围之内，属于中度异常波动数据。
- 若 1 月 16 日收入数据为 80 万元，那么 1 月 16 日收入数据在 3σ 范围之外，属于严重异常波动数据。

2. Tukey's Test 法

这是利用四分位数判断异常值的一种方法。其判断方法如下。

首先，需要计算数据的下四分位数（用 Q1 表示）和上四分位数（用 Q3 表示）。

其次，需要根据四分位数估算出一组数据可能的异常最大值和最小值。

- 最大值估算公式为：Q3+k(Q3−Q1)。
- 最小值估算公式为：Q1−k(Q3−Q1)。

当某数据超过估算的最大值或低于最小值时代表异常。k 可以取 1.5 或 3。当 k=1.5 时，代表中度异常；当 k=3 时，代表极度异常。

提示　将一组数据由小到大排列，位于 1/4 位置的数为下四分位数，记为 Q1，位于 1/2 位置的数为上二分位数，即中位数，记为 Q2，位于 3/4 位置的数为上四分位数，记为 Q3。

还是以上文的例子说明，某公司 2022 年 1 月 1 日到 15 日的收入由小到大排列数据如表 7-9 所示。

表 7-9　某公司 2022 年 1 月 1 日到 15 日的收入由小到大排列数据

日期	1 日	3 日	7 日	2 日	5 日	9 日	15 日	6 日	8 日	10 日	4 日	14 日	11 日	12 日	13 日
收入/万元	15	25	26	30	30	30	30	35	35	35	38	40	50	50	60

通过表 7-9 的数据，可以求出 Q3=39，Q1=30，Q3−Q1=9。当 k=1.5 时，最大值估算为 52.5，最小值估算为 16.5，那么收入的阈值范围为 16.5～52.5。当 k=3 时，最大值估算为 66，最小值估算为 3，那么收入的阈值范围为 3～66。具体数据如表 7-10 所示。

表 7-10　某公司收入数据 Tukey's Test 统计结果

基础统计值					k=1.5		k=3	
平均值	Q1	Q3	Q2	Q3−Q1	最大值	最小值	最大值	最小值
35	30	39	35	9	52.5	16.5	66	3

- 若 1 月 16 日收入数据为 60 万元，那么 1 月 16 日收入数据属于中度异常波动数据。
- 若 1 月 16 日收入数据为 80 万元，那么 1 月 16 日收入数据属于极度异常波动数据。

7.2.6　Why：判断什么场景需要开展归因分析及如何开展归因分析

所谓归因分析，是指通过对异常指标的层层下钻式拆解，定位出对指标产生关键影响的细颗粒度指标，并挖掘出细颗粒度指标的关键影响因子，对这些关键影响因子进行假设，然后通过剥洋葱的方式层层验证和排除假设，最终定位内层原因，并针对原因提出解决方案的分析方法。

在实际业务中，数据出现波动很正常。如果数据只出现了微不足道的波动，我们就大张旗鼓地查找原因，那么每天基本上所有的时间可能都要花费在归因上了。而且很可能的情况是，今天的问题还没有排查出来，第二天新的问题又出现了，工作大概率会呈现一团糟的局面。因此，我们首先需要判断出哪些场景需要开展归因分析。

1. 什么场景需要开展归因分析

通常情况下，对于非业务问题导致的数据异常，如数据口径变动、底层数据错误、周期性波动、不可抗力因素，不需要开展归因分析，只需要说明相关事项、修复错误即可。

排除了上述几种异常原因之后，数据异常大部分都是业务层面的原因导致的。对于业务问题导致的数据异常，波动幅度在平均值的正负一倍标准差（1σ）范围之内的，通常也不需要开展归因分析，波动幅度在平均值的正负一倍标准差（1σ）范围之外的，需要开展归因分析。具体如表 7-11 所示。

表 7-11　需要开展归因分析的场景

异常原因		波动幅度	是否开展归因分析
非业务问题导致的数据异常	数据口径变动	—	No
	底层数据错误	—	No
	周期性波动	—	No
	不可抗力因素	—	No
业务问题导致的数据异常	—	1σ 范围之内	No
		1σ 范围之外、2σ 范围之内	Yes
		2σ 范围之外、3σ 范围之内	Yes
		3σ 范围之外	Yes

2. 如何开展归因分析

可以将归因分析的过程标准化为 7 个步骤，如图 7-9 所示。

（1）确定 A 指标出现业务异常。

（2）对异常指标一层层地下钻式拆解，直到找到影响 A 指标的细颗粒度指标 A2-3 指标。

（3）挖掘 A2-3 指标的关键影响因子，并罗列出来。

（4）对关键影响因子做出假设。

（5）对做出的假设像剥洋葱一样从外到里进行层层验证。

（6）定位到内层原因。

（7）针对定位的原因提出解决方案。

图 7-9　归因分析全流程图

真正的归因分析，既需要熟悉归因分析的全流程，还需要熟悉业务。这包括业务的数据指标体系和指标的关键影响因子等。在实际业务场景中，常见的归因分析包括：

● 在用户运营业务中，DAU 大幅度下滑如何分析？

- 在广告业务中，广告收入大幅度下滑如何分析？
- 在电商业务中，GMV 大幅度下滑如何分析？

这些场景的归因分析，需要结合业务才能展开，具体我们将在第 9 章、第 10 章和第 11 章分别展开详细说明。

7.2.7　How：如何进行预警

不是所有的异常都需要开展归因分析。同理，不是所有的异常都需要预警。没有预警机制，监控就失去一半的意义。过多的预警首先会耗费太多的精力，其次会重新上演"狼来了"的场景，最终导致整个预警机制的信任危机。因此，过多的预警不如没有预警。

所以，我们需要根据数据异常的程度判断是否进行预警，以及如何进行预警。

1.　什么情况需要进行预警

（1）对于非业务问题导致的数据异常，分两种情况处理。

- 由于数据口径变动、周期性波动、不可抗力因素导致的数据异常，不需要向业务部门发出预警，只需要说明相关事项即可。
- 对于底层数据错误导致的数据异常，需要通知数据、数仓或研发部门，并向它们发出预警，告知其紧急修复错误。

（2）对于业务问题导致的数据异常，也分两种情况处理。

- 如果波动幅度在 1σ 范围之内，则不需要进行预警。
- 如果波动幅度在 1σ 范围之外，则需要进行预警。

2.　如何设置预警级别

对于需要进行预警的异常数据，需要区分紧急程度，分级别进行预警，如表 7-12 所示。

（1）对于底层数据错误导致的数据异常，需要进行紧急预警（P0 级别）和修复。

（2）如果波动幅度在 1σ 范围之外、2σ 范围之内，则进行一般级别预警（P2 级别）。

（3）如果波动幅度在 2σ 范围之外、3σ 范围之内，则进行高级别预警（P1 级别）。

（4）如果波动幅度在 3σ 范围之外，则进行紧急预警（P0 级别）。

表 7-12　预警机制和预警级别

异常原因		是否要预警	预警级别
非业务问题导致的数据异常	数据口径变动	No	—
	底层数据错误	Yes	P0
	周期性波动	No	—
	不可抗力因素	No	—

续表

异常原因		是否要预警	预警级别
业务问题导致的数据异常	1σ范围之内	No	—
	1σ范围之外、2σ范围之内	Yes	P2
	2σ范围之外、3σ范围之内	Yes	P1
	3σ范围之外	Yes	P0

3. 什么时候发出预警

一旦发现数据大幅度波动，需要进行预警时（尤其是 P0 和 P1 级别的预警），不要等找到原因后再发出预警。正确做法是同时发出预警和寻找原因，因为有些原因需要做大量的分析工作，等找到原因再预警已经来不及了。还有的情况下，给业务部门发出预警后，它们能马上找到原因。它们是策略的直接制定者，很可能是它们的某个策略和产品动作带来了数据异常。

7.2.8 Which：通过何种方式触达

发出的预警需要通过一定的方式或媒介才能传递到相关责任人那里。目前主流的触达机制和方式有 3 种。

1. 邮件

发邮件是比较正式的通知方式，适用于通知高层决策者、业务线负责人和部门主管。邮件通知通常有两种方式。

（1）自动配置邮件。

通过自动化报表系统自动配置邮件，并将邮件自动发送至邮箱。这种方式通常只能发送和预警关键数据。

（2）商业分析师解读的人工配置邮件。

一般，商业分析师在每天早上对原始数据进行解读和分析后，会进行核心数据提炼，形成文字形式的结论。所以，这种邮件会包含以下两部分内容。

- 文字洞察部分：包含数据现状和异常变化情况总结、数据异常或不达标的原因和业务风险点。
- 数据部分：包含异常数据预警、关键数据表现和数据明细（通常以附件形式呈现）。

利用邮件进行预警触达的好处有以下两个。

① 可以方便、及时地将预警信息通知到相关责任人。

② 可以发送文字形式的总结和提炼，收件人只需查看文字结论就可以，无须再进

一步解读数据。这也是邮件至今仍受欢迎的原因所在。

2. 自动化报表系统

自动化报表系统可以承载几乎所有的指标。基本上只要是能获取的指标，都可以通过自动化报表系统展现出来，比较适用于业务部门的执行人员。

（1）自动化报表系统的优势。

- 可以查看的指标和维度非常丰富，甚至可以按照自己的需要定制指标。
- 可视化效果好，容易操作，可以输出图表，观察趋势一目了然。

（2）自动化报表系统的局限性。

- 缺乏数据洞察和结论，需要相关人员自己解读和分析数据，这对一些对数字不敏感的人来说并不是一件容易的事情。
- 缺乏归因分析，在出现异常指标时，需要自己结合明细数据挖掘和定位原因。
- 不适合高层决策者和业务线负责人使用，功能和指标过于繁多，对他们来说时间成本过高。

3. 办公机器人

字节跳动的飞书、阿里巴巴的钉钉、快手的 Kim、美团的大象、百度的 Hi，以及类似的办公 App 里都有办公机器人功能。

通过数据后台设置好关注的指标、通知的相关人员、发送通知的时间，办公机器人就会在设置的时间自动将异常数据信息通知到相关人员。

（1）办公机器人的优势。

由于办公机器人可以自动发送通知，因此其灵活性比较强，速度非常快，节省时间。

（2）办公机器人的局限性。

- 通过办公机器人设置的指标不能过多，只能进行核心和关键指标的传递。
- 缺乏归因分析，只能通知数据现状，并不能进行归因分析。

7.3 案例：如何开展监控和预警工作

某外卖平台在 2018 年和 2019 年的 1 月中旬到 3 月底的日均新客数量如图 7-10 所示。2019 年第 11 周（3 月 11 日—3 月 17 日）日均新客数量环比第 10 周（3 月 4 日—3 月 10 日）上涨 12.6%，同比 2018 年第 11 周下降 2.3%。遇到这种数据，商业分析师该如何下手？

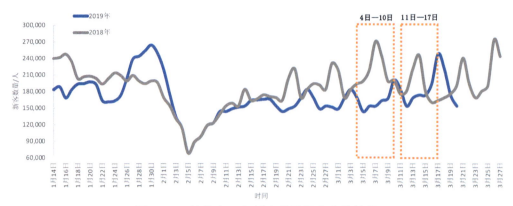

图 7-10　某外卖平台新客数量日变化趋势图

7.3.1　判断数据是否异常

周环比数据增长 12.6%，通过历史数据可知，环比正常增长区间在 10% 之内。

同比数据出现下滑，且 2019 年第 11 周与 2018 年第 11 周的同期数据呈现负向变化趋势，尤其是在 3 月 17 日这一天。

因此，判断 2019 年第 11 周尤其是 3 月 17 日的数据可能存在异常。

7.3.2　排除非业务影响因素

排除了数据异常受数据口径变动、底层数据错误、周期性波动和不可抗力因素影响，因此判断很可能是业务侧出现问题导致数据异常。

7.3.3　下钻式拆解定位异常原因

由于是业务侧原因导致异常，因此需要对异常数据进行归因分析。

1. 下钻式拆解全站日均新客数量

将 2019 年第 10 周和第 11 周的日均新客数量按渠道进行下钻式拆解，并计算各渠道的贡献度，得出如表 7-13 所示的结果。

表 7-13　分渠道拆解日均新客数量

渠道	日均新客数量/人		新客环比上涨量/人	贡献度
	W10	W11		
全站	163,925	184,568	20,643	100.00%

续表

渠道		日均新客数量/人		新客环比 上涨量/人	贡献度
		W10	W11		
渠道	App	80,110	82,110	2,000	9.69%
	支付宝	69,890	72,890	3,000	14.53%
	手机淘宝	9,000	11,000	2,000	9.69%
	BD 渠道	*4,925*	*18,568*	*13,643*	*66.09%*

解读表 7-13 得出结论：2019 年第 11 周数据的异常上涨主要是由 BD 渠道贡献的，初步判断 BD 渠道可能存在问题。

提示 如何计算各渠道的贡献度？

各渠道的贡献度=各渠道的新客环比上涨量/全站的新客环比上涨量×100%。

全站第 11 周的新客环比上涨量为 20,643 人，BD 渠道第 11 周的新客环比上涨量为 13,643 人，则 BD 渠道的贡献度=13,643/20,643×100%=66.09%。

2. 下钻式拆解 BD 渠道日均新客数量

对 BD 渠道进行下钻式拆解，并计算各渠道的贡献度，得出如表 7-14 所示的结果。

表 7-14 BD 各渠道日均新客数量

子渠道		日均新客数量/人		新客环比 上涨量/人	贡献度
		W10	W11		
BD 渠道	A 渠道	354	249	−105	−0.76%
	B 渠道	1	90	89	0.65%
	C 渠道	200	180	−20	−0.15%
	D 渠道	100	80	−20	−0.15%
	E 渠道	130	80	−50	−0.37%
	N（未知渠道）	*3,940*	*17,740*	*13,800*	*101.15%*
	F 渠道	200	149	−51	−0.37%

解读表 7-14 得出结论：2019 年第 11 周数据的异常上涨主要是由未知渠道贡献的，很大可能是这条未知渠道存在问题。

7.3.4 发出异常预警

异常数据初步归因为 BD 渠道下的未知渠道出现问题导致，因此须向 BD 部门发出预警。BD 部门在接到预警后，给出反馈：BD 渠道并没有做出改变，也没有上线新渠道。

接着对封控部门发出预警并与其沟通。经排查，封控部门发现存在异常渠道。定位为黑产在封网期绕过风控对核销渠道的校验，自己开了一条渠道核销新客红包，因此导致新客数量出现异常上涨。

7.3.5 解决异常问题

封控部门接到预警信息排查后，在 3 月 18 日就关闭了异常渠道。关闭异常渠道后，数据恢复正常。

同时，为了防止以后类似事件再次发生，堵住规则和政策漏洞，封控部门设置了封网期核销渠道校验规则。

提示

- 该平台 2019 年第 11 周的数据是上涨的，很多商业分析师会忽略这种上涨的异常，认为一切上涨对企业来说都是好事。
- 但实际情况是，异常上涨可能比下降的结果更严重，它很可能是业务和封控上的漏洞。因此，好的商业分析师不仅要关注异常下降，也要关注异常上涨带来的假象繁荣。

第8章

掌握数据分析的"百宝箱"——方法和模型

在第 5 章中，我们搭建了数据指标体系；在第 6 章中，设置了目标；在第 7 章中，布局了监控体系。有了数据指标体系、目标和监控体系，我们就可以大展身手对一项业务进行分析了。这时会遇到新的问题，如何对数据进行分析呢？没有分析思路怎么办？我们打开数据分析的"百宝箱"，其中包含前人通过反复实践总结与提炼的方法和模型。

古人云："授人以鱼不如授人以渔"，强调的就是方法的重要性。方法能帮助我们找到解决问题的思路，而且这个思路是具备复利效应的。即在掌握了某种方法后，就可以解决对应的所有问题。

模型的作用是不必重复造轮子。这些模型是经过"时间"和"实践"双重检验过的，被业内奉为经典的方法论，因此可以直接使用它们。模型不但可以帮助我们梳理分析思路，提高分析效率，还可以增强分析结果的说服力。如果我们不使用这些模型而是自己创造，首先造轮子需要耗费时间，其次造出来的轮子很大概率不会被认可。

8.1 授人以鱼不如授人以渔：运用数据分析方法持续解决业务问题

一条鱼能解一时之饥，却不能解长久之饥，如果想永远有鱼吃，就要真正学会捕鱼的方法。同样，如果想持续输出业务价值，就要学会数据分析方法。在商业分析中，前辈们为我们留下了很多数据分析方法，这里介绍其中 6 种高频使用的方法：对比分析法、分类分析法、相关性分析法、同期群分析法、逻辑树分析法和杜邦分析法。

8.1.1 对比分析法：发现差距，寻找增长空间

只要是有分析的地方，就有对比的身影。对比分析法对所有人来说都不陌生，它主要用来发现差距，寻找增长空间。在使用时，要确定两个关键点。

第一个关键点：明确对比什么。它不仅可以进行定量指标的对比，还可以进行定性指标的对比，取决于我们的研究目的。

第二个关键点：明确和谁对比。它可以进行时间的对比，如环比和同比，也可以进行不同区域、城市、渠道、产品、部门、用户、客户，甚至不同竞争对手之间的对比。

在工作中关于对比分析法最常见的问题不是不知道如何使用，而是滥用、不正确地使用。比如，用蚂蚁和大象对比，在有异常值的情况下使用平均值对比等。因此，在进行对比分析时我们应该重点关注 5 个对比陷阱。

1. 非 Apple to Apple 对比的陷阱

第一个要注意的陷阱是非 Apple to Apple 的对比。对比分析一定要保证是 Apple to Apple 的对比，即要确保是对同一个对象的对比，不是同一个对象的对比没有太多意义。比如，民工和白领的工资不具备对比性，普通人和马云的工资不具备对比性。

在这一方面有一个经典的案例，美国海军和纽约居民死亡率的对比。在美国与西班牙交战期间，美国海军的死亡率是 9‰，而同时期纽约居民的死亡率是 16‰，由此得出结论：纽约居民的死亡率>海军的死亡率。海军征兵人员就用这些数据来证明：参军更安全！

这个案例就是典型的非 Apple to Apple 的对比。海军主要由体格健壮的年轻人组成，年轻力壮的人本来死亡率就比较低。而纽约居民涵盖了各种岁数、各种健康与不健康的人，包括婴儿、老人、病患者等，他们的死亡率本来就高于年轻力壮的人。因此，这两组对比数据根本不能证明参军更安全。

2. 平均值对比的陷阱

第二个要注意的陷阱是平均值的对比。当有异常值出现时，使用平均值对比就会得出错误的结论。

图 8-1 是某短视频公司不同人群平均每日在线时长的对比图。从中可以发现，中年人平均每日在线时长是 50.1 分钟，老年人是 51.4 分钟，年轻人是 49.0 分钟。所以得出结论：老年人每天花更多的时间刷短视频！这个结论对吗？

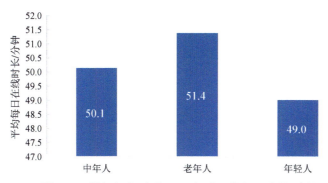

图 8-1　某短视频公司不同人群平均每日在线时长

我们拉出具体的数据明细（见图 8-2 中的左表），对数据进行简单的统计分析，得出中位数和众数。

- 中位数：中年人是 50.5 分钟，老年人是 47.5 分钟，年轻人是 51.5 分钟。
- 众数：中年人是 51.0 分钟，老年人是 46.0 分钟，年轻人是 52.0 分钟。

根据中位数和众数的分析可以发现：年轻人平均每日在线时长>中年人平均每日在线时长>老年人平均每日在线时长。得出结论：年轻人每天花更多的时间刷短视频！与平均值对比得出的结论正好相反！

日期	不同人群平均每日在线时长/分钟		
	中年人	老年人	年轻人
1月1日	50	78	52
1月2日	49	50	52
1月3日	48	51	53
1月4日	47	48	35
1月5日	51	47	48
1月6日	52	46	49
1月7日	53	45	51
1月8日	51	46	52
……	……	……	……

统计项	不同人群平均每日在线时长/分钟		
	中年人	老年人	年轻人
平均值	50.1	51.4	49.0
中位数	50.5	47.5	51.5
众数	51.0	46.0	52.0

图 8-2　不同人群平均每日在线时长数据明细表及统计表

为什么出现相反的结论？仔细观察图 8-2 中左表的数据，会发现以下两种情况。

- 在老年人一列数据中，在 1 月 1 日这一天，存在一个极高的异常值，即 78 分钟这个数值。
- 在年轻人一列数据中，在 1 月 4 日这一天，存在一个极低的异常值，即 35 分钟这个值。

因为极高的异常值导致了老年人的平均值偏高，极低的异常值拉低了年轻人的平均值，所以导致平均值的对比出现了错误。

因此，当存在异常值时，应该首先剔除异常值再求平均值，或者采用中位数、众数进行对比，否则很容易得出错误的结论，进而导致提出错误的策略。

3. 周期性对比的陷阱

第三个要注意的陷阱是周期性的对比，在做环比和同比分析时，最容易出现这种情况。

（1）环比分析。

环比分析是连续两个周期内的对比分析，更加强调业务的连续增长，而没有考虑季节和时间上的影响。遇到受季节、时间影响较大的行业，环比分析就容易出现错误。比如，在购物中心、百货商场、零售店铺等行业，用周末数据与工作日数据对比；在电商行业，用 11 月数据与 10 月数据对比，很容易得出错误的结论。

> **提示** 环比分析多用于受季节、时间影响较小的行业，而对于周期性强的行业，同比分析相对来说更有意义。

（2）同比分析。

同比分析是同期时间上的业务对比分析，因此可以排除季节、时间等因素的干扰。但是同比分析容易受天气、活动、不可抗力等因素的影响。

比如卖雨伞的公司，下雨天数多的年份售卖量就会好，干旱的年份售卖量就会下降。此时如果用干旱的年份对比雨水多的年份，就容易出现策略误判。

再如，某公司在 2021 年 9 月举办了各种展会和促销活动，而在 2022 年 9 月没有举办任何活动，此时如果用 2022 年 9 月同比 2021 年 9 月，认为 2022 年业绩下滑，就会得出错误的结论。因此，须排除活动影响才能进行对比。

4. 坐标轴欺骗的陷阱

第四个要注意的陷阱是坐标轴的欺骗。当坐标轴刻度设置得不一样时，就会引起视觉上的改变，在对比时就会得出错误的结论。

图 8-3 是 3 家电商公司 A、B、C 的 GMV 对比。分别观察左图和右图，可以得出以下结论。

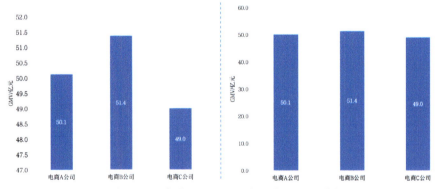

图 8-3　电商 A、B、C 公司的 GMV 对比

- 在左图中，先不看图中标注的实际数值，根据柱状图的长短得出结论：电商 B 公司的 GMV ＞电商 A 公司的 GMV ＞电商 C 公司的 GMV。

- 在右图中，先不看图中标注的实际数值，根据柱状图的长短可以看出 A、B、C 3 家电商公司的 GMV 几乎没有差距。得出结论：电商 B 公司的 GMV= 电商 A 公司的 GMV=电商 C 公司的 GMV。

这时，再仔细观察两张图中标注的实际数值，就会发现这是同一组数据。电商 A 公司的 GMV 是 50.1 亿元，电商 B 公司是 51.4 亿元，电商 C 公司是 49.0 亿元。最终结论为电商 B 公司的 GMV >电商 A 公司的 GMV>电商 C 公司的 GMV。

为什么会出现这种情况？因为左图的坐标轴的刻度是从 47 到 52，而右图设置的是从 0 到 60。拉长坐标轴的刻度减弱了柱状图的长短差距，因此在视觉上给我们的感觉是一样的。

5. 指标口径不一致的陷阱

第五个要注意的陷阱是指标口径的不一致。看似相同名称的指标，可能口径是完全不一样的。

比如，GMV、DAU、收入等这些非常常见的指标，看似相同的名称，每个人每天都在使用，大家都已司空见惯。实际上在不同的公司，甚至在同一公司的不同业务线，采用的口径也是不一样的。口径不一样，对比时就会得出错误的结论。

这里仍以图 8-3 的 3 家电商公司的对比分析为例。

通过数据对比，我们能够得出结论：电商 B 公司的 GMV >电商 A 公司的 GMV >电商 C 公司的 GMV。这样的结论对吗？我们再来深入解剖一下 GMV 的口径。

- 电商 B 公司 GMV 的口径：既包含已支付、未支付订单，也包含退货订单，所以其 GMV 是最大的。
- 电商 A 公司 GMV 的口径：包含已支付、未支付订单，不包含退货订单。
- 电商 C 公司 GMV 的口径：包含已支付订单，不包含未支付订单，也不包含退货订单，所以电商 C 公司的 GMV 是最小的。

在我们拉齐口径之后，发现电商 C 公司的 GMV 是最大的。得出最终结论：电商 C 公司的 GMV>电商 A 公司的 GMV>电商 B 公司的 GMV。这个结论与刚开始的结论完全相反。

在商业分析中，常见的指标包括 DAU、GMV、留存率、流失率、退费率、续费率，以及各种转化率，指标口径不一致的陷阱如表 8-1 所示。

表 8-1　商业分析中常见的指标口径不一致的陷阱

指标		陷阱
规模类指标	DAU	DAU 统计的是"设备数"还是"用户数" 活跃的定义是登录 App 还是点击 App 里的某个功能
	GMV	GMV 是否包含取消订单、未支付订单、退货订单等

指标		陷阱
比率 类指标	留存率	留存的定义、留存率的计算公式、哪个时间段的留存率、哪个群体的留存率
	流失率	流失的定义、流失率的计算公式、哪个时间段的流失率、哪个群体的流失率
	退费率	退费的定义、退费率的计算公式、哪个时间段的退费率、哪个群体的退费率
	续费率	续费的定义、续费率的计算公式、哪个时间段的续费率、哪个群体的续费率
各种 转化率 类指标	转化率	转化率的计算公式，分子、分母的含义
	注册率	注册率的计算公式，分子、分母的含义
	下载率	下载率的计算公式，分子、分母的含义

以退费率为例，Jack 和 Rose 在讨论各自公司产品的退费率。

● Jack 说：我们公司产品的退费率为 20%。
● Rose 说：我们公司产品的退费率为 10%。

根据他们的描述，我们认为 Rose 公司产品的退费率较低。但实际情况是：

● Jack 所说的 20%是 1 月的付费用户在 3 月的退费率，其计算公式为：退费率=
3 月用户退费金额/1 月用户付费总金额×100%。
● Rose 所说的 10%是 2 月的付费用户在 3 月的退费率，其计算公式为：退费率=
3 月退费用户数/2 月付费用户数×100%。

Jack 和 Rose 口中的退费率根本不是一个东西。所以，在进行对比之前，一定要确保数据指标和口径上的一致。

8.1.2　分类分析法：发现相同群体，寻找共同特征

分类思想自古以来就有，人类的等级划分、动植物的"界、门、纲、目、科、属、种"的划分都是分类思想。在商业领域，分类思想是随着规模经济的出现而被重视和使用起来的。当一家公司生产的产品越来越多、顾客越来越多、员工越来越多时，就会对产品、顾客和员工进行分类，按照不同的群体制定相应的策略。

比如，当公司的顾客只有 10 个人时，可以按照每个顾客的需求提供不同的服务。但是当公司的顾客达到 1 万个人时，为每个顾客提供不同的服务就不现实了。这时，分类方法的作用就显现出来。公司可以将这 1 万个顾客按照贡献价值的大小划分为不同的群体，按照不同的群体提供不同的服务。

1. 什么是分类分析法

分类分析法是指按照一定的标准，将某个研究对象划分为不同的群体，将具有相同特征的群体分为一组或一类的分析方法。

借助分类分析法，我们可以找到相同群体的共同特征和不同群体的区别，从而针对不同的群体制定不同的业务策略和运营动作。这样在制定策略时就可以有的放矢，化复

杂为简单,只需要制定群体的策略就可以了,而不用再制定个体的策略,从而避免了制定个体策略的复杂性。

2. 分类分析法的应用场景

在日常工作中,分类分析法都有哪些应用场景呢? 在用户运营、客户运营、会员运营、网红运营、内容运营、产品运营、商品运营、城市运营、区域运营,以及业务规划中,分类分析法被广泛应用,如表 8-2 所示。可以这样说,与对比一样,只要有业务存在的地方,就有分类的身影。

表 8-2 分类分析法的应用场景

应用场景	划分的类型
用户运营	高频购买用户、低频购买用户和中频购买用户
客户运营	关键客户、中小客户和本地客户
会员运营	VIP 尊享会员、普通会员和非会员
网红运营	高粉段网红、中粉段网红和低粉段网红
内容运营	高热内容、一般内容和冷门内容
产品运营	战略级产品、重要产品、一般产品
商品运营	引流商品、爆款商品、利润商品、搭配商品和防御商品
城市运营	一线城市、二线城市、三线城市
区域运营	华北区域、华东区域、华南区域
业务规划	高优发展业务、一般投入业务、低优发展业务和舍弃业务

在某些应用场景下,由于高频地使用分类分析法,因此衍生出了固定的模型,这些模型在业内被广泛熟知和认可,形成了固定的方法论。

- 分类分析法在用户运营中的高频使用,被总结和提炼成 RFM 模型。

提示 RFM 模型是根据 R(Recently)、F(Frequency)和 M(Monetary)这 3 个指标将用户进行分类的模型。

这个模型我们将在 8.2 节详细说明。

- 分类分析法在社会研究中的高频使用,被总结和提炼成帕累托法则(二八法则)。

提示 意大利经济学家帕累托于 20 世纪初提出了著名的帕累托法则,这是关于意大利社会财富分配的研究结论:20%的人口掌握了 80%的社会财富(因此该方法又被称为二八法则)。这个结论对大多数国家的社会财富分配情况都成立。

这个结论被应用到不同的领域,经过大量检验,被证明在其他很多场景下都是正确的。比如,20%的客户贡献了 80%的收入,20%的员工产出了 80%的工作成果,20%的产品带来了 80%的销售量。

- 分类分析法在库存管理中的高频使用,被总结和提炼成 ABC 分析法。

提示 ABC 分析法是二八法则的升级分析法,常用于库存管理中。

- 70%的库存金额由 10%的 A 类商品产生,是库存管理的重点商品。

- 20%的库存金额由30%的B类商品产生，是库存管理的次重点商品。
- 10%的库存金额由60%的C类商品产生，是库存管理的非重点商品。

分类分析法在业务和战略规划中的高频使用，被总结和提炼成BCG矩阵与GE矩阵。

提示（1）BCG矩阵。

BCG矩阵用"销售增长率"和"市场占有率"2个指标对产品进行分类。将产品划分为4个象限，即4种类型，分别为现金牛产品、明星产品、瘦狗产品和问题产品。

BCG矩阵将在8.2节详细介绍。

（2）GE矩阵。

GE矩阵用"市场吸引力"和"竞争实力"2个指标对公司的业务或事业单元进行分类。以"市场吸引力"为纵轴，以"竞争实力"为横轴，每条轴上用2条线将坐标轴划分为3个部分，将事业单元划分为9个象限，即9种类型。

其中，"市场吸引力"和"竞争实力"会分别用若干个子指标进行评价。因此，相比BCG矩阵，GE矩阵考量的因素更多，模型也更复杂，但也更准确。

3. 如何开展分类分析

分类分析法的应用场景如此之多，因此学会正确使用分类分析法是非常有必要的。如何开展分类分析？一般要经过4个步骤。

（1）确定分类的对象。

（2）设置分类的标准。

（3）依据分类的标准，将分类的对象划分为若干个群体。

（4）针对不同的群体制定不同的策略。

4. 案例：教育公司如何进行九宫格分类

"天天向上"教育公司（提供大学生和成人英语一对一外教课程）想拓展全国市场，它想选择几个城市投放广告。作为商业分析师，如何帮它选择进入哪些城市？

（1）确定分类的对象。

先确定分类的对象。确定目标城市为教育基础良好的全国一、二、三线城市和新一线城市，选择50个城市进行分类，这50个城市的分布如表8-3所示。

表8-3 50个城市的分布

城市分布	城市数量/个	城市数量占比
一线城市	4	8%
新一线城市	6	12%
二线城市	13	26%
三线城市	27	54%
总计	50	100%

（2）设置分类的标准。

确定分类的对象之后，要设置分类的标准。应该选择什么样的城市投放广告呢？首先，城市需要具备一定的消费能力，即用户有能力支付培训费用。其次，城市需要有较强的教育理念，重视英语学习。我们选择"城市消费能力"和"英语学习理念"这 2 个一级指标作为衡量标准。问题来了，如何衡量这 2 个指标呢？这里使用若干个二级和三级指标衡量这 2 个一级指标，如表 8-4 所示。

- "城市消费能力"用 6 个三级指标来衡量，为每个三级指标设置一定的权重。最后将6 个三级指标的得分乘以不同的权重就可以得到"城市消费能力"的得分。
- "英语学习理念"用"对外开放环境""大学教育""英语教育"3 个二级指标来衡量。每个二级指标再分别设置 3～4 个三级指标进行衡量，同时为每个指标也设定了权重。将三级指标的得分乘以不同的权重就可以得到二级指标的得分，再将二级指标的得分乘以不同的权重就可以得到"英语学习理念"的得分。

提示　如何选择二级指标和三级指标？

遵循两个原则：①与一级指标高度相关，显著影响一级指标；②能够获取数据。比如，"人均 GDP"代表了当地的经济水平，与"城市消费能力"密切相关，且数据容易获取，从国家和地方统计局网站上就可以查询到。

表 8-4　城市的分类标准和指标

一级指标	二级指标		三级指标	
	指标	权重	指标	权重
城市消费能力	—	—	1. 人均 GDP	20%
			2. 在岗职工平均工资	15%
			3. 人均可支配收入	20%
			4. 经济结构	15%
			5. 第三产业占比	15%
			6. GDP 增速	15%
英语学习理念	对外开放环境	30%	1. 外企数量	35%
			2. 西餐厅数量	35%
			3. 是否为沿海城市	30%
	大学教育	35%	1. 在校大学生数量	25%
			2. "双一流"大学生数量	25%
			3. 大学数量	25%
			4. "双一流"大学数量	25%
	英语教育	35%	1. 留学移民中介和英语培训机构数量	35%
			2. 大学生出国人数	25%
			3. 雅思、托福、GRE 考点和考生数量	25%
			4. 外国留学生数量	15%

（3）画出九宫格，划分为9类群体。

以"城市消费能力"为横轴，以"英语学习理念"为纵轴，就可以把这50个城市分为9类，类似9个格子，我们称为"九宫格"，如图8-4所示。

每个格子里代表具有相同特征的城市，9个格子分别代表具有不同特征的城市。

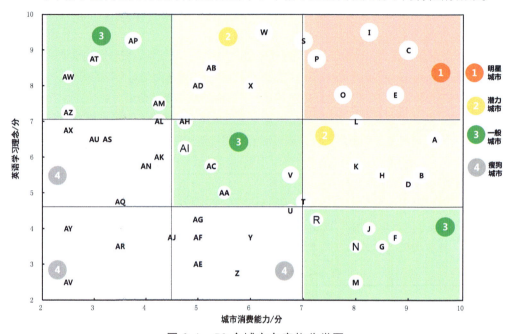

图 8-4　50 个城市九宫格分类图

（4）制定针对不同群体的策略。

针对9类不同的城市制定不同的策略。

- 右上角标①的1个橙色格子为"明星城市"，是城市消费能力和英语学习理念都强的城市，需要优先进行广告投放。
- 右上角标②的2个黄色格子代表"潜力城市"，是城市消费能力和英语学习理念均较好的城市，是次优投放城市。
- 对角线上标③的3个绿色格子是"一般城市"，是可酌情考虑投放的城市。
- 左下角标④的3个灰色格子是"瘦狗城市"，它们不管是城市消费能力还是英语学习理念均较弱，可以不考虑投放。

8.1.3　相关性分析法：发现指标关联性，寻找关键影响因素

生活中处处存在相关关系：A和B两个好朋友存在相关关系，C和D两个仇敌也存在相关关系；自律和成功存在相关关系，放纵和成功也存在相关关系；跑步和健康存在相关关系，吸烟和健康也存在相关关系。有的相关关系是正向的，有的是负向的；有

的关联紧密，有的关联松弛。研究这些关系的方法就是相关性分析。

1. 什么是相关性分析法

对两个或两个以上变量的关系进行分析，评估各变量之间的关系类型和紧密程度的方法叫作相关性分析法。比如，分析身高和体重两个变量之间的关系，分析用户在线时长和用户留存两个变量之间的关系。

2. 相关性分析法的应用场景

相关性分析法的应用场景非常丰富。在用户运营、广告业务、销售量分析、长视频的会员业务、客户满意度分析、短视频的内容业务、商品品类分析中被广泛应用。在这些领域，通过相关性分析法探索某个关键指标的相关因素，就可以寻找出提升关键指标的策略和方法。

- 在用户运营中，经常使用相关性分析法探索用户购买率、用户复购率、用户留存率的影响因素。比如，分析用户留存率和商户供给、用户留存率和在线观看时长、用户留存率和拉新渠道之间的相关关系。
- 在广告业务中，经常使用相关性分析法探索广告点击率、广告售卖率和 eCPM 的影响因素。比如，分析广告点击率和价格、广告售卖率和价格、广告点击率和 Ad load 之间的相关关系。
- 在销售量分析中，经常使用相关性分析法探索销售量的影响因素。比如，分析销售量和年份、销售量和客单价之间的相关关系。
- 在长视频的会员业务中，经常使用相关性分析法探索会员续费率的影响因素。比如，分析会员续费率和完播率之间的相关关系。
- 在客户满意度分析中，经常使用相关性分析法探索客户满意度的影响因素。比如，分析客户满意度与投诉率、客户满意度与退单率之间的相关关系。
- 在短视频的内容业务中，经常使用相关性分析法探索短视频优质内容的影响因素。比如，分析优质内容和视频素材之间的相关关系。
- 在商品品类分析中，经常使用相关性分析法探索商品品类的影响因素。比如，分析各个商品品类之间的相关关系。电商业务中常用的购物篮分析就是研究各个商品之间的相关关系，据此制定商品之间的捆绑和关联售卖策略。

3. 如何判断相关性的正负和强度

相关性的判断包括是否具备相关性，是正相关关系还是负相关关系，是强相关关系还是弱相关关系，是线性相关关系还是非线性相关关系。如何判断这些复杂的关系呢？通常有两种方法。

（1）散点图判断法。

通过观察散点图中各个点的分布规律，可以初步判断两个变量之间的关系，如图 8-5 所示。

- 如果散点图中的各个点紧密集中在一条向上的直线周围，则说明两个变量之间呈现强正线性相关关系。
- 如果散点图中的各个点围绕在一条向下的直线周围，但是距离直线排列不是很紧密，有些分散，则说明两个变量之间呈现弱负线性相关关系。
- 如果散点图中的各个点无序排列，则说明两个变量之间没有相关关系。
- 如果散点图中的各个点分布比较有规律，但是没有呈现直线的关系，则说明两个变量之间呈现非线性相关关系。

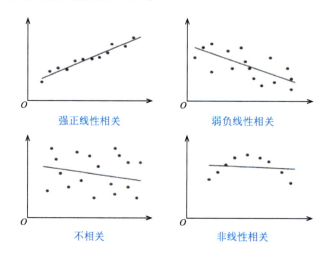

图 8-5　散点图与相关关系

（2）R 值和 P 值判断法。

通过 Excel 和 SPSS 分析工具中的"相关性分析"可以得出 R 值和 P 值，通过它们可以判断出相关性的正负和强度。

一般通过 SPSS 可以求出 P 值，通过 P 值可以判断显著性。

- 若 P 值> 0.05，代表数据之间不存在显著相关性。
- 若 P 值≤0.05，代表数据之间的相关性较为显著。

一般通过 SPSS 和 Excel 均可以求出 R 值。R 值的范围是[−1,1]，通过 R 值可以判断正负和强弱，如表 8-5 所示。

- 如果 R 值>0，代表正相关；如果 R 值<0，代表负相关。
- 用 R 值的绝对值判断关系的强弱。如果$|R|$≥0.8，代表高度相关；如果$|R|$<0.3，代表弱相关。

表 8-5　R 值与相关关系对应表

R 值		相关关系
R 值的正负	R>0	正相关
	R<0	负相关
R 值的绝对值	|R|≥0.8	高度相关
	0.5≤|R|<0.8	中度相关
	0.3≤|R|<0.5	低度相关
	|R|<0.3	弱相关

4. 案例：短视频公司如何开展相关性分析

某短视频公司的用户留存率、用户在线时长和 Ad load 数据如表 8-6 所示。如何分析三者之间的相关关系？

表 8-6　某短视频公司的用户留存率、用户在线时长和 Ad load 数据

用户留存率	用户在线时长/分钟	Ad load
30%	60	6%
29%	58	7%
28%	55	8%
27%	54	9%
26%	53	10%
25%	52	10%
26%	52	11%
25%	51	11%
24%	51	12%
23%	51	13%
22%	51	13%
21%	50	13%
20%	48	14%
21%	49	14%
20%	47	14%
19%	46	14%
……	……	……
19%	45	15%
18%	45	15%

（1）确定研究的变量。

研究的变量包含 3 个：用户留存率、用户在线时长和 Ad load。分析的目的是探究它们之间的相关关系。

（2）使用 Excel 或 SPSS 分析工具展开分析。

这里使用 Excel。在 Excel 中单击"数据"→"数据分析"按钮，打开"数据分析"对话框，如图 8-6 所示。

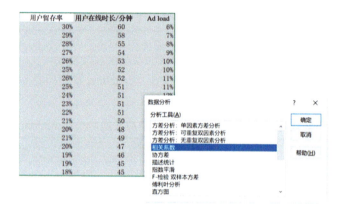

图 8-6　"数据分析"对话框

选择"相关系数"，单击"确定"按钮，就会打开如图 8-7 所示的"相关系数"对话框。

在"输入区域"中输入原始数据所在的区域，单击"确定"按钮后就会得到相关性系数表。

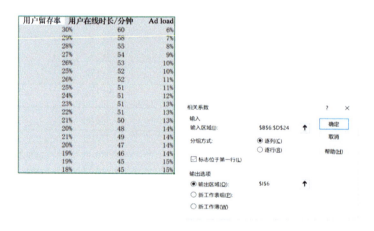

图 8-7　"相关系数"对话框

（3）观察分析结果，判断相关性程度。

根据相关性系数表（见表 8-7），可以得出如下结论。

- 用户留存率和用户在线时长的相关性系数为 0.97，呈现强正相关性。
- 用户留存率和 Ad load 的相关性系数为-0.99，呈现强负相关性。
- 用户在线时长和 Ad load 的相关性系数为-0.97，呈现强负相关性。

表 8-7　某短视频公司的相关性系数表

	用户留存率	用户在线时长	Ad load
用户留存率	1	—	—
用户在线时长	0.97	1	—
Ad load	−0.99	−0.97	1

提示　相关关系不代表因果关系，如自律和成功之间存在相关关系，但是自律一定能成功吗？我们无法得出这样的因果判断。

而要想证明因果关系，还需通过其他方式进行验证，如 A/B Test。

8.1.4　同期群分析法：发现同期群体在不同生命周期的变化特征

同期群分析法也是很常见的一种分析方法。如何理解同期群体？我们举个学校的例子。学校每年都有一批新生入校，如 2010 年入校、2011 年入校等，2010 年新生是同一期的，2011 年新生也是同一期的，以此类推，每年的入学新生构成了同期群体。观察这些同期群体在之后的一年级、二年级、三年级一直到九年级的成绩表现，如表 8-8 所示，就是所谓的同期群分析法。

表 8-8　学校每年入学新生在一到九年级的平均成绩变化情况

新生	一到九年级的平均成绩/分								
	一	二	三	四	五	六	七	八	九
2010 年新生	90	80	85	80	75	75	75	70	70
2011 年新生	95	94	90	92	91	89	87	87	85
2012 年新生	98	97	96	96	98	97	95	98	98
2013 年新生	93	91	89	89	88	87	86	85	84
2014 年新生	89	89	90	91	92	93	94	94	95

横向观察表 8-8 能够得出：同一期新生在一到九年级的平均成绩变化情况，即 2010 年、2011 年、2013 年新生的平均成绩随着年级的提升逐步下降，而 2014 年新生的平均成绩在逐步提升，2012 年新生的平均成绩一直很稳定。

纵向观察表 8-8 能够得出：在所有的同期群体中，2012 年新生的平均成绩最好，从一到九年级的平均成绩一直都优于其他期的新生。

1. 什么是同期群分析法

同期群分析法是分析同期群体的某个指标特征随时间延续的发展变化情况的一种

方法。从定义中可以知道，同期群分析法包含 3 个必不可少的部分。

（1）同期群体。

同期群体如图 8-8 中绿色单元格所示。比如，1 月新用户、2 月新用户、3 月新用户等，他们共同构成了同期群体。

（2）指标特征。

指标特征如图 8-8 中黄色单元格所示。比如，留存率、续费率、退费率等。

（3）生命周期的变化。

生命周期的变化如图 8-8 中蓝色单元格所示。比如，当月、T+1 月、T+2 月、T+3 月等。

从本质上讲，同期群分析法是"分类分析方法"和"生命周期分析法"的延续与结合。它的主要作用是分析同期群体随时间的变化特征。

图 8-8 同期群分析法的三大构成部分

2. 同期群分析法的应用场景

同期群分析法在用户运营、商品运营、渠道运营等业务中被广泛应用。

- 在用户运营中，常用来分析每日（或每个月）获取的新用户在之后的每天或每个月的活跃率、留存率、流失率、付费率、续费率、退费率等的变化情况。
- 在商品运营中，常用来分析新上市的商品在不同生命周期的销售量，以便进行库存控制和管理。

● 在渠道运营中，常用来分析不同渠道用户在不同时间段的活跃、留存和流失情况，以便进行渠道优化。

3. 如何进行同期群分析

如何进行同期群分析呢？具体分 4 个步骤。

（1）确定同期群体是谁。比如，是每个月的新用户群体，还是每日的付费用户群体。

（2）确定研究同期群体的什么特征。比如，是留存数量、付费数量、退费数量，还是留存率、付费率、退费率。

（3）确定生命周期长短和间隔。比如，观察 12 个月中每个月的表现。

（4）做出 Cohort 表，解读数据，得出结论和建议。

4. 案例：如何对付费用户群体进行退费率分析

W 公司的客户服务团队想知道 2022 年每个月付费用户群体在之后每个月的退费情况及存在的问题。商业分析团队应该如何进行分析？

（1）明确分析对象为 2022 年 1—12 月每个月的付费用户群体。

（2）明确研究的同期群体特征为"退费行为"，使用"退费率"这个指标表示。

（3）明确生命周期为 7 个月，间隔为 1 个月。即观察每个月付费用户群体在当月、第 2 个月、第 3 个月一直到第 7 个月的退费率。

> **提示** 为什么生命周期设定为 7 个月？
>
> 　　因为 W 公司设定的退费窗口期为 7 个月，7 个月之后就不接受退费了。

（4）做出 Cohort 表，观察数据。

做出如表 8-9 所示的退费率 Cohort 表，先来解读一下表中的数据。以 1 月的数据为例，1 月付费用户数是 4,233 人，他们在当月的退费率是 1.1%，在第 2 个月的退费率是 6.0%，在第 3 个月的退费率是 12.5%，一直到第 7 个月的退费率是 17.3%。

表 8-9　W 公司退费率 Cohort 表

月份	付费用户数/人	付费用户在不同月份的退费率						
		当月	T+1 月	T+2 月	T+3 月	T+4 月	T+5 月	T+6 月
1 月	4,233	1.1%	6.0%	12.5%	14.8%	15.7%	16.5%	17.3%
2 月	3,326	0.3%	7.7%	11.9%	13.1%	14.0%	14.8%	15.7%
3 月	3,735	1.5%	12.2%	16.4%	17.3%	17.8%	18.3%	18.7%
4 月	2,875	1.4%	11.4%	18.4%	20.4%	21.0%	21.4%	21.7%
5 月	1,372	1.0%	11.1%	19.4%	21.2%	22.3%	23.1%	23.9%
6 月	1,197	1.1%	*15.5%*	*24.2%*	*25.7%*	*26.5%*	*27.4%*	*27.7%*
7 月	1,245	1.7%	*19.4%*	*25.8%*	*27.2%*	*28.9%*	*29.1%*	—
8 月	3,178	1.1%	11.6%	18.9%	21.5%	21.9%	—	—
9 月	2,637	1.0%	8.0%	19.0%	20.6%	—	—	—

续表

月份	付费用户数/人	付费用户在不同月份的退费率						
		当月	*T*+1 月	*T*+2 月	*T*+3 月	*T*+4 月	*T*+5 月	*T*+6 月
10 月	888	*3.9%*	*15.3%*	*19.2%*	—	—	—	—
11 月	1,016	*3.4%*	*11.8%*	—	—	—	—	—
12 月	1,109	*3.5%*	—	—	—	—	—	—

观察表 8-9，从中能得到什么结论？对于所有的 Cohort 表，都要进行横向和纵向的同时观察。

- 进行横向观察，得到的结论是：付费用户群体越往后月份的退费率越高，整体合乎逻辑，没有什么异常。
- 进行纵向观察，发现两个问题点。问题点①：6、7 月的付费用户群体在 *T*+1 月及之后的退费率显著高于其他月份的退费率。问题点②：10、11、12 月的付费用户群体在当月及之后每个月的退费率较高。

为什么会出现这种现象？如何解决？这时须进行归因分析，具体步骤如下。

（1）把可能影响退费率的关键影响因子提炼出来，提炼为 7 点，如图 8-9 所示。

图 8-9　退费率的关键影响因子

（2）针对这 7 个关键影响因子做出 7 个假设，如表 8-10 所示。

表 8-10　影响退费率的 7 个假设

假设	具体假设
假设一	用户来源渠道影响了退费率
假设二	销售人员（离职、在职、Top、Bottom）影响了退费率
假设三	不同时间段购买影响了退费率
假设四	付费方式影响了退费率
假设五	产品体验影响了退费率

假设	具体假设
假设六	服务体验影响了退费率
假设七	退费政策影响了退费率

（3）通过对 7 个假设进行逐一验证，排除 4 个假设，其余 3 个得到验证。

假设一：用户来源渠道影响了退费率。

6、7 月 W 公司加大了自媒体渠道和 BD 渠道的投放力度，而这两条渠道的退费率显著高于其他渠道，这是引起 6、7 月的付费用户群体在 $T+1$ 月及之后退费率提升的一个重要原因。

假设二：销售人员影响了退费率。

6、7 月离职销售人员带来的付费用户群体在各月的退费率高于整体付费用户群体的退费率。结合销售人员的离职率进行确认，发现 6、7 月销售人员的离职率明显提升，确认离职销售人员是引起 6、7 月的付费用户群体在 $T+1$ 月及之后退费率提升的另一个重要原因。

提示　为什么离职销售人员会引起退费率提升？

与销售运营团队沟通后，发现销售人员在离职前为了拿到更高的提成，会引入一些不良用户（如亲戚朋友）在离职当月购买公司产品。销售人员离职的第 2 个月或第 3 个月这些用户就会开始申请退费。

公司的离职政策不会扣除这些不良用户带给销售人员的提成，这样就会造成离职销售人员为了拿到最后的提成而进行违规操作。

假设七：退费政策影响了退费率。

通过与退费政策部门确认，发现从 10 月开始，公司的退费政策进行了调整，用户的退费期限由原来的 7 个月缩短至 3 个月。所以从当月开始，每个月的用户退费率也就提升了。因此，退费政策的调整是导致 10、11、12 月用户退费率提升的原因。

（4）定位到原因之后，提出优化建议。

- 针对自媒体渠道和 BD 渠道引起的退费率提升，提出两个建议：①停止该渠道的获客，引入新的渠道；②对该渠道进行优化，由市场部负责。
- 针对离职销售人员引起的退费率提升，提出一个建议：完善离职销售人员的提成方式，堵上提成的漏洞，对离职销售人员带来的退费用户也要进行提成的追溯。主要由销售部和销售运营部负责。
- 针对退费政策改变引起的退费率提升：属于政策调整带来的短期波动，暂时不做优化和调整。

8.1.5 逻辑树分析法：发现层级关系，寻找解决问题的路径

逻辑树分析法是一种无处不在的分析方法。在日常工作中，我们或多或少都在使用这种方法。或许有些人对方法论还没有形成意识和概念，所以使用了也并没有意识到。

1. 什么是逻辑树分析法

像一棵树具备树根、树干、树枝和树叶一样，在解决复杂问题时，将复杂问题层层分解，拆解成若干个子问题进行分析的方法，叫作逻辑树分析法。

利用逻辑树分析法可以发现层级关系，寻找解决问题的路径，找到解决复杂问题的方法，并且能够保证解决问题的完整性和优先顺序，让复杂问题得以一步步的解决。

常见的逻辑树包含 3 种类型：问题树、假设验证树和建议树，如图 8-10 所示。

图 8-10　3 种逻辑树

2. 问题树：找到解决问题的方向

通常，在遇到问题的初始阶段，对一个大问题无法下手时，使用"问题树"能够帮助我们将一个解决不了的大问题拆解为几个小问题，最终将大问题变为一个或几个小问题，这样大问题就可以被轻松解决了。

在商业分析中，应用"问题树"解决问题的常见场景如下。

- 搭建数据指标体系。
- 对指标的下钻式拆解。
- 测算市场空间和规模。
- 制定和拆解目标。

3. 假设验证树：定位问题的原因

在通过"问题树"确定了小问题后，需要对小问题出现的原因进行剖析和定位。这时需要使用"假设验证树"对可能的原因进行假设，然后通过各种方式验证假设是否成立，从而定位出导致问题的原因。

在商业分析中，"假设验证树"常见的应用场景就是归因分析和异动分析。

4. 建议树：提出问题的解决方案

在通过"假设验证树"找到问题的原因后，需要解决问题。这时使用"建议树"提出若干个解决方案，再将每个解决方案拆解为更细的行动计划。

8.1.6　杜邦分析法：发现不同 ROE 背后的财务秘密

利用逻辑树对"问题"层层拆解形成了问题树，对"假设和验证方式"层层拆解形成了假设验证树，对"建议"层层拆解形成了建议树，而对"企业收益率"的拆解就形成了杜邦分析法。因此，杜邦分析法本质上也是一种逻辑树。

1. 什么是杜邦分析法

在第 7 章中提到，Rose 在上海开了一家餐厅，Jack 也开了一家餐厅，但是他们的收益率不同，Rose 的年收益率为 20%，Jack 为 40%。为什么同样是经营餐厅，Rose 和 Jack 的收益率相差 20%？

在财务世界里，收益率可以用一个指标"ROE"表示，它指代"净资产收益率"。对 ROE 进行逻辑树分析和指标下钻式拆解，就能从收入、负债、营运能力等方面，帮助 Rose 和 Jack 找到收益率相差 20%的原因。这就是杜邦分析法。

> **提示**　ROE 是"Return on Equity"的英文缩写，代表净资产收益率，也就是 Rose 和 Jack 投资 1 元能带来多少收入。ROE 的计算公式为：ROE=净利润/净资产×100%。
> - 净利润就是净收益，是企业的收入减去成本和费用之后的收益。
> - 净资产是总资产减去负债之后剩余的资产。

2. 杜邦分析法的拆解路径

杜邦分析法以 ROE 为衡量企业业绩的最终评估指标，并认为 ROE 受 3 个指标的影响，是这 3 个指标的乘积，正是这 3 个指标导致不同企业、不同投资人产生了截然不同的收益率。

（1）3个指标。

这3个指标分别为销售净利率、资产周转率、经营杠杆。ROE = 销售净利率×资产周转率×经营杠杆，如图8-11所示。

图 8-11　ROE 的计算公式

- 销售净利率代表企业的获利能力，等于净利润除以销售收入，指的是企业卖 1 元商品能从中获取多少利润。企业的获利能力越强，ROE 越高。

提示　企业售卖了 1 元商品，减去商品的生产成本、各种税费之后，还剩 0.5 元，则销售净利率为 50%。

- 资产周转率代表企业的资产营运能力，等于销售收入除以总资产，指的是企业利用 1 元的总资产能带来多少销售收入。资产周转速度越快，ROE 越高。

提示　企业总投资 2 元，售卖了 1 元商品，则资产周转率为 50%。

- 经营杠杆代表企业的负债经营能力，等于总资产除以净资产。经营杠杆越高，ROE 越高。

提示　企业总投资 2 元，其中 1 元是借款（负债），企业净资产为 1 元，则经营杠杆为 2。

（2）关键指标的层层拆解。

对销售净利率、资产周转率、经营杠杆的子指标再进行下钻式拆解，就可以用更细颗粒度的指标评价和发现经营问题。这些更细颗粒度的指标组织起来就构成了如图 8-12 所示的杜邦分析图。

3. 不同 ROE 的解析

了解了杜邦分析法的原理后，接着分析 Rose 和 Jack 的 ROE 相差 20% 的原因。

通过对 3 个指标的分析发现（见表 8-11）：Rose 和 Jack 餐厅的获利能力与资产周转速度一致，但是 Jack 餐厅的经营杠杆是 Rose 的 2 倍，这使 Jack 的 ROE 远远高于 Rose。

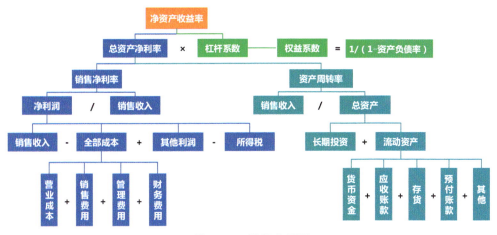

图 8-12 杜邦分析图

表 8-11 Rose 和 Jack 餐厅的 ROE 对比

投资人	ROE	销售净利率	资产周转率	经营杠杆
Rose	20%	40%	50%	1
Jack	40%	40%	50%	2

对更细的指标分析发现（见表 8-12）：Rose 总共为餐厅投资了 100 万元，这 100 万元都是自己出资的，因此 100 万元的总资产都是净资产。而 Jack 总共为餐厅投资了 200 万元，其中 100 万元是自己投资的，另外 100 万元是负债经营的。因此，Jack 餐厅的经营杠杆是 Rose 的 2 倍。较高的经营杠杆带来了较高的 ROE。

表 8-12 Rose 和 Jack 餐厅的收入、资产和利润对比

单位：万元

投资人	净利润	销售收入	总资产	净资产	负债
Rose	20	50	100	100	0
Jack	40	100	200	100	100

4. 高 ROE 的 3 种典型商业模式

根据杜邦分析法可知，企业高 ROE 的支撑点有 3 个：更强的销售净利率、更快的资产周转速度和更高的经营杠杆。它们分别代表 3 种商业模式，如表 8-13 所示。

表 8-13 3 种商业模式的典型行业和企业

商业模式	模式特点	典型行业	典型企业
销售利润主导	依靠高额利润获利，资产周转速度慢	白酒、科技、医药	贵州茅台、海康威视、爱尔眼科

商业模式	模式特点	典型行业	典型企业
资产周转主导	依靠资产的快速周转获利，薄利多销	快消、家电、零售	美的集团、海信家电
经营杠杆主导	依靠借债和高杠杆获利	金融、保险、房地产	工商银行、万科

（1）销售利润主导模式。

依靠高额利润获利，如白酒、科技和医药行业。

表 8-14 中的贵州茅台、海康威视、爱尔眼科，其销售净利率均高于 15%，基本高于其他模式下的企业（爱尔眼科除外）。

（2）资产周转主导模式。

依靠资产的快速周转获利，如快消、家电和零售行业。

表 8-14 中的美的集团和海信家电，资产周转率很高，美的集团在 2021 年更是达到 89%。

（3）经营杠杆主导模式。

依靠借债和高杠杆获利，如金融、保险和房地产行业。但经营杠杆是一把双刃剑，高收益也伴随着高风险。

表 8-14 中的工商银行和万科的经营杠杆高于其他模式下的企业。

表 8-14 2021 年不同商业模式的企业 ROE 对比

商业模式	企业	ROE	销售净利率	资产周转率	经营杠杆
销售利润主导	贵州茅台	29%	51%	43%	1.3
	海康威视	27%	22%	78%	1.6
	爱尔眼科	20%	16%	69%	1.8
资产周转主导	美的集团	21%	8%	89%	2.9
	海信家电（A）	13%	3%	121%	3.6
经营杠杆主导	工商银行	12%	37%	3%	10.7
	万科（A）	10%	8%	23%	4.9

8.2 贴近业务的才是最好的：选择经典分析模型高效应对业务诉求

当某些方法和经验被反复使用，而且在业务中得到验证时，它们就具备了规模化和批量化解决类似业务问题的能力。很多优秀的前人将这些方法和经验标准化及理论化，形成了固定模型，以便后人少走弯路，快速解决类似问题。在不同的业务和领域，诞生了很多这样的模型。

在商业分析中，同样有很多经典的模型。这里我们介绍 6 种高频使用的模型：RFM 模型、漏斗模型、AARRR/RARRA 模型、BCG 矩阵、生命周期模型，以及财务模型和 UE 模型。

8.2.1　RFM 模型：开展用户分层研究

RFM 模型是分类分析方法在用户运营业务的实践中沉淀和总结出来的方法论，主要用于对用户进行分层，以此制定运营策略。RFM 模型的初衷是服务于用户运营和用户研究，后来被广泛应用到各种分析中，如产品、服务、城市和品类等的研究分析中。

1. 什么是 RFM 模型

RFM 模型是根据一定的指标和规则对用户进行分层与价值评估的方法。其分层和价值评估的依据就是 3 个指标：R（Recently）、F（Frequency）和 M（Monetary）。通过这 3 个指标来综合评价用户的消费行为及其对企业的价值。

- Recently：用户最近一次消费的时间间隔。用户的消费时间间隔越短，用户的价值越大。
- Frequency：用户某段时间内的消费频次。用户的消费频次越高，用户的价值越大。
- Monetary：用户某段时间内的消费金额。用户的消费金额越大，用户的价值越大。

分别为 R、F 和 M 3 个指标设置一个阈值：R 的实际值低于或等于阈值的设置为 1，高于阈值的设置为 0；F 和 M 的实际值高于或等于阈值的设置为 1，低于阈值的设置为 0。这样用户就可以被划分为 2^3 即 8 个群体，如表 8-15 所示。

表 8-15　RFM 模型

8 个用户群体	R（间隔）	F（频次）	M（金额）	用户特征
重要价值用户	1	1	1	金额大，频次高，最近有消费
重要唤回用户	0	1	1	金额大，频次高，最近无消费
重要深耕用户	1	0	1	金额大，频次低，最近有消费
重要挽留用户	0	0	1	金额大，频次低，最近无消费
一般价值用户	1	1	0	金额小，频次高，最近有消费
一般唤回用户	0	1	0	金额小，频次高，最近无消费
一般深耕用户	1	0	0	金额小，频次低，最近有消费
一般挽留用户	0	0	0	金额小，频次低，最近无消费

提示　阈值的设置可以有多种方法，包括平均值设置法、中位数设置法、聚类算法设置法及二八原则设置法。

（1）重要价值用户：如果用户的消费频次较高，且最近有消费，则用户的价值较大。

加之消费金额较大，因此是最重要和最优质的用户，我们叫作"重要价值用户"。

（2）重要唤回用户：如果用户的消费频次较高，但最近无消费，则用户需要被唤回消费。由于消费金额较大，因此需要对其做重要唤回，我们叫作"重要唤回用户"。

（3）重要深耕用户：如果用户最近有消费，但消费频次不高，则用户的消费频次需要深耕与提升。由于消费金额较大，因此需要对其做重要深耕，我们叫作"重要深耕用户"。

（4）重要挽留用户：如果用户的消费频次不高，且最近无消费，则用户很可能会流失，需要进行挽留。由于消费金额较大，因此需要对其做重要挽留，我们叫作"重要挽留用户"。

（5）一般价值用户：如果用户的消费频次较高，且最近有消费，则用户有较大价值。但由于消费金额不大，我们叫作"一般价值用户"。

（6）一般唤回用户：如果用户的消费频次较高，但最近无消费，则用户需要被唤回消费。但由于消费金额不大，因此对其做一般唤回即可，我们叫作"一般唤回用户"。

（7）一般深耕用户：如果用户最近有消费，但消费频次不高，则用户的消费频次需要深耕与提升。但由于消费金额不大，因此对其做一般深耕即可，我们叫作"一般深耕用户"。

（8）一般挽留用户：如果用户的消费频次不高，且最近无消费，则用户很可能会流失，需要进行挽留。但由于消费金额不大，因此对其做一般挽留即可，我们叫作"一般挽留用户"。

2. RFM 模型的应用场景

RFM 模型在用户运营和渠道运营中使用得最多。

- 外卖平台要做一系列补贴活动，平台上有几亿个用户。平台如何决定把钱花在哪些用户身上？哪些用户应该补贴 10 元？哪些用户应该补贴 5 元？
- 天猫平台上的服装商家打算在"双十一"给用户发优惠券。商家如何决定给哪些用户发优惠券？给哪些用户发高额优惠券？给哪些用户发低额优惠券？
- 市场团队准备做一次推广活动，如何知道给哪些用户推高端产品的广告，给哪些用户推中端产品的广告，给哪些用户推低端产品的广告？

以上业务场景，需要先对用户进行分层，再根据不同类型用户的特征制定不同的补贴、促销、优惠和推广策略。这就是 RFM 模型发挥作用的时候。

3. 如何使用 RFM 模型

依照 RFM 模型对用户进行分层，具体过程如图 8-13 所示。

用户名	RFM的实际值			RFM的0/1值			用户分类
	R/天	F/次	M/元	R	F	M	
uid1	9	4	59	1	1	0	一般价值用户
uid2	12	4	30	0	1	0	一般唤回用户
uid3	20	3	60	0	1	0	一般唤回用户
uid4	30	5	100	0	1	1	重要唤回用户
uid5	10	4	120	0	1	1	重要唤回用户
uid6	5	2	20	1	0	0	一般深耕用户
uid7	13	2	64	0	0	1	重要挽回用户
uid8	14	1	35	0	0	0	一般挽留用户
uid9	4	3	20	1	1	0	一般价值用户
uid10	3	1	60	1	0	0	一般深耕用户
uid11	8	4	90	1	1	1	重要价值用户
uid12	9	6	80	1	1	1	重要价值用户
uid13	2	4	70	1	1	1	重要价值用户
uid14	1	1	45	1	0	0	一般深耕用户
uid15	3	2	65	1	0	1	重要深耕用户
uid16	3	2	55	1	0	0	一般深耕用户
……	……	……	……	……	……	……	……
平均值	9	3	61	—	—	—	—

图 8-13　RFM 模型的分析步骤

（1）计算 RFM 的实际值。

确定好时间区间，需要从后台数据库中取出原始数据。对数据进行清洗、去重、加工等，计算每个用户的 R、F、M 值，如图 8-13 中的①所示。

- R 值=分析当天日期-离分析当天最近的一次消费日期。
- F 值=分析区间内每个用户的总消费频次。
- M 值=分析区间内每个用户的总消费金额。

（2）确定 R、F、M 的阈值。

分别为 R、F、M 设置一个阈值，这里分别取它们的平均值，平均值如图 8-13 中的②所示。

提示　在用平均值设置阈值时，要确保不含异常值。

（3）设置 RFM 的 0/1 值。

- 当 R 的实际值≤阈值时，设为 1；当 R 的实际值>阈值时，设为 0。
- 当 F 的实际值≥阈值时，设为 1；当 F 的实际值<阈值时，设为 0。
- 当 M 的实际值≥阈值时，设为 1；当 M 的实际值<阈值时，设为 0。

最终计算的结果如图 8-13 中的③所示。

（4）划分用户群体。

根据第三步 RFM 的 0/1 值，划分出每个用户所属的群体，如图 8-13 中的④所示。

（5）分析不同群体的特征。

对不同群体进行统计分析，进而制定不同的策略，结果如表 8-16 所示。

表 8-16 不同用户群体的统计分析和策略

8 个用户群体	人数统计情况		群体策略
	人数/人	占比	
重要价值用户	1,234	3%	提供 VIP 尊享服务，新品优先体验
重要唤回用户	2,045	6%	结合用户使用场景，用新品优惠等方式唤回
重要深耕用户	3,890	11%	开展私域营销，用促销、礼品等活动吸引，使其增加复购
重要挽留用户	7,890	21%	用新品、促销、礼品等活动挽留
一般价值用户	3,569	10%	品牌商品活动、促销优惠
一般唤回用户	4,569	12%	促销活动、爆品召回
一般深耕用户	4,598	12%	推荐、捆绑、搭配销售
一般挽留用户	9,087	25%	—

8.2.2 漏斗模型：优化产品和用户体验

漏斗模型主要用于发现各个转化环节的转化关系，找到制约环节和问题环节，及时优化，同时发现"Aha 时刻"，找到激发用户的关键点。

1. 什么是漏斗模型

漏斗模型是用于分析用户从起始环节到终点链条中每个环节的转化或流失情况的模型。其作用主要有两个。

第一，发现存在问题的环节，及时优化这些环节，帮助业务部门优化用户体验。

第二，发现激活用户"Aha 时刻"的关键环节，帮助业务部门找到激发用户的关键点。

2. 漏斗模型的应用场景

漏斗模型在广告营销活动评估、产品功能优化、用户增长和运营等业务中被广泛应用。

（1）广告营销活动评估。

在进行广告投放等营销活动时，漏斗模型可以分析用户从曝光、点击到付费转化中间各个环节的转化效果和成本，从而帮助企业进行营销活动调整，最大化企业 ROI。

由于漏斗模型在广告投放中被高频使用，因此衍生出了很多业内经典的模型，而且随着时间的推移，这些模型也在持续演进。

- 在互联网初期，广告营销尊崇 AIDMA 模型。这个模型认为，在投放广告时，用户的转化遵循的是先引起用户注意，接着激发用户兴趣，再激发用户欲望，然后让用户形成记忆，最后促使用户产生购买行为的转化漏斗。

提示　AIDMA 是 5 个英文单词的缩写，代表了互联网初期用户的转化历程：

Attention→Interest→Desire→Memory→Action。

注意→兴趣→欲望→记忆→行动。

- 到了互联网 2.0 时代，由于搜索引擎的出现，因此用户的行为开始由被动接受广告变为主动搜索广告，AIDMA 模型也演变为 AISAS 模型。这个模型认为，在投放广告时应该遵循这样的转化漏斗：先引起用户注意，接着激发用户兴趣，再让用户产生主动搜索行为，然后产生购买行为，最后让用户进一步分享。

提示　AISAS 是 5 个英文单词的缩写，代表了互联网 2.0 时代用户的转化历程：

Attention→Interest→Search→Action→Share。

注意→兴趣→搜索→行动→分享。

（2）产品功能优化。

通过分析用户在产品操作流程上的转化漏斗，根据每个功能和流程的使用情况，可以帮助产品部门找到功能和流程的优化空间。

（3）用户增长和运营。

通过分析用户从获取到激活到留存再到付费的整个生命周期的转化漏斗，提升用户的转化效率和生命周期价值。

漏斗模型在用户增长和运营业务的使用中也衍生出了两大家喻户晓的经典模型：AARRR 模型和 RARRA 模型。

- AARRR 模型出现在移动互联网早期具备流量红利的时期，因此它强调获取用户的重要性。它认为用户增长应该分为 5 个环节：获取→激活→留存→付费→推荐。
- 随着流量红利的消失，野蛮的用户增长时代结束，开始进入用户的精细化运营时代，AARRR 模型也演化为 RARRA 模型，这个模型更加突出了用户留存的重要性。它认为用户的转化漏斗应该是：留存→激活→推荐→付费→获取。

提示　AARRR 模型和 RARRA 模型将在 8.2.3 节展开详细说明。

3. 如何使用漏斗模型

如何使用漏斗模型开展分析？分 4 步走。

（1）确定路径的转化环节。

先梳理业务流程，明确从起点到终点路径上的每个转化环节，一般以 4~6 个环节为宜，不宜过多。

（2）明确时间区间和时间窗口。

时间区间是指明确取哪个时间段内的数据进行分析。时间窗口是指在多长周期内的转化。不同业务的时间窗口是不同的，如零售电商业务的时间窗口可以"天"计，而教育和汽车业务的时间窗口可以"月"计。

（3）确定分析的指标。

指标可以是规模类指标，如 UV 等，也可以是转化率类指标，如转化率、流失率等。要注意明确是"从上一个环节到下一个环节的转化率"，还是"从第一个环节到每个环节的转化率"。

（4）画出漏斗图。

明确了转化环节、时间区间、时间窗口及分析指标之后，就可以画出漏斗图，计算出各个环节的转化率了。之后通过分析转化情况，就可以得出业务上的优化点和改善点。

4. 案例：漏斗模型的失效时刻

"天天向上"教育公司从获取用户线索到促使用户购买正价课的转化漏斗要经过 5 个环节：先有用户线索，接着电话邀约，再到邀请成功，之后上体验课，最后购买正价课。

在整个转化漏斗中，从用户线索到电话邀约的转化率是 90%，从电话邀约到邀请成功的转化率是 60%，从邀请成功到上体验课的转化率是 80%，从上体验课到购买正价课的转化率是 5%，如图 8-14 所示。

图 8-14 "天天向上"教育公司的转化漏斗

在所有的转化率中，从上体验课到购买正价课的转化率是最低的。因此，得出结论：从上体验课到购买正价课的转化环节出现了问题，应该花大力气优化这个环节。

能得出这样的结论吗？当然不能！因为购买本来就是最困难的事情。从上体验课到购买正价课，它的转化率低是非常正常的。

这说明了什么？说明漏斗分析并不总是一定能够发现问题环节。单一的漏斗图有时并不足以评价各个环节转化效率的好坏。这时就要通过漏斗的对比分析，发现哪个环节出现了问题。漏斗的对比分析通常包括：

- 与竞争对手进行漏斗的对比。
- 不同用户群体之间的漏斗对比。
- 不同时间节点的漏斗对比。

5．案例：竞争对手三大漏斗模型对比

图 8-15 是 M 公司和竞争对手 A 公司、B 公司从获取用户线索到促使用户付费的转化漏斗。通过这 3 张图的对比能够发现哪些问题？

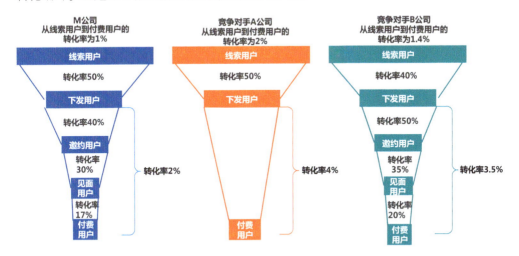

图 8-15　M 公司和竞争对手 A 公司、B 公司转化漏斗对比

M 公司从线索用户到付费用户的转化率为 1%，竞争对手 A 公司的转化率为 2%，是 M 公司的 2 倍。竞争对手 B 公司的转化率为 1.4%，是 M 公司的 1.4 倍。M 公司与竞争对手 A 公司、B 公司的差距过大，说明其转化漏斗存在问题。

（1）M 公司和竞争对手 B 公司对比。

M 公司和竞争对手 B 公司转化漏斗中的各个环节是一样的，都要经过从线索到下发到邀约到见面再到付费的环节。但在这 5 个环节中，二者在转化率上是存在差距的。

从线索到下发环节，M 公司的转化率是 50%，竞争对手 B 公司的转化率是 40%。M 公司高出 B 公司 10%，这是否意味着 M 公司的效率高于 B 公司呢？

再来看之后的环节，在之后的每个环节，M 公司的转化率均低于 B 公司。这意味着，M 公司在从线索到下发环节就出现了问题，为什么这个环节的转化率高反而不好呢？

因为这个环节是线索下发环节，转化率高意味着在 M 公司下发的线索中包含很多低质量的线索，这些低质量的线索导致其后环节的较低转化率。而竞争对手 B 公司下发的是高质量和优质线索，这些高质量和优质线索带来了其后环节的高转化率。

分析至此，就能得出 M 公司在线索下发环节的机制上存在问题，应该优化线索下发机制。

（2）M 公司和竞争对手 A 公司对比。

M 公司和竞争对手 A 公司在转化环节和路径上就存在差异。A 公司的转化环节只有 3 个，而 M 公司有 5 个。

在从线索到下发环节，二者的转化率是相同的，说明这个环节的数据正常。

竞争对手 A 公司在其后的环节由于缩短了转化路径，减少了中间环节，因此其从下发用户到付费用户的转化率是 4%。而 M 公司由于中间存在过多的环节，因此转化率只有 2%。

分析至此，就能得出 M 公司在从下发到付费环节也存在异常，从下发用户到付费用户的转化路径存在优化的空间。缩短转化路径，取消邀约和见面环节，能够提升转化率。

8.2.3 AARRR/RARRA 模型：助力用户增长和精细化运营

2007 年，美国著名投资机构创始人 Dave McClure 提出了 AARRR 模型。该模型因其"掠夺式"的增长方式，又被业内人称为"海盗模型"。

1. AARRR 模型：关注获客的流量运营模型

AARRR 是 5 个英文单词 Acquisition、Activation、Retention、Revenue、Referral 的缩写，分别对应用户生命周期中的 5 个重要环节。该模型认为企业获取用户的流程分为以下 5 个环节。

（1）Acquisition：用户获取。企业需要从各种渠道拉新以获取用户。

（2）Activation：用户激活。获取了用户后，企业应该引导用户下载、安装、注册，从而激活用户的使用行为。

（3）Retention：用户留存。用户被激活后，企业应该通过一定的方式让用户留存下来，减少流失。

（4）Revenue：用户付费。用户留存下来后，企业就可以从用户身上收费以赚取收入了。

（5）Referral：用户推荐。用户购买后，企业应该让用户变成忠诚用户，使其向周围人推荐企业的产品或服务，实现用户自主传播和增长。

> **提示** 用户增长的每个环节都至关重要。企业既要做到扩大入口，又要提升每个环节的转化效率。

- 获取阶段：整个流程的注水口，关系到用户流量入口有多大。
- 激活阶段：关系到用户能否留存。
- 留存阶段：关系到用户能否变现。
- 付费阶段：企业最终要实现的目标。
- 推荐阶段：降低获客成本的重要方式。

AARRR 模型更加强调获客和营销，是一个典型的线性漏斗，遵循典型的流量红利思维。企业要想获取足够多的付费转化用户，既要最大限度地扩大上端的流量入口，又要减少逐层损耗，关注每个环节的转化。它更加强调获客，对获客渠道非常依赖。因此，获客渠道评估和获客成本优化是一项非常重要的工作。

> **提示** 获客渠道评估和获客成本优化，涉及内容较多，将在 9.1 节详细介绍。

2. RARRA 模型：关注留存的精细化运营模型

大部分模型都是时代的产物。AARRR 模型提出的背景是在 2007 年，那时流量红利仍在，获客成本相对低廉。

随着移动市场趋于饱和，流量红利时代结束，移动互联网从增量时代发展到存量时代，获客成本与日俱增。如果花大成本获取的用户留存不下来，那么用户获取就变得毫无意义。此时，用户"留存"取代了"获取"的重要地位，登上历史舞台。

2017 年，RARRA 模型被提出来了，这是一个对 AARRR 模型进行优化和升级后的更加符合时代背景的模型，突出了用户"留存"的重要性。

RARRA 模型的环节与 AARRR 模型相同，但是顺序不同，如图 8-16 所示。

图 8-16　AARRR 模型与 RARRA 模型

（1）Retention：用户留存是首位的，是一切增长优化的核心。留不住用户的产品，是没有价值的。

> **提示**　留存率分析在第一步非常关键，这包括留存率曲线分析、Cohort 分析和生命周期分析。通过这些留存率分析：
> - 能够发现用户的"Aha 时刻"和"魔法数字"，找到用户的激活点。
> - 能够发现目标用户群体的特征，提升用户的生命周期价值。
> - 能够优化和改善产品功能，降低用户流失率。
> - 能够优化获客渠道，实现低成本获客。
>   用户留存率分析的内容比较复杂，将在 9.3 节详细说明。

（2）Activation：用户激活。及时让用户体验核心价值，激活用户。

（3）Referral：用户推荐。建立有效的推荐系统，让用户主动分享、讨论、推荐和自主传播产品，提升裂变效率，拓展分享场景。

（4）Revenue：用户付费。提升用户的生命周期价值。

（5）Acquisition：用户获取。利用老用户带来新用户，通过优化获客渠道等，打平 ROI 后，再获取新用户。

RARRA 模型是对 AARRR 模型的升级，它与 AARRR 模型存在诸多不同，如表 8-17 所示。它是一个精益增长模型，更重视用户留存，遵循的是精细化运营的思维模式。它强调最大限度地优化流量入口（而不是扩大入口），提升用户黏性、留存和裂变效率，提升用户价值，追求最有效率的增长。

提示 **RARRA 模型的真正价值在于，让新用户产生初次购买行为，让老用户产生二次购买或交叉购买行为，让老用户带来新用户。**

表 8-17　AARRR 模型和 RARRA 模型的不同点

不同点	AARRR 模型	RARRA 模型
提出时间	2007 年	2017 年
提出人	Dave McClure	Thomas Petit 和 Gabor Papp
提出背景	享受流量红利，增量市场，获客成本低廉	流量红利消失，存量市场，获客成本高昂
漏斗顺序	获取、激活、留存、付费、推荐	留存、激活、推荐、付费、获取
思维	流量运营思维	精细化运营思维
关注点	强调获客	强调留存
运营重点	扩大上端的流量入口，提升各个环节的转化率	优化上端的流量入口，提升各个环节的价值和效率

8.2.4　BCG 矩阵：评价产品和业务组合

BCG 矩阵，又称波士顿矩阵，是由美国咨询公司波士顿创立的一种战略咨询工具和模型。该矩阵主要用来分析和评价企业的产品组合与结构，制定不同产品组合的策略。

1. 什么是 BCG 矩阵

一家企业内部有很多种产品，需要一种方法来评价每种产品的实力，制定不同的发展策略。

BCG 矩阵引入了两个指标来评价，分别是"销售增长率"和"市场占有率"。

- 销售增长率：用于反映整个市场的吸引力，是决定企业产品的外在因素。
- 市场占有率：用于反映企业产品的竞争实力，是决定企业产品的内部因素。

以"市场占有率"为横轴，以"销售增长率"为纵轴，将坐标轴根据一定的标准一分为二，就可以将企业的所有产品划分为 4 种类型，如图 8-17 所示。

- 现金牛产品：市场占有率高、销售增长率低的产品。
- 明星产品：市场占有率和销售增长率均高的产品。这类产品处于高速增长期，但不一定能为企业带来丰厚的利润。
- 瘦狗产品：市场占有率和销售增长率均低的产品。
- 问题产品：市场占有率低但销售增长率高的产品。

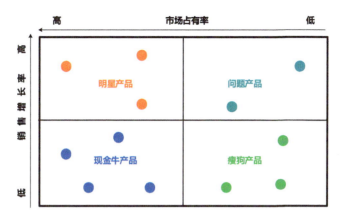

图 8-17　BCG 矩阵

针对 4 种不同类型的产品，企业应该采取不同的应对策略。

- 现金牛产品：所在市场已经成熟，不用投入过多资金拓展，因此可以为企业源源不断地提供现金流。适宜采取市场细分的策略，维持现有市场增长份额，延缓下降速度。
- 明星产品：这类产品处于高速增长期，需要投入大量资金才能支持其发展，目前不一定能为企业带来利润。适宜采取增长策略，积极扩大市场规模，抢占市场份额，让其转化为现金牛产品。
- 瘦狗产品：较低的销售增长率和市场占有率无法为企业带来收益，因此适宜采取撤退策略。
- 问题产品：面临是"加强策略"还是"出售放弃策略"的两难选择。

提示　理论上，最佳的产品组合是：保证现金牛产品的市场地位，促使明星产品转化成现金牛产品，淘汰瘦狗产品，观望问题产品。

BCG 矩阵本质上是一种分类思维，秉持的是"分而治之"的思想。因此，在实际场景中，它被用于各种各样的场景中，如评估客户、商品、用户、商家等。

2. 如何使用 BCG 矩阵

不管是 BCG 矩阵本身，还是由 BCG 矩阵改编的其他矩阵，其使用方法和流程是一样的，一般都要经历 4 个步骤。

（1）明确分析的目的。

明确分析的目的是制定产品策略、业务开发策略、用户策略，还是商品策略。

（2）设置合适的评价指标。

BCG 矩阵采用"市场占有率"和"销售增长率"两个指标评价产品。在进行用户、商品等的评价时，这两个指标就不太适用了，需要设置其他更贴合实际业务情况的指标。

（3）确定指标的标准线。

BCG 矩阵的横纵坐标轴上均有一条标准线，将每个轴划分为高、低两个区域。这条标准线其实没有统一的标准，需要根据实际情况自己设定，这也是 BCG 矩阵容易受到挑战和质疑的点。如何设置标准线呢？目前有 4 种方法。

- 将目标值作为标准线。仅针对设有目标的指标。
- 将行业的平均值作为标准线。比如，销售增长率取行业的平均值。
- 将内部指标的加权平均值作为标准线。比如，各产品市场份额的加权平均值。
- 将盈亏平衡点作为标准线。

（4）对不同象限的组合制定不同的策略。

3. 案例：外卖平台如何制定品牌商家的费率和补贴策略

Y 外卖平台需要对某个城市 5000 多个品牌商家进行费率和补贴策略调整，如何制定策略？

确定对 5000 多个品牌商家制定策略，因此不可能一对一制定策略，必须将这些品牌商家划分为若干个群体后，制定群体策略。

如何为品牌商家设置评价指标？要根据研究对象和目标确定。由于此处是要调整费率和补贴策略，因此确定用"成长能力"和"盈利能力"两个指标评价品牌商家。

分别以"盈利能力"和"成长能力"为横轴与纵轴，划分为 4 个象限，将品牌商家分为 4 种类型，如图 8-18 中的左图所示。

提示

- 盈利能力以"盈亏平衡点"为标准线。
- 成长能力以"整体增长率"为标准线。

图 8-18　品牌商家的 BCG 矩阵图和策略

分析 4 种类型品牌商家的特点，制定费率和补贴策略，如图 8-18 中的右图所示。

- 右上角的象限，为明星品牌，这些品牌商家具备高成长能力和高盈利能力。外卖平台应采取"扩张"的策略：降低费率，提升补贴，同时进行流量的扶持。
- 右下角的象限，为现金牛品牌，这些品牌商家的成长能力较低，盈利能力较高。外卖平台应采取"造血"的策略：在费率、补贴和流量上和竞品对齐即可，让它们持续为平台造血。
- 左上角的象限，为潜力品牌，这些品牌商家具备高成长能力和低盈利能力。外卖平台应采取"培育"的策略：降低费率，提升补贴，同时进行流量的扶持。
- 左下角的象限，为瘦狗品牌，这些品牌商家具备较低的成长能力和较低的盈利能力。外卖平台应采取"收割"的策略：费率保持不变，降低补贴，限制流量。

8.2.5　生命周期模型：制定生命不同阶段的运营策略

整个人类的历史就是一部兴衰交替史，朝代、社会、科学技术、经济、产品、企业、个人都在经历兴衰起伏，小到个人、大到社会都逃离不了这个规律。同样，这个社会里的商业体，包括行业、企业、产品、用户等，也都遵循着生命周期的规律。

1. 常见的 4 种生命周期模型

基本上所有的事物都有生命周期，在商业社会中，生命周期模型更是被广泛应用，常见的生命周期模型有 4 种。

（1）行业生命周期模型。

在对一个行业进行研究时，出现了"行业生命周期模型"。它依据市场规模增速和市场集中度等指标将一个行业划分为萌芽期、成长期、成熟期和衰退期 4 个阶段。企业根据所处的行业生命周期，可以制定市场进入策略和企业发展策略。

提示　行业生命周期模型，我们在第 2 章详细介绍过。

（2）企业生命周期模型。

在对一家企业进行研究时，出现了"企业生命周期模型"。它依据企业的销售量和利润增长等指标将一家企业划分为萌芽期、成长期、成熟期和衰退期 4 个阶段。企业根据所处的企业生命周期，可以制定适宜的产品、营销、渠道和价格策略。

（3）产品生命周期模型。

企业依靠一种或多种产品盈利，在对一种产品进行研究时，出现了"产品生命周期模型"。我们在下文详细介绍。

（4）用户生命周期模型。

企业的产品有用户使用才能产生价值。在对用户进行研究时，出现了"用户生命周期模型"。我们也在下文详细介绍。

2. 产品生命周期模型

产品生命周期（Product Life Cycle，PLC）是指产品从投放市场开始一直到退出市场为止所经历的整个生命过程。

（1）产品生命周期模型是干什么的。

产品生命周期模型把其生命过程划分为引入期、成长期、成熟期和衰退期 4 个阶段，如图 8-19 所示。

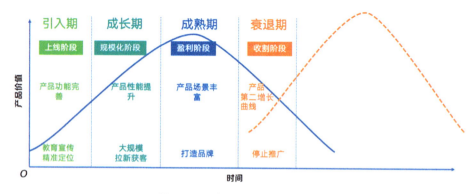

图 8-19　产品生命周期模型

- 引入期：产品刚刚起步，在功能和流程上还不完善，仍在不断优化，用户和销售量还没有起来。
- 成长期：产品的核心功能基本确定，性能不断提升，用户、销售量、收入和利润快速增长。
- 成熟期：产品进入稳定时期，用户习惯使用该产品，同时竞争越来越激烈，市场趋于饱和，用户、销售量、收入和利润增长开始放缓。
- 衰退期：产品逐渐无法满足市场的需求，新的产品不断出现，用户开始转移，销售量、收入和利润都开始下滑。

（2）产品生命周期模型有什么用。

- 帮助企业判别产品处在哪个阶段，并根据不同的阶段制定不同的发展策略，以便更好地管理产品，实现产品的价值最大化。
- 延缓产品衰退期的到来，及时发现产品的"第二增长曲线"。

（3）产品在不同生命周期的策略该如何制定。

产品在不同生命周期的目标不同，为了实现各阶段的发展目标，产品策略、营销策略、用户策略和变现策略均应该"因地制宜"，具体如图 8-20 所示。

图 8-20　产品在不同生命周期的关键目标和策略

3. 用户生命周期模型

用户生命周期（Life Time，LT）是指从首次接触产品或服务，到下载、注册成为用户，到付费，再到最后卸载流失的整体过程。

与之相呼应的用户生命周期价值（Life Time Value，LTV），是指用户在整个生命周期中为企业贡献的价值总和。

（1）用户生命周期模型是干什么的。

通常情况下，该模型将用户生命周期划分为 5 个阶段：引入期、成长期、成熟期、沉睡期、流失期，如图 8-21 所示。

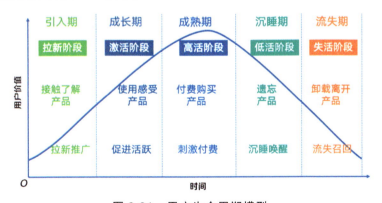

图 8-21　用户生命周期模型

- 引入期：拉新阶段。将潜在用户引入平台。

- 成长期：激活阶段。用户已经开始体验产品。
- 成熟期：高活阶段。用户已经深入使用产品的功能或服务，对产品非常熟悉和了解。
- 沉睡期：低活阶段。用户在一段时间内未使用产品，处于静默状态。
- 流失期：失活阶段。用户卸载产品。

（2）用户生命周期模型有什么用。

- 延长用户的生命周期，提升用户生命周期价值。
- 防止用户流失，对"流失用户"进行召回，持续提升用户活跃度。

（3）用户在不同生命周期的策略该如何制定。

不同生命周期的用户行为特点和价值不同，用户运营的目标和重点各有侧重。因此，需要制定不同的市场策略、产品策略、运营活动策略，具体如图8-22所示。

图 8-22 用户在不同生命周期的关键目标和策略

8.2.6 财务模型和 UE 模型：制定年度预算，评估业务可行性

在投资圈和金融圈，PE（私募股权融资）、VC（风险投资）、券商等机构需要经常对企业、股票、项目等进行评估，以判断投资的风险和收益，从而做出投资决策。这些评估行为多涉及收入、资产、负债、现金、估值等财务方向的分析，加之评估行为被高频大量使用，因此其流程、方法基本形成了标准化的方法论，财务模型和 UE 模型便出现了。

财务模型和 UE 模型虽然是被投资圈及金融圈青睐的模型，但是随着模型的价值被认可和传播，它们在很多企业内部也会被使用。商业分析师尤其是经营分析师，经常需要使用财务模型和 UE 模型制定年度预算，开展新业务的可行性评估。

1. 什么是财务模型和 UE 模型

财务模型和 UE 模型都是用来评价和预测企业经营与财务表现的，都是基于对企业业务模式和财务知识的理解，通过对企业的历史财务和经营数据的分析，以及对未来业务的合理假设，利用 Excel 工具和加减乘除等数学公式，对企业未来业务或新业务的经营和财务状况做出预测而搭建的模型。

财务模型和 UE 模型既有相同点，也有区别。财务模型是对企业的财务情况进行分析和预测的模型。而 UE 模型本质上是一个缩小版的财务模型。

一个国家是由"个人"构成的，众多的个人构成了国家。只有个人的生活好了，整个国家才会繁荣富强。

同样，企业由其生产或创造的无数个产品或服务构成。只有产品或服务赚钱，整个企业才能盈利。

因此，UE 模型是对企业的最小业务单元进行分析的模型。而财务模型则是对企业的所有业务单元进行分析的模型。

> **提示** 虽然财务模型代表整体，UE 模型代表单体，但是财务模型绝不是 UE 模型的简单加总，二者在成本计算及使用场合中也存在区别。
>
> 关于财务模型和 UE 模型，我们将在第 12 章中结合实际业务详细说明，这里只进行简单介绍。

2. 财务模型和 UE 模型的应用场景

（1）验证商业模式。

初创企业经常使用 UE 模型验证单体经济的商业模式能否跑得通。

- 如果 UE 模型验证跑得通，则意味着当企业做大规模时，其商业模式很大概率也是跑得通的。
- 如果 UE 模型验证跑不通，则代表其商业模式有问题，此时不宜大规模拓展业务，而是要考虑商业模式的优化。即要先保证单体盈利，才能实现整体盈利。

（2）制定年度预算。

大部分企业在临近年终时都会开展风风火火的预算工作，很多企业的商业分析师尤其是经营分析师，都会参与到制定预算工作中。在做预算时，需要通过一定的预测方法和模型测算企业来年的收入、成本和利润，以便为管理层制定来年目标、分配资源、规划业务提供数据参考和决策依据。这时就会用到财务模型和 UE 模型。

预算包括全量业务预算和单位业务预算。单位业务预算是全量业务预算的一部分，通常使用 UE 模型，全量业务预算通常使用财务模型。

（3）评估业务可行性。

当企业计划开展某项新业务或淘汰原有业务时，或者对要开展新业务的可行性犹豫不决、无法判断时，会借助财务模型和 UE 模型对业务的收入、成本、利润进行预测。通过对不同变量的调整，观察利润的变化情况，判断利润是否能达到预期，从而做出是否开展新业务或淘汰旧业务的决策。

第 4 篇
商业分析的归宿：用数据驱动业务的优化和增长

第9章

商业分析在"用户运营业务"中的应用

在第 2 篇和第 3 篇中，我们介绍了如何了解"业务"，以及如何将业务"数据化"。从本篇开始，将正式开启业务的实际应用，介绍在实际业务中是如何利用商业分析开展工作和优化业务的。

不论在哪个行业，用户都是公司的"衣食父母"，用户分析都是不可或缺的一个环节。如果在互联网行业，用户就是其赚钱的底层逻辑；如果在传统的食品饮料行业，用户就是其产品的直接或潜在购买者；而如果是面向 2B 的业务（如 SaaS 和云服务），用户实际上就是大客户，对用户的分析逻辑在大客户身上照样适用。在本章中，我们从商业分析应用最广泛的"用户运营业务"说起，看看在用户运营业务中如何进行商业分析，如何用商业分析助力业务优化和增长。

在用户运营领域，有一个经典的模型——海盗模型（见图 9-1），也叫 AARRR 模型（我们在第 8 章介绍过）。它总结了用户运营的精髓，提出了用户运营环环相扣的 5 个阶段：用户获取、用户激活、用户留存、用户付费、用户推荐。

图 9-1　用户运营经典模型——海盗模型（AARRR 模型）

这个模型被大部分公司的用户运营部门奉为指导思想，其运营思路也一直延续传承。所以，该章的用户运营分析也是围绕这个模型的思路来展开描述的。

- 在用户获取（拉新）阶段，主要介绍如何评估获客渠道和优化获客成本。
- 在用户激活（活跃）阶段，主要介绍 DAU 异动分析和预测分析。
- 在用户留存阶段，主要介绍留存率分析和提升策略。
- 在用户付费阶段，主要介绍 LTV 预测和 ROI 分析。
- 在用户推荐（传播）阶段，主要介绍 K 因子分析，以衡量传播能力。

9.1　用户拉新：获客渠道评估和获客成本优化

用户拉新是指公司借助各种渠道、通过各种方式去触达用户，向用户推广产品和服务，获取这些潜在用户，之后通过各种方式将潜在用户转变为价值用户的过程，即所谓的"获客"。没有用户，公司就没有办法盈利。因此，用户拉新是公司获取收入的第一步工作。

公司要做好拉新和获客，就要知道目标用户在哪里，通过哪些渠道、以什么形式的触点可以触达他们中的优质群体。更重要的是，知道如何以最低的成本触达足够大规模的用户。这就是用户拉新最重要的两项工作：如何对获客渠道进行评估，以及如何优化获客成本。

9.1.1　如何获取用户

要想获取用户，我们必须知道用户在哪里，通过什么渠道触达他们，以及通过什么触点接触他们。

1.　知道用户在哪里

理论上全中国十几亿人口都是我们的潜在用户，这些用户分布在各个区域、各个角落，他们的生活习惯、消费能力、消费行为和触媒习惯都是不同的。我们需要通过各种渠道把这些潜在用户拉到自己的平台上。比如，有些用户习惯刷短视频，那么通过在短视频中做广告就可以触达他们；而有些用户喜欢看电视，则需要通过电视广告来触达他们。

由于个人的行为差异巨大，因此公司在获客之前，需要明确自己的目标用户特点，了解他们的消费习惯和触媒习惯，然后根据用户的行为特点判断采用哪些渠道来触达他们。

2.　熟悉获客渠道有哪些

由于不同的用户存在个体差异，因此我们采取的渠道也是不同的，我们把这些触达用户的渠道称为获客渠道。

总体来说，常见的获客渠道分为两大类：一类是免费流量渠道，另一类是付费推广渠道。前者是不需要付费的,最常见的是通过搜索引擎优化和应用商店优化获取自然流量。后者则需要付费。付费推广渠道也分为两大类:线上推广渠道和线下推广渠道,如图 9-2 所示。

(1)线上推广渠道包括搜索引擎推广、应用商店推广、长/短视频平台推广、直播平台推广、自媒体平台推广及电视广告推广等。

(2)线下推广渠道包括发传单、地推、地铁广告推广、BD 推广、楼宇广告推广、公交车广告推广等。

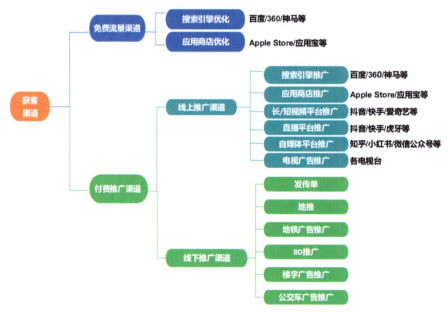

图 9-2 常见的获客渠道

3. 了解触点有哪些

知道用户在哪里,熟悉通过哪些渠道可以接触到用户后,还缺少一个触点。什么是触点? 触点就是通过什么方式或物体接触用户。比如,广告主在抖音渠道上可以通过视频信息流广告接触用户。

一般来说,触点包括各种形式的广告、邮件、Push、二维码、传单、海报等。

9.1.2 如何评估获客渠道

每条渠道获取的用户数量和质量是不一样的,花费的预算也是不一样的。而公司的预算是有限的,所以公司需要通过渠道评估,了解每条渠道的投放效率和投入产出比,从而更好地筛选和管理渠道,优化投放成本,以最少的预算获取最多、最优质的用户。

因此,对获客渠道的评估是每家公司必须开展的工作,由此也形成了各种各样的评估方法和策略。梳理下来，一般可以分 6 步进行评估。

1. 构建渠道矩阵

与市场或用户增长团队沟通，将公司现有的获客渠道进行梳理和罗列，并分门别类。整理成如下格式，如表 9-1 所示。

表 9-1　获客渠道表

渠道分类	具体渠道	公司名称
广告投放渠道	应用商店渠道	Apple Store
		华为商店
		应用宝
	搜索引擎渠道	百度
		神马
		360
	信息流渠道	抖音
		快手
		百度
	品专渠道	百度
转介绍	普通转介绍	—
	裂变	拼团裂变
自然流量	应用商店优化	小米商店
	搜索引擎优化	百度
	公司官网	—

2. 画出用户的转化路径和旅程图

在不同的行业、不同的公司，用户的转化路径和旅程图是不一样的，需要根据业务的实际情况具体绘制。看似简单的转化路径和旅程图，可以代表一家公司背后的产品和运营逻辑。

这里以汽车行业为例，描绘用户的转化路径和旅程图。假设奔驰厂商在抖音投放了汽车广告，那么从"奔驰在抖音投放广告"开始到"结束"为止，用户中间要经历曝光、点击、留资、线索分配、销售电话邀约、邀约成功、用户到店、用户试驾和购买 9 个环节的路径和旅程，如图 9-3 所示。

3. 搭建渠道评估的五大类指标

同样，不同公司、不同业务的具体评估指标是不同的，即使同一公司、同一业务的不同生命周期，其评估指标也是不同的。但从普适性来看，可以划分为以下五大类评估指标，具体如表 9-2 所示。

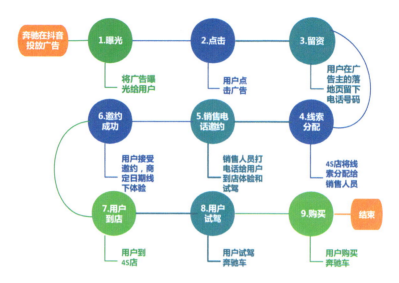

图 9-3　用户的转化路径和旅程图

表 9-2　渠道评估指标表

指标分类	关键指标	汽车行业中对应的指标	
		对应的关键指标	参考指标
规模类	有效用户数量	线索数量	曝光量 点击率 从点击到线索分配的转化率
质量类	付费转化率（付费转化率=付费用户数量/有效用户数量×100%）	从线索分配到购买的转化率	邀约率 邀约成功率 到店率 试驾率 成交率
成本类	有效用户成本 付费用户成本（付费用户成本=有效用户成本/付费转化率）	线索成本 购买用户成本	曝光成本 点击成本 邀约成本 邀约成功成本 到店成本 试驾成本 成交成本
收入类	客单价 LTV	车价 LTV	LT（生命周期） 复购频次
投入产出比	ROI（ROI=LTV/CAC）	ROI	—

（1）规模类指标。

主要用于评估从渠道能获取多大规模的有效用户数量。在这类指标中，我们最关注的是有效用户数量。这个"有效"可能是线索用户，也可能是注册用户，要视具体业务而定。

> **提示**　在成为有效用户之前，还有曝光量、点击率、下载率、转化率等指标，这些指标最终都是为有效用户数量服务的，可以作为有效用户数量的过程指标和辅助指标和辅助指示。

在汽车案例中，有效用户数量就是线索数量。在不考虑其他因素的情况下，渠道获取的线索数量越多越好。

> **提示**　在汽车案例中，曝光量、点击率、从点击到线索分配的转化率是线索数量的过程指标和辅助指标。

（2）质量类指标。

主要用于判断用户的转化效果。在获取了有效用户之后，有些用户愿意付费，有些用户不愿意付费。付费意向高的用户转化率也高，这些用户属于高质量用户。衡量用户质量的指标是付费转化率，其计算公式为：付费转化率=付费用户数量/有效用户数量×100%。

> **提示**　付费转化率是一个结果指标，指有效用户要经历多少个环节才能转化为付费用户，理论上付费转化率可以看作"多少个过程转化率的乘积"。而这些过程转化率可以作为付费转化率的过程指标和辅助指标。

在汽车案例中，付费转化率就是从线索分配到购买的转化率，其计算公式为：从线索分配到购买的转化率=购买汽车的用户数量/线索数量×100%。

> **提示**　按照图 9-3 中的转化路径，从线索分配到购买，中间要经历销售电话邀约、邀约成功、用户到店、用户试驾环节，所以从线索分配到购买的转化率等于邀约率、邀约成功率、到店率、试驾率和成交率 5 个过程转化率的乘积。其计算公式为：从线索分配到购买的转化率=邀约率×邀约成功率×到店率×试驾率×成交率。而邀约率、邀约成功率、到店率、试驾率和成交率可以作为从线索分配到购买的转化率的过程指标和辅助指标。

（3）成本类指标。

主要用于判断用户的转化成本，包含两个指标：有效用户成本和 CAC（付费用户成本）。二者是递进的关系，其计算公式为：付费用户成本=有效用户成本/付费转化率。

> **提示**　与上文提到的付费转化率类似，转化环节中同样存在中间转化成本，可以作为有效用户成本和付费用户成本的过程指标与辅助指标。

在汽车案例中，有效用户成本和付费用户成本分别为线索成本与购买用户成本，其计算公式为：购买用户成本=线索成本/从线索分配到购买的转化率。

> **提示**
> - 线索成本的过程指标包括 CPM（曝光成本）、CPC（点击成本）。点击成本=曝光成本/点击率，线索成本=点击成本/从点击到线索分配的转化率。

- 购买用户成本的过程指标包括邀约成本、邀约成功成本、到店成本、试驾成本和成交成本。其中，邀约成本=线索成本/邀约率，邀约成功成本=邀约成本/邀约成功率，到店成本=邀约成功成本/到店率，试驾成本=到店成本/试驾率，成交成本=试驾成本/成交率。

（4）收入类指标。

主要用于判断用户的购买能力，包含两个指标：客单价和 LTV。

- 客单价为用户购买一次付出的成本。有的用户属于高消费群体，其客单价就高；有的用户属于低消费群体，其客单价就低。客单价是一个短期的指标。
- LTV 考虑了用户的整个生命周期和复购率，是一个更深入的长期指标。

提示 LTV 的口径和分析非常重要，在 9.4 节将展开详细说明。

在汽车案例中，用户购买的奔驰车价就是客单价；如果用户在奔驰这里的生命周期（LT）持续了 3 年，3 年时间购买了 2 台车（复购频次），那么 LTV 就是 2 台车的价格。

（5）投入产出比指标。

主要用于判断投入产出比，用 ROI 这个指标表示，其计算公式为：ROI=LTV/CAC。

在汽车案例中，假设用户在奔驰这里的生命周期是 3 年，3 年时间购买了 2 台车，则 ROI=用户购买 2 台车的价格/购买用户成本。

4. 填充数据进行实际评估

按照图 9-4 中的格式，整合渠道矩阵和五大类评估指标至同一表中，填充数据，对渠道开展实际评估。

渠道	规模类/万人	质量类	成本类/元		收入类/元		投入产出比
	有效用户数量	付费转化率	有效用户成本	付费用户成本	客单价	LTV	ROI
a渠道	10	1%	50	5,000.0	8,750.0	17,500.0	3.5
b渠道	9	2%	40	2,000.0	2,666.7	8,000.0	4.0
c渠道	8	5%	35	700.0	2,870.0	2,870.0	4.1
d渠道	10	4%	30	750.0	315.0	1,575.0	2.1
e渠道	5	3%	50	1,666.7	1,111.1	6,666.7	4.0
f渠道	5	2%	30	1,500.0	750.0	3,000.0	2.0
g渠道	9	1%	35	3,500.0	2,333.3	7,000.0	2.0
h渠道	3	4%	25	625.0	500.0	2,500.0	4.0
i渠道	1	5%	45	900.0	150.0	900.0	1.0
j渠道	2	7%	45	642.9	1,028.6	2,057.1	3.2
k渠道	2	6%	30	500.0	450.0	450.0	0.9
l渠道	3	5%	20	400.0	120.0	480.0	1.2
m渠道	10	8%	20	250.0	90.0	450.0	1.8
n渠道	6	7%	35	500.0	358.3	2,150.0	4.3
o渠道	7	9%	40	444.4	277.8	2,222.2	5.0
p渠道	4	4%	35	875.0	875.0	3,500.0	4.0
q渠道	7	2%	50	2,500.0	2,500.0	7,500.0	3.0

图 9-4　各渠道评估结果表

5. 巧用四象限图进行渠道归类

从上文可以看出，渠道的评估指标有很多。在实际业务中，我们往往会根据产品所处的生命周期，采取不同的侧重指标去评估，而不会"眉毛胡子一把抓"，把所有的指标都评估一遍。在产品的引入期和成长期，会看重有效用户数量和有效用户成本；在产品的成熟期，会看重有效用户数量和 ROI；而在产品的衰退期，往往关注收入和利润。

为了更好地对渠道做出评估，展现评估结果和输出评估建议，在这里引入 BCG 矩阵进行四象限分析。

假设产品处于引入期和成长期，我们用横轴表示有效用户数量，代表获客规模，用纵轴表示有效用户成本，代表获客成本。据此可以把不同的渠道划分在 4 个象限内，如图 9-5 所示。

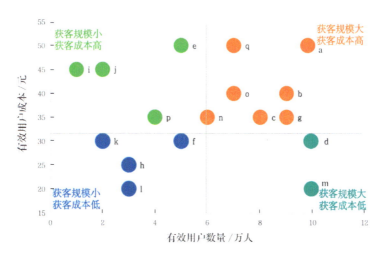

图 9-5　引入期和成长期渠道评估四象限图

- 落在第一象限内的渠道：获客规模大但获客成本高的渠道，并不是最优质的渠道，要从这些渠道买流量，必须付出高昂的成本。
- 落在第二象限内的渠道：获客规模小且获客成本高的渠道，是劣质渠道，如果从其他渠道能获取足够的用户，则建议停用这些渠道。
- 落在第三象限内的渠道：获客规模小但获客成本低的渠道，是比较优质的渠道，因为付出的成本会比较低。但是这些渠道的规模较小，并不能满足大规模的获客需求。
- 落在第四象限内的渠道：获客规模大且获客成本低的渠道，是最优质的渠道，是必须重点维护和大规模投入的渠道。

这里再假设一种场景，假设产品处于成熟期，我们用横轴表示有效用户数量，代表获客规模，用纵轴表示 ROI，代表投入产出比。据此也可以把不同的渠道划分在 4 个象限内，如图 9-6 所示。

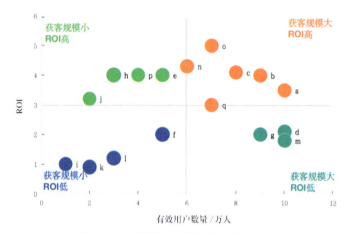

图 9-6 成熟期渠道评估四象限图

- 落在第一象限内的渠道：获客规模大且 ROI 高的渠道，是最优质的渠道，必须重点维护和大规模投入。
- 落在第二象限内的渠道：获客规模小但 ROI 高的渠道，是辅助渠道，ROI 较高，但是规模不足，不足以支撑对流量大规模的需求。
- 落在第三象限内的渠道：获客规模小且 ROI 低的渠道，是劣质渠道，可根据具体业务情况停用。
- 落在第四象限内的渠道：获客规模大但 ROI 低的渠道，ROI 不高，但是在流量不足的情况下也需要依赖这些渠道。

6. 输出渠道优化建议

我们通过四象限图把渠道做评估和归类，为不同分类的渠道输出不同的优化建议。

（1）优质渠道：需要加大投入力度，重点进行维护，是投放时的首选。

优质渠道的获客规模都是有上限的，是不可以无限制投放的，且存在边际收益递减效应，所以无法仅从优质渠道获取需要的用户。

提示 比如，从抖音渠道最多可以获取 20 万个线索用户。当获取 15 万个用户时，线索成本可能是 50 元；当超过 15 万个用户时，线索成本可能就会提升至 100 元。

（2）劣质渠道：需要根据公司制定的 KPI 和其他渠道的获客能力，适时停用。

（3）小规模但效果好的渠道：也是需要重点维护的渠道。

这些渠道中用户贡献的收入远高于其他渠道，所以它们是小而美的渠道。我们应该针对从这些渠道获取的用户完善用户画像，反哺输出到其他渠道，助力其他渠道通过精准画像匹配，提升转化效率。

（4）大规模但效果差的渠道：则需要想办法优化投放效率。

这些渠道可以大规模获客，因此我们可以通过转化路径的优化、精准匹配、技术和数据的对接等来提升转化效率，将这些渠道转化为优质渠道的"后备军"。

最后，获客渠道不是静止不变的，需要在引入、优化和淘汰的过程中寻找最优解。因此，密切关注竞争对手和上下游渠道的最新动态与变化趋势，适时引入新渠道，用新渠道淘汰老渠道，重新优化和构建渠道矩阵是渠道分析工作的重要内容。

9.1.3　5 步分析降低获客成本

随着流量红利期成为过去，流量采买越来越贵，如何降低获客成本已经被每家公司提上议程，尤其是在汽车、旅游、教育、房地产等行业，它们复杂的转化路径和较长的转化周期带来的居高不下的获客成本，一直是获客工作的难点和痛点。如何从商业分析的视角帮助用户增长和市场团队降低获客成本呢？

这里以一个实际案例来介绍降低获客成本的框架和思路。

仍以"天天向上"教育公司为例，其主营业务是提供大学生和成人英语一对一外教课程。公司的获客成本非常高，每个用户的获客成本在 7,000 元左右，老板迫切想把获客成本降下来。该如何帮助老板解决这个问题？我们分 5 个步骤解决。

1. 梳理业务模式和转化路径

分析的第一步永远是对业务进行深入了解，做不到对业务的了解，任何分析都是纸上谈兵。所以，降低获客成本的第一步是对业务模式和转化路径进行梳理。

（1）业务模式。

公司的主营业务是给大学生和成人提供英语一对一外教课程，通过售卖课程获取收入。公司设置了获客团队、教研团队、助教团队和产研团队分别负责获客、教学、服务与基础产品建设工作，如表 9-3 所示。

表 9-3　"天天向上"教育公司的部门设置和部门职责

一级部门	二级部门	部门职责
获客团队	增长团队	负责通过广告投放、转介绍、裂变等方式获取用户的线索
	销售团队	负责对增长团队获取的用户线索进行跟进，促成其付费转化
教研团队	外教团队	负责外教课程研发和上课
	中教团队	负责中教课程研发和上课
助教团队	—	负责用户的课后作业、关系维护和续费
产研团队	—	负责基础产品建设

（2）转化路径。

公司的获客工作主要由获客团队承担，下设两个部门，其中增长团队负责渠道拉新工作，销售团队负责线索转化工作。

获客的主要流程和路径为：增长团队先通过投放广告获取用户的线索，之后将线索分配给销售团队，由销售人员通过电话邀约用户上体验课，上完体验课之后促使用户购买正价课，用户购买正价课之后，由教研团队负责上课，课后由助教团队负责服务和续费工作。

2. 拆解获客成本

通过第一步的流程梳理，根据用户的转化路径将获客成本拆分为 3 个子科目成本，分别是线索成本、销售成本和体验课成本，这 3 个子科目成本之和即总获客成本。其计算公式为：单个用户的获客成本=线索成本+销售成本+体验课成本。

> **提示** 在涉及收入、成本和利润的分析中，为了更加简便地分析业务和问题，通常会对单体经济进行分析。比如，对"一个用户""一件衣服""一辆车"进行分析，而不是对全体进行分析。在本案例中分析成本时，则对单个用户的获客成本进行分析。单体经济模型我们将在第 12 章进行详细的介绍。

（1）线索成本：投放广告的费用。
（2）销售成本：支付给销售人员的提成和基本工资。
（3）体验课成本：支付给教师上课的课时费。

> **提示** 在有些公司，获客成本仅包含线索成本；在有些公司，获客成本包含的科目则较多，如线索成本、销售成本及其他成本。具体包含哪些成本，须根据公司的业务特性做出判断。分析时注意需要说明成本的口径。

3. 下钻子科目成本

对第二步拆解的 3 个子科目成本进一步下钻，进行更细颗粒度的指标拆解。
（1）线索成本。
线索成本已经是最小指标，无法再拆解了。
（2）销售成本。

运用逻辑树拆解法和漏斗转化法进行指标的拆解，其计算公式为：销售成本=一个付费用户的提成+基本工资/人效。其中，人效=人均处理的线索量×从线索到付费的转化率，而从线索到付费的转化率=约课率×完课率×完课签单率，如图 9-7 所示。

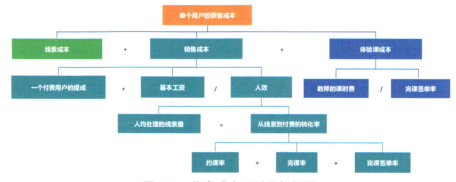

图 9-7　获客成本子科目拆解图

提示

- 人效：平均每个销售人员卖出的课程数量。其计算公式为：人效=销售人员卖出的课程数量/销售人员数量。
- 约课率：接受体验课邀请的线索数量占线索总数量的比重。其计算公式为：约课率=接受邀请量/线索量×100%。
- 完课率：参加完体验课的人数占接受体验课邀请的线索数量的比重。其计算公式为：完课率=参加体验课人数/接受邀请量×100%。
- 完课签单率：购买的人数占参加完体验课的人数的比重。其计算公式为：完课签单率=购买人数/参加体验课人数×100%。
- 从线索到付费的转化率：购买的人数占线索总数量的比重。其计算公式为：从线索到付费的转化率=购买人数/线索量×100%=约课率×完课率×完课签单率。

（3）体验课成本。

运用逻辑树拆解法对体验课成本进行进一步拆解，其计算公式为：体验课成本=教师的课时费/完课签单率。具体拆解过程如图 9-7 所示。

4. 挖掘成本优化空间

对第三步子科目成本中的各个关键指标进行深度挖掘，寻找优化空间。

线索成本优化的突破点在于对获客渠道的评估和优化，在上节中已经做了重点阐述，这里不再重复。

（1）销售成本优化的关键指标和突破点。

从图 9-8 中可以看出，"一个付费用户的提成"和"基本工资"这两个指标基本没有优化空间，如果"一个付费用户的提成"和"基本工资"降低则会造成人员流失。所以，降低销售成本的关键在于提升"人效"，而提升"人效"的关键在于提升"人均处理的线索量"和"从线索到付费的转化率"。

- 提升"人均处理的线索量"的突破点：可通过改变现有的一对一电销模式，引入社群营销模式，从而提升销售人员在一定时间内处理线索的数量。
- 提升"从线索到付费的转化率"的突破点：其受 3 个过程指标的影响，提升的重点在于优化销售 SOP，包括打电话的时机、话术和次数等。

（2）体验课成本优化的关键指标和突破点。

从图 9-9 中可以看出，"教师的课时费"这个指标是没有优化空间的，优化的关键在于提升"完课签单率"。

"完课签单率"是一个很难再进一步拆解的指标，这里尝试用相关性分析法找出影响"完课签单率"的关键因素。

- 首先，梳理出影响"完课签单率"的关键因素。
- 接着，对关键因素和"完课签单率"进行相关性分析，结果如图 9-9 所示。

- 最后，分析结果："上课效果"与"完课签单率"的相关性系数最高。

因此，优化体验课成本需要围绕"提升上课效果"进行。接下来要思考如何让用户觉得上体验课是真的有效果，这时我们的脑洞就可以打开了，如可以对外教加强培训，也可以做产品上的开发，以刺激用户感受上课效果。

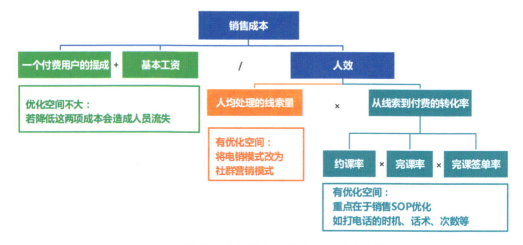

图 9-8　销售成本拆解和关键指标优化方向图

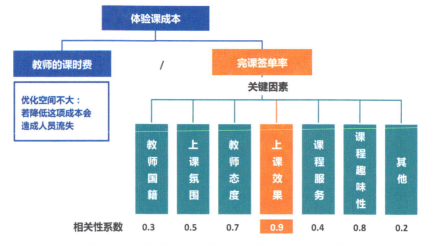

图 9-9　体验课成本拆解和关键指标优化方向图

5. 联动业务部门确定最终落地方案

通过上述分析，商业分析团队提出了降低线索成本、销售成本和体验课成本的建议，具体如表 9-4 所示。由于这些建议是站在第三方视角提出的，在实际业务中是否具备可执行性，还需要与业务部门联动共建才能最终确定。

表 9-4　商业分析团队提出的建议及业务评估结果

优化方向	优化的关键点	商业分析具体建议	业务评估结果
降低线索成本	提升渠道质量	淘汰 BD 和电商两条高成本、低效率渠道	√
		引入公众号获客模式	×
		引入 App 导流的获客模式	√
降低销售成本	提升人效	引入社群营销模式	√
		优化销售 SOP	√
降低体验课成本	提升上课效果	开发"高光"视频截取工具外化上课效果	√
		做外教的培训赋能工作	TBD（待进一步评估）

（1）降低线索成本。

如何降低线索成本？商业分析团队提出 3 个建议：①淘汰 BD 和电商两条高成本、低效率渠道；②引入公众号获客模式；③引入 App 导流的获客模式。经过与增长团队的探讨评估：

● 确定淘汰 BD 和电商渠道，引入 App 导流的获客模式，由增长团队负责。

● 公众号获客由于需要长时间运营，短时间内起量的效果并不明显，对现阶段的起量目标作用不大，因此决定不引入。

（2）降低销售成本。

如何降低销售成本？商业分析团队提出 2 个建议：①引入社群营销模式；②优化销售 SOP。经过与销售团队的探讨评估：

● 确定引入社群营销模式和开展销售 SOP 优化，由销售团队负责规划下一步的安排。

（3）降低体验课成本。

如何降低体验课成本？商业分析团队提出 2 个建议：①开发"高光"视频截取工具外化上课效果；②做外教的培训赋能工作。经过与产研团队和教研团队的探讨评估：

● 确定开发"高光"视频截取工具，由产研团队负责。

● 针对外教的培训赋能的建议，因外教多以兼职形式授课，为非正式员工，因此培训的难度较大，须由外教团队进行进一步评估再给出是否培训的建议。

提示　优化方向不限于上述所说，上述所说也并不适用于每家公司，这里只是举例说明，不能生搬硬套。只要思考就很容易发现优化方向是很多的，这些方向没有对错，就看与公司、业务和目标是否匹配，合适的就是最好的。

9.2　用户活跃：DAU 异动分析和预测分析

公司在通过各种获客渠道把用户集合到平台之后，肯定不希望用户是一次性用户，如打开一次 App 就离开，而是希望用户能够在这个平台上持续活跃。只有在用户活跃到一定程度之后，公司才有机会收割用户，让用户产生付费行为。

因此，激活是公司获取用户的第二步工作，这步工作的核心就是要让用户"活"起来和"动"起来。如何判断用户是否活跃呢？这时就需要理解和熟悉活跃指标的含义与应用场景。

9.2.1 活跃指标分析

反映用户是否活跃的指标包括 DAU、MAU、DAU/MAU、人均每日在线时长、人均访问频次等，我们分别看一下如何使用它们。

1. DAU

各个大的互联网公司在发财报和对外公关时，每每提及的词汇就是 DAU。DAU 到底是什么，为什么受到这么高的关注？ DAU 其实是互联网公司最常见的数据指标，几乎每个互联网人都知道 DAU，DAU 更是做用户拉新、用户运营和产品逃离不开的永恒话题。

（1）DAU 的口径和陷阱。

DAU（Daily Active User），指"每日活跃用户数量"，是对单日活跃用户量去重后的数据，反映产品的用户活跃度。

这可能是大部分人对 DAU 的认知，但你知道吗？ 一个如此常用的指标，中间却隐藏了很多陷阱。看起来对 DAU 侃侃而谈的人，很可能对它仍一知半解。在不同的公司，虽然使用的都是"DAU"的名称，但每家公司 DAU 的统计口径很可能不一样。DAU 有这么多的统计口径，主要有两个原因。

- "活跃"是一个非常模糊的概念，其范畴也很大。用户打开 App 的行为可以算作活跃，登录 App 的行为也可以算作活跃，点击 App 里某个功能的行为还可以算作活跃。登录 App 不停留可以算作活跃，打开 App 停留 5 秒也可以算作活跃。这些在不同的公司定义的口径也是不同的。
- "用户数"也是一个模糊的概念，可以用"设备数"统计，也可以用"用户数"统计。

提示 比如，Rose 拥有一个手机号，使用苹果和华为两部手机各登录了抖音，刷了半小时。

- 如果 DAU 的口径为"登录 App 的设备数"，那么 DAU 则为 2 个。
- 如果 DAU 的口径为"登录 App 的用户数"，那么 DAU 则为 1 人。

（2）DAU 的用处。

DAU 作为活跃指标的典型代表，在实际工作场景中的作用主要有两个。

- DAU 代表公司产品的活跃用户体量，是用来衡量用户拉新、用户运营和产品部门的最重要的考核指标。
- DAU 是一个非常基础的指标，很多指标的计算和预测都需要依赖 DAU。比如，用户留存、用户付费、公司整体收入，这些指标必须有 DAU 的参与才能进行计算和预测。

（3）DAU 的构成。

严格来说，DAU 包含三部分：新用户 DAU、老用户 DAU 和流失召回用户 DAU。

- 新用户 DAU：用 DNU（Daily New User）表示，指每日活跃的新用户数量，代表当日第一次产生登录等活跃行为的用户。
- 老用户 DAU：用 DOU（Daily Old User）表示，即每日活跃的老用户数量，代表过去曾经有过登录行为且在当日仍然活跃的用户。
- 流失召回用户 DAU：过去流失但经过一定的召回手段和策略重新在当日活跃的用户。

> 提示　DNU/DAU 这个比值在实际业务中具备一定的参考价值，也需要引起关注。
>
> - 如果新用户规模增长不变，老用户不断增加，那么 DNU/DAU 就会下降。
> - 如果新用户规模不断增长，老用户也在不断增加，那么 DNU/DAU 就会相对稳定，在一个稳定的区间内波动，这代表公司产品进入一个相对稳定的发展时期。
> - 如果新用户规模维持稳定增长，老用户减少，新用户增长的速度不及老用户流失的速度，此时 DNU/DAU 就会上升。这时意味着老用户流失严重，需要深入分析流失原因，及时做好老用户的流失召回工作。

2. MAU

MAU（Monthly Active User），也是互联网公司最常见的活跃指标，指"月度活跃用户数量"。它是对单月活跃用户量去重后的数据，从长期视角反映用户活跃度。

> 提示　MAU 不是 30 日日活跃用户的简单相加，也不是简单地用 DAU 乘以 30 天，它是 30 日用户去重后的数据，这里要注意的是必须进行去重。

通常情况下，中低频的产品更适合使用 MAU。比如，酒旅类的 App（国内的携程、马蜂窝，国外的 Airbnb 和 Booking 等）、招聘类的 App（国内的猎聘、Boss 直聘，国外的 LinkedIn 等），这些产品用户并不是每天都在使用，往往在有需求时才使用，因此使用 DAU 并不能真正地反映其价值。

> 提示
>
> - 美团的外卖业务就是一个典型的高频业务，用户每天都有订购外卖的需求，使用 DAU 衡量用户活跃度更合适。

- 美团的酒旅业务是一个典型的中低频业务，用户可能一个月甚至几个月才有需求，使用 MAU 衡量用户活跃度更合适。酒旅业务的 DAU 远不及外卖业务，但是酒旅业务的利润远高于外卖业务。

3. DAU/MAU

DAU/MAU 代表一个月内使用产品的用户中，每天都使用产品的用户比例。这个指标最先是从 Meta 内部传出来的，既可以用来衡量用户活跃度，又可以用来衡量用户黏性。

DAU/MAU 代表产品的用户黏性。这个比值越高，代表一个月内使用产品的用户中，每天都使用产品的用户比例越高，说明用户对产品的黏性较强；这个比值越低，代表一个月内使用产品的用户中，每天都使用产品的用户比例越低，说明用户对产品的黏性较弱，很容易流失。

> 提示 DAU/MAU 这个指标并不一定适用于所有的公司。

- 高频次、高活跃度且以广告为主要盈利模式的产品，适合使用 DAU/MAU 这个指标。
- 低频使用的产品，如上文所说的酒旅、招聘类的 App，以及公司 SaaS 产品不适合使用 DAU/MAU 这个指标。这些产品的 DAU/MAU 虽然低，但是其商业价值并不低，这些产品也不必一味追求较高的 DAU/MAU。

目前国外的社交和短视频公司的 DAU/MAU 很多都超过 50%，国内公司大多在 50%以下，具体如表 9-5 所示。

表 9-5　各大公司的 DAU 和 MAU

国别	公司名称	时间	DAU/亿人	MAU/亿人	DAU/MAU
国外	Meta	2021 年	19.30	29.10	66%
	Instagram	2021 年 H1	5.00	11.60	43%
	YouTube	2021 年 H1	15.00	20.00	75%
	Twitter	2021 年 H1	1.92	3.30	58%
	Snapchat	2021 年 H1	2.65	3.90	68%
国内	快手	2021 年	3.20	5.60	57%
	小红书	2021 年	0.50	1.60	31%
	B 站	2021 年	0.45	3.00	15%
	微博	2021 年	2.48	5.73	43%
	爱奇艺	2021 年	0.85	5.00	17%

DAU/MAU 的值变化，通常预示着业务上的潜在问题，这个比值变高或变低代表的方向也是不一样的。

（1）DAU/MAU 变低。

- 如果比值变低是由 DAU 减少驱动的，那么很大可能说明产品的功能和体验出现了问题，这时需要及时排查问题。

- 如果比值变低是由 MAU 增加驱动的，那么很大可能是拉新渠道或运营活动出现了问题，其拉来的用户很可能质量不好，多为一次性用完即走用户或"薅羊毛"用户。

（2）DAU/MAU 变高。

- 如果比值变高是由 DAU 增加驱动的，那么很大可能说明产品的功能和体验改变产生了成效，得到了用户的认可。
- 如果比值变高是由 MAU 减少驱动的，那么很大可能说明老用户开始流失，应及时排查老用户流失的原因。

4. 人均每日在线时长和人均访问频次

人均每日在线时长和人均访问频次也是两个常见的活跃指标。

人均每日在线时长指的是平均每个用户每天花在浏览 App 上的时长，其计算公式为：人均每日在线时长=浏览 App 的总时长/浏览 App 的去重人数。

提示　举个例子，某日观看抖音的人数是 100 万人，这 100 万人中，有的人观看了 10 分钟，有的人观看了 30 分钟，有的人观看了 1 小时，总计观看了 150 万小时，则人均每日在线时长=150/100=1.5 小时。

人均访问频次指的是用户每天访问 App 的次数，其计算公式为：人均访问频次=访问 App 的总次数/访问 App 的去重人数。

提示　举个例子，某日打开小红书的人数是 100 万人，这 100 万人中，有的人在这一天打开了 2 次，有的人打开了 1 次，有的人打开了 3 次，总计打开了 200 万次，则人均访问频次=200/100=2 次。

人均每日在线时长和人均访问频次是对 DAU 这个指标的延伸，是对用户活跃更严格的要求。除要求"用户登录"这个行为外，还要求其登录后的浏览时长越长越好，访问频次越多越好。这样，用户的留存率也会提升，给用户展现广告的机会就越多，从用户身上获取的价值就越大。

这两个指标的影响因素更为复杂，除受产品功能、运营活动、技术影响外，还与内容分发高度相关，内容越丰富、质量越好，内容分发效率越高、分发越精准，用户浏览时长越长、访问频次越多。

9.2.2　异动分析：3 个步骤定位 DAU 异常下滑的原因

DAU 是用户拉新、用户运营和产品部门的一个关键考核指标。用户激活环节的大部分问题都是以 DAU 为核心向外延伸的。因此，学会与 DAU 相关的分析，基本上可以帮我们解决用户激活环节的大部分问题。围绕着 DAU，工作中高频出现的问题包含两大类：①DAU 的异动分析；②DAU 的预测分析。

由于 DAU 是用户拉新、用户运营和产品部门关注的核心指标，因此对 DAU 的监控和分析工作也是商业分析最常见的工作场景之一。DAU 的每一次异常波动都会引起业务部门和商业分析部门的高度警觉，尤其是在"DAU 异常下滑"时，引发的分析和争论格外激烈，已成为用户运营业务的经典问题。DAU 的下滑很可能预示着产品、运营、技术、数据等的某一个或某几个环节出现了问题，而如果不及时解决这个问题，那么接下来很可能对公司的收入产生影响。因此，掌握 DAU 的异动分析方法是商业分析人员和业务人员的必备技能。

那么，当 DAU 出现异常下滑时，应该如何分析呢？一般需要先验证数据，再分析原因，之后定位原因得出结论，最后提出建议。我们这里假设 DAU 的确存在异常下滑情况，所以直接进入定位原因的环节。

> **提示** 实际工作中的异常分析环节，第一步要进行数据的验证。它是必不可少的工作，包括 5 个步骤的验证。
> - 验证数据口径是否发生变化。
> - 验证底层数据是否出现错误。
> - 判断数据是否属于周期性波动。
> - 评估数据是否受突发情况或外部不可抗力影响。
> - 计算数据的波动幅度是否超出异常范围。
> 一般来说，经过这 5 个步骤的验证，就可以判断出是否真的存在异常。如果真的存在异常，就有必要进行深度的归因分析；如果不属于异常下滑，则持续观察数据即可。
> 这 5 个步骤的验证，我们在第 7 章已经做过介绍，这里不再重复。

1. 找出 DAU 的关键影响因子，画出关键影响因子图

业务上的某些动作和策略能够驱动 DAU 的增长，这些业务动作和策略被称为 DAU 的关键影响因子。我们需要把 DAU 的这些关键影响因子找出来，画出一张关键影响因子图。这张图的作用类似目录，当 DAU 出现波动时，按照关键影响因子图，就可以顺藤摸瓜、按图索骥找到波动原因了。

> **提示** 很多商业分析人员和业务人员，看到 DAU 异常下滑，第一步就是拉取各种数据。这种行为犹如大海捞针，因为数据库中的数据非常多，缺乏针对性地拉取一堆数据除了增加工作量，对达成预期目标没有丝毫帮助。
> 在大海里捞针，首先要尽可能小范围地锁定捞取的位置，然后在锁定的位置捞取。定位 DAU 异常下滑的原因，第一步就是要画出关键影响因子图，锁定分析 DAU 的范围和区域，然后在这个范围和区域内分析数据，这样就能做到有的放矢，达成预期目标。

从内部来看，能够对 DAU 产生影响的部门包括用户拉新、用户运营、产品、技术部门，因此用户拉新、用户运营、产品、技术是 DAU 的 4 个大关键影响因子。各个业务部

门的业务动作和策略又构成了 DAU 的小关键影响因子，具体如图 9-10 所示。

- 对用户拉新部门来说，其影响的主要是新用户 DAU，拉新渠道、投放推广策略是新用户 DAU 的 2 个小关键影响因子。
- 对用户运营部门来说，其影响的主要是老用户 DAU，运营活动、召回策略是老用户 DAU 的 2 个小关键影响因子。

提示

- 运营活动：通过一系列的活动让用户活跃起来。例如，发优惠券、打折、打卡、签到、积分、发红包或补贴等。
- 召回策略：为将沉睡用户唤醒而采取的激活策略。主要包括短信、邮件、Push 等。
- 对产品部门来说，由于其负责的是整个用户产品，因此影响的是新老用户 DAU。功能调整、版本升级、样式调整、策略调整是 DAU 的 4 个小关键影响因子。
- 对技术部门来说，由于其负责的是整个产品的技术支持，因此影响的也是新老用户 DAU。系统故障、接口稳定性、数据传输是 DAU 的 3 个小关键影响因子。

从外部来看，竞争对手（包括拉新策略、运营策略、产品策略和技术升级）、环境政策（包括国家/行业政策、技术升级、经济发展），以及重大活动/事件也会影响 DAU 的增长，具体如图 9-10 所示。

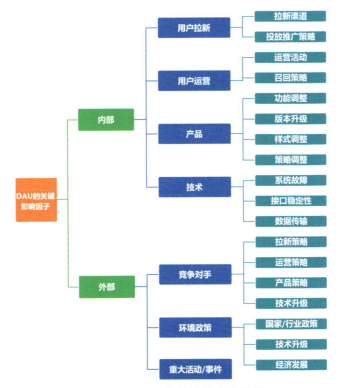

图 9-10 DAU 的关键影响因子图

2. 基于关键影响因子图，做出假设

基于 DAU 的关键影响因子，做出可能的一系列假设。这里仅列举其中一部分，具体如表 9-6 所示。

> **提示** 做假设时并非一定要对关键影响因子图里的所有因子都进行假设，这取决于个人对业务的认知。如果对业务非常熟练，基本在分析之前，就可以从关键影响因子图里划掉几个因子，只要对剩下的几个不确定因子进行假设和验证即可。

表 9-6 基于 DAU 做出的假设

假设	具体假设
假设一	假设拉新策略的改变导致 DAU 出现下滑
假设二	假设运营策略的改变导致 DAU 出现下滑
假设三	假设产品的改变导致 DAU 出现下滑
假设四	假设竞争对手的动作导致 DAU 出现下滑

3. 剥洋葱式层层验证和排除外层假设，定位内层原因

我们以假设一为例，验证是否为拉新策略的改变导致 DAU 出现下滑。具体需要 4 小步来验证。

（1）剥开新老用户的第一层洋葱，排除老用户，将下滑原因初步定位至新用户。

通常，拉新渠道影响的是新用户 DAU，因此先按新老用户对 DAU 进行拆解。如果 DNU 对 DAU 下滑的贡献度大，则很大可能证明是渠道存在问题，需要进一步对渠道进行分析。

> **提示** DNU 对 DAU 下滑的贡献度=DNU 的下滑量/DAU 的下滑量×100%。贡献度越大，说明 DNU 对 DAU 下滑的解释效果越好，引起 DAU 下滑的概率越大。

以某短视频 2022 年 3 月和 4 月的 DAU 为例，如表 9-7 所示，其 DAU 4 月环比下滑 10 万人。分新老用户对 DAU 进行拆解。

- DNU 下滑量 9 万人，对 DAU 下滑的贡献度为 9/10×100%=90%。
- DOU 下滑量 1 万人，对 DAU 下滑的贡献度为 1/10×100%=10%。

根据数据得出结论，DNU 对 DAU 下滑的贡献度大，说明新用户存在问题，需要进一步对渠道展开分析。

表 9-7 分新老用户拆解 DAU

	DAU	分新老用户拆解 DAU	
		DNU	DOU
3 月	50 万人	20 万人	30 万人
4 月	40 万人	11 万人	29 万人

续表

	DAU	分新老用户拆解 DAU	
		DNU	DOU
环比下滑量	10 万人	9 万人	1 万人
环比下滑率	20%	*45%*	3%
下滑贡献度	100%	*90%*	10%

（2）剥开不同渠道的第二层洋葱，排除其他渠道，将下滑原因锁定至 B 渠道。

分渠道对 DNU 进行拆解，得到如表 9-8 所示的结果。

● A 渠道下滑量 1 万人，对 DNU 下滑的贡献度为 1/9×100%=11%。

● B 渠道下滑量 6 万人，对 DNU 下滑的贡献度为 6/9×100%=67%。

● C 渠道下滑量 1 万人，对 DNU 下滑的贡献度为 1/9×100%=11%。

● D 渠道下滑量 1 万人，对 DNU 下滑的贡献度为 1/9×100%=11%。

根据数据得出结论，B 渠道对 DNU 下滑的贡献度最大，说明 B 渠道存在问题，需要进一步对 B 渠道展开分析。

表 9-8　分渠道拆解 DNU

	DNU	分渠道拆解 DNU			
		A 渠道 DNU	B 渠道 DNU	C 渠道 DNU	D 渠道 DNU
3 月	20 万人	8 万人	7 万人	3 万人	2 万人
4 月	11 万人	7 万人	1 万人	2 万人	1 万人
环比下滑量	9 万人	1 万人	6 万人	1 万人	1 万人
环比下滑率	45%	13%	*86%*	33%	50%
下滑贡献度	100%	11%	*67%*	11%	11%

（3）剥开第三层洋葱，排除预算因素，将下滑原因定位至广告素材改变。

影响 B 渠道 DNU 下滑的因素可能有缩减渠道预算、改变广告素材等。那么，如何验证缩减渠道预算和改变广告素材是否影响 DNU 下滑？渠道预算通过市场部门获取即可。广告素材改变体现在指标上，受影响最大的是"点击率"及"从点击到下载的转化率"这两个指标，拉出具体数据，得到如表 9-9 所示的数据。通过数据得出如下发现：

● 渠道预算没有发生改变。

● 点击率 4 月环比下滑 0.25%。

● 从点击到下载的转化率 4 月环比下滑 11.33%。

根据数据得出结论，很可能是广告素材的更换导致了 DNU 的下滑。

表 9-9　B 渠道投放预算和转化率

指标		3 月	4 月	环比下滑量	环比下滑率
预算	预算	200 万元	200 万元	0	0
价格	CPM	10 元	10 元	0	0

续表

指标		3月	4月	环比下滑量	环比下滑率
转化量	展现量	20,000万人	20,000万人	0	0
	点击量	200万人	150万人	50万人	25.00%
	下载量	28万人	4万人	24万人	85.71%
	DNU	7万人	1万人	6万人	85.71%
转化率	点击率	1.00%	0.75%	*0.25%*	*25.00%*
	从点击到下载的转化率	14.00%	2.67%	*11.33%*	*80.93%*
	从下载到DNU的转化率	25.00%	25.00%	0	0

（4）定位原因为广告素材改变，提出优化建议。

通过数据验证 DNU 下滑的原因可能是广告素材改变，此时需要再与用户拉新部门确认广告素材是否发生变更。得到反馈：用户拉新部门在 4 月更换了广告页和落地页的素材，原因得到确认。此时，需要建议它们重新调整广告素材。

到此时，我们已经验证了假设一，定位出异常原因，并提出了建议。接下来，需要对做出的其他假设进行验证。这里仅提供验证的路径和方式。

验证假设二：假设运营策略的改变导致 DAU 出现下滑。

（1）做"时间维度"的拆解，验证是否由于运营活动的结束导致。

拉取运营活动结束前后 DAU 的数据，观察其是否与 DAU 下滑的时间周期同步，若同步则很可能是运营活动结束导致的。

（2）做"地域维度"的拆解，验证是否由于部分区域的运营活动导致。

拉取不同区域、省份、城市 DAU 的数据，观察哪个区域、省份、城市对 DAU 下滑的贡献度大，则通常是对应区域开展的运营活动导致的。

验证假设三：假设产品的改变导致 DAU 出现下滑。

（1）做产品"版本维度"的拆解，验证是否由于版本故障和兼容性导致。

拉取新版本和旧版本 DAU 的数据，观察哪个版本对 DAU 下滑的贡献度大，很可能是哪个版本的产品存在问题。比如，新版本很可能存在故障或不稳定问题，旧版本很可能存在兼容性问题。

（2）做产品"系统维度"的拆解，验证是否由于系统故障或体验不畅导致。

拉取 iOS 和安卓系统的数据，观察哪个系统对 DAU 下滑的贡献度大，很可能是哪个系统产品存在 Bug。

（3）做产品"入口维度"的拆解，验证是否由于入口通路问题导致。

拉取 App、小程序、PC、H5 不同入口的数据，观察哪个入口对 DAU 下滑的贡献度大，很可能是哪个入口的通路存在问题。

验证假设四：假设竞争对手的动作导致 DAU 出现下滑。

（1）观察竞争对手和本公司 DAU 的变化趋势。

如果均下滑，则很可能是行业政策或宏观经济环境导致的；如果竞争对手上涨、本公司下滑，则很可能是竞争对手的产品、运营和技术动作导致的。

（2）观察其他行业和本行业 DAU 的变化趋势。

如果均下滑，则基本可以确定是宏观经济环境问题；如果其他行业上涨、本行业下滑，则基本可以确定是本行业相关政策导致的。

> **提示** 做归因分析的本质其实就是对怀疑的原因"剥洋葱"，从外到里层层做假设，层层做排除，最后定位出隐藏在最里层的原因。
>
> 归因分析尤其考察商业分析人员对业务的熟悉程度。商业分析人员对业务越了解，越能在早期排除非影响因素，就能快速触及核心原因，并准确做出定位。

9.2.3 预测分析：4 个步骤预测未来 DAU

在商业分析的工作中，DAU 的预测是非常重要的工作。为什么要对 DAU 进行预测？一般来说，目的有 3 个。

（1）通过预测 DAU 为用户运营和产品部门制定目标。

（2）通过预测 DAU 制定公司的收入目标。公司每年、每季度都会制定收入目标，而 DAU 是预测收入的先导指标，也是预测收入必不可少的基础指标。

（3）通过预判 DAU 的未来走向，制定运营和产品策略。

如何开展 DAU 的预测？可以遵从以下 4 步走策略。

1. 推导 DAU 预测逻辑公式

根据基础公式"DAU=新增 DAU+留存 DAU"可知，要预测总 DAU，必须先预测两个指标：①新增 DAU；②留存 DAU。

- 新增 DAU 的预测：相对简单，利用每日预算除以每个用户的成本即可。其计算公式为：新增 DAU=每日预算/每个用户的成本。
- 留存 DAU 的预测：必须先预测留存率，之后依据第 n 日留存 DAU 计算公式：留存 DAU（n）=第 n-1 日新增 DAU×2 日留存率+第 n-2 日新增 DAU×3 日留存率+…+第 1 日新增 DAU×n 日留存率。

> **提示** 以 9 月 1 日为起始点，则第 1 日为 9 月 1 日，第 2 日为 9 月 2 日，第 3 日为 9 月 3 日，第 4 日为 9 月 4 日。
>
> - 第 2 日留存 DAU=第 1 日新增 DAU×2 日留存率。
> - 第 3 日留存 DAU=第 2 日新增 DAU×2 日留存率+第 1 日新增 DAU×3 日留存率。
> - 第 4 日留存 DAU=第 3 日新增 DAU×2 日留存率+第 2 日新增 DAU×3 日留存率+第 1 日新增 DAU×4 日留存率。

2. 整合预算和成本预测新增 DAU

每日新增 DAU 与每日的预算高度正相关，当然有一部分自然流量存在，这里仅介绍付费流量。根据对预测精度的要求，可以分为两种方法。

（1）如果对预测精度要求不高，那么直接使用每日预算除以每个用户的成本即可预测出新增 DAU。

（2）如果对预算精度有一定要求，则需要分渠道进行精确预测，具体如表 9-10 所示，分以下 4 个步骤开展。

首先，拉取历史上各渠道的单用户成本。

其次，从市场部门或用户增长部门处获取每天每条渠道的市场预算。

然后，计算每天每条渠道的新增 DAU。

最后，对所有渠道新增 DAU 加总即可求出总新增 DAU。

表 9-10　新增 DAU 精确预测表

渠道	单用户成本/元	9月1日		9月2日		……	
		预算/元	新增DAU/人	预算/元	新增DAU/人	预算	新增DAU
搜索引擎渠道	20	1,000	50	1,000	50	……	……
应用商店渠道	20	2,000	100	2,000	100	……	……
转介绍渠道	15	6,000	400	6,000	400	……	……
信息流渠道	25	10,000	400	10,000	400	……	……
地推渠道	30	1,500	50	1,500	50	……	……
整体	20.5（20,500/1,000）	20,500	1,000	20,500	1,000	……	……

3. 创建幂减函数预测 n 日留存率

拉出历史新用户 n 日留存率的表，画出留存率趋势图，如图 9-11 所示。

大部分的留存率曲线都遵从幂减函数规律，据此得出预测函数公式：$y=0.8662x^{-0.597}$。其中，x 代表第 n 天，y 代表 n 日留存率。

得到函数之后需要判断函数的拟合性，如何判断？具体看 R^2 的数值：当其大于 0.9 时，代表拟合性较好，说明可以使用该预测函数进行预测。

通过该预测函数，我们就可以求出 n 日留存率了。请注意，这里求出的 n 日留存率可以看作一个平均数，而非真实值。

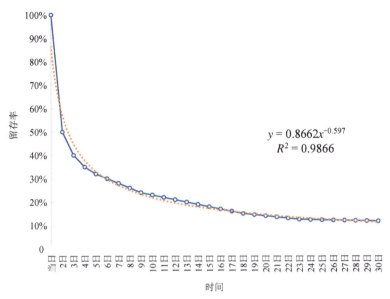

$$y = 0.8662x^{-0.597}$$
$$R^2 = 0.9866$$

图 9-11　留存率趋势图

4. 搭建 Cohort 模型预测留存 DAU

搭建 Cohort 模型，如图 9-12 所示，接着进行如下 4 步操作。

n 日留存率	当日	2日	3日	4日	5日	6日	7日	8日	9日	10日	……	28日	29日	30日
	100.0%	50.0%	40.0%	35.0%	32.0%	30.0%	28.0%	26.0%	24.0%	23.0%	……	12.0%	11.9%	11.8%

日期	新增DAU/人	9月1日	9月2日	9月3日	9月4日	9月5日	9月6日	9月7日	9月8日	9月9日	9月10日	……	9月28日	9月29日	9月30日
9月1日	1,000	1,000	500	400	350	320	300	280	260	240	230	……	120	119	118
9月2日	1,000		1,000	500	400	350	320	300	280	260	240	……	121	120	119
9月3日	2,000			2,000	1,000	800	700	640	600	560	520	……	244	242	240
9月4日	2,000				2,000	1,000	800	700	640	600	560	……	246	244	242
9月5日	4,000					4,000	2,000	1,600	1,400	1,280	1,200	……	496	492	488
9月6日	4,000						4,000	2,000	1,600	1,400	1,280	……	500	496	492
9月7日	6,000							6,000	3,000	2,400	2,100	……	780	750	744
9月8日	6,000								6,000	3,000	2,400	……	810	780	750
9月9日	8,000									8,000	4,000	……	1,120	1,080	1,040
9月10日	8,000										8,000	……	1,160	1,120	1,080
……	……											……			
9月28日	19,000											……	19,000	9,500	7,600
9月29日	20,000											……		20,000	10,000
9月30日	20,000											……			20,000
总DAU预测值/人	……	1,000	1,500	2,900	3,750	6,470	8,120	11,520	13,780	17,740	20,530	……	……	……	……

蓝色字体代表每日留存 DAU，单位是"人"

绿色字体代表每日新增 DAU，单位是"人"

图 9-12　留存 DAU 和总 DAU 预测图

（1）把第二步预测的每日新增 DAU 和第三步预测的 n 日留存率填写在图 9-12 中。

（2）用每日新增 DAU 乘以 n 日留存率即可求出每日留存 DAU，图 9-12 中蓝色字体代表每日留存 DAU。

> **提示** 以 9 月 1 日为起始点第 1 日，每日留存 DAU 的计算方法：
> - 9 月 2 日留存 DAU=9 月 1 日新增 DAU×2 日留存率=1,000×50%=500 人。
> - 9 月 3 日留存 DAU=9 月 2 日新增 DAU×2 日留存率+9 月 1 日新增 DAU×3 日留存率=1,000×50%+1,000×40%=500+400=900 人。
> - 依次类推，得出每日留存 DAU。

（3）将图 9-12 中第 2 列的新增 DAU 填写在绿色字体所在的单元格位置，目的是方便下一步的计算。

（4）将蓝色字体代表的每日留存 DAU 和绿色字体代表的每日新增 DAU 相加即可得到每日总 DAU，如图 9-12 中最后一行数据所示（黄色底纹），即可完成总 DAU 的预测。

9.3 用户留存：留存率分析和提升策略

用户经历了拉新和激活之后，如果能够持续活跃，就会留存下来。让用户留存下来是继激活用户之后的又一重要工作。

留存下来，意味着用户对产品功能和服务的认可。对产品形成认可之后，用户一般不会轻易离开，这代表公司的产品和服务模式跑得通。

留存下来，意味着用户在平台的生命周期延长，平台就有机会让用户付费，让用户为平台贡献更多的收入。

留存下来，意味着用户成为平台的忠实用户，他们有更强的意愿去分享和传播产品，之后就可以通过自主传播实现用户的快速裂变和增长。

一句话，只有让用户留存下来，海盗模型的"获取→激活→留存→付费→推荐"整个链条才能打通。"留存"作为链条中承上启下的角色，发挥的作用至关重要。

9.3.1 留存指标分析

留存是用户运营和产品部门最重要的工作内容之一，提升留存率是其关键的考核内容。为了更好地衡量留存效果，留存指标出现了。其中使用最为频繁的就是"留存率"和"流失率"。

1. 留存率

在理解留存率之前，必须先理解留存用户。留存用户是指从指定时间开始，经历一段时间以后仍然有活跃行为的用户。根据经历时间的长短，可以将留存率划分为次日、

3 日、7 日、14 日、30 日、90 日留存率等，也可以划分为周留存率、月留存率、季度留存率等。

提示　留存的划分与行业和产品有关。

● 对 C 端产品来说，更关注次日、3 日、7 日留存率。

● 对 B 端产品来说，由于用户的引入过程很长，因此更关注月留存率、季度留存率等。

留存率为留存用户数占初始总用户数的比重，其计算公式为：留存率=留存用户数/初始总用户数×100%。

n 日留存率为第 n 日留存的用户数占初始总用户数的比重，其计算公式为：n 日留存率=第 n 日留存的用户数/初始总用户数×100%。

2. 流失率

同样，在理解流失率之前，必须先理解流失用户。流失用户是指从指定时间开始，经历一段时间以后仍然没有登录的用户。这段时间是多少？需要根据业务特点人为规定。有的公司规定 30 日没有登录，就算流失用户；而有的公司则规定 3 个月没有登录，才算流失用户。

流失率为流失用户数占初始总用户数的比重，其计算公式为：流失率=流失用户数/初始总用户数×100%。

提示　留存率和流失率的计算举例。

● 4 月 1 日某 App 新注册用户 100 人。

● 4 月 2 日登录活跃的人数为 50 人，则次日留存用户数为 50 人，次日留存率为 50%。

● 4 月 7 日登录活跃的人数为 10 人，则 7 日留存用户数为 10 人，7 日留存率为 10%。

● 4 月 30 日登录活跃的人数为 5 人，则 30 日留存用户数为 5 人，30 日留存率为 5%。

● 4 月没有登录过的用户有 10 人，该 App 对流失用户的定义为 1 个月没有登录行为，因此 4 月 1 日这批新用户的流失率为 10%。

3. 活跃、留存和流失的关系

（1）活跃用户和留存用户的关系。

假设 1 月 1 日某 App 获取了 10 个新用户，1 月 2 日登录活跃的有 5 个用户，1 月 3 日登录活跃的有 3 个用户，则 1 月 1 日新用户的次日留存率为 50%，3 日留存率为 30%，其到 1 月 3 日的留存用户数为 3 人，具体如图 9-13 中的第 1 行数据所示。

假设 1 月 2 日该 App 又获取了 5 个新用户，1 月 3 日登录活跃的有 2 个用户，则 1 月 2 日新用户的次日留存率为 40%，其到 1 月 3 日的留存用户数为 2 人，具体如图 9-13 中的第 2 行数据所示。

图 9-13　活跃用户和留存用户的关系

假设 1 月 3 日该 App 又获取了 5 个新用户，具体如图 9-13 中的第 3 行数据所示。那么在 1 月 3 日这天，总共有多少活跃用户数？又有多少留存用户数？

答案是：1 月 3 日活跃用户数总共有 3+2+5=10 人，其中 5 人是新用户，5 人是留存用户。在 5 个留存用户中，有 3 个是 1 月 1 日的新用户留存下来的，有 2 个是 1 月 2 日的新用户留存下来的。

基于上述的例子和计算，可以得出活跃用户和留存用户的关系：

留存用户一定是活跃用户，但活跃用户不一定是留存用户。

用户留存会影响整体活跃用户数。留存率不好，会通过影响活跃老用户数而影响整体活跃用户数，所以提升留存率能提升 DAU。

（2）不活跃用户和流失用户的关系。

假设上文中的 App 对流失用户的定义是 "1 个月没有登录" 就算流失用户。

到了 2 月 1 日这天，在 1 月 1 日获取的 10 个新用户中有 2 个用户流失（1 个月没有登录），则 1 月 1 日新用户的流失率为 2/10×100%=20%。到了 2 月 2 日这天，在 1 月 2 日获取的 5 个新用户中有 1 个用户流失，则 1 月 2 日新用户的流失率为 1/5×100%=20%，具体如图 9-14 所示。

基于上述的例子和计算，可以得出不活跃用户和流失用户的关系：

不活跃用户持续不活跃到一定时间形成了流失用户。流失用户一定是不活跃用户，但不活跃用户不一定是流失用户。只有达到一定的流失标准才算流失用户。用户流失会影响留存用户数和整体活跃用户数。

因此，对不活跃用户及时进行干预，让其活跃起来，能够使其转化为活跃用户，进而通过降低流失率提升 DAU。

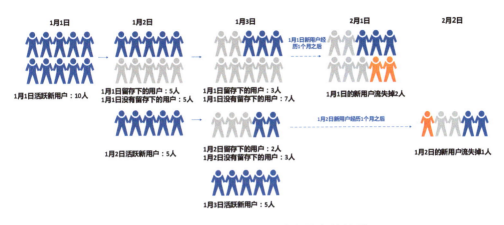

图 9-14 不活跃用户和流失用户的关系

9.3.2 留存率曲线

用户运营和产品部门对留存的分析很大一部分是围绕留存率开展的。留存率分析非常重要，而要做好留存率分析，熟悉留存率曲线是必需的。

将留存率和时间结合起来，就形成了留存率曲线。它是以一条以时间为横轴，以留存率为纵轴的曲线。有了这条曲线，就可以对留存率展开更加多维和动态的分析了，从中就能发现更多提升留存率的机会。

1. 单一留存率曲线

单一留存率曲线只能判断趋势。随着时间的推移，大部分产品的留存率会逐步下滑，且遵从幂函数规律，如图 9-15 所示。

从单一留存率曲线中能够观察出留存率在什么时候趋于稳定，以及趋于稳定时的留存率是多少，从中能够判断出产品是否符合 PMF。

提示 PMF 为 "Product Market Fit" 的缩写，是指产品和用户需求达到最佳契合点。如果产品能满足用户需求且能达到一定的指标要求（如达到一定的用户规模、营收规模、利润规模等），那么这款产品就符合 PMF。

2. 同期群留存率曲线

有了基本的单一留存率曲线后，想要进一步寻找提升留存率的方式，就需要做同期群留存率曲线的分析。因为不同群体的留存率相差很大，只依靠单一留存率曲线，无法发现群体差异。

在对同期群留存率曲线进行分析时（见图 9-16），应结合同期群留存率表（见图 9-17）一起分析，分析时应充分考虑 3 个方向。

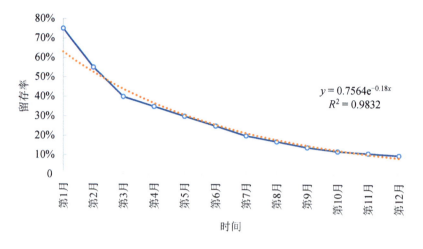

图 9-15 单一留存率曲线图

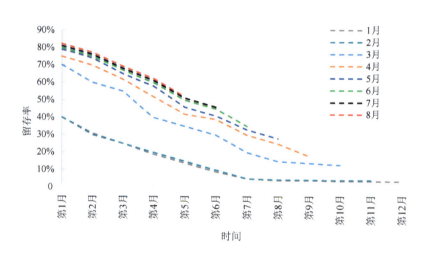

图 9-16 同期群留存率曲线图

提示 为什么图 9-16 的曲线上会有缺失？

如果在 2022 年 12 月底，观察 2022 年每个月新用户的留存率变化趋势，那么只有 2022 年 1 月及以前月份拉来的新用户会经历完整的 12 个月周期，2 月拉来的新用户只经历了 11 个月，3 月拉来的新用户只经历了 10 个月。以此类推，就会出现图上的缺失。

新用户数/人	第1月	第2月	第3月	第4月	第5月	第6月	第7月	第8月	第9月	第10月	第11月	第12月
1月	1,000	40.0%	31.0%	25.0%	19.0%	14.0%	9.0%	5.0%	4.5%	4.4%	4.3%	4.2%	4.2%
2月	1,000	40.0%	30.0%	25.0%	20.0%	15.0%	10.0%	5.0%	4.5%	4.4%	4.3%	4.2%	
3月	1,000	70.0%	60.0%	55.0%	40.0%	35.0%	30.0%	20.0%	15.0%	14.0%	13.0%		
4月	1,000	75.0%	70.0%	62.0%	52.0%	42.0%	39.0%	30.0%	25.0%	18.0%			
5月	2,000	79.0%	74.0%	65.0%	58.0%	46.0%	41.0%	33.0%	28.0%				
6月	2,000	80.0%	75.0%	67.0%	60.0%	50.0%	45.0%	35.0%					
7月	2,000	81.2%	76.2%	68.2%	61.2%	51.2%	46.0%						
8月	2,500	82.4%	77.4%	69.4%	62.4%	52.0%							
9月	2,500	83.6%	78.6%	70.6%	61.0%								
10月	2,500	84.8%	79.8%	72.0%									
11月	3,000	85.0%	81.0%										
12月	3,000	85.0%											

图 9-17　同期群留存率表

（1）横向分析。

横向分析用于判断某个周期（如日、周、月等）是否开展过营销活动或进行过渠道扩张。如果有这种行为，那么能看到横向某个群体的用户规模或留存率出现提高或降低的现象。

> **提示** 比如，某公司在 3 月采用红包补贴的方式获取用户，那么在同期群留存率表里 3 月的新用户就可能呈现以下数据特征。
>
> - 3 月新用户数量明显多于其他月份。
> - 3 月新用户留存率明显低于其他月份（原因在于通过红包补贴活动可能获取一部分"薅羊毛"用户，他们在领取红包后就沉默并流失了）。

（2）纵向分析。

纵向分析用于判断不同时期用户群体的留存率是否在逐步变好。如果在变好，则越往后时间的曲线会越来越向上，说明留存率的提升措施卓有成效。

> **提示** 如果用户留存情况逐步变好，在同期群留存率表里可能呈现这样的数据特征：2 月新用户留存率高于 1 月，3 月新用户留存率高于 2 月，4 月新用户留存率高于 3 月等。

（3）对角线分析。

对角线分析用于判断是否有影响整体使用的产品功能发布和其他活动开展。当外部政策、竞争对手动作及内部产品升级或优化时，往往能通过对角线的数据观察出来。

9.3.3　留存生命周期：振荡期、选择期、平稳期

仔细观察留存率曲线，就会发现一个规律。以图 9-18 所示的留存率曲线为例，从

这条曲线中可以看到，拉新获得的新用户 1 天后留存率只有 60%，2 天后只有 40%，6 天后只剩下 20%，12 天后留存率稳定在 13% 左右。留存率曲线呈现明显的周期特征，且基本上所有的留存率曲线都呈现相同的趋势和周期特征。

对留存率经历的周期稍做整理，可以划分为 3 个阶段：先是剧烈下降阶段，之后是缓慢下降阶段，最后是趋于稳定阶段。业内把这 3 个阶段分别称为"振荡期""选择期""平稳期"。

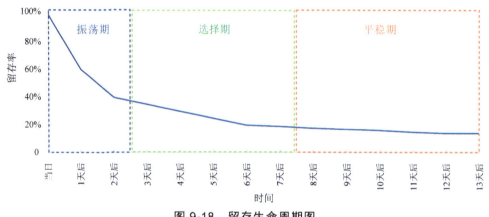

图 9-18　留存生命周期图

1. 振荡期

在振荡期，留存率剧烈下降，斜率较大，1~3 天内留存率由 100% 跌至 50% 以下。对 C 端产品来说，会经历 2~3 天的时间。

在该阶段，用户主要完成的动作是注册、激活和初步体验，发现产品价值。在这时如果用户能够通过体验快速达到"Aha 时刻"，就有很大概率留存下来；如果不能则会很快流失。

> **提示** 用户运营和产品部门在这一阶段的主要目标是引导新用户上手，使其快速发现产品价值，达到"Aha 时刻"。

2. 选择期

经历了振荡期之后，就进入选择期，留存率继续下降，但速度明显放缓，斜率变小。对 C 端产品来说，会经历 5~7 天的时间。

在该阶段，用户完成了首次关键行为，体验了"Aha 时刻"之后，对产品有了初步了解，开始进一步使用和熟悉产品，发现更多的价值。在这时如果产品的核心功能没有满足用户的核心需求，用户很快就会流失；如果满足了用户的核心需求，用户就会稳定留存下来。

> **提示** 用户运营和产品部门在这一阶段的主要目标是帮助用户巩固对核心功能的体验，帮助用户养成使用习惯，促使其尽快认可产品，稳定留存下来。

3. 平稳期

经历了选择期之后，就进入平稳期，留存率基本稳定。

在该阶段，用户对产品的使用已经非常熟悉了，他们会深度探索产品的功能。在深度探索的过程中，如果感受到不满意，那么仍有少部分人会选择离开。

> **提示**　用户运营和产品部门在这一阶段的主要目标是让用户经常回来使用产品，继续感受产品的核心价值，避免用户流失。同时，还要对产品的功能进行更深的纵向挖掘和横向拓展。

划分了留存生命周期之后，用户运营和产品部门就知道在每个阶段的工作重点：在振荡期的工作重点就是及时引导用户达到"Aha 时刻"，在选择期的工作重点就是优化产品功能，在平稳期的工作重点则是深度挖掘产品的更多功能，防止用户流失。有了工作重点之后，就可以通过制定合适的留存策略，有针对性地提升留存率。

9.3.4　留存率提升策略：5 步走发现振荡期的"Aha 时刻"

在振荡期提升留存率的关键是找到并引导用户及时体验"Aha 时刻"。到底什么是"Aha 时刻"？产品给用户留下足够强烈的第一印象，让用户感到惊喜，并且确认产品有价值的那一刻就是"Aha 时刻"。

不同公司和业务的"Aha 时刻"是不同的，如短视频公司的"Aha 时刻"可能是刷 10 条短视频，社交软件的"Aha 时刻"可能是关注 5 个好友，美颜相机的"Aha 时刻"可能是完成 2 次照片美化等。

发现了"Aha 时刻"就是发现了激活用户的密码，就能够快速让用户激活、产生兴趣并留存下来。因此，"Aha 时刻"是提升留存率的关键时刻。尤其是新用户，应该想方设法引导其尽快体验"Aha 时刻"。

> **提示**　"Aha 时刻"最早源于国外，在国外得到了很好的验证。由此，产生了很多国外互联网公司关于"Aha 时刻"的经典案例。
> - Meta：一周内添加 7 个好友。
> - Twitter：第一次使用时挑选 5～10 个用户关注。
> - LinkedIn：一周内添加 5 个好友。
> - Dropbox：使用 1 次 Dropbox。

既然"Aha 时刻"对提升留存率如此重要，那么如何才能发现"Aha 时刻"？主要通过 5 个步骤来实现。

1. 梳理业务流程中的所有用户行为

将业务流程中的所有用户行为进行系统性梳理，这些行为可能是观看视频、点赞视频、关注好友、收藏视频、发布视频、领取优惠券、加入购物车、支付订单等。不同业务的用户行为不同，以某短视频 App 为例，其用户行为梳理如表 9-11 所示。

表 9-11　某短视频 App 的用户行为梳理

分类	用户行为
登录行为	注册 App、打开 App、登录 App
活跃行为	观看视频、点击视频
互动行为	点赞视频、转发视频、收藏视频、评论视频、关注好友
消费行为	打赏主播、充值、购买商品

2. 两种数据分析法发现关键行为

通过数据分析找到和留存率相关性最强的用户行为，这种行为就可能代表用户的关键行为。如何找到这种行为？通常来说，通过两种数据分析法可以实现。

（1）比较不同行为的留存率曲线。

对第一步梳理的每种行为分别画出留存率曲线。比如，某短视频 App 的用户行为包括观看视频、点赞视频、转发视频、收藏视频、关注好友等，对这些行为分别画出留存率曲线，留存率最高的那条曲线代表的行为就是关键行为。

以其中 4 种行为为例，画出留存率曲线，如图 9-19 所示。从图 9-19 中可以发现，"观看视频"这种行为的留存率最高，所以该短视频 App 用户的关键行为可能是"观看视频"。

（2）开展相关性分析、留存率提升度分析和渗透率分析。

对第一步梳理的每种行为进行相关性分析、留存率提升度分析和渗透率分析，这里仍以其中 4 种行为为例，如表 9-12 所示。

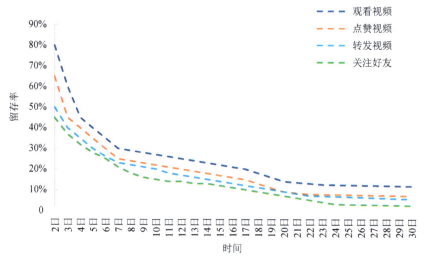

图 9-19　某短视频 App 不同用户行为的留存率曲线

表 9-12　用户行为和留存率的分析

用户行为	相关性系数	留存率提升度			渗透率
		R1	R2	R1-R2	
观看视频	*0.42*	45%	15%	*30%*	*70%*
点赞视频	0.31	40%	20%	20%	30%
转发视频	0.51	35%	25%	10%	80%
关注好友	0.12	50%	35%	15%	10%
……	……	……	……	……	……

- 相关性分析：对用户行为和留存率做相关性分析，求出相关性系数，如表 9-12 中的第 2 列所示。
- 留存率提升度分析：发生过该行为的留存率（ R1 ）和没有发生过该行为的留存率（ R2 ）之差，如表 9-12 中的第 3、4、5 列所示。差值（ R1-R2 ）越大，代表该行为对留存率的提升度越大。
- 渗透率分析：有过该行为的活跃用户数占总活跃用户数的比重，如表 9-12 中的第 6 列所示。渗透率越高，代表有过该行为的活跃用户数越多。

在筛选和确定关键行为时，要综合考虑相关性系数、留存率提升度和渗透率 3 个指标，选出 3 个指标均优异的行为，就是关键行为。

在表 9-12 中，用户"观看视频"行为与留存率的相关性较高，有过"观看视频"行为的用户对留存率的提升度最大，且渗透率较高。因此，"观看视频"就是关键行为。

> **提示**　不同业务模式下的用户关键行为不同。对短视频平台来说，关键行为可能是观看视频；对交易平台来说，关键行为可能是下单；而对工具类 App 来说，关键行为可能是打开 App。

3. 找到关键行为的"魔法数字"

找到了影响用户留存的关键行为之后，还需要进一步确定关键行为的"魔法数字"。什么是"魔法数字"？有的关键行为完成 1 次即可，如外卖或电商平台用户完成 1 次购买即可达到"Aha 时刻"。而有的关键行为（如观看视频），用户需要观看几次视频才能达到"Aha 时刻"。即，用户的关键行为需要达到一定次数后才能真正激发"Aha 时刻"，这个最佳次数被称为"魔法数字"。

如何找到"魔法数字"？首先需要根据关键行为次数画出统计分布表，接着对关键行为次数和次日留存率进行分析，观察哪个次数是临界点（用户做了多少次关键行为之后对留存率的边际影响开始下降），这个临界点就可以被确定为"魔法数字"。具体来说，可以分 3 个步骤确定。

（1）统计新用户首日关键行为次数的分布情况。

对不同关键行为次数的用户群体分别统计总人数、渗透率、次日留存人数占比和次日未留存人数占比数据，如表 9-13 所示，以了解不同关键行为次数的分布情况。

表 9-13　用户关键行为次数分布表

关键行为次数	总人数/人	渗透率	次日留存人数占比	次日未留存人数占比
观看 0 次视频	100	8%	20%	80%
观看 1 次视频	400	32%	40%	60%
观看 2 次视频	300	24%	70%	30%
观看 3 次视频	200	16%	75%	25%
观看 4 次视频	250	20%	80%	20%
……	……	……	……	……

（2）画出不同关键行为次数的留存率曲线。

将上面统计的关键行为次数进行同期群留存率分析，画出各自的留存率曲线，如图 9-20 所示。

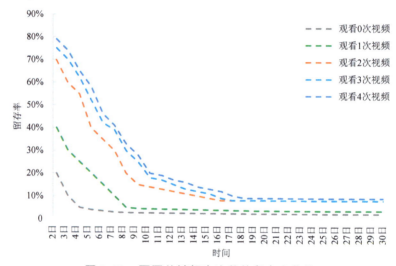

图 9-20　不同关键行为次数的留存率曲线

（3）找出边际效应最大的临界点。

从图 9-20 中可以发现，该短视频 App 随着用户观看视频次数的提升，留存率也会提升。但是当观看次数大于 2 次时，留存率提升并不明显，边际效应开始递减，这就说明达到了临界点。所以，确定观看次数"2 次"就是"魔法数字"。

到此为止，通过留存率曲线和相关性分析，可以初步得出该短视频 App 用户的关键行为是"观看视频"，"魔法数字"为"2 次"，用户的"Aha 时刻"为"观看 2 次视频"。

4. 开展 A/B Test 验证因果关系

第三步分析得出的"Aha 时刻"与"留存率"之间是相关关系，只能证明"观看 2 次视频"与"提升留存率"之间存在高度相关关系，但并不一定存在因果关系，因此"观看 2 次视频"这个"Aha 时刻"还需要再进行验证。这时就需要通过设计 A/B Test，验证"观看 2 次视频"和"提升留存率"之间的确存在因果关系。

仍以上文的短视频 App 为例,首先设置对照组和实验组,各自选择一定的样本量,分别对两组的留存率数据进行监控。

- 对照组:不引导用户完成观看 2 次视频的行为。
- 实验组:设置激励措施,引导用户完成观看 2 次视频的行为。

实验运行一段时间后,分别观察对照组和实验组在不同时间的留存率数据。如果实验组的留存率数据明显高于对照组,则说明观看 2 次视频的确能提升留存率,二者确实存在因果关系。

此时,可以得到最终结论:"观看 2 次视频"确实能提升留存率,这种行为就是该短视频 App 用户的"Aha 时刻"。

5. 引导用户尽快体验"Aha 时刻"

找到了"Aha 时刻"之后,就要采取各种方式引导用户尽快体验这个状态,从而达到提升留存率的目的。要让用户体验"Aha 时刻",既需要产品策略的助力,也少不了运营策略的帮忙,需要产品和用户运营部门共同发力,如表 9-14 所示。

表 9-14 引导用户体验"Aha 时刻"的产品和运营策略

策略分类		具体策略	适合产品
产品策略	产品优化	产品功能设计	内容类、游戏类、工具类 App
运营策略	渠道策略	Push、邮件、短信、公众号	内容类、游戏类、工具类 App
	激励策略	红包、优惠券、免费试用、补贴	电商类、交易类 App
	人工策略	人工客服、销售团队、社群运营	企业级产品、SaaS 类产品

(1)产品策略。

产品策略是指通过专门的产品功能设计引导用户体验"Aha 时刻"。产品功能设计是最基础也是成本最低的手段和方式。

提示 内容类、游戏类和工具类 App,其用户 LTV 比较低。这类产品适合通过产品引导的方式激活用户的"Aha 时刻"。

(2)运营策略。

运营策略是指通过活动或人工客服的方式触达、激发用户体验"Aha 时刻",包括渠道策略、激励策略和人工策略。

- 渠道策略:通过 Push、邮件、短信和公众号的方式触达用户,并与用户产生沟通,让用户体验"Aha 时刻"。这类方式的成本相对较低。

提示 内容类、游戏类和工具类 App,其用户 LTV 比较低。除产品策略外,也适合通过渠道策略引导用户体验"Aha 时刻"。

- 激励策略:通过红包、优惠券、免费试用、补贴等方式刺激用户体验"Aha 时刻"。这类方式的成本稍高。

> **提示** 电商类、交易类 App，其用户 LTV 稍高且用户对差异化需求不高。这类产品适合采用激励策略引导用户体验"Aha 时刻"。

- 人工策略：通过人工客服、销售团队、社群运营等方式劝说用户体验"Aha 时刻"。这类方式的成本最高。

> **提示** 企业级产品、SaaS 类产品，其用户 LTV 较高且用户对差异化需求较高。这类产品适合采用人工策略引导用户体验"Aha 时刻"。

9.3.5 留存率提升策略：矩阵图优化选择期的产品功能

在选择期，提升留存率的关键是优化产品功能，巩固用户对核心功能的体验，让用户形成稳定留存。

一款产品一般具有很多功能，每个功能的价值和体验是不同的，因此留存率和活跃用户数也是不同的。通过对产品不同功能的留存率和活跃用户数进行分析，能够基本判断各个功能的价值，从而发现各个功能存在的问题，采取对应的策略进行迭代优化，同时可避免在一些用户价值较低的功能上浪费时间和成本。

如何进行产品功能分析？最常用的就是产品功能矩阵图了。用横轴代表各个功能的留存率，用纵轴代表各个功能的活跃用户占比，将不同功能放入矩阵中观察，如图 9-21 所示，就能发现不同象限产品功能对应的问题，并给出对应的解决方案。

> **提示** 纵轴的活跃用户占比是指使用该功能的活跃用户数占产品总活跃用户数的比重，这里也指渗透率。其计算公式为：活跃用户占比=使用该功能的活跃用户数/产品总活跃用户数×100%。

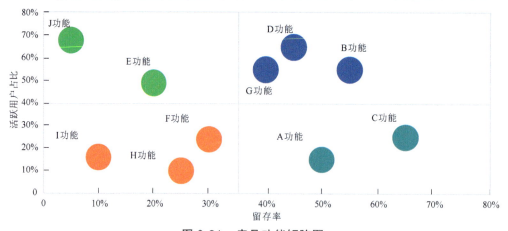

图 9-21 产品功能矩阵图

1. 强化高渗透率、高留存率功能

第一象限蓝色代表的 B、D、G 功能就是产品的核心功能，这些功能的特点是使用

的人数很多，留存率很高。

对待这些功能，需要重点监控，防止出现问题，同时要不断升级优化，保证用户体验越来越好。

2. 优化或下线高渗透率、低留存率功能

第二象限绿色代表的 E、J 功能，这些功能的特点是使用的人数很多，但留存率较低。这有可能意味着这些功能对用户来说非常有用，但用户使用了之后体验非常不好，也有可能意味着这些功能本身并不符合用户的使用需求。

对待这些功能，需要进一步进行用户需求和使用体验分析。如果发现是体验问题，则需要优化这些功能及体验；如果是不符合用户需求，则可以直接下线该功能。

3. 分析低渗透率、低留存率功能

第三象限黄色代表的 F、H、I 功能，这些功能的特点是使用的人数较少，留存率较低。这意味着这些功能或者是"鸡肋"功能，或者是存在严重缺陷的功能。

对待这些功能，需要和产品部门一起，进行深入分析后再做下一步处理。

4. 推广与引导低渗透率、高留存率功能

第四象限墨绿色代表的 A、C 功能，这些功能的特点是使用的人数不是很多，但是留存率较高。这意味着这些功能对用户来说是具备长期使用价值的。

对待这些功能，需要产品和用户运营部门通过产品或活动做一些推广与引导，提升渗透率，让更多的人发现此功能、使用此功能。

9.3.6　留存率提升策略：用户分层降低平稳期的用户流失率

在前文中，我们提到了提升留存率的两种方式：①在振荡期发现并引导用户体验"Aha 时刻"；②在选择期借助产品功能矩阵图优化不同功能。而到了稳定期，想要进一步提升留存率，通过用户分层开展精细化运营，降低用户流失率必不可少。

通过对不同群体留存率的精细化分析，能够发现驱动用户留存的更多因素，从而驱动留存率进一步提升。

1. 不同渠道用户群体留存率比较

用户流失的很大一个原因是拉新渠道与目标用户群体不匹配，导致拉来的很多用户成为"僵尸"用户。结果是不仅会流失掉用户，还会浪费宝贵的投放预算。

通过比较不同渠道用户群体的留存率变化趋势，能够从中判断出哪些渠道的用户质量较好，哪些渠道不好，从而可以帮助用户增长部门淘汰与目标用户群体不匹配的渠道，加大优质渠道的投放力度，实现精准投放，提升留存率。

表 9-15 是某公司不同渠道新用户群体在次日、3 日、7 日、15 日、30 日、60 日和 90 日的留存率对比。通过不同用户群体的对比，能够发现 D 渠道获取的新用户群体留存率远远低于其他渠道，而且 90 日后基本全部流失掉。因此，可以确定 D 渠道是一条低质量渠道，可以考虑下线该渠道。

表 9-15　某公司不同渠道新用户群体的留存率变化趋势

渠道	新用户数/人	留存率						
		次日	3 日	7 日	15 日	30 日	60 日	90 日
A 渠道	200	80%	59%	39%	18%	10%	5%	5%
B 渠道	100	71%	49%	28%	14%	9%	4%	3%
C 渠道	150	75%	50%	31%	22%	12%	8%	7%
D 渠道	80	50%	30%	14%	8%	4%	2%	1%

2. 不同特征用户群体留存率比较

用户流失的另一个原因是获取的用户群体不是目标用户群体。通过对不同特征用户群体的留存率分析能够找到产品的真正目标用户群体。

这些特征包括用户的基础属性（如性别、年龄、地区、城市、学历、收入、婚姻状况等）、兴趣爱好、浏览行为、消费行为等。通过对这些不同特征进行留存率分析，能够找到留存率好的用户群体。这部分用户群体大概率就是目标用户群体。而找到真正的目标用户群体之后，就可以有针对性地进行目标人群的定向投放。

9.4　用户付费：LTV 预测和 ROI 分析

在从筛选出的优质获客渠道中获取了新用户，并想方设法让用户活跃和留存后，就到了关键一步，也是决定性的一步，需要从用户身上获取收入了，即让用户购买公司的产品和服务。

这时，用户运营和产品部门的关键目标，就是从用户身上获取最大价值。根据公式"收入=DAU×付费转化率×ARPU"可知，要想让收入最大化，需要关注 3 个点：①增加活跃用户数；②提升付费转化率；③提升单用户付费价值。

- 增加活跃用户数，主要依靠获客渠道的优化、用户留存率的提升，以及流失和沉默用户的召回和唤醒完成。
- 提升付费转化率，这一点涉及的范围非常广，包括从拉新到付费整个漏斗的优化、活动的设计（如打折促销等）、产品的优化、流程的优化、变现模式的多样化。

提示 变现模式的多样化是在产品中植入更多的商业化产品，让用户有更多机会接触到这些产品，从而提升用户付费的概率。

大型的公司基本上都会在产品中设置各种各样的商业模式，以增强自己的变现能力。比如，阿里巴巴、快手、爱奇艺、B 站、抖音、百度的商业模式基本都涵盖了主流的变现模式。

● 提升单用户付费价值，则是从一个用户身上尽可能多地获取收入，即所谓的生命周期价值（Life Time Value，LTV）。

9.4.1　付费指标分析

在没有 LTV 之前，对用户价值的评估或者是单方面的评估，或者是短期的评估。比如，在衡量用户的生命周期时，往往使用"留存率"评估。使用这个指标评估，只考虑了生命周期，忽略了用户贡献的收入。再如，在衡量用户贡献的收入时，往往使用"客单价"评估。使用这个指标评估，只考虑了单次用户价值，忽略了用户的生命周期。因此，为了更加全面地对用户价值进行评估，LTV 诞生了。

1. LTV 是什么

什么是 LTV 呢？打个比方，公司获得了一个新用户，该用户在当天购买了公司产品，消费了 50 元；过了 1 个月，该用户又消费了 80 元；过了 2 个月，该用户又消费了 40 元；1 年之后，该用户又消费了 20 元。那么，这个用户为公司总计贡献了 190 元的收入。190 元就是公司从该用户身上获取的 LTV。

从 LTV 的定义里能够看出其由两部分构成，即"生命周期"和"贡献价值"，因此它是一个长期的指标。它将"留存"和"价值"两个维度结合在一起，可以帮助公司从长期的视角衡量用户的真正价值，因此更加全面和科学。LTV 越大，代表用户为公司贡献的价值越大。相反，其值越小，代表用户贡献的价值越小。

提示 LTV 衡量的是"单用户"的价值，并不能衡量"群体"贡献的总价值。衡量群体时，需要取群体价值的平均值。

2. LTV 的应用价值和场景

LTV 除用于判断用户的长期价值外，在实际业务中有很多重要的应用。

（1）比较不同公司的收入和盈利能力。

售卖相同产品且收入规模相当的两家公司，A 公司用户数量很多，但获取的用户都是一次性用户；另一家 B 公司虽然用户数量不及 A 公司，但是用户的复购和生命周期均优于 A 公司。这意味着 B 公司具备较强的营运能力，其产品、服务更让用户满意，因此其持续经营能力更好。A 公司虽然获客能力很强，但是用户留存率很低，从长期来看，其获客成本会提升，产品、服务的竞争能力会下降，持续经营和盈利能力也将逐步下降。所以，LTV 是衡量与评估不同公司收入和盈利能力的重要参考指标。

（2）评估和筛选获客渠道，优化投放策略，控制投放成本。

通过不同渠道的 LTV 和 ROI 评估，帮助用户增长和市场部门选择高质量的渠道进行投放，从而优化投放成本，实现 ROI 的最大化。同时，通过 LTV 的倒推，可以推导出获客成本的上限，实现投放成本可控。

（3）指导用户运营和产品部门的业务工作。

用户运营和产品部门在进行产品运营和活动调整时，可以通过 LTV 的对比和变化情况，判断是否要进行产品、运营和活动调整，以及判断调整后的效果。

9.4.2　LTV 曲线

用户运营和产品部门对用户价值的分析很大一部分是围绕 LTV 开展的。LTV 分析非常重要，而要做好 LTV 分析，熟悉 LTV 曲线是必需的。

将 LTV 和时间结合起来，就形成了 LTV 曲线。用横轴代表时间，用纵轴代表 LTV，就可以画出 LTV 曲线图。LTV 和留存率一样，基本符合幂函数规律。通过 LTV 曲线图就可以发现用户在整个生命周期的价值变化情况。随着时间的推移，LTV 逐渐增长，但后续 LTV 增长明显放缓，到最后几乎没有增长。LTV 和留存率曲线图如图 9-22 所示。

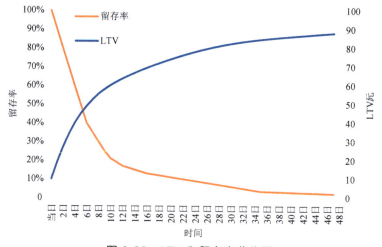

图 9-22　LTV 和留存率曲线图

9.4.3　预测分析：4 步操作预测 LTV

在实际工作中计算 LTV 时，为了保证使用的时效性，LTV 的数据大多是需要进行预测的。为什么是预测的呢？因为用户的生命周期很长，不可能等用户的生命周期结束之后才开始计算 ROI。现实情况往往是，广告投放一周后，就需要开始评估各渠道的价值了。因此，工作中大部分 LTV 的计算工作本质上都是预测工作。

如何进行预测呢？具体需要分 4 个步骤。

1. 明确底层计算逻辑和公式

LTV 的预测方法很多，目前最常使用的是用"生命周期"乘以"人均贡献收入"，其计算公式为：LTV=LT×ARPU。

- LT："Life Time"的缩写，代表生命周期。LT 可以是日、周、月、年等，具体如何定，需要结合公司和业务的实际情况确定。
- ARPU："Average Revenue Per User"的缩写，代表每个用户的平均消费金额。比如，用户每天消费 10 元、每月消费 20 元、每年消费 100 元等。

> 提示　LT 和 ARPU 的时间周期必须是一致的。LT 以日来计算，那么 ARPU 也必须是每日消费；LT 以月来计算，那么 ARPU 也必须是每月消费。
>
> 举个例子，某电商 App 用户的 LT 为 3 个月，每月用户消费 50 元，则该电商 App 用户的 LTV 为 3×50=150 元。

2. 两种方法预测 LT

LT 最原始的计算公式为：LT=用户总留存时间/总用户数。但是利用这个公式预测 LT 显然不太现实，所以必须采用其他方法进行预测，目前常见的有两种。

（1）借助留存率曲线预测 LT。

LT 本质上是用户留存的体现，所以可以通过留存率来预测 LT。其计算公式为：$LT = 1 + rr_1 + rr_2 + rr_3 + \cdots + rr_n$。其中，$rr_n$ 可以代表第 n 天/周/月/年的留存率。

> 提示　由于用户的 LT 很长，可能长达 1 年、2 年甚至几年，因此在计算 LT 时，可以给 LT 人为设置一个期限 n，表示 n 天内用户的 LT，用指标表示为 LT_n。具体设置多少期限，还是以实际业务为准。也可以不设置，代表全 LT。

有了这个公式，通过两个步骤就可以预测 LT 了。

- 第一，预测留存率，留存率的预测在 9.2 节中已经介绍过，通过幂函数就可以预测出来。
- 第二，将不同时间的留存率相加就可以预测出 LT。

> 提示　举个例子来解释 LT 的计算。
>
> 某短视频 App 的用户，在第 1 天的留存率为 80%，第 2、3、4、5、6、7 天的留存率分别为 50%、30%、20%、10%、7% 和 4%，则 LT=1+80%+50%+30%+20%+10%+7%+4%≈3 天。
>
> 也可以写成 LT_7=3 天，代表用户 7 日内的 LT 为 3 天。

（2）利用流失率预测 LT。

当公司的产品 LT 较长且已经进入成熟期时，这时流失率已经比较稳定，可以通过流失率直接计算。其计算公式为：LT = 1/月流失率。

> **提示** 某公司一款产品进入了成熟期，其月流失率为20%，那么该产品的LT=1/20%=5个月。

3. 预测 ARPU

ARPU 是在一定周期内用户消费的金额，实际上也是用户贡献给公司的收入。不同行业或业务，ARPU 的计算方式也不同。

（1）交易类业务的计算方式。

电商、教育、汽车等业务，属于交易类业务，ARPU 多采用每月用户消费金额，其计算公式为：ARPU=平均客单价×月平均购买频次。

> **提示** 以电商 App 为例，其平均客单价为 50 元，平均每月购买 4 次，则 ARPU 为每月 200 元。

（2）广告类业务的计算方式。

短视频、新闻资讯等业务，属于广告类业务，ARPU 多采用每日用户贡献收入，其计算公式为：ARPU=每日公司总收入/每日活跃用户数量。

> **提示** 以短视频 App 为例，其每日广告总收入为 5 亿元，每日活跃用户为 5 亿人，则 ARPU 为每日 1 元。

4. 计算 LTV

将第二步和第三步分别预测的 LT 与 ARPU 相乘即可求出 LTV。

在实际的业务场景中，LTV 的预测可能遇到很多问题，不是生硬地套用公式就可以计算出来的，需要根据业务场景灵活转变。

以上 4 步为预测 LTV 的完整流程，下面介绍一个案例和一些注意点。

5. 案例：如何预测教育公司用户的 LTV

这里仍以"天天向上"教育公司为例，说明如何在复杂业务场景中通过灵活转变预测 LTV。

"天天向上"教育公司的主营业务是售卖大学生和成人英语一对一外教课程。一个英语课程包售价 10,000 元，包含 20 节外教英语课。

从目前的数据来看，购买课程包的每个用户每月可以上 4 节课，那么上完 20 节课就需要 5 个月。该课程包的续费率为 40%，退费率为 10%。

根据上述数据，如何预测该教育公司用户的 LTV？这里利用上文讲述的 4 个步骤进行预测。

（1）明确底层计算逻辑和公式：LTV=LT×ARPU。

该教育公司属于交易性质的业务，课程的 LT 较长。因此，LT 以"月"为单位进行计算；与此相对应，ARPU 为"每个用户每月的课程消费金额"。

（2）预测 LT。

借助 LT 的计算公式：$LT = 1 + rr_1 + rr_2 + rr_3 + \cdots + rr_n$。该教育公司的续费率可以理解为留存率，因此 rr_n 就是第 n 次续费率。由于续费之后还存在退费现象，因此可以得出以下公式：

rr_1=续费率×（1−退费率），

rr_2=续费率^2×（1−退费率）^{2}，

......

rr_n=续费率^n×（1−退费率）^{n}。

将续费率=40%、退费率=10%代入公式中，求得 LT=1.46 个月，得出用户的生命周期为 1.46 个月。

这个结论对吗？当然不对！因为得出的 1.46 个月代表的是 1.46 个课程包的 LT，而 1 个课程包含 20 节课，需要 5 个月的时间才能把所有的课上完。因此，用户的 LT=1.46×5=7.3 个月。

（3）预测 ARPU。

该教育公司的业务属于交易类业务，借助上文介绍的公式"ARPU=平均客单价×月平均购买频次"进行计算。

- 平均客单价：单节课程的价格，等于 10,000 元除以 20 节课，为每节课 500 元。
- 月平均购买频次：每个用户每月上多少节课，这里是 4 节课。

因此，ARPU=500×4=2,000 元，得出每个用户每月的课程消费金额为 2,000 元。

（4）计算 LTV。

利用公式"LTV=LT×ARPU"，将 LT=7.3 个月、ARPU=2,000 元代入公式中，求得 LTV 为 14,600 元。

最后得出结论："天天向上"教育公司一个用户的 LTV 为 14,600 元，即它能从一个用户身上挖掘 14,600 元的价值。

提示 从这个案例中也可以看出教育公司提升收入的秘诀，除吸收更多的学员外，就是提升每个学员的 LTV。而 LTV 提升的秘诀就是"提课消""提续费""提单价""降退费"。这 4 个指标基本揭示了教育公司的赚钱密码，也是助教团队和教研团队的关键考核指标。

6. 预测的注意点

利用 LT×ARPU 的逻辑预测 LTV 的方法，在实际工作中是最常见的，因为它非常简单且易于理解。但是也存在一些缺点，我们在做预测时应该格外警惕和关注。

- 在预测 LT 时，其实本质是对留存率的预测。而对留存率的预测我们使用的是函数，只要是涉及函数的预测就可能存在"拟合误差"的问题，会影响预测的准确性。

- 在预测 ARPU 时，预测的是某个时间区间的静态 ARPU。但实际情况是，ARPU 是动态变化的，不同的 LT，ARPU 也是不同的。这也有可能会影响预测的精准度。

9.4.4 ROI 分析衡量投入产出比

公司历经千辛万苦，通过用户拉新、激活、留存等一系列操作，终于可以让用户掏腰包付费了。在这个过程中，虽然用户掏腰包付费了，但是公司为获取这些用户也付出了时间和成本。如果公司花了 100 元获取的用户只消费了 50 元，那么公司的这次投放和付出就是失败的；而如果公司花了 100 元获取的用户消费了 300 元，那么公司的这次投放和付出就是成功的。

如何衡量公司的投入是成功的还是失败的呢？主要依靠的就是 ROI 这个指标。ROI 是"Return on Investment"的缩写，代表投资回报率，用来衡量公司的投入产出比。其计算公式为：ROI=收入/成本=LTV/CAC。

1. 收入

在衡量收入时，可以使用一次性收入，也可以使用用户全生命周期收入 LTV。通常使用 LTV 衡量更为合理，它考虑到了用户整个生命周期的价值而非一次性价值，因此实际业务中多采用 LTV。

> **提示** 使用一次性收入衡量 ROI，其实衡量的是短期 ROI，存在很多弊端。
> - 如果短期 ROI 很高，但是用户消费一次就流失了，没办法在平台实现留存和复购，那么从长期来看，这次投放也不能算是成功的。
> - 如果短期 ROI 较低，但是用户长期 LTV 很高，那么单纯看短期 ROI，很容易就忽略用户的潜在价值，做出误判，尤其是在评估和筛选渠道时特别容易出现失误。

2. 成本

在衡量成本时，多使用获客成本，用 CAC 这个指标来表示，具体指公司为获取一个付费用户所花费的成本。

3. ROI

通过 LTV 和 CAC 计算出 ROI 后，观察 ROI 的值，即可判断出公司获取的收入是否能覆盖获客成本，判断投入是成功的还是失败的。

- 当 ROI<1 时，代表亏损，公司获取的收入没有覆盖获客成本，投入是失败的。
- 当 ROI=1 时，代表损益平衡，公司获取的收入刚好覆盖获客成本，不赔不赚。
- 当 ROI>1.5 时，基本能跑通商业模式，公司获取的收入能覆盖获客成本，还有一部分结余，投入基本成功。

- 当 ROI>3 时，代表盈利，公司获取的收入能覆盖获客成本，还有很大一部分结余，投入是成功的。

提示　在实际业务中，在不同的公司甚至同一公司的不同部门，ROI 可能采用不同的口径。因此，在计算 ROI 时一定要注意口径。

- 对于 LTV：有的公司用收入，有的公司用毛利润，还有的公司用净利润。
- 对于 CAC：有的公司用获客成本，有的公司用获客成本和运营成本之和，还有的公司用所有变动成本之和，包括原材料成本、销售成本等。

使用什么样的分子和分母没有对错之分，只是代表的含义不同，得出的结论也是不同的。所以，在计算 ROI 时，口径至关重要。

9.4.5　PBP 分析衡量回收周期

在进行投资时，除收入外，还需要关注多长时间能够收回成本。同样，公司在投放广告获客时，除关注 ROI 外，还需要关注获客成本的回收周期。

回收周期用 PBP 这个指标来衡量。它是"Payback Period"的缩写，代表公司花费的获客成本在多长时间内可以收回。回收周期越短越好，尤其是在经济不景气时，回收周期会引起格外关注。如果发现回收周期太长，则需要对产品功能或商业逻辑进行改造。

如何计算 PBP？需要进行两步操作。

1. 计算 CAC

CAC 的计算相对来说比较简单，它等于总获客成本除以付费用户总数。

提示　举个例子，某短视频公司花了 3,000 元，获取了 1,000 个注册用户，最终有 100 个用户付费购买。则 CAC=3,000/100=30 元，即每个付费用户的获客成本为 30 元。

2. 找出 LTV 曲线和 CAC 直线的交叉点

用横轴代表时间，用纵轴代表 LTV，画出 LTV 曲线和 CAC 直线，如图 9-23 所示。其交叉点对应的横坐标位置，就是回收周期。

提示　仍以某短视频公司为例解释如何发现交叉点。

- 其 LTV 曲线如图 9-23 中的蓝色曲线所示，用户在 11 日对应的 LTV 为 30 元。
- 其 CAC 直线如图 9-23 中的黄色直线所示，每个付费用户的获客成本为 30 元。
- 交叉点对应的横坐标位置为 11 日。因此，该公司获客成本的回收周期是 11 天。

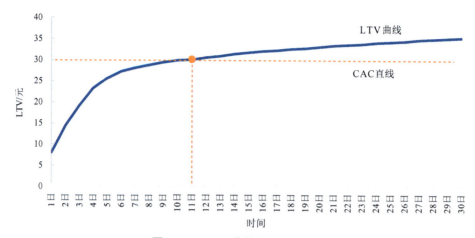

图 9-23　LTV 曲线和 CAC 直线

9.5　用户传播：K 因子分析衡量传播能力

根据经典的海盗模型，经历了获取、激活、留存、付费之后，还有一个推荐（传播）的环节。即公司不再通过投放广告的形式，而是通过用户自主传播的形式来触达更多的用户，像病毒式传播一样实现用户滚雪球似的增长。在这种病毒式的传播中，每个人都是节点，传播的效果呈几何级数的倍增。

常见的自主传播方式包括转介绍和裂变。比如，教育公司、银行、保险公司、汽车主机厂等经常开展的推荐有礼、转介绍有礼等活动。这些都是日常生活中常见的自主传播方式。

那么，如何衡量自主传播的效果？业内引入了 K 因子这个指标。K 因子越高，说明产品自主获取新用户的能力越强，自主传播的效果越好。K 因子为感染率和转化率的乘积，其计算公式为：K 因子=感染率×转化率。

1. 感染率

感染率为一个用户向其他用户传播的程度，即一个用户介绍了多少个新用户进来。其计算公式为：感染率=被推荐用户数量/推荐用户数量。

2. 转化率

转化率为被推荐的用户中，有多少个用户转化为付费用户。其计算公式为：转化率=付费用户数量/被推荐用户数量×100%。

3. K 因子

通过感染率和转化率，计算出 K 因子的值，就可以判断出自主传播的效果。

- 当 K 因子>1 时，代表平均每个老用户可以带来超过 1 个新用户，用户群就会像滚雪球一样增长。

提示　在实际业务中，随着流量红利的消失，加之用户已经被各种裂变和转介绍活动不停歇地"教育"，要实现这种转变越来越难。即使能实现，也往往只能持续一段时间，很难长久持续下去。

- 当 K 因子<1 时，代表平均每个老用户可以带来小于 1 个新用户，当用户群到某个规模时就会停止自主传播增长。

提示　在实际业务中，由于自主传播的转化率高、成本低且用户质量好，因此即使 K 因子<1，它仍然是性价比较高的渠道。

举个例子，某教育公司开展了转介绍以老带新活动。总共有 10 个老用户发出了邀请，这 10 个老用户总共邀请了 100 个新用户。100 个新用户中最后购买课程的有 50 个用户。如何衡量这次转介绍的效果？

可以直接计算 K 因子=50/10=5，也可以通过感染率和转化率计算。

- 先计算感染率：感染率=100/10=10。
- 再计算转化率：转化率=50/100×100%=50%。
- 最后计算 K 因子：K 因子=10×50%=5。

第10章

商业分析在"广告业务"中的应用

在第9章中，我们介绍了商业分析在"用户运营业务"中的应用。在本章中，我们将介绍商业分析另一个高频应用的场景——广告业务。

广告对很多人来说都不陌生，大家在日常工作中肯定都接触过广告，在网站上、手机 App 里、电视和地铁里被各式各样的广告包围。可以说，哪里有人，哪里就有广告。广告点缀了个人的日常生活。

同时，很多公司的收入支柱也是广告，如 Meta、Google、阿里巴巴、腾讯、百度、抖音等。广告成就了很多公司的财富神话。

看起来这么简单常见的广告，背后却有一整套成熟的链条和体系在支撑，涉及众多参与者，是一个利润非常大的行业，其中广告主、媒体公司和广告代理商构成了这个链条里的主要利益相关者。再加上用户（消费者），构成了广告产业链里的 4 个玩家。

（1）广告主。

先来看这个广告产业链里的需求者，谁有广告投放需求？当然是广告主。广告主是分布在各个行业里的卖家，想把自己的产品卖给更多的人，获取更多的收入。如何把产品卖给更多的人？如今的社会"酒香也怕巷子深"，好的产品也怕身在远山无人知晓。因此，想要把产品卖给更多的人，必须让更多的人知晓产品。如何让更多的人知晓产品？很重要的一个手段就是投放广告。去哪里投放广告？这时广告产业链里的第 2 个重要参与者"媒体公司"就亮相了。

（2）媒体公司。

媒体公司是广告主投放广告的平台和媒介，广告主借助这些平台将广告投放给用户。那么，广告主为什么要选择这些媒体公司投放广告呢？因为它们拥有和覆盖了海量的用户。这些媒体公司在过去是报纸、杂志、电台和电视，到现在演变成了网站和各类 App。它们虽然各不相同，但无一例外，都聚拢了海量的用户，依靠海量的用户吸引有钱的广告金主来它们的平台上投放广告，赚取"金主爸爸"的巨额广告收入。

提示　在这个环节里，谁的用户多，谁就有话语权。如今的社会已经进入人人拥有一台甚至几台手机的移动互联网时代，因此手机里装载的各类 App 的厂商们，就是掌握话语权的那拨人。其中，抖音、百度、快手、微信是我们每天都会接触的东西，它们就是这些 App 里具有话语权的玩家。

（3）用户。

进入最后一个环节，广告主借助媒体公司将广告投放给谁？希望谁看到广告？当然是用户了。用户通过电视、网站、手机里的 App 接受各种广告的洗礼，被刺激购买各种产品，为广告主贡献收入。

（4）广告代理商。

以上是广告行业刚开始时最重要的 3 个参与者。后来随着行业的进一步扩大和繁荣，广告主对接的媒体公司越来越多，为了高效地与众多的媒体公司接触以投放广告，广告代理商出现了。它们负责帮助广告主制作广告，选择投放的媒体公司，优化并评估投放效果。

到此，广告产业链里的 4 个玩家已经悉数登场，如图 10-1 所示。

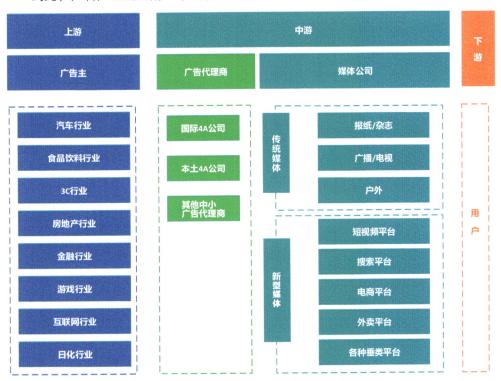

图 10-1　广告产业链及其主要玩家

熟悉了广告产业链里的各个玩家后，我们来看一下两个重量级玩家"媒体公司"和"广告主"，了解它们各自关注的核心问题是什么，分析商业分析团队可以采用哪些方法帮助其解决这些问题。

对媒体公司来说,其核心利益点有两个:①用户;②广告收入。用户在第 9 章介绍过了,这里不再重复。在"广告收入"这个核心利益点上,媒体公司主要关注 3 个核心问题,如表 10-1 所示。

- 第 1 个核心问题是如何保证现有的广告收入处于掌控之中,当收入发生异常时是不是能够及时发现、及时追因、及时解决问题。商业分析在此时提供的主要解决方法是收入异常识别和归因分析。
- 第 2 个核心问题是广告收入的蛋糕能做多大。商业分析在此时提供的主要解决方法是天花板预测。
- 第 3 个核心问题是通过增加广告位提升收入是否可行。商业分析在此时提供的主要解决方法是可行性评估。

表 10-1　媒体公司关注的核心问题及商业分析的解决方法

参与者	关注的核心问题	商业分析的解决方法
媒体公司	现有的广告收入是否正常	收入异常识别和归因分析
	广告收入的天花板在哪里	天花板预测
	增加广告位是否可行	可行性评估

对广告主来说,其核心利益点是低成本获取大规模用户,实现 ROI 最大化。因此,它主要关注 3 个核心问题,如表 10-2 所示。

- 第 1 个核心问题是投放的广告如何实现高效转化。商业分析在此时提供的主要解决方法是广告生命周期漏斗分析。
- 第 2 个核心问题是投放的广告效果如何衡量。商业分析在此时提供的主要解决方法是广告效果评估。
- 第 3 个核心问题是如何衡量各个投放渠道贡献的价值。商业分析在此时提供的主要解决方法是渠道归因分析。

表 10-2　广告主关注的核心问题及商业分析的解决方法

参与者	关注的核心问题	商业分析的解决方法
广告主	如何提升广告投放效率	广告生命周期漏斗分析
	如何衡量广告投放效果	广告效果评估
	如何衡量投放渠道的贡献	渠道归因分析

10.1　异动分析:广告收入下滑了该如何分析

媒体公司关注的一个重要指标是"广告收入",因此收入是商业化部门重点监控的指标,尤其是当收入出现异常波动时,会引起重点关注。那么,什么是异动分析?如何开展异动分析?

所谓异动分析,是指当某个指标的波动出现异常时,对异常的原因进行追踪,从而定位核心原因,并提出解决方案的分析方法。在广告业务里,最常见的异动分析场景是"广告收入下滑了该如何分析"。

从定义里就能够总结出开展异动分析的 4 个关键点:如何判断收入异常?如何对原因进行追踪?如何定位核心原因?如何提出解决方案?

这里以 X 短视频公司为例,说明如何开展异动分析。

图 10-2 是 X 短视频公司从 2022 年 7 月 1 日到 8 月 31 日的信息流广告日收入趋势变化图。从中可以发现,从 8 月下旬开始,该公司的收入持续下滑。

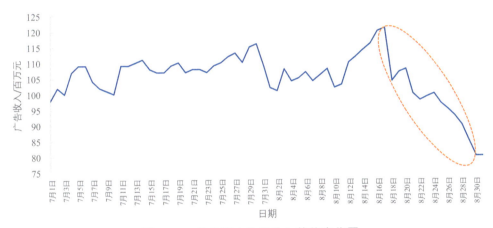

图 10-2　信息流广告日收入趋势变化图

8 月下旬收入持续下滑,可初步判定为收入异常,接着验证数据是否真的异常。经过验证,确定了异常不是由"数据口径变动""底层数据错误""周期性波动""不可抗力因素"这 4 个原因引起的,且收入下滑的幅度超出了正常范围,因此确定属于异常数据,需要开展进一步的归因分析。

收入存在异常,意味着其背后的业务出现了问题,此时需要把隐藏在背后的问题挖掘出来。广告收入是媒体公司通过售卖流量和广告位从广告主手中赚取的广告预算费用,其受供需两端双重影响,因此在进行归因分析时,需要从供给端"媒体公司"和需求端"广告主"两个视角同时进行分析。

10.1.1　广告供给端归因:从媒体公司的客户和商业化视角定位原因

供给端的归因分析,需要从媒体公司的客户和商业化视角出发,定位出导致收入下滑的原因,并提出解决方案。一般来说,需要 5 个步骤方能做好归因分析。

1. 借助数据指标体系进行收入的下钻式拆解

在探寻宝藏时，需要藏宝图；在练习神功时，需要武林秘籍。在挖掘商业问题时，也需要藏宝图和武林秘籍，这就是之前提到的"数据指标体系"。

当收入下滑异常时，第一眼没办法判断哪里出现了问题，这时数据指标体系就是最好的向导。借助数据指标体系，可以将收入一步步地下钻渗透至各个子指标，一直到不能下钻为止。这时就可以将收入这个大指标的下滑定位至某个或某些子指标的下滑。每个子指标背后代表的就是业务的策略和动作，据此就可以挖掘出业务上的问题。

广告收入的拆解，我们在 6 章介绍过，具体的拆解过程如图 6-5 所示。其计算公式为：广告收入=DAU×人均每日在线时长/每条视频的播放时长×Ad load×售卖率×ACP×CTR。

将广告收入指标下钻式拆解之后，通过具体数据分析就可以定位出更细的子指标。在"广告收入下滑"案例中，经过数据分析发现是由于"ACP"这个指标的下滑导致了收入的持续下滑。接下来就需要进一步分析 ACP 为什么会下滑。

2. 提炼关键影响因子

在上文中，我们提到每个指标的背后都是业务的策略和动作，指标的变化意味着这些策略和动作可能出现问题。在这一步，需要做的就是把影响指标的这些策略和动作挖掘出来，我们称之为提炼指标的关键影响因子。

如何提炼？不同的指标和不同的业务，其关键影响因子也是不同的，而且会随着时间和业务的变化而变化，并不是一成不变的。所以，商业分析师平时深度参与业务、保持对业务的深入了解和追踪至关重要。如果没有日常的业务积累，那么除向业务团队同事请教外，是没有办法提炼关键影响因子的。尤其是对关键指标，商业分析师需要保持高度敏感，一定要做有心人，对影响关键指标的因子定期进行系统化总结和梳理。

在广告业务里，对 DAU、人均每日在线时长、Ad load、售卖率、ACP 和 CTR 的关键影响因子做定期梳理，如图 10-3 所示，有助于我们形成体系化的认知，对开展广告数据异常和归因分析大有裨益，可以极大地提升分析效率。而对于"每条视频的播放时长"这个指标，由于其时间比较固定，因此这里不把它作为关键指标。

在上文中，我们得出结论：ACP 的下滑导致了收入的下滑。有了图 10-3 这样的体系图，就能直接提炼出其关键影响因子。ACP 的关键影响因子包括 5 个，分别是"底价管理""出价方式""广告样式""竞争程度""客户需求量"。

这 5 个关键影响因子是导致 ACP 下滑的可能原因。具体是哪个或哪些原因导致ACP 的下滑？这时就要对这 5 个关键影响因子做出假设，并进行验证。

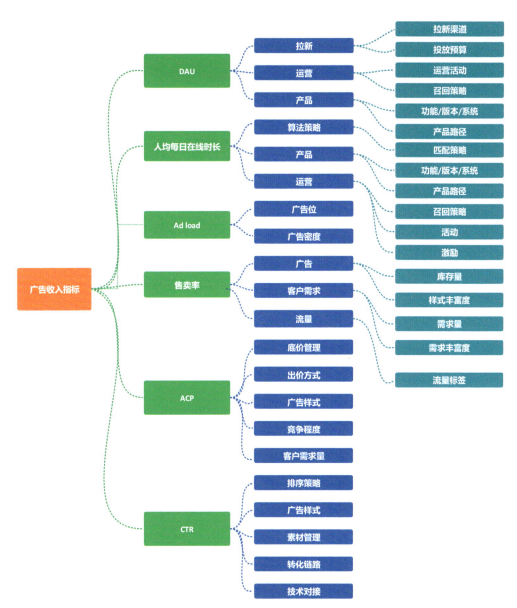

图 10-3　广告收入指标的关键影响因子

3. 做出关键影响因子的假设

如何做出假设？很简单，就是假设某关键影响因子的改变引起了指标的波动，之后采用一定的方法验证这个假设成立与否即可。

- 如果验证成功，则表示假设成立，代表某关键影响因子的改变引起了指标的波动。
- 如果验证不成功，则表示假设不成立，代表某关键影响因子的改变并没有引起指标的波动。

在"广告收入下滑"案例中，对于 ACP 的 5 个关键影响因子，可以做出 5 个假设。

- 假设一：假设底价更改引起 ACP 的波动。
- 假设二：假设出价方式的改变引起 ACP 的波动。
- 假设三：假设广告样式的改变引起 ACP 的波动。
- 假设四：假设竞争对手的产品动作引起 ACP 的波动。
- 假设五：假设客户需求的变动引起 ACP 的波动。

4. 验证假设是否成立，定位原因

做出了假设之后，接着就是验证假设是否成立。如何进行验证呢？验证的方式比较多，也没有限制。具体来说，可以通过与业务团队确认、数据验证，以及调研访谈等主流方式进行验证。

在"广告收入下滑"案例中，对于影响 ACP 的 5 个假设，其验证方式和验证结果如表 10-3 所示。

表 10-3　5 个假设的验证方式和验证结果

	5 个假设	验证方式	验证结果
假设一	假设底价更改引起 ACP 的波动	与业务团队确认	不成立
假设二	假设出价方式的改变引起 ACP 的波动	与业务团队确认	不成立
假设三	假设广告样式的改变引起 ACP 的波动	与业务团队确认	不成立
假设四	假设竞争对手的产品动作引起 ACP 的波动	数据验证 调研访谈	成立
假设五	假设客户需求的变动引起 ACP 的波动	数据验证 调研访谈	成立

针对前 3 个假设，由于这些关键影响因子是业务团队直接负责的业务动作，因此需要与业务团队确认是否进行了相关的业务策略和动作调整。在本案例中，经过确认，业务团队没有做过业务调整。因此，否定前 3 个假设。

针对后 2 个假设，由于竞争对手的产品和客户需求不是业务团队负责的，因此不能采取与业务团队确认的方式进行验证，而是采取数据验证和调研访谈的方式进行验证。

- 数据验证：发现 X 短视频公司新老客户的数量均在减少。
- 竞争对手调研访谈：发现竞争对手的客户数量在 8 月底开始上涨，而且竞争对手上线了新的产品功能。
- 客户（广告主）调研访谈：发现客户流失的原因是竞争对手推出的新产品功能效果非常好，导致客户纷纷转投竞争对手。

经过 3 种方式的综合验证，接受假设四和假设五。因此，得出结论，定位出原因：竞争对手推出了新产品功能导致客户纷纷流失，进一步导致 ACP 下滑，从而导致收入的持续下滑。

5. 针对定位的原因，输出解决方案

针对业务问题定位出原因后，并不意味着分析的结束，如何解决问题才是关键所在。

针对竞争对手上线新产品功能导致的客户流失，X 短视频公司该如何解决？这里仅提供两个方向，如图 10-4 所示。由于各家公司的业务性质及实际情况不同，因此这些方向并不是通用的解决方案，可能在一家公司适用，但到另一家公司就不适用了。这些方向仅是解决思路，并不构成业务上的指导。

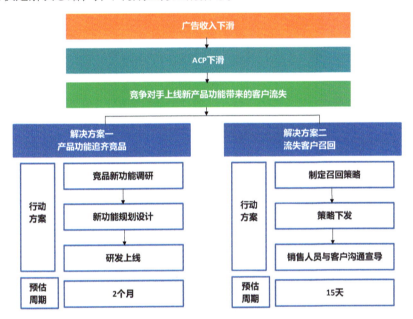

图 10-4　广告收入下滑的两个解决方向

（1）产品功能追齐竞品。

具体的行动方案：①进行竞品新功能调研；②内部进行新功能规划设计；③新功能研发上线。实施整个方案预估需要 2 个月的时间。

（2）流失客户召回。

具体的行动方案：①制定召回策略，如优惠政策、打折政策，由销售运营团队或经营管理团队牵头；②策略下发；③由销售人员与客户沟通进行政策宣导。实施整个方案预估需要 15 天的时间。

10.1.2　广告需求端归因：从广告主的需求视角定位原因

需求端的归因分析，需要从广告主的需求视角出发，定位出导致收入下滑的原因，并提出解决方案。一般来说，同样需要 5 个步骤方能做好归因分析。

1. 借助数据指标体系进行收入的下钻式拆解

需求端的收入仍然可以采用"量价"乘积的方式进行拆解，如图 10-5 所示。具体公式为：广告收入=（不同行业有消耗的新广告主数量之和+不同行业有消耗的留存广告主数量之和）×广告主 ARPU。

> **提示**
>
> - 有消耗的广告主数量：在媒体公司上花费了广告预算的广告主数量。按照新老维度又可以拆解为"有消耗的新广告主数量"和"有消耗的留存广告主数量"，各自又可以按照行业维度拆解为不同行业有消耗的广告主数量。
> - ARPU：媒体公司从每个广告主处获取的广告收入，即每个广告主的广告支出。

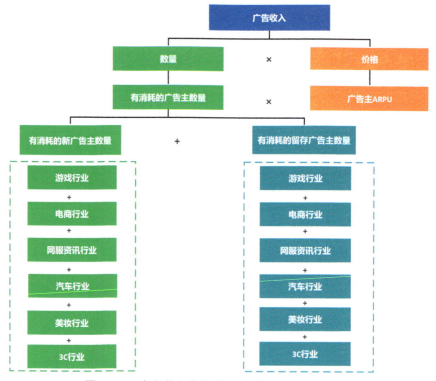

图 10-5 广告收入指标的下钻式拆解——需求端

在拆解的这些指标里，经过数据分析发现，游戏行业、电商行业、网服资讯行业的有消耗的新广告主和有消耗的留存广告主数量均在减少，这些行业在广告业务里被称为"效果行业"。因此，得出结论：效果行业有消耗的广告主数量的减少导致了收入的持续下滑。那么，为什么效果行业有消耗的广告主数量会减少？这就需要进行归因分析了。

2. 提炼关键影响因子

对有消耗的广告主数量的关键影响因子进行梳理，得到如图 10-6 所示的体系图，可以发现影响有消耗的广告主数量的因子包含内部和外部两个方面。

（1）内部影响因子。

从内部来看，平台整体实力、广告产品、广告价格、政策、服务 5 个因子会对广告主的留存或流失产生影响，从而影响有消耗的广告主数量。

（2）外部影响因子。

从外部来看，各行业政策、宏观经济环境、竞争对手 3 个因子会对广告主的留存或流失产生影响，从而影响有消耗的广告主数量。

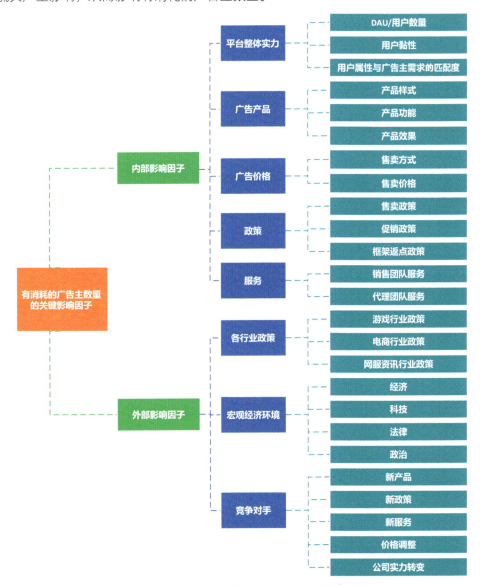

图 10-6　有消耗的广告主数量的关键影响因子

3. 做出关键影响因子的假设

同样，对于效果行业有消耗的广告主数量的 8 个关键影响因子，可以做出 8 个假设。

- 假设一：假设 X 短视频公司的实力减弱引起广告主的流失。
- 假设二：假设广告产品样式、功能和效果的改变引起广告主的流失。
- 假设三：假设广告产品的售卖方式和价格的改变引起广告主的流失。
- 假设四：假设广告售卖、促销和框架返点政策的改变引起广告主的流失。
- 假设五：假设销售团队和代理团队的改变引起广告主的流失。
- 假设六：假设广告主所在行业的政策改变引起广告主的流失。
- 假设七：假设宏观经济环境的变化引起广告主的流失。
- 假设八：假设竞争对手的动作引起广告主的流失。

4. 验证假设是否成立，定位原因

对于影响有消耗的广告主数量的 8 个假设，其验证方式和验证结果如表 10-4 所示。

表 10-4　8 个假设的验证方式和验证结果

8 个假设		验证方式	验证结果
假设一	假设 X 短视频公司的实力减弱引起广告主的流失	数据验证：对用户规模、用户黏性和用户画像数据进行验证	不成立
假设二	假设广告产品样式、功能和效果的改变引起广告主的流失	与业务团队确认 数据验证	不成立
假设三	假设广告产品的售卖方式和价格的改变引起广告主的流失	与业务团队确认	不成立
假设四	假设广告售卖、促销和框架返点政策的改变引起广告主的流失	与业务团队确认	不成立
假设五	假设销售团队和代理团队的改变引起广告主的流失	与业务团队确认 调研访谈	不成立
假设六	假设广告主所在行业的政策改变引起广告主的流失	数据验证 调研访谈	不成立
假设七	假设宏观经济环境的变化引起广告主的流失	数据验证	不成立
假设八	假设竞争对手的动作引起广告主的流失	数据验证 调研访谈	成立

针对前 7 个假设，通过与业务团队确认、数据验证、调研访谈的方式进行验证，发现假设不成立。针对假设八，同样采取竞争对手和广告主调研访谈加数据验证的方式，发现假设成立。因此，得出结论，定位出原因：竞争对手推出了新产品功能导致效果类广告主发生迁移和流失，致使有消耗的广告主数量减少，从而导致收入的持续下滑。

供给端的归因分析结论和需求端的归因分析结论互相佐证，可以确保定位原因的准确性。

5. 针对定位的原因，输出解决方案

针对业务问题定位出原因后，同样需要输出解决方案，这里不再复述，具体参考供给端的解决方案。

10.2　天花板预测：广告收入的天花板在哪里

在商业分析的工作中，天花板的预测包括两个方面：①行业天花板的预测；②所在企业天花板的预测。前者让我们知道整个行业的蛋糕和盘子有多大，它本质上是一个市场规模测算问题，在第 2 章中我们已经介绍过用费米测算来解决这个问题。后者让我们知道所在企业能分得多少蛋糕，以便管理层更好地投入与分配资源。作为商业分析师，两种天花板的预测工作都要熟练掌握。在本节，重点介绍媒体公司如何预测广告收入的天花板。

为什么要预测企业天花板？这就好比一个人要参加比赛获取奖金。比赛前，他首先要知道整个比赛的奖金额度是多少，其次要结合自身和其他参赛者的实力评估能获得的比赛名次，据此推测自己能拿多少奖金。测算奖金之后，他就会决定要不要参加比赛，以及为了获取相应的名次和奖金需要付出多大的努力。

仍以 X 短视频公司为例，如何预测其信息流广告收入的天花板在哪里？与广告收入的下滑分析原理一样，天花板也由供需两端共同决定，因此通常也采用供给端和需求端相结合的方式进行预测。

10.2.1　广告供给端预测收入天花板

从广告供给端预测收入天花板，就是从媒体公司的供给视角出发估算自己公司能够获取的广告收入蛋糕。预测通常分 4 步走：搭建预测的逻辑公式，定位出关键指标，求解关键指标的最大值，计算公司的收入天花板。

1. 搭建预测的逻辑公式

任何测算都必须有逻辑公式的支撑，在上文中已对广告收入的逻辑公式做了说明，这里直接使用即可，即广告收入=DAU×人均每日在线时长/每条视频的播放时长×Ad load×售卖率×eCPM / 1000。其中，eCPM=ACP×CTR×1000。

2. 定位出关键指标

从广告收入的公式中，可以定位出影响广告收入的 5 个关键指标：DAU、人均每日在线时长、Ad load、售卖率、eCPM。

> **提示** 对于"每条视频的播放时长"这个指标，由于其时间比较固定，通常为 20～30 秒，因此这里不把它作为关键指标，而是作为参与计算的常量指标。

3. 求解关键指标的最大值

如何对 5 个关键指标求解最大值？分别采用漏斗法、场景假设法和 Benchmarking 法进行求解。其中，"售卖率"由内部团队预测得出。

（1）漏斗法预测 Max（DAU）。

DAU 的最大值就是 X 短视频公司日活跃人数的最大值，其来自下载注册 X 短视频公司 App 的用户，下载注册用户又来自有观看短视频习惯的用户，有观看短视频习惯的用户又来自移动互联网使用者，而这些使用者又是中国人口的一员。根据这条逆行的链条，可以画出一个转化漏斗来预测 DAU 的最大值，如图 10-7 所示。

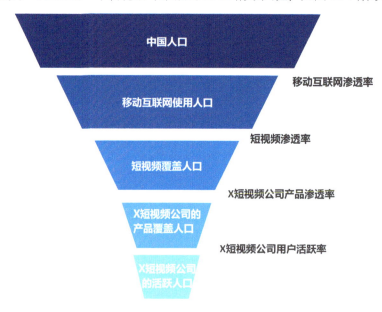

图 10-7　漏斗法预测 DAU 的最大值

转化漏斗的顶端是中国人口，接着是移动互联网使用人口，再是短视频覆盖人口，下面是 X 短视频公司的产品覆盖人口，最后是 X 短视频公司的活跃人口。

根据此转化漏斗，得出计算公式：DAU=中国人口×移动互联网渗透率×短视频渗透率×X 短视频公司产品渗透率×X 短视频公司用户活跃率。根据以下 3 个步骤求出 DAU 的最大值。

- 中国人口、移动互联网渗透率、短视频渗透率通过公开资料查询。
- X 短视频公司产品渗透率和 X 短视频公司用户活跃率需要自己内部做最乐观值的预测。
- 将以上两步的结果代入公式中，就可以预测出 DAU 的最大值了。

（2）场景假设法预测 Max（人均每日在线时长）。

人均每日在线时长是平均每个人每天刷短视频的时间。人均每日在线时长的最大值是多少？理想模式是 24 小时，但这种情况不可能发生，因为用户每天总共有 24 小时，在这 24 小时里需要上班、睡觉、吃饭等，不可能把 24 小时都花在刷短视频上。除此之外，不同的人的生活和工作习惯不一样，因此花费在短视频上的时间也是不一样的。比如，朝九晚五人群和加班加点人群花费在短视频上的时间就是不一样的。

那么，如何测算人均每日在线时长的最大值？可以采用场景假设法预测，细分用户群体、细分时间段测算他们每天可能花费的时间，如图 10-8 所示。

朝九晚五人群

Top 290分钟

时间点	22点—6点	6点—8点	8点—9点	9点—12点	12点—13点	13点—17点	17点—18点	18点—22点
做什么	睡眠	洗漱吃饭	上班路上	上班	吃饭	上班	下班路上	洗漱休息
刷短视频时间		60分钟	30分钟		30分钟		30分钟	140分钟

Down 120分钟

时间点	22点—6点	6点—8点	8点—9点	9点—12点	12点—13点	13点—17点	17点—18点	18点—22点
做什么	睡眠	洗漱吃饭	上班路上	上班	吃饭	上班	下班路上	洗漱休息
刷短视频时间		30分钟			20分钟			70分钟

加班加点人群

Top 120分钟

时间点	24点—8点	8点—9点	9点—10点	10点—12点	12点—13点	13点—22点	22点—23点	23点—24点
做什么	睡眠	洗漱吃饭	上班路上	上班	吃饭	上班	下班路上	洗漱休息
刷短视频时间			30分钟		30分钟		30分钟	30分钟

Down 40分钟

时间点	24点—8点	8点—9点	9点—10点	10点—12点	12点—13点	13点—22点	22点—23点	23点—24点
做什么	睡眠	洗漱吃饭	上班路上	上班	吃饭	上班	下班路上	洗漱休息
刷短视频时间					20分钟			20分钟

图 10-8　场景假设法预测人均每日在线时长的最大值

以朝九晚五人群为例：在 22 点到 6 点，很可能处在睡眠的状态，没有时间刷短视频；6 点到 8 点开始洗漱吃饭，中间有很大可能抽出 60 分钟的时间刷短视频；8 点到 9 点在上班路上，有可能有 30 分钟的时间刷短视频；9 点到 12 点是上班的时间，一般不会刷短视频；12 点到 13 点是吃饭的时间，大概率会抽出 30 分钟来刷短视频；13 点到 17 点是上班的时间，不会刷短视频；17 点到 18 点下班的路上有 1 小时的时间，其中有 30 分钟可能用来刷短视频；18 点到 22 点为洗漱休息的时间，可能会刷 140 分钟的短视频。

通过生活和工作场景细分，就可以计算出朝九晚五人群刷短视频的最长时长为 290 分钟，最短时长为 120 分钟，取平均值为 205 分钟。

加班加点人群依据同样的场景细分可以计算出刷短视频的最长时长为 120 分钟，最短时长为 40 分钟，取平均值为 80 分钟。

接着计算朝九晚五人群和加班加点人群的占比分别为 40% 与 60%，则（Max）人均每日在线时长=40%×205+60%×80=130 分钟。

（3）Benchmarking 法预测 Max（Ad load）和 Max（eCPM）。

Benchmarking 法即标杆对比法，通过对同类型企业的研究，找出其中做得最好的企业作为标杆进行对比。

在广告领域可以对比的同类型企业包含 Meta、抖音、快手、百度、B 站、小红书、YouTube、Snapchat、Instagram 等。

调研出每家企业的 Ad load 和 eCPM，经过对比，找出最优秀的企业，假设其 Ad load 为 20%，eCPM 为 25 元，则 Max（Ad load）=20%，Max（eCPM）=25 元。

（4）内部团队预测 Max（售卖率）。

售卖率需要内部商业化和分析团队结合广告库存、广告主情况、售卖情况等综合因素评估出一个数据。

4. 计算公司的收入天花板

最后，把以上预测的 Max（DAU）、Max（人均每日在线时长）、Max（Ad load）、Max（售卖率）和 Max（eCPM）代入公式中，就可以从供给端预测出 X 短视频公司的收入天花板了。

10.2.2 广告需求端预测收入天花板

从广告需求端预测收入天花板，就是从广告主的需求视角出发估算 X 短视频公司能够获取的广告收入蛋糕。其预测流程与广告供给端预测一样，分 4 步走。

1. 搭建预测的逻辑公式

需求端的广告收入是由各个行业广告主的短视频广告预算（广告费用）构成的，拆解逻辑就是各个行业广告主的短视频广告预算之和。其计算公式为：广告收入天花板=Max（游戏行业广告主的广告费用）+Max（电商行业广告主的广告费用）+Max（网服资讯行业广告主的广告费用）+Max（汽车行业广告主的广告费用）+……

在这个公式里，需要计算每个行业广告主的广告费用。具体如何计算？还需要再做拆解：用所在行业的收入规模乘以其营销预算比例，得到该行业总的营销预算费用；再乘以短视频信息流预算占比，得到投放信息流广告的预算费用；接着乘以 X 短视频公司的市场份额，得到 X 短视频公司的信息流广告收入。其计算公式为：每个行业广告主的广告费用=行业收入规模×营销预算比例×短视频信息流预算占比×X 短视频公司的市场份额。

> **提示** 营销预算比例即广告主每年会把收入的多少比例用于营销。
>
> 通常来说，广告主的营销预算会在各家媒体公司之间进行分配，如搜索、电商、信息流、应用商店等。
>
> 短视频信息流预算只是广告主所有营销预算中的一部分。广告主在投放短视频信息流广告时，通常也是选择多家媒体公司投放，如抖音和快手等。

2. 定位出关键指标

从公式中可以定位出 4 个关键指标：行业收入规模、营销预算比例、短视频信息流预算占比、X 短视频公司的市场份额。

3. 求解关键指标的最大值

如何求解 4 个关键指标的最大值？通常来说，包括二手资料查询、费米测算、行业专家访谈、第三方数据库购买、内部团队预测 5 种方式。但在预测不同指标时，使用的方式也是不同的。

（1）3 种方式预测 Max（行业收入规模）。

- 第 1 种方式：二手资料查询。从咨询公司、券商公司等发布的报告中，通常可以查询到行业收入规模的数据。如果对预测精度要求不高，则可以使用它们发布的数据。使用的原则是"权威"和"时效"，即最好选择权威机构发布的最新数据。
- 第 2 种方式：费米测算。对于市场集中度比较高的行业，可以直接使用行业内 Top10 或 Top8 企业的收入除以 CR10 或 CR8（行业前十或前八企业的市场份额），就可以得到行业收入规模。
- 第 3 种方式：行业专家访谈。这个不做过多说明，关键是要找到对的人，这个人要深耕行业多年，对行业极度熟悉。

（2）2 种方式预测 Max（营销预算比例）。

- 第 1 种方式：二手资料查询。一般情况下，上市公司发布的财报中会披露营销预算比例的数据。
- 第 2 种方式：行业专家访谈。如果公司没有披露营销预算比例的数据，或者公司为非上市公司，就可以采用"专家访谈法"获取数据。

（3）2 种方式预测 Max（短视频信息流预算占比）。

- 第 1 种方式：行业专家访谈。
- 第 2 种方式：第三方数据库购买。在广告行业，有专门的第三方数据公司。比如艾瑞，其数据库中有专门的广告投放数据，从中可以大致计算出每个行业不同渠道的预算占比，其中就包括信息流。

（4）内部团队预测 Max（X 短视频公司的市场份额）。

对于 X 短视频公司市场份额的预测，需要内部团队结合产品、用户、服务、战略、资源，以及竞争对手的实力等综合因素评估出自身实力和市场份额。

4. 计算公司的收入天花板

预测出每个行业的 4 个关键指标后，就可以求出每个行业广告主的广告费用，最后把所有行业广告主的广告费用加总，即可从需求端预测出 X 短视频公司的广告收入天花板。

10.3 可行性评估：商业化常见的评估问题，是否要增加广告位

我们都知道媒体公司是依靠用户、流量和广告赚钱的，那它们具体是如何操作的？当媒体公司的用户和流量达到一定规模时，它们就会在一定的位置开设广告位，售卖广告位给广告主，从而将普通流量转化为广告流量以获取收入，这就是流量的商业化变现。

在媒体公司，通常设有专门的商业化部门来负责流量的商业化变现，这是媒体公司内部贡献收入的最重要部门。而"广告位"是变现的重要窗口和出口，因此在商业化变现（广告业务）中，经常碰到的一个问题就是"是否要增加广告位"，这个问题被称为"可行性评估"问题。这个问题很常见，但是也很棘手。

从表面上看，增加广告位就能增加收入，但实际情况远非如此。增加广告位带来的影响和波及的范围很广，很有可能不但没有带来预期的收入，反而给公司带来损失。首先，增加广告位会增加管理成本；其次，增加广告位意味着对用户形成了打扰，很可能会降低用户的留存率，造成用户大量流失；最后，公司的广告位不止一个，增加一个广告位可能对另一个广告位的利益产生侵害。这诸多的因素加在一起，导致"增加广告位"的工作并不是一件容易的事情。

因此，在面临"是否要增加广告位"这个问题时，一定要综合考虑各种潜在因素，进行全面分析。一般来说，这 4 个方面的分析是必不可少的：①供需分析；②广告位置分析；③正负向因子分析；④损益分析。

> **提示** 一些媒体公司为了追求收入，没有进行充分评估就盲目增加广告位。其中很多公司出现了用户流失，而用户一旦流失，广告主就能够明显感知到广告投放效果在下滑。广告投放效果下滑后，广告主就会减少广告预算的投入。
>
> 媒体公司为了保住广告主的预算，往往会采取配送、促销或打折售卖的方式，相当于变相降价，最终导致广告位贬值，eCPM 下滑，这样总收入也会减少。
>
> 为了稳住总收入，媒体公司不得不又增加广告位以提升库存，提升库存后又导致 eCPM 下滑，总收入减少……这样便陷入一个恶性循环中无法出圈。
>
> 因此，对于是否要增加广告位的决策一定要进行科学审慎的评估。

10.3.1 供需分析：评估现有广告位的供需匹配度

广告位的数量不是越多越好，广告位的增加意味着管理成本的增加，需要花更多的时间去管理这些广告位。因此，在增加广告位之前，要先评估这个广告位是不是必需的，即要判断公司现有的广告位是否能够匹配和满足广告主对广告的需求。如果现阶段广告位供过于求，那么增加广告位的意义并不大；如果供不应求，则可以考虑增加。具体可以从两个方面着手评估现有广告位的供需匹配度。

1. 评估现有广告售卖率

盘点公司现有的广告位数量、广告库存量和广告售卖率等数据。

- 如果广告售卖率较低，则代表现有的广告位和广告库存没有全部卖出去，意味着广告的供给量大于需求量，广告位供过于求，此时最好不要增加广告位。最好的方式是对已有广告位的售卖方式和售卖策略进行优化。
- 如果广告售卖率较高，则代表公司的广告很受欢迎，意味着广告的需求量大于供给量，广告位供不应求，此时可以考虑增加广告位，以承接更多的广告投放需求。

2. 评估现有广告主情况

盘点公司现有的广告主数量、广告主留存率、新增广告主数量等数据。

- 如果广告主留存率稳定或降低、无新增广告主或广告主数量增长缓慢，则代表广告主的需求量比较稳定或下滑，需求量的下滑可能导致广告位供过于求，此时最好不要增加广告位。
- 如果广告主留存率稳定或提升、新增广告主数量快速增长，则代表广告主的需求量会提升，需求量的提升可能导致广告位供不应求，此时增加广告位，可以承接更多的广告投放需求，从而增加变现收益。

10.3.2 广告位置分析：评估广告位的开发价值

广告位不是随意设置的，只有广告所在的位置有价值才有开发的必要。只有流量大的地方，广告位的开发才能带来价值；流量少或不足的地方，本身价值就不高，开发了广告位只能是浪费人力、物力，还会破坏用户体验。所以，在增加广告位之前，还要对广告位的开发价值进行评估。如何评估广告位是否具备开发价值？也需要从两个方面着手。

1. 评估流量规模和用户行为

通过广告位的"流量规模"和"用户行为"数据可以判断出该位置是否具备开发价值。

- "流量规模"可以使用 UV、PV、DAU、WAU 和 MAU 等指标来衡量。这些指标的数值越大，代表流量越大，也就意味着这个位置被展示的机会越多。因此，这个位置就具备开发价值。

- "用户行为"通常使用用户平均浏览次数、用户平均浏览时长、点击率等指标来衡量。这些指标的数值越大，代表用户在这些位置上停留的时间越长、互动行为越频繁，这个位置就具备开发价值。

2. 评估广告主的需求

盘点广告主对该位置的需求程度也可以判断出该位置是否具备开发价值。如何知道广告主是否对广告位有需求？主要通过两种方式：竞争对手调研和销售沟通。

- 竞争对手调研：一般情况下，如果广告主对该位置的广告有需求，同行中规模较大或比较有实力的竞争对手基本都会在这个位置开设广告位。此时，调研竞争对手在此位置是否开设了广告位、广告位对尺寸和样式的要求，以及广告位的售卖价格如何，就可以对这个广告位的价值形成基本判断。
- 销售沟通：在媒体公司内部，设有专门的销售团队对接广告主，负责维护与广告主的关系。一方面，销售团队负责传达公司的产品和售卖政策；另一方面，销售团队需要及时了解客户的需求，将需求及时传递给内部的产品和用户运营等部门，其中就包括广告主对广告位是否有需求。

10.3.3　正负向因子分析：评估正向影响因子和负向影响因子

10.3.1 节从供需角度评价了增加广告位的必要性；10.3.2 节从位置角度评价了增加广告位的价值；本节则需要考虑增加广告位是否会带来负面影响，是否会给其他广告位带来收入损失，是否会引起其他成本的增加等。

广告是一把双刃剑，它能够为公司带来收入，也能让公司丢失用户。增加广告位很可能会造成用户流失，因此涉及广告的问题一定要考虑用户体验，负责"广告"的商业化部门和负责"用户体验"的用户运营部门一定要保持紧密沟通。

如果商业化部门经过评估，发现增加广告位有必要且能够带来价值，就可以着手准备开发了。为了顺利推进广告位的开发，一定要同时考虑商业化部门和用户运营部门两者的利益，一定要平衡好广告变现和用户体验的关系，一定要做好正向影响因子和负向影响因子的评估。

1. 正向影响因子

正向影响因子，即增加广告位后会带来哪些指标的增长。增加广告位给公司带来的好处就是该广告位的广告曝光量、广告点击量和广告收入会增加，因此其正向影响因子是广告曝光量、广告点击量和广告收入等指标。

2. 负向影响因子

负向影响因子，即增加广告位后会带来哪些指标的衰减。增加广告位给公司带来的负向影响因子包含两个方面：①对用户的负向影响因子；②对其他广告位的负向影响因子。

- 对用户的负向影响因子：主要是用户体验差和用户流失，包括 UV、PV、DAU、用户留存率和人均每日在线时长等指标。
- 对其他广告位的负向影响因子：主要是收入上的损失，包括其他广告位的 PV、广告填充率、广告展现率、广告点击率和 eCPM 等指标。

> **提示**
> - **广告填充率**：在所有广告请求中，有多少比例的请求被响应并返回广告。其计算公式为：广告填充率=广告填充数/广告请求数×100%。
> - **广告展现率**：在所有被返回的广告中，有多少比例的广告被成功展现。其计算公式为：广告展现率=广告成功展现数/广告填充数×100%。

10.3.4　损益分析：评估增加广告位的损益变化

所谓损益分析，就是综合考虑增加广告位带来的收入、损失和成本，最后计算给公司带来的是收益还是损失。这里的收入、损失和成本包括：

- 增加广告位能带来多少收入。
- 增加广告位是否对其他广告位产生影响，影响程度有多大，影响的收入损失有多少。
- 增加广告位是否对用户体验产生影响，影响程度有多大，是否在可接受的范围之内，弥补用户体验需要付出多少成本。

如何计算损益？明确了增加广告位的正向影响因子和负向影响因子之后，通过 A/B Test 可以获取影响数据，进而计算出增加广告位带来的预期收入、给原有广告位带来的预期损失，以及为弥补用户体验付出的预期成本。我们用预期收入减去预期损失和预期成本之后就是预期损益。

1. A/B Test 评估影响因子

在公司的所有用户中，选出部分用户进行 A/B Test，将这部分用户划分为实验组和对照组，进行小范围投放和灰度测试。

- 实验组：用户浏览的页面为带新增广告位的页面。
- 对照组：用户浏览的页面为正常页面，不带新增广告位。

之后，选定实验组和对照组的样本量，确定实验周期，设计好正向指标和负向指标，正式开始实验。通过一段时间的实验，收取一定的样本量，分析实验组和对照组的数据，对数据进行评估。

2. 计算预期损益

根据实验数据,可以得出正向影响因子和负向影响因子的变化,借助以下公式分别求出"增加广告位带来的预期收入""给原有广告位带来的预期损失""为弥补用户体验付出的预期成本"这三者的数值。

- 增加广告位带来的预期收入=广告请求量(PV)×广告填充率×广告展现率×eCPM/1000。
- 给原有广告位带来的预期损失=增加后的收入–增加前的收入。
- 为弥补用户体验付出的预期成本= DAU 的减少数量×每个活跃用户的成本。

最后,求出增加广告位带来的预期损益,其计算公式为:预期损益=增加广告位带来的预期收入–给原有广告位带来的预期损失–为弥补用户体验付出的预期成本。

3. 得出结论

根据上一步的计算结果,得出结论,判断是否要增加广告位。

- 如果增加广告位带来的预期收入不高,影响了其他广告位的变现收入,且对用户体验的伤害超出了可接受的范围,需要付出很大的成本以提升用户数量或体验,即预期损益是负的,那么此时不应该增加广告位。
- 如果增加广告位带来的预期收入较高,可以抵消对其他广告位的损失和弥补用户体验的成本,且对用户体验的伤害在可接受的范围之内,即预期损益是正的,那么此时可以增加广告位。
- 如果增加广告位带来的预期收入较高,可以抵消对其他广告位的损失和弥补用户体验的成本,但是对用户体验的伤害超出了可接受的范围,那么此时应该慎重考虑,一般情况下不会采取用短期利益换取长期利益的策略,不应该增加广告位。

10.4　归因分析:广告行业的经典难题,如何做广告渠道的归因分析

广告主投放广告的行为与投资买股票的行为类似,它们不会把广告投放在一条渠道上,主要有两个原因:①单一的渠道满足不了广告主对流量的需求;②分散风险,降低广告投放成本。

因此,基本上所有的广告主都会选择在多条渠道进行投放。多渠道投放的问题就来了,用户可能浏览了广告主投放在所有媒体公司上的广告,最后才完成了付费转化,那么最后的付费到底是哪条渠道带来的?这个问题一直是广告行业的经典难题。由此,产生了许多应对和分析方法,这些方法被称为渠道归因分析法。

10.4.1　渠道归因的定义

渠道归因是指在特定时间周期内，用户行为路径中经历的不同营销渠道对达成转化目标的贡献价值评估。从这个定义里，能抓住 3 个重要的点。

（1）要有用户行为路径。

（2）要有不同的营销渠道。

（3）要能进行贡献价值评估。

举个例子，抖音在各条渠道上均投放了广告，某个用户看了爱奇艺的视频贴片广告之后，又看了小红书的信息流广告，之后点击了百度的搜索广告，接着看了百度的信息流广告，最后进入苹果应用商店，下载了抖音 App。

在用户的这一行为路径中，其先后经历了 5 条营销渠道（爱奇艺视频贴片广告、小红书信息流广告、百度搜索广告、百度信息流广告、苹果应用商店）。那么，如何评估抖音 App 最后的下载是由哪条渠道贡献的，这就是一个渠道归因问题。

10.4.2　渠道归因的作用

广告主为什么要做渠道归因分析？渠道归因到底有什么用呢？

（1）明确贡献的价值，能够清晰地衡量不同渠道对转化目标贡献的价值。

（2）优化营销策略，能够合理分配营销预算，将营销预算投放在价值最大的渠道上，从而实现 ROI 的最大化。

10.4.3　5 种主流的渠道归因模型

广告行业经过这么多年的发展，对归因这个问题的解决一直没有停止过，从而诞生了各种各样的渠道归因模型。目前主流的渠道归因模型有 5 种，如表 10-5 所示。

表 10-5　主流的渠道归因模型

渠道归因模型	如何归因
首次归因模型	把转化的贡献全部归于第一条渠道的点击或曝光
末次归因模型	把转化的贡献全部归于最后一条渠道的点击或曝光
平均分配归因模型	把转化的贡献平均分配给用户行为路径上的各条渠道
时间衰减归因模型	根据用户行为路径，将最大的贡献划分给最后一条渠道，第一条渠道的贡献最小，中间多条渠道的贡献依次增大
位置归因模型	用户行为路径上的第一条渠道和最后一条渠道各占 40% 的贡献度，其余渠道平均分配剩余 20% 的贡献度

10.4.4 利用渠道归因模型开展渠道归因分析

如何利用上述 5 种渠道归因模型开展渠道归因分析？分 4 步走。

1. 画出用户行为路径

明确用户行为路径及用户行为路径上经历的不同营销渠道。

2. 明确归因指标

目前常用的归因指标包括曝光和点击。

3. 确定归因窗口期

不同媒体公司的归因窗口期是不同的。比如，Meta 广告点击的归因窗口期为 28 天，广告曝光的归因窗口期为 1 天；谷歌广告点击的归因窗口期为 30 天，广告曝光的归因窗口期为 1 天。

4. 选择合适的渠道归因模型

从首次归因模型、末次归因模型、平均分配归因模型、时间衰减归因模型、位置归因模型中选择一种进行渠道归因。

5. 案例：游戏公司如何进行渠道归因

A 游戏公司分别在微信朋友圈、抖音和百度投放了信息流广告，希望通过投放广告获取更多的下载量。

现在 m 用户完成了 A 游戏公司 App 的下载。他的行为路径是这样的：先在微信朋友圈观看了游戏广告，之后在抖音点击了游戏广告，最后在百度点击了广告后下载了该游戏 App，具体行为路径如图 10-9 所示。

图 10-9　m 用户完成游戏 App 下载的行为路径

如果使用"点击"归因指标，将归因窗口期设置为 30 天，那么如何评估微信朋友圈、抖音和百度对 A 游戏公司转化的贡献度？

在这个案例中，用户行为路径、归因指标及归因窗口期都明确了，只需要分析使用不同模型的结果即可，具体如表 10-6 所示。

表 10-6　A 游戏公司不同投放渠道的贡献度

渠道归因模型	归因指标	归因窗口期	投放渠道		
			微信朋友圈	抖音	百度
首次归因模型	点击	30 天	0	100%	0
末次归因模型	点击	30 天	0	0	100%
平均分配归因模型	点击	30 天	0	50%	50%
时间衰减归因模型	点击	30 天	0	30%	70%
位置归因模型	点击	30 天	0	50%	50%

（1）使用首次归因模型。

因为首次点击发生在抖音上，所以抖音的贡献度是 100%，微信朋友圈和百度的贡献度为 0。

（2）使用末次归因模型。

因为末次点击发生在百度上，所以百度的贡献度是 100%，微信朋友圈和抖音的贡献度为 0。

（3）使用平均分配归因模型。

因为点击只发生在抖音和百度上，所以由抖音和百度平均分配贡献的价值（抖音和百度的贡献度各为 50%），微信朋友圈的贡献度为 0。

（4）使用时间衰减归因模型。

因为点击只发生在抖音和百度上，所以由抖音和百度按一定比例分配贡献的价值（我们为百度的价值分配 70%，抖音的价值分配 30%），微信朋友圈的贡献度为 0。

（5）使用位置归因模型。

使用位置归因模型时，第一条渠道和最后一条渠道各分配 40% 的贡献度，其余渠道平均分配剩余 20% 的贡献度。

因为本案例点击只发生在抖音和百度上，只有两条渠道参与贡献度分配，所以抖音和百度各分配 50% 的贡献度，微信朋友圈的贡献度为 0。

10.4.5　利用马尔可夫链进行渠道归因分析

先来看一个案例，奔驰主机厂为了提升汽车销售量，在百度、小红书和抖音上都投放了广告。现在有 7 个用户观看了广告，最终有 5 个用户购买了汽车。

如何衡量百度、小红书和抖音对购买汽车贡献的价值？利用马尔可夫链解决这个问题需要分 5 步走。

1. 罗列每个用户的完整转化路径

总共有 7 个用户观看了广告，需要罗列出这 7 个用户从开始（未观看广告）到最终转化或未转化之间的所有行为路径（转化路径），如表 10-7 所示。

- 第 1 个用户的转化路径：观看了百度的广告，最后购买了汽车。
- 第 2 个用户的转化路径：观看了百度的广告，最后没有购买汽车。
- 第 3 个用户的转化路径：观看了小红书的广告，最后购买了汽车。
- 第 4 个用户的转化路径：观看了抖音的广告，最后购买了汽车。
- 第 5 个用户的转化路径：先观看了百度的广告，之后又观看了抖音的广告，最后购买了汽车。
- 第 6 个用户的转化路径：先观看了百度的广告，之后又观看了抖音的广告，最后没有购买汽车。
- 第 7 个用户的转化路径：先观看了抖音的广告，之后又观看了小红书的广告，最后购买了汽车。

表 10-7　用户的完整转化路径

用户 id	用户转化路径
user 1	开始→百度→转化
user 2	开始→百度→未转化
user 3	开始→小红书→转化
user 4	开始→抖音→转化
user 5	开始→百度→抖音→转化
user 6	开始→百度→抖音→未转化
user 7	开始→抖音→小红书→转化

2. 统计每种状态发生的次数和概率

什么叫状态？从路径的上一步进入下一步称为状态。比如，"从未观看广告到观看百度广告"是一种状态，"从未观看广告到观看小红书广告"也是一种状态。

这里需要把所有的状态统计出来，计算每种状态发生的次数和概率。

（1）从"开始"到下一步的状态。

总共有 3 种状态：从开始到百度，从开始到抖音，从开始到小红书。

- 先计算每种状态发生的次数：从开始到百度发生了 4 次，从开始到抖音发生了 2 次，从开始到小红书发生了 1 次。那么，从"开始"到下一步的状态总共发生了 4＋2＋1=7 次。
- 再计算每种状态发生的概率：从开始到百度发生的概率是 4/7＝0.57，从开始到抖音发生的概率是 2/7＝0.29，从开始到小红书发生的概率是 1/7=0.14。

（2）从"百度"到下一步的状态。

总共有 3 种状态：从百度到转化，从百度到未转化，从百度到抖音。

- 先计算每种状态发生的次数：从百度到转化发生了 1 次，从百度到未转化发生了 1 次，从百度到抖音发生了 2 次。那么，从"百度"到下一步的状态总共发生了 1+1+2=4 次。

● 再计算每种状态发生的概率：从百度到转化发生的概率是 1/4=0.25，从百度到未转化发生的概率是 1/4= 0.25，从百度到抖音发生的概率是 2/4= 0.5。

（3）以此类推，计算出所有状态发生的次数和概率，得到如下结果，如表 10-8 所示。

表 10-8　用户每种状态发生的次数和概率

状态		状态发生的次数/次	状态发生的概率
从"开始"到下一步的状态	开始→百度	4	0.57
	开始→抖音	2	0.29
	开始→小红书	1	0.14
	"开始"总计	**7**	**1.00**
从"百度"到下一步的状态	百度→转化	1	0.25
	百度→未转化	1	0.25
	百度→抖音	2	0.50
	"百度"总计	**4**	**1.00**
从"抖音"到下一步的状态	抖音→转化	2	0.50
	抖音→未转化	1	0.25
	抖音→小红书	1	0.25
	"抖音"总计	**4**	**1.00**
从"小红书"到下一步的状态	小红书→转化	2	1.00
	"小红书"总计	**2**	**1.00**

3. 画出由状态构成的所有转化路径图，并标出概率

根据第二步的状态，画出由各种状态构成的转化路径，并标出每种状态发生的概率，如图 10-10 所示。

（1）从开始到百度这一状态，发生的概率是 0.57。从百度开始有 3 种状态：第 1 种是转化，发生的概率是 0.25；第 2 种是未转化，发生的概率也是 0.25；第 3 种是抖音，发生的概率是 0.5。

（2）从开始到抖音这一状态，发生的概率是 0.29。从抖音开始有 3 种状态：第 1 种是转化，发生的概率是 0.5；第 2 种是未转化，发生的概率是 0.25；第 3 种是小红书，发生的概率是 0.25。

（3）从开始到小红书的这一状态，发生的概率是 0.14。从小红书开始只有 1 种状态，就是转化，发生的概率是 1。

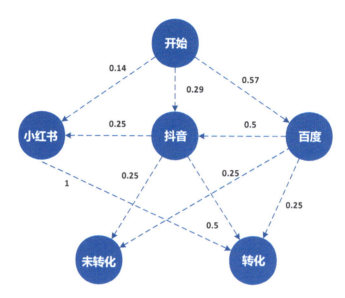

图 10-10　用户所有转化路径

4. 计算每条转化路径的概率和整体转化概率

根据第三步的路径图，梳理出所有可能完成转化的路径。这里要注意的是，只要每种状态的转化概率大于 0，就要把这些状态构成的所有路径都罗列出来（包括"开始→百度→抖音→小红书→转化"路径），并对每条路径计算转化概率。转化概率等于每条路径上各种状态概率的乘积。

- 以第 1 条完成转化的路径（开始→百度→转化）为例：其从开始到百度发生的概率是 0.57，从百度到转化发生的概率是 0.25，则该路径的转化概率为 0.57×0.25=0.142,5。
- 以此类推，求出其他 5 条路径的转化概率，分别为 0.14、0.145、0.142,5、0.072,5 和 0.071,25。
- 最后将 6 条路径的转化概率加总即可求出整体的转化概率，为 0.714，如表 10-9 所示。

表 10-9　6 条完成转化路径的转化概率

完成转化的路径	转化概率
开始→百度→转化	0.57×0.25=0.142,5
开始→小红书→转化	0.14×1=0.14
开始→抖音→转化	0.29×0.5=0.145
开始→百度→抖音→转化	0.57×0.5×0.5=0.142,5
开始→抖音→小红书→转化	0.29×0.25×1=0.072,5
开始→百度→抖音→小红书→转化	0.57×0.5×0.25×1=0.071,25
整体的转化概率	**0.142,5+0.14+0.145+0.142,5+0.072,5+0.071,25=0.714**

5. 计算每条渠道的移除效应系数

移除效应系数表示在移除某渠道后,广告主的广告转化率会下降多少。移除效应系数越高,表示转化率下降得越大,代表渠道的价值越高;移除效应系数越低,表示转化率下降得越小,代表渠道的价值越低。

移除效应系数的计算公式为:移除效应系数=1-移除该渠道之后剩余转化路径的转化概率之和/整体的转化概率。

(1)计算百度的移除效应系数。

移除百度渠道之后剩余的转化路径如图 10-11 所示,剩下了 3 条转化路径。

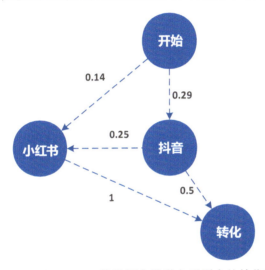

图 10-11　移除百度渠道之后剩余的转化路径

这 3 条转化路径的转化概率分别为 0.14、0.145 和 0.072,5(见表 10-10),三者概率加总之后除以整体的转化概率,得到 0.5。

表 10-10　移除百度渠道之后剩余转化路径的转化概率

完成转化的路径	转化概率
开始→小红书→转化	0.14×1=0.14
开始→抖音→转化	0.29×0.5=0.145
开始→抖音→小红书→转化	0.29×0.25×1=0.072,5

那么,百度的移除效应系数是 1-0.5 = 0.5。得出结论:如果没有百度渠道,则奔驰汽车的购买率将会下滑 50%。

(2)计算抖音的移除效应系数。

移除抖音渠道之后剩余的转化路径如图 10-12 所示,剩下了 2 条转化路径。

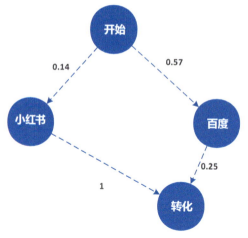

图 10-12 移除抖音渠道之后剩余的转化路径

这 2 条转化路径的转化概率分别为 0.142,5 和 0.14（见表 10-11），两者概率加总之后除以整体的转化概率，得到 0.4。

表 10-11 移除抖音渠道之后剩余转化路径的转化概率

完成转化的路径	转化概率
开始→百度→转化	0.57×0.25=0.142,5
开始→小红书→转化	0.14×1=0.14

那么，抖音的移除效应系数是 1-0.4=0.6。得出结论：如果没有抖音渠道，则奔驰汽车的购买率将会下滑 60%。

（3）计算小红书的移除效应系数。

移除小红书渠道之后剩余的转化路径如图 10-13 所示，剩下了 3 条转化路径。

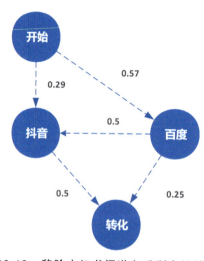

图 10-13 移除小红书渠道之后剩余的转化路径

这 3 条转化路径的转化概率分别为 0.142,5、0.145 和 0.142,5（见表 10-12），三者概率加总之后除以整体的转化概率，得到 0.6。

表 10-12　移除小红书渠道之后剩余转化路径的转化概率

完成转化的路径	转化概率
开始→百度→转化	0.57×0.25=0.142,5
开始→抖音→转化	0.29×0.5=0.145
开始→百度→抖音→转化	0.57×0.5×0.5=0.142,5

那么，小红书的移除效应系数是 1−0.6=0.4。得出结论：如果没有小红书渠道，则奔驰汽车的购买率将会下滑 40%。

最后，得出结论：百度、抖音和小红书的移除效应系数分别为 0.5、0.6 和 0.4，抖音和百度渠道的价值相对较大。因此，奔驰广告主在下次投放时，可以将更多的预算倾斜到抖音和百度上。

10.5　漏斗分析：一条广告的生命周期，如何提升广告转化率

从广告主投放广告到这条广告真正产生价值，中间要经历一个生命周期，有的广告生命周期很长，有的则很短，这取决于广告主从事什么行业。

可以把"广告主投放广告"比喻为"家长培养孩子"。广告主投放广告需要经历生命周期，家长培养孩子也需要经历生命周期。家长培养孩子要经历两个阶段。

第一阶段：学校和家长联合培养阶段。

在这个阶段，家长将孩子送到学校，学校和家长一起对孩子进行培养教育。其中，学校扮演主要角色，提供基础设施、师资力量、标准体系化的教学方式，对所有孩子采取相同的培养手段。家长扮演辅助角色，在孩子放学回家的时间段内，辅导孩子写作业，塑造孩子的价值观。

第二阶段：家长主导的培养阶段。

经过几年的学校培养，孩子毕业了，走上工作岗位，这时家长成为培养孩子的主要角色。在孩子遇到工作、生活等难题时，及时给予关怀、指导和疏解。

广告主投放广告也是同样的道理，"广告主"就是"家长"，"广告"就是"孩子"。在广告转化的前半生，广告主将广告送到媒体平台（媒体公司）手中，在媒体平台和广告主的共同努力下，初步实现广告的价值。进入广告转化的后半生，广告主扮演主要角色，通过各种手段，来塑造和放大广告带来的价值。

10.5.1 广告转化的前半生：前端转化链路

广告主将广告制作好后，从将其投放在媒体平台上开始，广告转化的前半生历程就开始了。广告数量众多，它们的出身各不相同，有的来自房地产行业，有的来自教育行业，有的来自汽车行业，还有的来自游戏行业。不论出身高贵低贱，它们都要遵守媒体平台的流量展现和分配逻辑，都要经历由曝光到点击再到转化的历程和路径。我们把广告在媒体平台端经历的路径称为广告前端转化链路，如图 10-14 所示。

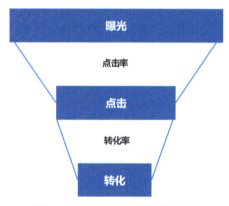

图 10-14　广告前端转化链路

在广告转化的前半生，广告主追求的目标是低成本、大规模获取用户。基于广告的前端转化链路，要实现这个目标，必须提升 3 个关键要素：展现量（也就是曝光量）、点击率和转化率。

1. 提升展现量

广告主如何获取更多的展现量？首先要熟悉媒体平台的广告展现排名机制，即要知道媒体平台是如何决定给哪些广告分配较多的流量，给哪些广告分配较少的流量的。目前，媒体平台主要根据自身收益最大化原则，采用 eCPM 这个指标，根据其排序来分配广告的展现量。

从媒体平台的视角来看，eCPM 是千次展示带来的期望收入。媒体平台需要依靠售卖广告获取收入，所以其在分配流量时，广告系统的流量会向 eCPM 更高、更稳定的广告倾斜，从而实现广告收益的最大化。当有多个广告主参与广告位的竞争时，媒体平台会预估各个广告主的 eCPM，并为 eCPM 排名。排名越靠前，越会获得优质的广告位，从而会获得越多的流量，具体如图 10-15 所示。

> **提示** eCPM 是一个预估的数值，其预估公式为：eCPM＝出价（Pbid）×预估点击率（eCTR）×预估转化率（eCVR）×1000。
>
> 在广告主对广告出价后，媒体平台的广告系统会自动预估广告的点击率和转化率，将 3 个指标相乘后就可以预估出 eCPM 的值。

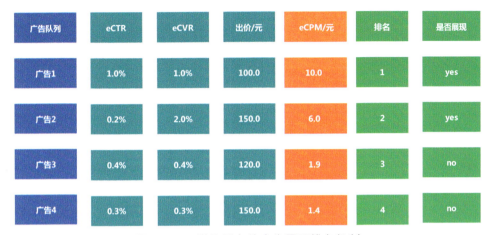

广告队列	eCTR	eCVR	出价/元	eCPM/元	排名	是否展现
广告1	1.0%	1.0%	100.0	10.0	1	yes
广告2	0.2%	2.0%	150.0	6.0	2	yes
广告3	0.4%	0.4%	120.0	1.9	3	no
广告4	0.3%	0.3%	150.0	1.4	4	no

图 10-15　媒体平台的广告展现排名机制

从广告主的视角来看，eCPM 是千次展示的预估成本。eCPM 越高，其投放的广告就越有竞争力，排名就会越靠前，获取的流量就越多。

那么，广告主如何提升 eCPM 呢？根据 eCPM 的计算公式：eCPM =出价（Pbid）×预估点击率（eCTR）×预估转化率（eCVR）×1000。广告主要想提升自己的广告竞争力，可以通过 3 种方式，分别是：①提升出价；②提升点击率；③提升转化率。

提升出价是最简单和直接的方式。有了高出价，eCPM 就可以提升，排名也就可以提升，就能够快速获得流量倾斜。但是由于 eCPM 是 3 个变量共同协作的结果，因此提升出价并不总是能 100%保证广告快速起量，如果广告质量太差、落地页设置不合理，导致点击率和转化率过低，那么仍然没有办法获取较多的展示。因此，提升点击率和转化率也至关重要。

> **提示**　熟悉媒体平台的广告投放机制是一种很重要的能力。我们在上文中介绍了媒体平台的广告展现排名机制。除这个机制外，还需要了解另一个计费机制，这涉及广告出价和扣费的问题。
>
> - 出价：广告主愿意为一次点击或转化支付的最高价格，通常出价最高的广告主赢得展示机会。
> - 扣费：出价最高的广告主实际支付给媒体平台的钱，通常最终扣费价格比出价低。扣费通常采用第二高价机制，即扣费价格=出价第二高的价格+0.01。比如，3 个广告主甲、乙、丙竞争同一个广告位，他们分别出价为 2 元、3 元和 5 元。那么，最终丙广告主获得展示机会。他最终支付给媒体平台的价格不是 5 元，而是排在第二位的乙的出价 3 元加 0.01 元，即 3.01 元。

2. 提升点击率

点击率等于广告点击数量除以广告总展现数量。它反映的是当广告展现在用户面前时，用户是否会点击广告，代表了广告是否受用户欢迎和喜欢。

通常情况下，广告的点击率越高，代表广告越吸引人。这也意味着，如果广告主的广告素材对用户的吸引力不高，那么点击率就不会很高，这不仅会影响进一步的转化，还会影响展现的持续性。因此，提升点击率对广告转化的前半生来说非常重要。

提升点击率的最重要方法就是优化广告创意和素材。如何优化？有两种方式：①提升广告创意与目标人群的匹配度；②提升广告素材的创意性和吸引力。

（1）提升广告创意与目标人群的匹配度。

广告创意一定要与广告定位的目标人群相匹配。如果广告创意与目标人群不匹配，则意味着将广告创意投给了不需要或不感兴趣的人。用户对广告不感兴趣，点击率自然就不会高。

提示 广告主投放的目标人群是男性，在设计广告创意时却采用大量的粉色等可爱元素，广告的点击率很可能不会高。

（2）提升广告素材的创意性和吸引力。

哪些因素影响广告素材的创意性和吸引力？主要包括：素材使用的是图片、视频还是文案，图片如何设计、采用何种样式，视频如何设计、场景/情节如何拍摄，文案如何描述、如何突出重点信息等，具体如表 10-13 所示。在设计和制作广告素材时，充分考虑这些因素能够提升点击率。

提示 广告的点击率并不是越高越好。使用一些擦边和吸睛的广告素材对提升点击率都助很大，但是对最终的转化没有帮助，反而浪费了预算。对这种虚高的点击率要保持关注和警惕。

表 10-13　广告素材的影响因素

广告素材	影响因素
图片	图片样式：大图、三图、单图等
	主图设计
	图片质量
	图片颜色的搭配和对比
视频	视频长短
	视频质量
	视频场景/人物/情节设计
文案	文案长短
	文案描述是否清晰
	重点信息是否有效传达，如产品卖点、促销信息等
	文案是否吸引人
	文字大小

3. 提升转化率

一般来说，用户点击了广告主的广告，意味着用户对广告主的广告形成了初步的认知，产生了初步的兴趣。如果顺利，那么用户会跳转到一个专门的落地页或详情页，如图 10-16 所示。这个页面是指导用户进行转化的页面，最终的目的是让用户通过这个页面进行留资或下载等，即我们所说的"转化"。

如果用户成功留资或下载，就是完成了一次转化。转化率的提升，意味着广告主的广告投放取得了初步成果，也意味着广告素材和创意获得了用户的认可，广告展现量的提升具备可持续性。因此，提升转化率对广告来说非常关键。

広告页 　　　　　　　　　　　　　落地页——留资

图 10-16　某广告主的广告页和"留资"落地页

如何提升转化率？影响用户留资或下载等转化行为的因素主要是广告内层的落地页或详情页，具体包括 4 个关键点。

（1）落地页的加载速度。

落地页的加载速度，即用户从广告页进入落地页的时间。这个流程必须是顺畅的，如果在这个环节用户感受到了延迟、等待等不顺畅行为，转化大概率就"泡汤"了。所以，保证落地页的加载顺畅是提升转化率的一种重要方式。

（2）落地页跳转链路的复杂度。

落地页跳转链路的复杂度，是指广告主在设计落地页时，为了向用户传达更多的产品或其他信息，而让用户从一个落地页跳转到另一个落地页，从另一个落地页又跳转到其他页面，各个落地页之间形成了错综复杂的跳转关系。这样看似会给用户传达更多的信息，实则会提升用户的跳转成本，致使用户不但看不懂而且会逐步丧失耐心，最终导致用户离开。所以，保证落地页跳转链路的简单化也是提升转化率的一种重要方式。

（3）落地页与广告页的关联度。

一般情况下，用户点击了广告页，代表用户对广告和广告传达的产品信息产生了初步的兴趣。用户进入落地页，是想进一步了解产品信息。如果用户在落地页看到的详细信息与广告页推广的不一致，轻则导致用户离开，重则可能会影响广告主在用户心目中的形象和信用。因此，保证落地页与广告页的关联度也是提升转化率的一种重要方式。

（4）落地页素材的创意性和吸引力。

用户进入落地页后，如果落地页的排版能够让人赏心悦目、页面简单易操作，那么基本上用户会愿意在这个页面上驻足一小会儿。在用户驻足的这段时间内，如果落地页素材设计得精美一些，或者产品卖点足够突出，或者优惠信息有吸引力，那么用户大概率会愿意留资或下载，从而形成转化。所以，保证落地页素材的创意性和吸引力也是提升转化率的一种重要方式。

4. 广告前端转化链路提升图

最后，对广告前端转化链路进行系统性的梳理，得到广告前端转化链路提升图，如图 10-17 所示。广告主在前端转化链路上的主要目标是低成本、大规模获取用户，为了实现这个目标，需要提升展现量、点击率和转化率。

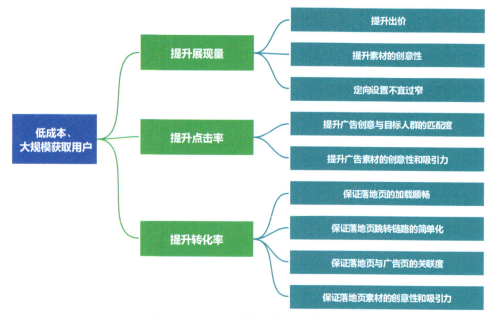

图 10-17　广告前端转化链路提升图

- 提升展现量的关键：①提升出价；②提升素材的创意性；③定向设置不宜过窄。
- 提升点击率的关键：①提升广告创意与目标人群的匹配度；②提升广告素材的创意性和吸引力。
- 提升转化率的关键：①保证落地页的加载顺畅；②保证落地页跳转链路的简单化；③保证落地页与广告页的关联度；④保证落地页素材的创意性和吸引力。

10.5.2　广告转化的后半生：后端转化链路

广告主在前端获取用户后，"广告孩子们"就毕业了，广告主会将各自的孩子领回家，广告转化的后半生历程就开始了。前半生不管广告的出身背景，其教育模式和转化路径基本一致；后半生广告回归出身家庭，开始了各自精彩纷呈的发展路径和转化漏斗，也开启了各自不同的命运。

广告主在这一阶段追求的目标就是提升用户的付费转化率，实现广告投放和用户价值的最大化。不同行业的广告主从媒体平台那里获取用户之后，还需要经历一系列的转化环节才能使用户完成最终的付费，为广告主贡献真正的价值。我们把这一段由广告主自我优化和掌控的转化路径称为广告后端转化链路。

后端转化链路与千篇一律的前端转化链路不同，不同的行业、不同的业务，其转化链路和转化漏斗各有千秋。

1.　教育行业广告转化的后半生

教育行业出身的广告主从媒体平台处获取了广告线索之后，会经历以下几个转化历程（见图 10-18 中的左图）。

- 广告主将广告带来的线索分配给电销人员。
- 电销人员打电话邀约用户上体验课。
- 用户接受邀请。
- 用户正式体验完一节课程。
- 电销人员催促用户购买正价课。
- 用户购买正价课为广告主贡献了 GMV。

2.　二手车电商行业广告转化的后半生

二手车电商行业出身的广告主从媒体平台处获取了广告线索之后，会经历以下几个转化历程（见图 10-18 中的中图）。

- 广告主开发的二手车 App 被用户下载。
- 用户注册二手车 App。
- 用户在二手车 App 上浏览、搜索，形成各种行为轨迹。
- 广告主依据用户行为，将用户分类为高质线索、一般线索和低质线索。
- 广告主选择部分线索形成工单下发给销售人员。
- 销售人员接受工单后，打电话邀请用户看车和试车。
- 用户接受邀请，约定看车和试车时间。
- 销售人员带用户现场看车和试车。
- 用户支付定金购买二手车为广告主贡献了 GMV。

3. 外卖行业广告转化的后半生

外卖行业出身的广告主从媒体平台处获取了广告线索之后，会经历以下几个转化历程（见图 10-18 中的右图）。

- 广告主开发的外卖 App 被用户下载。
- 用户注册外卖 App。
- 用户在外卖 App 上浏览和搜索，外卖 App 将外卖商家曝光给用户。
- 用户选择某个商家点击进入店面。
- 用户在店面内选择商品并点击支付。
- 用户完成支付为广告主贡献了 GMV。

图 10-18　不同行业广告的前后端转化链路

后端转化链路的提升考验的是广告主自身的"内功"。广告主内部用户和产品部门的工作目标就是让这个转化流程顺畅，高效地完成最终的转化。后端转化链路的提升涉及的业务范围很广，渠道、用户、产品等诸多部门都在为整个目标努力，这里不展开详述。

10.6　效果评估：业界争论不休的品牌广告和效果广告，如何评估它们的投放效果

广告业界对品牌广告和效果广告的热议一直沸沸扬扬，从来没有停歇过。关于品牌广告和效果广告，被广泛知晓的就是"鱼塘捕鱼"的故事了，它说的是两个人的捕鱼策略。

- 一个人为了得到鱼，采取了"找鱼塘捕鱼"的策略。刚开始由于还没有被挖掘，鱼塘很多，鱼塘里的鱼也很多，捕鱼的效果非常明显，马上就可以捕到鱼，成本也很低。但随着鱼塘里的鱼都被捕完了，找鱼塘越来越困难，捕鱼也越来越困难，捕一条鱼的成本也越来越高。
- 另一个人为了得到鱼，采取了"自建鱼塘捕鱼"的策略。由于鱼需要一定的周期来培养，因此刚开始他捕不到鱼，捕鱼的效果不明显。但随着鱼的逐渐长大，他就有足够的鱼可以捕了，而且后期也不用到处去找鱼塘，在自己的鱼塘里捕鱼就可以了。

这两种捕鱼策略宛如效果广告和品牌广告。

- 效果广告的投放如同"找鱼塘捕鱼"，到处撒网买量，刚开始由于流量红利的存在，买量成本很低。但随着流量红利的消失，买量越来越难，买量成本也越来越高。效果广告能立马看到效果，能让公司立马获得经济效益，但后期的买量费用会越来越高，不利于公司的可持续发展。
- 品牌广告的投放如同"自建鱼塘捕鱼"，广告刚开始投放时，不会立马见到效果，但为公司培养了一批潜在用户，随着时间的推移，等到这批用户的心智被培养成熟了，就可以收割了。品牌广告的投放虽然不会立马见效，但为后期长远的转化提供了储备资源，是公司长期发展的源泉。

一个人最好的捕鱼策略是什么？是"找鱼塘捕鱼"和"自建鱼塘捕鱼"两种策略相结合。在刚开始还没有养成鱼时，找鱼塘捕鱼可以让自己避免没有鱼的尴尬；一段时间后，自建鱼塘里养的鱼可以让自己避免"竭泽而渔"的困境。

投放广告最好的策略也是"效果广告"和"品牌广告"并行。效果广告为公司带来短期经济效益，品牌广告为公司的长远发展储备用户。效果广告需要品牌广告做铺垫才能实现长久持续的低成本获客，品牌广告需要效果广告的转化才能实现广告最终的投放目的。

10.6.1　品牌广告和效果广告到底有什么区别

那到底什么是品牌广告和效果广告？二者有什么区别呢？

1. 什么是品牌广告

品牌广告是指不以追求短期效果而以追求长期价值为目的而投放的广告。

从广告形式来看，品牌广告多以视频贴片广告、开屏广告、非标准化定制广告为主；从计费模式来看，品牌广告多以 CPT、CPD 和 CPM 等形式计费；从交易模式来看，品牌广告多以合约、PD、PDB 等模式交易。

提示 （1）常见的广告计费模式。

- CPT：Cost Per Time，按曝光时间计费的模式，可以是天、月和季。
- CPM：Cost Per Mille，按千次曝光量计费的模式。
- CPC：Cost Per Click，按点击量计费的模式。
- CPL：Cost Per Lead，按线索量计费的模式。
- CPD：Cost Per Download，按下载量计费的模式。
- CPA：Cost Per Action，按指定的用户行为计费的模式。
- CPI：Cost Per Install，按安装量计费的模式。
- CPS：Cost Per Sale，按销售量计费的模式。
- CPO：Cost Per Order，按订单量计费的模式。
- CPR：Cost Per Respond，按回应量计费的模式。
- CPP：Cost Per Purchase，按购买量计费的模式。

（2）常见的广告交易模式。

① 合约。合约是最早也是最传统的在线广告售卖方式。媒体平台和广告主事先约定好某个时间段和某些固定的广告位，广告主按约定好的时间投放广告。这是一种长期独占式的广告，类似商品售卖中的"橱窗展示"。结算方式通常为 CPT。这种模式的好处是具备强曝光属性，能够长期独占广告位，对用户形成视觉冲击。但缺点也非常明显，无法做到按受众投放广告，无法对目标用户进行定位，会造成广告主广告费用的浪费。

② 程序化直接购买（Programmatic Direct Buying，PDB）。PDB 模式的资源是媒体平台所有广告资源中最优质的资源，这种广告资源通常是紧俏的、供不应求的、被广告主争抢的。因此，为了获得这些最优质的广告资源，广告主会事先与媒体平台达成协议，商量好一个价格，将这些最优质的广告资源预留出来不能卖给别人，这就是 PDB 模式。

PDB 模式与传统的合约模式非常类似，不太一样的也是升级的一点是 PDB 模式可以做到人群定向。但这种定向是有局限性的，只能在几个大的基础属性维度内进行定向。

采用 PDB 模式的通常是大的品牌广告主，如保洁、联合利华、宝马、奔驰等。PDB 模式一方面可以满足它们购买最优质资源的需求，另一方面其简单的定向功能可以保证一定的广告投放效果。

PDB 模式的资源位和价格都是事前定好的，因此可以保价保量，而且一般媒体平台会承诺返量。PDB 通常是一对一的模式（一个媒体平台对应一个广告主），大部分情况下采用 CPT 结算。

③ 优先交易（Preferred Deals，PD）。在被大的品牌广告主承包了最优质的资源后，媒体平台侧仍有一些相对优质的资源，这些资源的展现量是不确定的，

广告主与媒体平台以商量好的价格购买这些不确定的资源，这就是 PD 模式。PD 模式的不足之处在于资源的不确定性，好处是媒体平台不用向广告主承诺投放量，且广告主可以选择自己需要的目标用户进行投放，避免了广告资源的浪费。它相比 PDB 模式最大的好处就是可以灵活定向选择目标用户。

由于资源位是不确定的，但价格可以事前商定好，因此 PD 模式保价不保量。PD 通常也是一对一的模式（一个媒体平台对应一个广告主），大部分情况下采用 CPM 结算。

④ 私有市场交易（Private Auction，PA）。PA 模式的资源都是私有的，媒体平台将一些广告资源开放给几个大型的广告主，只允许这几个广告主进行竞价购买。因为这是一个私有的一对多的竞价市场，因此它既不保价也不保量。

私有的关键在于只有几个广告主竞价购买，这些广告主都是需要准入的，都有一定的准入条件，只有满足这些条件的广告主才有资格购买 PA 模式的资源。PA 通常是一对多的模式（一个媒体平台对应多个广告主），大部分情况下采用 CPC 结算。

⑤ 实时竞价（Real Time Bidding，RTB）。优质资源被购买后，媒体平台侧总会剩下一些不好的资源，这些资源并不是广告主非常青睐的资源，但媒体平台又不想浪费了这些长尾和劣质的资源。因此，媒体平台会把这些资源放到公开市场上让一些小的广告主进行竞价购买，这就是 RTB 模式。

RTB 模式是最早出现的程序化广告模式，它的资源位是不确定的，价格也是不确定的。

因为这些资源的价格相对较低且准入门槛较低，加之资源的多样性和灵活性，因此一些小的广告主（预算比较缺凑的广告主）还是有购买需求的。但大的品牌广告主一般不会购买这类资源，因为其对品牌形象要求较高，而 RTB 模式资源的低质量有可能损害品牌广告主的形象。

媒体平台通常会将 RTB 模式的资源放到公开市场上进行售卖，在这个市场中几乎所有的广告主都有资格购买这些资源，因此 RTB 通常是多对多的模式（多个媒体平台对应多个广告主），大部分情况下采用 CPC 结算。

品牌广告最大的特点就是"长期打造用户心智，为品牌培养后备军"。因此，其广告效果衡量困难，广告主需要为曝光或展示付费，花费预算带来的效果却难以量化。

2. 什么是效果广告

效果广告是指以追求广告效果为目的而投放的广告。那什么又是广告效果？比如，下载量、注册量、线索量甚至是销售量等。

从广告形式来看，效果广告多以搜索广告、电商广告和信息流广告为主；从计费模式来看，效果广告多以 CPC、CPL、CPD、CPI、CPS 等形式计费；从交易模式来看，效果广告多以 RTB 和 PA 等模式交易。

效果广告最大的特点就是"花多少钱就能看到多少效果",广告主只需要为结果付费,其预算消耗了多少,就会为其带来多少的点击量、下载量或转化量。和品牌广告相比,效果广告有两个优势:①效果见效快;②效果容易衡量。

3. 一张表梳理品牌广告和效果广告的区别

那么,品牌广告和效果广告到底有哪些区别?具体体现在投放目的、广告形式、计费模式、投放节点、交易模式、广告素材、关注因素 7 个方面,如表 10-14 所示。

表 10-14 品牌广告和效果广告的区别

比较项	品牌广告	效果广告
投放目的	培养用户心智,提升品牌认知度,打造品牌声量	追求效果,如注册量/线索量/销售量等
广告形式	视频贴片广告、开屏广告、非标准化定制广告	搜索广告、电商广告、信息流广告
计费模式	CPT、CPD、CPM	CPC、CPL、CPD、CPI、CPS
投放节点	新品上市、营销活动、节假日	长线投放
交易模式	合约、PD、PDB	RTB、PA
广告素材	素材精心设计制作	动态素材
关注因素	大曝光、创意、资源整合	精准投放、技术、效果

10.6.2 如何评估品牌广告的投放效果

品牌广告的量化评估一直是业界难题,难点在于 3 个方面。

- 品牌广告对用户的影响是存在一个过程的,这个影响过程有可能是一个月、半年甚至一年。
- 品牌广告对用户心智的影响很大,而心智的效果通常是无形和难以衡量的。
- 销售量可能是品牌广告和效果广告共同作用的结果,品牌广告到底有多少贡献难以衡量。

这些众多的要素叠加起来导致业界还没有找到品牌广告和销售量之间的准确转换关系。虽然量化存在诸多困难,但是业内人士也在孜孜以求地寻找解决方案,总体来说可以梳理出 5 种方法。

1. 从"触达和曝光"角度评估

触达(Reach)和曝光层面的效果比较容易测量,常用的有 4 个指标。

(1)曝光量。

曝光量是一次品牌推广活动触达多少人。其触达的人数越多,大曝光数量越多,品牌广告的效果越好。

（2）点击率。

光有曝光量还不够，如果只有曝光没有点击，则意味着广告费用的浪费。因此，还必须关注点击率。点击率衡量的是品牌广告曝光的人群中，有多大占比的人点击了广告。点击率越高，品牌广告的效果越好。

点击率的计算公式为：点击率=点击量/曝光量×100%。

（3）TA 浓度。

目标受众（Target Audience，TA）浓度代表在曝光的总受众里击中目标受众的比重。品牌广告触达的目标受众越多，其效果越好。

TA 浓度的计算公式为：TA 浓度=曝光的目标受众数量/曝光的受众总数量×100%。

（4）TGI。

目标群体指数（Target Group Index，TGI）指的是目标群体的特征是否与总体用户的特征有显著差异。

TGI 的计算公式为：TGI=目标群体中具有某一特征的群体所占比例/总体中具有相同特征的群体所占比例×100。

- 若 TGI>100：表明投放的目标群体越精准，吻合度越高。
- 若 TGI≤100：表明投放的目标群体不够精准，吻合度不高。

举个生活中的例子，某英语培训机构在一所大学旁设立了英语培训班，报名的人中有 60%是男生，40%是女生。这是否能说明男生对英语的需求更高？

我们再来看一下这所大学里的男女生比例。这是一所理工科大学，其中男生占比70%，女生占比 30%。

计算 TGI 看一下结果，"目标群体中具有某一特征的群体所占比例"就是"报名英语培训班的男生占比"，"总体中具有相同特征的群体所占比例"就是"这所理工科大学里的男生占比"，则 TGI=60%/70%×100=85.7，TGI<100。因此，得出结论：这所大学里男生对英语的需求特征并不突出。

再举个广告投放的例子，奥迪主机厂在腾讯视频上投放广告，它选择"30～40 岁"的人群作为目标群体进行广告投放，投放后发现这群人中只有 20%的人对奥迪车产生了兴趣。这是否意味着奥迪主机厂在腾讯视频上没有找准目标群体呢？

我们再来看一下腾讯视频的总体用户情况，在总体用户中，只有 10%的人对奥迪车有兴趣。

接着计算 TGI=20%/10%×100=200，TGI>100。因此，30～40 岁的人群对奥迪车的兴趣高于腾讯视频的总体用户，奥迪主机厂在腾讯视频中选择的这批人是正确的，触达了目标群体。

2. 从"声量"角度评估

投放了品牌广告后，虽然很可能在短期内看不到销售量的提升，但是通常会带来声量的提升。声量体现在哪里？比如，品牌词或产品词的搜索量、资讯的讨论量与转发量的提升，这些统称为声量的提升。如何衡量这些提升？可以借助百度指数、微博指数、搜狗指数和微信指数进行衡量。

一般的经验是，一系列品牌广告通常会带来相应主题关键词搜索量的增长。通过对比广告投放前后品牌词或产品词被搜索次数的变化，或者通过对比竞品的关键词变化，可以判断出品牌广告是否引起了更多人的注意，是否提升了社会声量。

以化妆品行业在情人节的品牌推广为例，观察"雅诗兰黛""兰蔻""迪奥"3个国际品牌在百度指数上的表现，如图 10-19 所示。发现从 2023 年 2 月 8 日其品牌词的搜索量开始提升，一直持续到 2 月 14 日，之后搜索量开始下降。

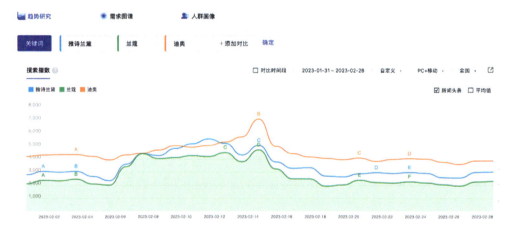

图 10-19　百度指数：雅诗兰黛/兰蔻/迪奥在情人节前后品牌词搜索量的变化

> **提示**　"百度指数"以网民在百度的搜索量为数据基础，以关键词为统计对象，分析并计算各个关键词在百度网页搜索中搜索频次的加权。

3. 从"用户心智"角度评估

品牌广告触达用户后，用户并没有产生购买行为，但是对用户的心智产生了影响。比如，用户对品牌的认知度提升了，对品牌的喜好度提升了，向朋友推荐的意愿也提升了。且其心智在遭受多次广告的刺激后，用户很有可能产生购买行为。因此，通过用户心智的变化也可以评估品牌广告的效果。

如何衡量用户的心智？心智是用户心中的主观所想，因此很难直接衡量。目前多采用线上问卷调研的方式，具体需要分 3 步进行衡量。

（1）设计调研问卷。

一般问卷设计围绕 6 个基本问题展开，如表 10-15 所示，但不局限于这些问题。

> **提示**　问卷调研的难点是"实效性"和"回收率"。所以在设计问卷时，不宜过长且不宜设置定性问题。

表 10-15　用户心智衡量问卷

问题类型	问题举例
品牌认知度	您听说过 XX 品牌以下哪些【产品】
品牌看法	您会如何评价 XX【品牌/产品】在 XX 方面的属性
品牌喜好度	您对 XX【品牌/产品】的喜欢程度如何
品牌意向度	您进一步了解 XX【品牌/产品】的可能性如何
品牌偏好度	在 XX 品牌以下【产品】中，您最喜欢哪一个
品牌购买意向度	您未来打算购买 XX 品牌的产品吗

（2）设置目标组和控制组。

要衡量投放的品牌广告是否对用户的心智产生了影响，最好采用对比的方式，设置目标组和控制组进行对比。对两组用户提问第一步设置好的相同问题，观察两组用户在数据上的差异。

- 目标组用户：看过广告。
- 控制组用户：没看过广告。

（3）测量目标组和控制组的差异，得出结论。

以戴森为例，戴森在推出新品时，做了一次品牌广告推广，并且采用问卷调研的形式评估广告效果。它针对目标组用户和控制组用户发放了问卷，其中一个问题是"您了解戴森 XX 风扇吗"。

总共回收 810 份问卷，其中控制组用户 334 份，目标组用户 476 份，问题的统计结果如图 10-20 所示。那么，戴森的这次广告投放有效果吗？

我们把回答"非常了解""比较了解""一般了解"的用户称为"意向用户"，把回答"不太了解""非常不了解"的用户称为"非意向用户"。

通过图 10-20 中的数据可以发现，目标组（看过广告）的意向用户占比高于控制组（没看过广告），目标组（看过广告）的非意向用户占比低于控制组（没看过广告）。

得出结论：戴森的这次品牌推广提升了用户对产品的认知度和了解度，因此是有效的。

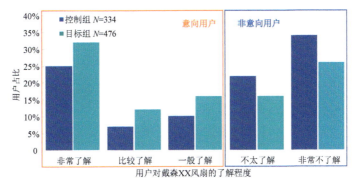

图 10-20　戴森线上调研的问卷回收统计数据

4. 从"全网评论"角度评估

通过爬虫等技术手段抓取网络上关于品牌或产品的相关资讯、文章、搜索等数据，主要追踪阅读量、评论量、转发量、搜索量在广告投放前后的变化，或者与竞争对手的对比情况，据此判断品牌广告的投放效果。可以追踪的网站包括以下几种。

- 内容类：如今日头条、新浪、网易、搜狐、抖音、快手、小红书等。
- 垂直社区、论坛和贴吧：如汽车之家、百度贴吧等。
- 社交网络：如微博、微信等。
- 电商平台：如淘宝、拼多多、京东等。
- 搜索引擎：如百度、360、神马等。

5. 从"官网流量"角度评估

这种方法相对来说比较简单，主要通过对比企业官网在广告投放前后的流量数据来观察品牌广告是否有效。通常情况下，品牌广告会带来用户对官网的搜索和关注，因此会在广告投放后，带来官网流量和访问量的提升。

10.6.3 如何评估效果广告的投放效果

效果广告的投放效果评估比品牌广告简单，直接评估其为广告主带来的效果即可，这个过程类似"投资养鸡场卖鸡蛋"的道理。

举个例子，小王想投资一家养鸡场卖鸡蛋，"买鸡生蛋"的过程就类似效果广告评估的过程，来看一下小王"买鸡生蛋"的过程和关注的指标。

第一阶段：买小鸡。

小王会在各处搜集小鸡的线索，如从哪里可以买到足够数量且品种优质的小鸡，以便能获得具备较强下蛋潜力的小鸡。

提示 在此阶段，小王主要关注"购买小鸡的价格"和"购买小鸡的数量"。

第二阶段：母鸡首次下蛋。

将小鸡购买来之后，小王会进行精心饲养，希望每只母鸡都早日下蛋，以便早日为他带来收益。

提示 在此阶段，小王主要关注"首次下蛋量"和"卖鸡蛋的价格"。

第三阶段：母鸡持续下蛋。

在母鸡第一次下蛋后，小王继续精心饲养，希望母鸡每天都能下蛋，而且希望下蛋持续的周期越长越好。

提示 在此阶段，小王主要关注"持续下蛋量"和"持续下蛋的时间"。

我们把投放一次效果广告的过程，想象成一次"买鸡生蛋"的过程，小王买鸡的最终目的是让母鸡持续下蛋，为他带来价值和收入。广告主投放效果广告的目的是获取用户,让用户持续购买其产品或服务,为其带来价值和收入。因此,效果广告的评估按用户生命周期也分为 3 个阶段,每个阶段采用的评估指标也是不同的,如表 10-16 所示。

表 10-16　效果广告评估指标体系

指标类型	不同阶段				
	获取用户			用户首次产生价值	用户持续产生价值
规模类	曝光量	点击量	线索量	购买量	续费量
质量类	—	点击率	线索率	购买率	续费率
成本类	CPM	CPC	CPL	CAC	CAC
收入类	—	—	—	客单价	LTV
投入产出比	—	—	—	ROI=客单价/CAC	ROI=LTV/CAC

1. 第一阶段:获取用户

在这个阶段,广告主会与各个媒体平台合作投放广告,以便获取足够多的用户,为用户的购买打下基础。所以,在这个阶段,广告主最关注的是"获取的有效用户数量"和"获取用户的成本"。

(1)有效用户数量和价格。

不同的广告主,由于其业务不同,因此对有效用户的定义也是不同的。比如,教育公司和汽车公司的"有效用户数量"就是"线索量"。

获取线索是要付出成本的,10 元可以买一条线索,20 元也可以买一条线索,广告主当然要关注购买的价格了。购买一条"线索"对应的价格就是"线索购买价格",业内用"CPL"表示。

同时,为了衡量线索的转化质量,出现了"线索率"这个指标。它是指由点击到获取线索的转化率,等于线索量除以点击量。

(2)点击量和价格。

在广告投放中,用户只有先点击了广告,才会进入广告主的落地页,在落地页上留下电话号码等线索,因此"点击量"也是广告主关注的一个指标。只不过这是一个过程指标,只有将"点击量"做好了,"线索量"才有可能提升。

同样,获取点击量也是要付出成本的,购买一次"点击"对应的价格就是"点击价格",业内用"CPC"表示。

同时,为了衡量点击的转化质量,出现了"点击率"这个指标。它是指由曝光到点击的转化率,等于点击量除以曝光量。

(3)曝光量和价格。

广告只有先曝光并展示给了用户,用户才会发生点击行为,因此"曝光量"也是广告主关注的一个指标。这也是一个过程指标,只有将"曝光量"做好了,"点击量"和"线索量"才有可能提升。

同样,获取曝光量也是要付出成本的,购买一次"曝光"对应的价格就是"曝光价格"。为了方便计算，业内采用"千次曝光"这个指标来衡量其价格，用"CPM"表示。

到此为止，在用户未产生价值前，广告主关注的指标是由"曝光量"、"点击量"和"线索量"形成的 3 个规模类指标，由"点击率"和"线索率"形成的 2 个质量类指标，以及由"CPM"、"CPC"和"CPL"形成的 3 个成本类指标，如表 10-16 所示。

2. 第二阶段：用户首次产生价值

在这个阶段，广告主购买的线索用户开始产生购买行为，为广告主带来了首次价值。

此时，广告主关注的第一个重要指标就是"购买量"，购买量越多，广告主获得的收入越多。购买量来自第一阶段的线索量，为了衡量由线索量到购买量的转化质量，出现了"购买率"这个指标，它等于购买量除以线索量。

同样，到用户购买这个环节广告主付出的成本也是不一样的，业内常用"CAC"这个指标，表示广告主为获取一个购买用户付出的成本。

除此之外，在这个阶段，用户为广告主带来了价值。如何衡量一个用户的价值大小？这就产生了另一个指标"客单价"。客单价是平均每个用户单次购买产品或服务的金额，等于总收入除以购买量。

最后，广告主还会衡量投入产出比，用"ROI"这个指标来表示。它等于收入除以成本。在衡量用户首次价值和成本时，ROI=客单价/CAC。

到此为止，在用户产生首次价值时，广告主关注的指标是由"购买量"形成的 1 个规模类指标，由"购买率"形成的 1 个质量类指标，由"CAC"形成的 1 个成本类指标，由"客单价"形成的 1 个收入类指标，以及由"ROI"形成的 1 个投入产出比指标，如表 10-16 所示。

3. 第三阶段：用户持续产生价值

在这个阶段，经过精心的用户运营，首次付费的用户开始产生复购行为，源源不断地为广告主输送价值。

此时，广告主关注的第一个重要指标就是"续费量"，续费量越多，广告主获得的收入越多。续费量来自第二阶段的购买量，为了衡量由购买量到续费量的转化质量，出现了"续费率"这个指标，它等于续费量除以购买量。

不同的是，广告主只需花一次获取用户的钱，就可以让用户持续不断地产生价值。不管用户购买多少次，广告主的获客成本是不变的，仍然是"CAC"。

提示 举个例子来解释。

广告主花费了 5,000 元获取一个购买用户，这个用户在接下来的一年内产生了 3 次购买行为，分别消费了 7,000 元、8,000 元和 6,000 元。

当用户为广告主贡献 7,000 元时，广告主购买此用户的成本是 5,000 元；当用户为广告主贡献 2.1 万元时，广告主购买此用户的成本仍然是 5,000 元。

　　除此之外，在这个阶段，用户为广告主带来了持续的价值。如何衡量持续价值的大小？业内用"LTV"表示。

　　最后，广告主还会衡量用户全生命周期的投入产出比，用"ROI"这个指标来表示。在衡量用户持续价值和成本时，ROI=LTV/CAC。

　　到此为止，在衡量用户全生命周期的持续价值时，广告主关注的指标是由"续费量"形成的 1 个规模类指标，由"续费率"形成的 1 个质量类指标，由"CAC"形成的 1 个成本类指标，由"LTV"形成的 1 个收入类指标，以及由"ROI"形成的 1 个投入产出比指标，如表 10-16 所示。

第11章

商业分析在"电商业务"中的应用

在第 9 章和第 10 章中,我们分别介绍了商业分析在"用户运营业务"和"广告业务"中的应用;在本章中,我们将介绍商业分析另一个高频应用的场景——电商业务。

电商在日常生活中并不陌生,我们的购物活动被各种各样的电商平台包围和环绕,如传统电商平台、内容电商平台、外卖电商平台、二手物品电商平台、即时零售电商平台、直播电商平台等,其类型如表 11-1 所示。

表 11-1 电商平台类型

电商平台类型	代表企业
传统电商平台	淘宝、天猫、京东、拼多多等
内容电商平台	抖音、快手等
外卖电商平台	美团、饿了么等
二手物品电商平台	闲鱼、得物、转转等
即时零售电商平台	美团闪购、京东到家、叮咚买菜、每日优鲜等
直播电商平台	东方甄选等
跨境电商平台	Lazada、Shopee、Temu、SheIn 等
垂类电商平台	唯品会等

整个电商行业链条由商家、电商平台和消费者 3 个利益相关者构成。

在淘宝和京东等电商平台上,有许多商品供消费者选择,这些商品的来源是数以万计的商家。它们有可能是大的品牌商家,如可口可乐、宝洁、香奈儿等,也有可能是一些不知名的小商家。正是因为有这些商家的存在,消费者才愿意在平台上购买商品。它们是电商平台的供给端。

消费者作为电商平台的需求端,是商品的需求者。他们被平台上的商品吸引并最终产生购买行为。也因为有消费者的存在,商家才愿意在平台上售卖商品。

电商平台作为消费者和商家沟通的桥梁,负责平台的搭建和维护,制定平台规则,进行物流、支付等基础设施建设,保证商家和消费者交易的顺利达成,实现更多的GMV,并从中获取更多的佣金和广告收入。

对大部分电商平台来说，要想获取收入和利润，就必须提升 GMV。围绕 GMV，电商平台面临 3 个关键问题。

（1）GMV 下滑了怎么办？

（2）如何预测 GMV？

（3）如何提升 GMV？

11.1　异动分析：如何分析 GMV 的异常下滑

电商业务的 GMV 下滑与广告业务的收入下滑一样，都属于异动分析的范畴。首先需要判断数据是否真的异常；接着需要追溯异常原因，定位出引发异常的核心原因；最后提出解决方案。

如何判断数据是否真的异常？我们在第 7 章已经介绍过：需要确认是否是由"数据口径变动""底层数据错误""周期性波动""不可抗力因素"这 4 个因素引起的。如果确定不是这 4 个因素导致的异常，则再判断 GMV 的波动幅度。如果波动幅度过大，则需要进行深度的归因分析。我们这里直接进入归因分析的环节。

11.1.1　需求端：从用户维度剖析下滑原因

GMV 受供给端和需求端的双重作用及影响。需求端的分析就是从用户（消费者）维度剖析 GMV 下滑的原因。提到归因分析，通常离不开 5 个步骤。

（1）进行指标的下钻式拆解。

（2）提炼指标的关键影响因子。

（3）对关键影响因子做出假设。

（4）各方验证假设是否成立，定位原因。

（5）针对原因，输出解决方案。

我们分别在第 9 章和第 10 章进行了"DAU 下滑"与"广告收入下滑"的归因分析，"GMV 下滑"分析的思路与它们一致，因此这里只介绍关键指标的下钻式拆解环节。

1. 需求端整体拆解架构和逻辑

GMV 的拆解仍然遵循"量"乘以"价"的逻辑。"量"是最终的"购买用户数"，"价"是每个用户的"客单价"，其拆解逻辑如图 11-1 所示。

因此，GMV 的计算公式为：GMV=购买用户数×客单价。

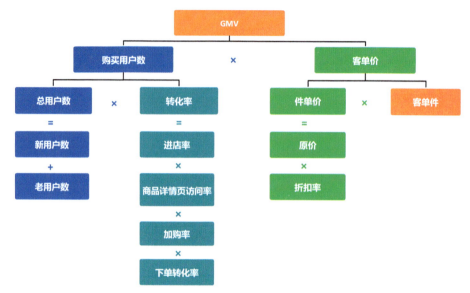

图 11-1　GMV 的下钻式拆解——需求端

2. 购买用户数的下钻式拆解

"购买用户数"是"总用户数"和"转化率"的乘积，其计算公式为：购买用户数=总用户数×转化率。

（1）"总用户数"即平台 UV 数量，它是"新用户数"与"老用户数"之和。

（2）"转化率"是总用户数中有多少比例的用户转化为购买用户。它是若干个过程指标的乘积，与用户的转化路径高度相关。

在大部分的电商平台中，用户从进入平台到最终购买，都要经历 5 个流程，中间产生 4 个过程指标——进店率、商品详情页访问率、加购率和下单转化率，具体如图 11-2 所示。

因此，转化率的计算公式为：转化率=进店率×商品详情页访问率×加购率×下单转化率。

> **提示**
>
> ● 进店率=访问店铺首页的用户数/总用户数×100%。
> ● 商品详情页访问率=访问商品详情页的用户数/访问店铺首页的用户数×100%。
> ● 加购率=加入购物车的用户数/访问商品详情页的用户数×100%。
> ● 下单转化率=下单支付的用户数/加入购物车的用户数×100%。
> 则：转化率=下单支付的用户数/总用户数×100%。
> 在此公式中，"下单支付的用户数"就是"购买用户数"。

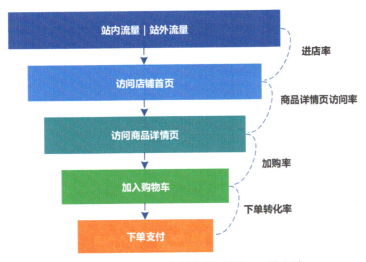

图 11-2　电商用户转化漏斗图——需求端

3. 客单价的下钻式拆解

"客单价"是平均每个用户购买商品的金额，它是"件单价"和"客单件"的乘积，其计算公式为：客单价=件单价×客单件。

（1）"件单价"是平均每件商品的价格。每件商品很可能有折扣，因此件单价等于原价乘以折扣率，其计算公式为：件单价=原价×折扣率。

（2）"客单件"是平均每个用户购买多少件商品。

4. 需求端 GMV 的拆解公式

经过以上 3 个步骤的拆解，需求端 GMV 的拆解公式如图 11-3 所示。

图 11-3　GMV 的最终计算公式——需求端

当 GMV 下滑时，通过对各个子指标的分析，就可以从用户维度定位出是哪个或哪些指标的下滑导致了整体 GMV 的下滑。

11.1.2　供给端：从商家维度剖析下滑原因

供给端的分析就是从商家维度剖析 GMV 下滑的原因。这里仍然只介绍关键指标的下钻式拆解环节。

1. 供给端整体拆解架构和逻辑

GMV 的拆解仍然遵循"量"乘以"价"的逻辑。"量"是"交易商家数","价"是"单个商家产能",其拆解逻辑如图 11-4 所示。

因此,GMV 的计算公式为:GMV=交易商家数×单个商家产能。

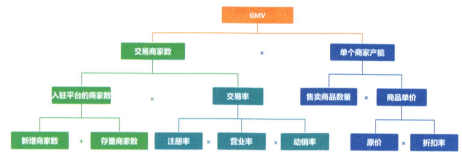

图 11-4　GMV 的下钻式拆解——供给端

2. 交易商家数的下钻式拆解

"交易商家数"是"入驻平台的商家数"和"交易率"的乘积,其计算公式为:交易商家数=入驻平台的商家数×交易率。

(1)"入驻平台的商家数"即入驻平台总的商家数量,它是"新增商家数"和"存量商家数"之和。

(2)"交易率"是入驻平台的商家数中有多少比例的商家实现交易行为。它是若干个过程指标的乘积,与商家的交易路径高度相关。

比如,在外卖电商平台中,商家从进入平台到最终达成交易,要经历 4 个流程,中间产生 3 个过程指标——注册率、营业率和动销率,具体如图 11-5 所示。

因此,交易率的计算公式为:交易率=注册率×营业率×动销率。

> **提示**
> - 注册率=注册店铺的商家数/入驻平台的商家数×100%。
> - 营业率=营业的商家数/注册店铺的商家数×100%。
> - 动销率=实现交易的商家数/营业的商家数×100%。
> 则:交易率=实现交易的商家数/入驻平台的商家数×100%。
> 在此公式中,"实现交易的商家数"就是"交易商家数"。

3. 单个商家产能的下钻式拆解

"单个商家产能"是单个商家的交易额,它是"售卖商品数量"和"商品单价"的乘积,其计算公式为:单个商家产能=售卖商品数量×商品单价。

(1)"售卖商品数量"是单个商家售卖出去的商品总数。

（2）"商品单价"是平均每件商品的价格。每件商品很可能有折扣，因此商品单价等于原价乘以折扣率，其计算公式为：商品单价=原价×折扣率。

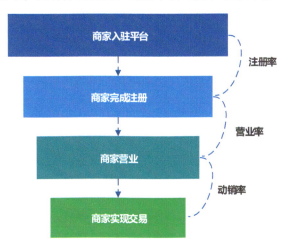

图 11-5　电商商家实现交易漏斗图——供给端

4. 供给端 GMV 的拆解公式

经过以上 3 个步骤的拆解，供给端 GMV 的拆解公式如图 11-6 所示。

图 11-6　GMV 的最终计算公式——供给端

当 GMV 下滑时，通过对各个子指标的分析，就可以从商家维度定位出是哪个或哪些指标的下滑导致了整体 GMV 的下滑。

11.2　预测分析：如何预测电商行业的 GMV

在 AIPL 模型出现之前，在淘宝和天猫上开店的商家只能知道其店铺里成交的用户数。具体这些成交用户是怎么转化来的，哪个转化环节出现了问题，对商家来说都是"盲区"。

为了帮助商家更好地认识自己的用户群体，更好地运营用户、提升交易额，阿里巴巴提出了 AIPL 模型。

11.2.1　AIPL 模型是什么

AIPL 模型是一种用户行为的全链路可视化模型,是阿里巴巴"数据银行"和全域营销概念中至关重要的一个环节。AIPL 模型主要提供给商家使用,帮助商家全面分析用户资产,制定用户运营和营销策略。

AIPL 模型首次实现了商家用户资产的定量化和链路化运营,它是 4 个英文单词的缩写,如图 11-7 所示。

图 11-7　AIPL 模型

- A:Awareness,指的是品牌认知人群。在淘宝和天猫平台上,就是被品牌广告触达或搜索品牌关键词的人群。
- I:Interest,指的是品牌兴趣人群。在淘宝和天猫平台上,就是点击商家广告、点击商家店铺主页、参与品牌互动、浏览商品详情页等的人群。
- P:Purchase,指的是品牌购买人群。在淘宝和天猫平台上,就是购买商家商品的人群。
- L:Loyalty,指的是品牌忠诚人群。在淘宝和天猫平台上,就是复购、评论和分享商家商品的人群。

其中,A 和 I 是对品牌有认知和感兴趣但没有购买行为的人群,因此他们是商家的潜在用户群体。P 和 L 是购买过商品的人群,因此他们是商家的老用户群体。

有了 AIPL 模型之后,当店铺的成交量或销售额出现问题或未达标时,商家就能够分析出是哪个环节出现了问题,并采取相应的措施解决问题。

11.2.2　FAST 模型是什么

随着商家的持续发展,商家追求的已经不仅是用户规模,用户质量也同样被重视起来。AIPL 模型作为评估用户资产和规模的工具,并不能很好地评估用户质量和健康度。

此时，FAST 模型出现了。它既可以衡量商家的用户资产，也可以评价用户质量。其由 4 个大指标构成，用 4 个英文字母表示，分别用来衡量和评价用户的"数量"和"质量"，如图 11-8 所示。

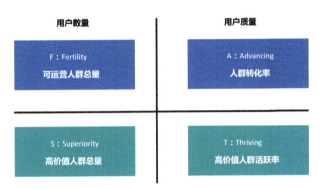

图 11-8　FAST 模型

- F：Fertility，指的是可运营人群总量。代表 AIPL 人群的总数量。
- A：Advancing，指的是人群转化率。代表用户从认知到兴趣再到购买，并成为忠诚用户的各个阶段的转化率。
- S：Superiority，指的是高价值人群总量。高价值人群通常指代商家的会员和粉丝用户。
- T：Thriving，指的是高价值人群活跃率。

其中，F 和 S 用来评估用户数量，A 和 T 用来评估用户质量。

相比 AIPL 模型，FAST 模型有两个升级点。

- 在用户数量上，FAST 模型除可以衡量 AIPL 用户数量外，还增加了对超级用户数量的评估。这样，商家对用户规模的评估会更加全面。
- 在用户质量上，AIPL 模型无法很好地衡量用户质量，FAST 模型创建了两大指标衡量用户质量。其中，用 A 衡量 AIPL 人群的质量，用 T 衡量高价值人群的质量。这样，商家对用户质量的评估会更加科学。

11.2.3　如何利用 AIPL 模型和 FAST 模型预测 GMV

GMV 预测是电商平台和商家的重要工作内容之一，通常用来制定公司和团队目标，配置人力和资源，输出发展和运营策略。与我们在第 6 章介绍的广告收入预测一样，可以采用"算法模型"和"业务模型"进行预测，这里不展开阐述。

由于 AIPL 模型和 FAST 模型是基于电商行业产生的模型，因此这里重点说明如何借助这两个模型进行 GMV 的预测。具体分如下 3 个步骤开展。

1. 拆解整体 GMV

按照新老用户维度将 GMV 进行下钻式拆解，其计算公式为：GMV=新用户 GMV+老用户 GMV。

- 新用户包括 A 类人群和 I 类人群，因此新用户 GMV 的计算公式为：新用户 GMV=A 类人群 GMV+I 类人群 GMV。
- 老用户包括 P 类人群和 L 类人群，因此老用户 GMV 的计算公式为：老用户 GMV=P 类人群 GMV+L 类人群 GMV。

2. 拆解 4 类人群的 GMV

对第一步拆解的 4 类人群 GMV 进一步拆解，每类人群的 GMV=每类人群的数量×每类人群的转化率×每类人群的客单价。拆解结果如图 11-9 所示。

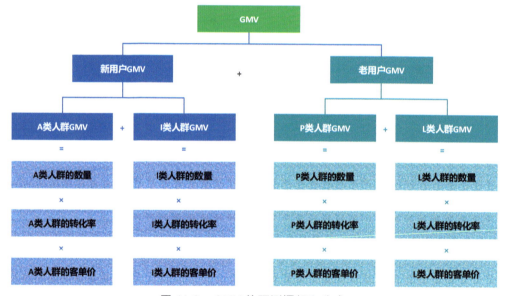

图 11-9　GMV 的预测逻辑和公式

3. 预估每类人群的数量、转化率和客单价

4 类人群的数量、转化率和客单价均不同，需要分别进行预估。预估的逻辑是先在历史数据的基础上对增长率进行预估，再将历史数据和预估增长数据求和，即可求出 4 类人群的数量、转化率和客单价。

> **提示**
> - A 类人群的转化率：预估的是由 A（认知）到 P（购买）的转化率。
> - I 类人群的转化率：预估的是由 I（兴趣）到 P（购买）的转化率。
> - P 类和 L 类人群的转化率：预估的是复购率。

11.3　提升策略：如何提升电商行业的 GMV

随着流量红利期的结束，行业由增量市场进入存量市场，业务的增长思维也随之转变，从"流量为王"的野蛮增长时代开始转向"以用户为中心的精细化运营"时代，更加关注用户的终身价值。

11.3.1　GROW 模型是什么

AIPL 模型和 FAST 模型在"以用户为中心的精细化运营"时代存在局限性，因此 GROW 模型在此时诞生。它既关注流量，又关注用户的终身价值。其包含 4 个大指标，也是用 4 个英文字母表示，如图 11-10 所示。

- G：Gain，代表渗透力，指将现有品类渗透更多用户，从而给商家带来增长。
- R：Retain，代表复购力，指让用户更频繁或重复购买商品，从而给商家带来增长。
- O：bOOst，代表价格力，指提升用户购买的客单价，从而给商家带来增长。
- W：Widen，代表延展力，指通过新品类的创新拓展，从而给商家带来增长。

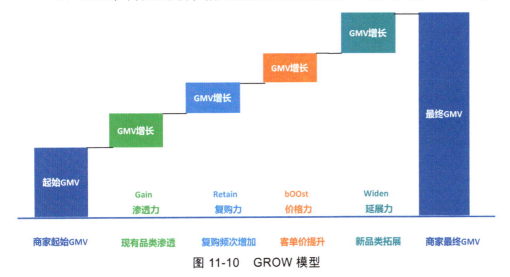

图 11-10　GROW 模型

11.3.2　如何利用 GROW 模型提升 GMV

GROW 模型的 4 个大指标本质上是驱动商家业绩增长的 4 个大关键影响因子。因此，GROW 模型为 GMV 提升提供了很好的解题思路。我们以 GMV 为树根，以渗透力、复购力、价格力和延展力为树干，沿着树干进一步拆解出树枝和树叶，就可以找到 GMV 的提升策略，如图 11-11 所示。

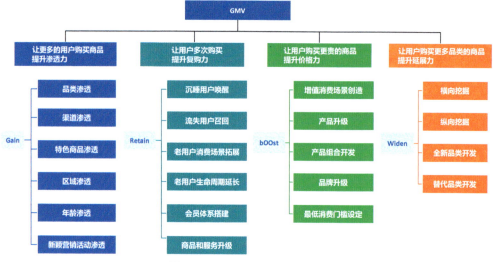

图 11-11   GMV 的提升策略

1. 让更多的用户购买商品，提升渗透力

提升渗透力的本质是，通过各种方式、渠道和手段增加购买用户的数量，让更多的用户购买商品。那么，如何让更多的用户购买商品？这就需要找到未购买商品的用户，从各个方向去渗透这些人。

（1）从品类上，向与现有品类高度相关的人群渗透。

（2）从渠道上，从线上人群向线下人群拓展，从站内（指天猫、淘宝等电商平台内）人群向站外人群渗透。

（3）从商品上，通过商品的包装和打造，向有特别需求的人群渗透。

提示

- 设计 IP 款、联名款去渗透高净值人群。
- 设计高性价比款去渗透低消费水平人群。

（4）从区域上，向下沉市场（三四线城市和农村）、西部市场渗透。

（5）从年龄上，向"Z 世代"人群和银发人群渗透。

（6）从营销活动上，通过新颖的营销活动，如直播、裂变、品牌合作等渗透对新鲜事物敏感的人群。

2. 让用户多次购买，提升复购力

如何让用户多次购买？主要有以下几个方向。

（1）针对沉睡用户和流失用户，通过 Push、社群运营等方式，辅以优惠券、红包、折扣等活动，将其唤醒和召回，让他们再次回忆起商品、再次购买商品。

（2）针对老用户，进行消费场景的拓展和生命周期的延长。

提示
- 消费场景的拓展包括推出全新系列、推出应季新品等。
- 生命周期的延长包括从婴儿一直消费到成人，从一季拓展到四季消费。

（3）搭建会员体系，借助会员权益引导用户复购和多次消费。

提示
- 外卖平台会员，每月赠送 6 个红包，这些红包的存在会让用户多次消费。
- 京东 Plus 会员，通过会员购买商品优惠、运费券和快递券等权益吸引用户多次购买。

（4）进行商品和服务的升级，在购买、支付、物流、包装、售后服务等环节提供良好的用户体验，让用户产生复购的欲望，成为回头客。

3. 让用户购买更贵的商品，提升价格力

提升价格力，不是单纯地提升商品价格。用户并不傻也不笨，单纯提价只会让用户流失。因此，商家必须通过升级产品、提升服务品质等方式提价，让用户觉得提价是值得的。只有这样，才不会导致用户流失，才能达到提升 GMV 的效果。通常可以从以下几个方向考虑提升价格力。

（1）从场景上，创造和拓展增值消费场景。

提示
- 由售前消费拓展到售后服务，提供清洗、保养等售后服务，如家电商家提供售后保障服务。
- 由个人消费拓展到家庭消费，如外卖平台的家庭套餐。
- 由生活消费拓展到公务消费，如飞机上的头等舱。

（2）从产品上，进行原材料、尺寸、功能、版本、颜色的升级。

提示　比如，苹果手机在版本、材质、颜色、尺寸、内存、系统、功能等方面持续更新换代。

（3）从产品组合上，开发套餐装、礼盒装、年度装、组合装等。

提示
- 外卖平台开发的各种包含菜、汤、饭和饮料的套餐。
- 奢侈品和化妆品公司在情人节开发的各种礼盒套装。
- 鲜花公司开发的包年定制套餐。
- 袜子和手套公司推出的不同颜色组合装。

（4）从品牌上，通过营销包装、明星代言、推出纪念款和特别款提升品牌知名度，从而带动商品价格提升。

提示　国外的香奈儿、LV、爱马仕、宝马、奔驰等均通过品牌影响力的塑造提升价格力。

（5）从最低消费门槛上，通过提供一定的服务设定最低消费门槛。

- 提供金融服务，设定免息或分期的消费门槛。
- 提供物流服务，提供免费配送的消费门槛。

4. 让用户购买更多品类的商品，提升延展力

在现有品类的基础上，商家可以不断开发和推出新品，让用户有更多的购买选择。商家在开发新品上，可以从 4 个方向入手。

（1）横向挖掘：向产业链的上下游延伸，开发新品。

（2）纵向挖掘：对现有产品挖掘更多的细分品类。

（3）全新品类开发：寻找消费空白市场。

（4）替代品类开发：通过研究替代品寻找研发方向。

11.4　活动预估：如何设计运营活动

在电商和零售业务中，经常遇到的工作就是设计各种类型的活动。比如，滴滴出行开展发放优惠券活动，美团开展用户补贴活动，阿里巴巴开展 11.11 活动，快手开展用户注册送礼活动，以及零售商场开展打折促销活动。这些活动看似简单，实际却要经过一系列流程的运作。

一场活动要想取得成功，离不开活动前的精密设计、活动中的严格执行和活动后的科学评估，具体如图 11-12 所示。

图 11-12　开展活动的完整流程

- 活动前，首先要明确活动的目的，接着根据目的制定活动的规则和玩法，之后设置监控的结果指标和过程指标，预估整场活动的成本、产出和 ROI。
- 活动设计好之后，按规定时间和规则等执行活动。
- 活动结束后，采用合适的方法对活动效果进行评估。通过评估发现活动的问题点和启发点，为下次活动开展提供策略和建议。

下面主要介绍活动前的 4 个步骤。

11.4.1　明确活动的目的

公司不会无缘无故开展活动，每场活动的推出都要实现和达成一定的业务目的。不同目的的活动，其活动形式、活动力度和条件都是不同的。因此，设计活动的第一步就是明确活动的目的。

运营活动通常是围绕用户的生命周期来开展的，在不同的用户生命周期，运营活动的类型也是不同的，通常可以划分为拉新活动、促活活动、召回活动、转化活动、复购活动和品牌活动。每种活动的目的各不相同，具体如表 11-2 所示。在电商业务中，只要稍加梳理和分析，就会发现活动的终极目的无非是拉新和提升 GMV，部分大公司会有提升品牌形象的需求。

表 11-2　运营活动的类型和目的

用户生命周期	活动类型	活动目的
用户拉新阶段	拉新活动	获取更多的新用户
用户活跃阶段	促活活动	让用户在平台上持续活跃，便于后期的留存和转化
用户留存阶段	召回活动	对流失用户进行召回，提升用户留存率
用户转化阶段	转化活动	促进用户首次付费
用户复购阶段	复购活动	促进用户多次付费
整个阶段	品牌活动	塑造平台和公司的品牌形象

11.4.2　制定活动的规则和玩法

在明确了活动的目的之后，就需要对活动进行具体设计了。运营活动的规则和玩法要考虑 6 个要素，具体如表 11-3 所示。

- 谁可以参与活动？比如新用户。
- 可以参与哪些品类或商品的活动？比如生鲜品类。
- 具体是什么形式的活动？比如红包、优惠券。
- 活动力度有多大？比如 10 元优惠券。
- 具备什么条件能参与活动？比如消费满 100 元。
- 在什么时间可以参与活动？比如 11.11。

表 11-3　运营活动规则和玩法制定的 6 个要素

要素	具体内容
活动对象	是所有的用户还是部分用户可以参与活动
活动范围	针对哪些商品做活动：是全品类还是单品类，是全部商品还是指定商品

续表

要素	具体内容
活动形式	是针对所有的用户设计一种活动，还是针对不同的用户设计不同的活动 活动形式如何：打折、优惠券、补贴、满减、红包、砍价、秒杀、拼团、红包助力等
活动力度	折扣设置多少比例，优惠设置多少金额，礼品赠送什么东西等
活动参与条件	不设置条件：不论消费多少金额均可以参与活动 设置条件：只有消费满一定金额才可以参与活动，只有会员才可以参与活动等
活动时间	节日、假期、重大事件、营销日、店庆、新品上市、清理库存等

11.4.3　设置活动的关键指标

上文说过，业务需要量化才能进行评估。同样，活动也离不开量化。在活动设计阶段，应针对每场活动设置结果指标和过程指标，这样在活动开展中和活动结束后，可以通过指标的监控和分析，观察活动表现，评价活动效果，及时对活动进行优化和改进。

不同类型的活动，需要设置和监控的指标略有差异，但原理基本相同。这里以拉新活动和转化活动为例，说明如何设置活动的关键指标。

1. 拉新活动的关键指标设置

拉新活动是，通过对现有用户进行红包、优惠券等激励，促使现有用户参与活动，并带来更多的新用户。比如，分享、拼团裂变和转介绍活动等。

拉新活动是为了获取更多的新用户，因此其结果指标为有效新用户数和新用户转化率。

在拉新活动中，用户一般要经历 5 个转化阶段：平台将活动内容发送给目标用户；其中一部分用户会被活动触达；被触达的部分用户会参与活动，发出分享信息，邀请新用户；部分邀请会触达新用户；部分新用户完成下载或注册行为，成为有效新用户。具体如图 11-13 所示。

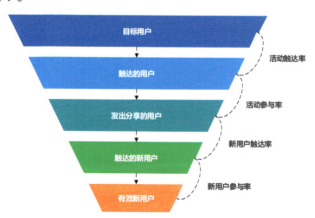

图 11-13　拉新活动的用户转化漏斗图

整个过程经历 5 个环节，涉及 4 个过程指标，具体如表 11-4 所示。

表 11-4　拉新活动的结果指标和过程指标

指标类型	关键指标	指标口径	指标作用
结果指标	有效新用户数	完成下载或注册行为的用户数	评价拉新活动的整体效果
	新用户转化率	有效新用户数/目标用户数×100%	
过程指标	活动触达率	触达的用户数/目标用户数×100%	评价活动触达的效果
	活动参与率	发出分享的用户数/触达的用户数×100%	评价现有用户参与活动的意愿
	新用户触达率	触达的新用户数/发出分享的用户数×100%	评价现有用户触达潜在新用户的能力
	新用户参与率	有效新用户数/触达的新用户数×100%	评价新用户的转化能力

2. 转化活动的关键指标设置

转化活动通常是为某些商品设置优惠活动，通过给用户发放优惠券、红包和折扣等权益，促使用户领取并使用这些权益，最终完成购买行为。

转化活动是为了获取更多的付费用户，而由于大部分用户在购买时都会使用权益（优惠券、红包等），因此其结果指标为使用权益的用户数和下单购买率。

在转化活动中，用户一般也要经历 5 个转化阶段：平台将活动内容发送给目标用户；其中一部分用户会被活动触达；被触达的部分用户会参与活动，领取权益；部分用户会访问有活动的商品；访问商品的部分用户会使用权益完成购买行为。具体如图 11-14 所示。

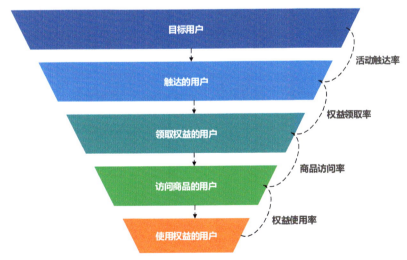

图 11-14　转化活动用户转化漏斗图

整个过程也经历 5 个环节，涉及 4 个过程指标，具体如表 11-5 所示。

表 11-5　转化活动的结果指标和过程指标

指标类型	关键指标	指标口径	指标作用
结果指标	使用权益的用户数	使用红包和优惠券等权益的用户数	评价转化活动的整体效果
	下单购买率	使用权益的用户数/目标用户数×100%	
过程指标	活动触达率	触达的用户数/目标用户数×100%	评价活动触达的效果
	权益领取率	领取权益的用户数/触达的用户数×100%	评价用户领取权益的意愿
	商品访问率	访问商品的用户数/领取权益的用户数×100%	评价权益设计的吸引力
	权益使用率	使用权益的用户数/访问商品的用户数×100%	评价权益被使用的效果

11.4.4　预估活动的成本、产出和 ROI

和投资活动一样，公司设计运营活动的目的是希望以一定的成本获取最大的利益。因此，在活动设计阶段，对活动的成本、产出和 ROI 进行预估必不可少。

这里以电商公司发放优惠券活动为例，说明如何预估活动的成本、产出和 ROI。

1.　预估发放优惠券活动的成本

发放优惠券活动的成本就是优惠券的使用金额。其预估公式为：优惠券的使用金额=使用的优惠券数量×单张优惠券的金额。其预估和拆解逻辑图如图 11-15 所示。

图 11-15　优惠券的使用金额的预估和拆解逻辑图

- 使用的优惠券数量。一次活动发放的优惠券并不会被用户全部领取和使用，只有被领取和使用的优惠券才能计算在使用金额中。其计算公式为：使用的优惠券数量=发券数量×触达率×领取率×使用率。
- 单张优惠券的金额。优惠券的金额有大有小，如 5 元优惠券、10 元优惠券等。

2.　预估发放优惠券活动的产出

发放优惠券活动的产出就是活动带来的 GMV。其预估公式为：活动带来的 GMV=

购买人数×客单价。其预估和拆解逻辑图如图 11-16 所示。

图 11-16   活动带来的 GMV 的预估和拆解逻辑图

- 购买人数的预估公式为：购买人数=目标用户数×曝光率×点击率×参与率×购买率。
- 客单价：预估平均每个用户的支付金额。

3. 预估发放优惠券活动的 ROI

ROI 等于产出除以成本（投入）。在发放优惠券活动中，就是活动带来的 GMV 除以优惠券的使用金额。其预估公式为：ROI=活动带来的 GMV/优惠券的使用金额。

11.5   效果评估：如何评估运营活动的效果

在设计好活动的规则、玩法和监控指标，等活动结束后，就需要对活动的效果进行评估了。目的是评价本次活动做得是好还是坏，是否达到了期望的效果。

11.5.1   基础分析的 5 种方法

进行活动效果评估的方法很多，比较简单和基础的方法有 5 种。

1. 纵向对比法

纵向对比法是指，通过对比活动前和活动后关键指标的变化，判断活动是否有效果的分析方法。

比如，公司做了一次提升 GMV 的活动，这时就可以对比活动后一段时间的平均 GMV 和活动前一段时间的平均 GMV。如果活动后高于活动前，那么这次活动很可能是有效果的。

提示

- 纵向对比一定要保证活动前后的影响因素是稳定和相同的。
- 活动前后的对比，在周期上要跨满一个周期。
- 平均值的提升代表活动可能是有效果的，并不代表 100%有效果，还需进一步做显著性检验。

2. 横向对比法

横向对比法是指,通过实验组和对照组的关键指标对比,判断活动是否有效果的分析方法。

比如,某零售公司在春节期间做了一次优惠券发放活动,如何评估这次活动的效果? 这时如果采用纵向对比法就很难得出正确的结论,因为春节期间即使不做活动,销售额也会高于正常时间。

这时就可以利用横向对比法进行评估。设置两组用户,给一组用户发放优惠券,另一组用户不发放优惠券,通过两组用户人均 GMV 的对比,判断促销活动是否有效果。

3. 目标对比法

每场活动在开始时都应该设定一个目标。在活动结束后,通过实际完成值和目标值的对比,就可以判断活动的效果是否达到了预期。

> **提示** 目标对比法的评估效果与目标的设定有着很大的关系,如果目标设定不准确,则很可能得出错误的结果。
>
> 尤其是新活动,认识不足可能导致目标设定不准确,目标设定不准确又会导致评估效果不准确。

4. 相似活动对比法

相似活动对比法是指利用相似活动的关键指标对比,判断活动效果的分析方法。这种方法通常在以下两种场景中使用。

- 用于不同团队的活动对比,以便考核不同团队或个人的绩效。
- 通过不同活动的对比发现效果好的活动,以便指导后续的活动设计。比如,比较满赠、返现、打折等活动形式的效果。

5. 投入产出比法

通常在设计活动时,都会设置活动预算,在活动结束后,有可能预算没花完,也有可能预算刚好花完,还有可能预算不足。实际花费的预算就是活动的投入,产出就是活动带来的 GMV 或收入。ROI 就是活动产出除以活动实际花费,其计算公式为:ROI=产出/投入。

比如,K 公司在 8 月针对特定用户做了一次活动,活动预算为 1 亿元。在活动结束后,预算刚好花完,8 月 GMV 为 10 亿元,此时计算 ROI=10/1=10。但实际上,这样计算的 ROI 是不合理的,因为 10 亿元不是完全由活动带来的,还有自然流量。

所以,在使用 ROI 评估活动效果时,通常需要寻找一个参照物,通过"产出的变化"除以"投入的变化"计算 ROI。其计算公式为:ROI=Δ 产出/Δ 投入。

仍以 K 公司为例,其 7 月没有活动,GMV 为 5 亿元,8 月做了一次活动,活动投入 1 亿元，GMV 为 10 亿元，则活动的 ROI=（10-5）/（1-0）=5。

11.5.2　双重差分法

双重差分法的本质是横向对比法和纵向对比法的结合方法。在纵向上，明确区分活动前和活动后。在横向上，明确实验组和对照组。将实验组的前后差异（A2-A1）减去对照组的前后差异（B2-B1），即可分析出活动是否有效，具体如表 11-6 所示。这种方法利用两种差异来判断活动是否有效，所以被命名为双重差分法，也叫 DID（Difference in Difference）法。

表 11-6　双重差分法

群组	活动前	活动后	Difference
实验组	A1	A2	A2-A1
对照组	B1	B2	B2-B1
Difference	A1-B1	A2-B2	(A2-A1)-(B2-B1)

这种方法既考虑了纵向对比的差异，又考虑了横向对比的差异，排除了"自然增长"的影响，所以能够准确评估活动的效果。

提示　对照组的增长（B2-B1）可以理解为没有活动下的自然增长。

举个例子，Z 公司开展了一次提升新用户购买率的活动，随机抽取了两组用户分别作为实验组和对照组。

- 实验组用户：发放优惠券。
- 对照组用户：不发放优惠券。

活动结束后，统计数据如表 11-7 所示。运用不同的分析方法得出的结论如下。

- 仅纵向对比得出的结论是：活动使新用户购买率提升了 3.0%。
- 仅横向对比得出的结论是：活动使新用户购买率提升了 1.5%。
- 采用双重差分法得出的结论是：活动使新用户购买率提升了 1.3%。

表 11-7　Z 公司双重差分法的分析结果

群组	活动前	活动后	Difference
实验组	2.0%	5.0%	3.0%
对照组	1.8%	3.5%	1.7%
Difference	0.2%	1.5%	1.3%

通过上述的分析发现，如果仅采用纵向对比法，就忽略了活动前后新用户购买率的自然增长，如果仅采用横向对比法，就忽略了活动前实验组和对照组的差异。而采用双重差分法，既考虑了自然增长，又考虑了活动前两组数据的差异。因此，评估的结果更为准确和合理。

11.5.3 方差分析法

我们在学习统计学时，接触过很多显著性检验的方法，如方差分析法、T 检验法、卡方检验法等。

1. 什么是方差分析法

方差分析法是显著性检验的一种方法，用来判断两组或多组数据之间是否具备显著差异。

在评估活动效果时，可以把活动前和活动后的数据看作两组数据，通过分析活动前后两组数据是否具备显著差异，评估活动是否有效果。如果活动前后两组数据具备显著差异，且活动后的数据优于活动前，就能证明开展的活动是有效果的。

比如，活动后的 DAU 相比活动前的 DAU 是否有显著提升，活动后的 GMV 相比活动前的 GMV 是否有显著提升等。

2. 如何进行方差分析

在 Excel 中即可进行方差分析，具体方法如下。

（1）单击"数据"→"数据分析"按钮，打开"数据分析"对话框，如图 11-17 所示。

图 11-17　"数据分析"对话框

（2）在"数据分析"对话框中，选择相应的分析工具，如"方差分析：单因素方差分析"，单击"确定"按钮，可以得到如表 11-8 所示表格。

提示　因素指的是变量的个数，如 DAU 是一个变量，GMV 也是一个变量。对一个变量开展方差分析，就是单因素方差分析。

表 11-8　方差分析结果表

差异源	SS	df	MS	F	P-value	F crit
组间						
组内						
总计						

3. 如何解读方差分析的结果

对方差分析的结果进行解读，就可以判断出活动前后两组数据是否具备显著差异。这里需要重点观察 3 个指标。

（1）F 值。

F 值为检验值，用来表达组间的差异大小。比如，活动前是一组，活动后是一组，活动前和活动后的差异大小就是组间的差异大小。

（2）F crit 值。

F crit 值为临界值，是判断显著性的基准。

● 当 F 值≥F crit 值时，表示组间的差异超过判断基准，意味着组间具备显著差异。

● 当 F 值<F crit 值时，表示组间的差异低于判断基准，意味着组间的差异不显著。

（3）P- value 值。

P- value 值，即 P 值检验，是用来检验显著性的一个值。

● 当 P 值≤0.05 时，代表差异性显著。

● 当 P 值>0.05 时，代表无显著差异。

4. 案例：如何利用方差分析评估电商平台的活动效果

某电商平台 7 月的 GMV 为 20.5 亿元，为了提升 GMV，其在 8 月做了一次活动，7 月和 8 月每日 GMV 的数据如图 11-18 所示。请问 8 月的活动是否有效果？

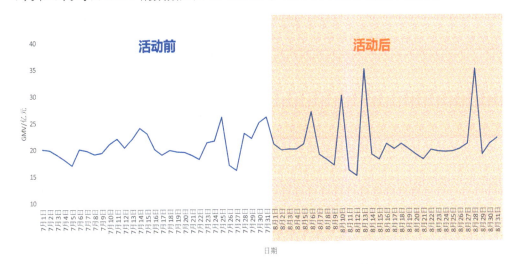

图 11-18　某电商平台活动前后 GMV 变化趋势图

（1）观察趋势图。

图 11-18 中蓝色部分是活动前 7 月的数据，黄色部分是活动后 8 月的数据。单从趋势图来看，能看出 8 月的 GMV 稍有增长。

（2）进行基础统计分析。

对明细数据进行基础统计分析，得出如下结果，如表 11-9 所示，可以得出两个结论。

- 7 月 GMV 的平均值是 20.5 亿元，8 月是 21.0 亿元，8 月的平均值大于 7 月。
- 7 月的方差是 6.2，8 月的方差是 21.5，8 月的方差大于 7 月，说明 8 月的数据波动性较大。

表 11-9　某电商平台活动前后 GMV 的基础统计分析数据

统计指标	活动前（7 月）	活动后（8 月）
平均值/亿元	20.5	21.0
中位数/亿元	20.0	20.0
最大值/亿元	26.0	35.0
最小值/亿元	16.0	15.0
方差	6.2	21.5

根据基础统计分析得出结论：8 月的活动提升了 GMV。这个分析结论是否正确？

（3）开展方差分析。

进一步开展方差分析，得到如下结果，如表 11-10 所示，可以得出两个结论。

- F 值=0.2，F crit 值=4.0，F 值<F crit 值，说明活动前后 GMV 的差距并不显著。
- P 值=0.6，P 值>0.05，同样说明活动前后的 GMV 无显著差异。

表 11-10　某电商平台方差分析结果表

差异源	SS	df	MS	F	P-value	F crit
组间	3.3	1	3.3	0.2	0.6	4.0
组内	830.7	60	13.8	—	—	—
总计	834	61	—	—	—	—

因此，根据方差分析得出结论：8 月的活动效果并不显著。

方差分析的结果是正确的，基础统计分析的结果是错误的，原因是活动后的数据有极值存在，从而导致对比失效。

11.6　商品关联分析：如何开展购物篮分析

"啤酒和尿不湿"的案例大家都听说过，说的是美国零售巨头沃尔玛发现啤酒和尿不湿之间存在关联性。在有些地方，购买尿不湿的大多是父亲，他们在购买尿不湿时经常会购买啤酒。沃尔玛发现了这个规律，将啤酒和尿不湿捆绑在一起售卖，从而提升了商品的销售量。这是一个典型的购物篮分析案例。

11.6.1　购物篮分析是什么

所谓"购物篮",就是消费者的购物车。消费者的购物车里添加了各种各样的商品,这些商品可能存在关联性,也可能不存在关联性。一个消费者的购物车里添加了尿不湿和啤酒,说明不了什么问题。如果 100 个、1,000 个消费者的购物车里都添加了尿不湿和啤酒,就说明了一定的问题,即尿不湿和啤酒存在某种关联性。

所谓"购物篮分析",就是零售公司或电商公司通过对消费者购物车和消费数据的分析,从中发现消费者购买商品的规律,找到关联性高的商品,将这些商品搭配在一起售卖。

购物篮分析在实际业务中具有 4 点意义。

- 为消费者提供他们所需要的套餐商品,方便消费者一揽子购买,从而带动商品销售量的提升。
- 套餐能够提升客单价,从而提升公司整体的 GMV。
- 助力公司制定营销和活动策略。比如,当公司要开展赠品形式的促销活动时,就可以通过购物篮分析赠送关联性高的商品,以提升促销活动的效果。
- 优化商品配置和陈列展示。电商公司可以通过购物篮分析,为消费者推荐关联性高的商品,零售公司或超市可以通过购物篮分析优化卖场陈列。

11.6.2　购物篮分析的 3 个关键指标:支持度、置信度和提升度

购物篮分析能够发现不同商品之间的关联性,那如何衡量商品之间的关联性?这就涉及了购物篮分析的 3 个关键指标:支持度、置信度和提升度。

这里以一个案例解释 3 个关键指标的含义。某电商平台某天成交了 10 个订单,其商品订单明细表如表 11-11 所示。

表 11-11　某电商平台商品订单明细表(简化版)

订单 id	商品名称	商品价格/元
id1	牛奶	10
	咖啡	20
id2	牛奶	10
id3	咖啡	20
id4	牛奶	10
	咖啡	20
id5	牛奶	10
	咖啡	20
	方糖	5

续表

订单 id	商品名称	商品价格/元
id6	咖啡	20
id7	牛奶	10
	咖啡	20
id8	牛奶	10
id9	咖啡	20
id10	牛奶	10
	咖啡	20

从表 11-11 中可以发现，购买咖啡的订单数量有 8 个，购买牛奶的订单数量有 7 个，同时购买咖啡和牛奶的订单数量有 5 个，总订单数量有 10 个。具体商品统计结果如表 11-12 所示。

表 11-12　某电商平台商品统计结果

商品统计项	订单数量/个	订单数量占比
购买咖啡	8	80%
购买牛奶	7	70%
同时购买咖啡和牛奶	5	50%
总订单数量	10	100%

这里以咖啡代表商品 A，以牛奶代表商品 B，来说明 3 个关键指标的含义。

1. 支持度

支持度指的是，商品 A 和商品 B 同时被购买的概率，即同时购买咖啡和牛奶的概率。支持度代表两种商品被一起购买的概率。支持度越大，被一起购买的概率就越大。

- 其计算公式为：支持度=同时购买 A 和 B 的订单数量/总订单数量。
- 在咖啡和牛奶的案例中，支持度=5/10=0.5。

2. 置信度

置信度指的是，购买了商品 A 的用户，再购买商品 B 的概率，即购买了咖啡再购买牛奶的概率。

置信度代表购买了商品 A 之后，又有多大概率再购买商品 B。置信度越高，用户购买了商品 A 再购买商品 B 的概率越大。

- 其计算公式为：置信度=同时购买 A 和 B 的订单数量/购买 A 的订单数量。
- 在咖啡和牛奶的案例中，置信度=5/8=0.63（保留两位小数）。

3. 提升度

提升度指的是，购买了商品 A 再购买商品 B 对单独购买商品 B 的提升作用，即购买咖啡对购买牛奶的提升作用。

提升度等于购买了商品 A 再购买商品 B 的概率和单独购买商品 B 概率的比值。比值大于 1，说明购买商品 A 对购买商品 B 有提升作用，意味着商品 A 和商品 B 的组合是有效的；比值小于 1，说明购买商品 A 对购买商品 B 没有提升作用，意味着商品 A 和商品 B 的组合是无效的；比值等于 1，意味着购买商品 A 对购买商品 B 没有影响。

- 其计算公式为：提升度=置信度/（购买 B 的订单数量/总订单数量）。
- 在咖啡和牛奶的案例中，提升度=0.63/（7/10）=0.9，说明购买咖啡对购买牛奶没有提升作用。因此，将咖啡和牛奶捆绑销售可能不是一种好的选择。

11.6.3　如何开展购物篮分析

熟悉了购物篮分析的 3 个关键指标，就可以进行购物篮分析了。具体可按照以下步骤开展。

1. 获取商品订单明细表

从公司数据库中获取商品订单明细表，表中要包含订单 id、日期、用户 id、商品 id、商品名称、销售额、销售量几个字段，如图 11-19 所示。

订单 id	日期	用户 id	商品 id	商品名称	销售额/元	销售量/个
id1	2021/1/1	user01	11	牛奶	20	2
id1	2021/1/1	user01	12	咖啡	30	1
id1	2021/1/1	user01	13	方糖	30	2
id2	2021/1/1	user02	11	牛奶	10	1
id3	2021/1/1	user03	12	咖啡	30	1
id3	2021/1/1	user03	11	牛奶	20	2
id3	2021/1/1	user03	14	甜品	15	1
id4	2021/1/1	user04	11	牛奶	10	1
id4	2021/1/1	user04	14	甜品	30	2
……	……	……	……	……	……	……

图 11-19　商品订单明细表

2. 统计不同商品的订单数量

将图 11-19 中的数据进行初步统计，计算出每种商品的订单数量和总订单数量，结果如图 11-20 所示。

商品 id	商品名称	订单数量/个	订单数量占比
11	牛奶	40	40%
12	咖啡	80	80%
13	方糖	75	75%
14	甜品	60	60%
……	……	……	……
总计	—	100	100%

图 11-20　商品订单数量统计

3. 寻找可能的商品组合

接下来需要寻找可能的商品组合，如何寻找？分两步走。

（1）将图 11-20 中的数据按订单 id 进行自连接，使用 SQL 或 BI 软件即可完成，自连接的结果如图 11-21 所示。

订单 id	日期	商品 A	商品 B
id1	2021/1/1	牛奶	咖啡
id1	2021/1/1	牛奶	方糖
id1	2021/1/1	咖啡	牛奶
id1	2021/1/1	咖啡	方糖
id1	2021/1/1	方糖	牛奶
id1	2021/1/1	方糖	咖啡
id3	2021/1/1	咖啡	牛奶
id3	2021/1/1	咖啡	甜品
id3	2021/1/1	牛奶	咖啡
id3	2021/1/1	牛奶	甜品
id3	2021/1/1	甜品	咖啡
id3	2021/1/1	甜品	牛奶
id4	2021/1/1	牛奶	甜品
id4	2021/1/1	甜品	牛奶
……	……	……	……

图 11-21　商品订单明细自连接结果

（2）对图 11-21 中的数据去重，得到最终的商品组合，统计每种商品组合的订单数量，就可以得到如下结果，如图 11-22 所示。

商品 A	商品 B	商品组合	同时购买 A 和 B 的订单数量/个
牛奶	咖啡	牛奶-咖啡	30
牛奶	方糖	牛奶-方糖	25
牛奶	甜品	牛奶-甜品	20
咖啡	牛奶	咖啡-牛奶	30
咖啡	方糖	咖啡-方糖	50
咖啡	甜品	咖啡-甜品	55
方糖	牛奶	方糖-牛奶	25
方糖	咖啡	方糖-咖啡	50
甜品	牛奶	甜品-牛奶	20
甜品	咖啡	甜品-咖啡	55
……	……	……	……

图 11-22　商品组合及其订单数量表

4. 计算商品组合的 3 个关键指标

在找到商品组合后，需要计算每种商品组合的支持度、置信度和提升度。如何计算？需要 3 个步骤。

（1）在图 11-22 中的数据后添加 3 个辅助列：购买 A 的订单数量、购买 B 的订单数量、总订单数量。这 3 列数据在前文中已经求出，匹配到对应的商品即可，如图 11-23 所示。

（2）计算支持度、置信度和提升度，计算公式在前文中已经介绍过。

- 支持度=同时购买 A 和 B 的订单数量/总订单数量，即图 11-23 中第 4 列数据/第

7 列数据。

- 置信度=同时购买 A 和 B 的订单数量/购买 A 的订单数量，即图 11-23 中第 4 列数据/第 5 列数据。
- 提升度=置信度/（购买 B 的订单数量/总订单数量），即图 11-23 中第 9 列数据/（第 6 列数据/第 7 列数据）。

商品 A	商品 B	商品组合	订单数量/个				3 个关键指标		
			同时购买 A 和 B 的订单数量	购买 A 的订单数量	购买 B 的订单数量	总订单数量	支持度	置信度	提升度
牛奶	咖啡	牛奶–咖啡	30	40	80	100	0.3	0.8	0.9
牛奶	方糖	牛奶–方糖	25	40	75	100	0.3	0.6	0.8
牛奶	甜品	牛奶–甜品	20	40	60	100	0.2	0.5	0.8
咖啡	牛奶	咖啡–牛奶	30	80	40	100	0.3	0.4	0.9
咖啡	方糖	咖啡–方糖	50	80	75	100	0.5	0.6	0.8
咖啡	甜品	咖啡–甜品	55	80	60	100	0.6	0.7	1.1
方糖	牛奶	方糖–牛奶	25	75	40	100	0.3	0.3	0.8
方糖	咖啡	方糖–咖啡	50	75	80	100	0.5	0.7	0.8
甜品	牛奶	甜品–牛奶	20	60	40	100	0.2	0.3	0.8
甜品	咖啡	甜品–咖啡	55	60	80	100	0.6	0.9	1.1
……	……	……	……	……	……	……	……	……	……

图 11-23　商品组合 3 个关键指标的计算表（图中数据为四舍五入后的结果）

（3）分析不同商品组合的 3 个关键指标发现：咖啡和甜品组合的支持度和置信度最高，且提升度大于 1。因此，可以将两者捆绑销售或组合成套餐售卖。

第 12 章

商业分析在"二手车和教育业务"中的应用

整个第 4 篇，我们都在介绍商业分析在业务中的高频应用场景。第 9 章介绍了商业分析在"用户运营业务"中的应用，第 10 章介绍了其在"广告业务"中的应用，第 11 章则介绍了其在"电商业务"中的应用。进入本章，我们将介绍其在"二手车和教育业务"中的应用。

二手车和教育业务中的商业分析与用户运营业务、广告业务、电商业务的方法及模型基本一致。既然方法及模型一致，为什么还要单独介绍二手车和教育行业呢？

从事过这两个行业的商业分析师大都知道，它们是高频使用 UE 模型和财务模型的两个行业。而在用户运营业务、广告业务和电商业务中，我们都较少提及 UE 模型。因此，本章主要想借助这两个行业展开对 UE 模型的深入说明。

为什么在二手车和教育行业（主要是一对一业务）中会频繁使用 UE 模型？盈利困难是主要原因！它们当中一个亏损，一个薄利，因此就会利用 UE 模型优化商业模式，寻找盈利的增长空间。

那为什么这两个行业盈利困难？

- 首先，这两个行业的业务链条非常长，转化路径非常复杂，用户转化周期长、转化效率低，导致获客成本一直居高不下。
- 其次，它们都采用了大量的电销人力去获客，这种重模式的人力不仅导致了较高的人力成本，还进一步增加了管理人力的成本。而管理是反规模效应的。

过高的获客成本和人力成本使变动成本占比过大，叠加管理的反规模效应，导致这两个行业的规模效应也比较低，难以通过扩大规模来提升净利润率。

因此，它们只能通过 UE 模型先优化变动成本，通过改变成本结构提升盈利能力。这就是在这两个行业 UE 模型被频繁使用的原因。

12.1　投资界心心念念的 UE 模型究竟是什么

UE 模型和财务模型是被投资界津津乐道的两个模型。这两个模型被广泛使用，以帮助投资和金融机构预估股票或公司的价值。随着模型价值被逐步认可，很多公司内部的商业分析和财务部门也经常使用这两个模型开展预估工作。财务模型顾名思义就是对公司的财务情况进行分析和预测的模型。而 UE 模型本质上是一个缩小版的财务模型。那么，投资界心心念念的 UE 模型到底是什么神器？

12.1.1　变动成本和边际利润

在深入学习 UE 模型之前，需要先了解一些基础的财务知识。"利润=收入-成本"是一个永恒的基础公式，由这个公式衍生出来的收入、变动成本、固定成本和边际利润是搭建 UE 模型的基本元素。

1.　成本分类：变动成本和固定成本

在了解 UE 模型之前，需要先了解成本的相关知识。公司的成本分为"变动成本"和"固定成本"，总成本的计算公式为：总成本=变动成本+固定成本。

（1）变动成本。

变动成本是指成本总额随业务量的变动而成正比例变动的成本，如原材料成本、直接人工成本（如销售提成）等。变动成本有以下特点。

- 总变动成本随业务量的增减成比例增减。
- 从单位业务量的变动来看，它又是固定的，即单位产品的变动成本不受业务量增减变动的影响。

提示　比如，做 1 件衣服的布料成本是 20 元，2 件衣服的成本就是 40 元。总变动成本随着衣服件数的增加成比例在增加。但 1 件衣服的成本是 20 元，不随衣服件数的增加而增加。

（2）固定成本。

固定成本是指成本总额在一定时期和特定业务范围内，与业务量的增减变动没有直接关系，因此是不随业务量的变动而变动的成本，如管理人员的薪资、中后台人员的薪资、租金费用、店面装修费用、固定资产折旧等。固定成本有以下特点。

- 总固定成本不随业务量的变动而变动。只要不超过一个限额，不管业务量是多少，它总是一个固定的值。
- 对单位固定成本而言，它又是变动的。单位业务量的固定成本随业务量的增减成反比例变动。

> **提示** 比如，卖衣服店面的租金，每年为 20 万元，不管这个店面卖多少件衣服，其租金都是相同的。
>
> 但是 1 件衣服的租金随销售量的增多呈递减趋势。当店面卖出 1 万件衣服时，摊在每件衣服上的店面租金是 20 元；当店面卖出 2 万件衣服时，摊在每件衣服上的店面租金就是 10 元。

2．边际利润

在理解了成本之后，边际利润就很好理解了，边际利润是"收入"与"变动成本"的差值。其计算公式为：边际利润=收入-变动成本。边际利润又分为"总边际利润"和"单位边际利润"。

- 总边际利润=总收入-总变动成本。
- 单位边际利润=单位收入-单位变动成本。

3．边际利润率

边际利润率是边际利润占收入的比重，其计算公式为：

- 边际利润率=边际利润/收入×100%。
- 边际利润率=（收入-变动成本）/收入×100%。

4．边际利润的 4 个作用

基于此，就可以得出边际利润的 4 个作用。

（1）帮助公司决策人和投资人判断公司的商业模式是否可行。

对于初创公司而言，通过判断其边际利润是否大于 0，就可以告诉公司决策人和投资人公司的商业模式是否跑得通。

- 如果边际利润大于 0，则代表公司的商业模式跑得通，公司要做的就是快速扩大交易量或实现销售量的规模化。
- 如果边际利润小于 0，则代表公司的商业模式本身存在问题，公司要做的就是，重新审视其商业模式。

（2）帮助公司计算盈亏平衡点，判断公司在什么时候盈利。

盈亏平衡点（Break Even Point，BEP）是指公司总收入等于总成本时的销售量和销售额。

用横轴代表销售量，用纵轴代表销售额，可以画出一条总收入线（见图 12-1 中的蓝色实线）。同时，可以画出一条固定成本线（见图 12-1 中的绿色虚线）和变动成本线（见图 12-1 中的黄色虚线），将固定成本线和变动成本线相加可以得到一条总成本线（见图 12-1 中的黄色实线）。总成本线和总收入线相交的点就是盈亏平衡点（见图 12-1 中的绿色点）。

提示　盈亏平衡点具有很重要的意义。以盈亏平衡点为界限：

- 突破了盈亏平衡点，意味着公司开始盈利，正式进入盈利区。
- 没有突破盈亏平衡点，意味着公司一直处于亏损区。

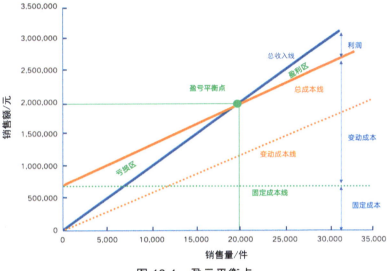

图 12-1　盈亏平衡点

这个每家公司都在寻求突破的点如何计算？主要依靠的就是边际利润，其计算公式为：

- 盈亏平衡点的销售量=固定成本/单位边际利润。
- 盈亏平衡点的销售额=固定成本/边际利润率。

提示　举个例子，假设有一家服装公司，每件衣服卖 100 元，每件衣服的布料、销售等变动成本加总是 50 元，购买设备及其店面租金等的固定成本是每年 12 万元（平摊到每月是 10,000 元）。

请问，这家服装公司的盈亏平衡点是多少？

① 计算单位边际利润和边际利润率。

- 单位边际利润= 100-50=50 元。
- 边际利润率= 50/100×100%= 50%。

② 计算盈亏平衡点。

- 盈亏平衡点的销售量= 10,000/ 50=200 件
- 盈亏平衡点的销售额= 10,000/ 50%=20,000 元

据此，得出结论：当该公司每月的销售额达到 20,000 元，销售量达到 200 件时，可实现盈亏平衡。

（3）帮助公司进一步推算其他经营指标，确定关键指标的目标值。

在确定了盈亏平衡点的销售量和销售额后，就可以通过一定的计算逻辑进一步确

定进店顾客量、线索量和定价等其他指标。

公司确定盈亏平衡点的销售量后，通过进店转化率，可以确定进店顾客量、线索量和获客成本等，通过生产量、库存量和库存周转率等数据，可以确定生产量。

> **提示** 还以服装公司为例，假设进店的顾客中有10%的人会购买衣服，该公司为招揽一个顾客需要花费10元。
>
> 请问，该公司在不赔本的情况下，每月需要招揽多少顾客，为此需要花费多少钱？
> ① 计算进店顾客量。
>
> 进店顾客量=盈亏平衡点的销售量/进店转化率= 200 / 10% =2,000 个。
> ② 计算获客花费的金额。
>
> 招揽顾客花费的金额=进店顾客量×招揽每个顾客花费的金额= 2,000×10=20,000 元。
>
> 得出结论：该公司为了不赔本，每月需要招揽 2,000 个顾客进店，为招揽这2,000 个顾客预估需要花费 20,000 元。

（4）帮助公司进行定价，确定产品或服务的售价。

公司确定产品或服务的售价时，有多种方法。比如，基于竞争对手定价法、撇脂定价法等。

成本定价法就是基于公司的变动成本和固定成本确定产品或服务售价的方法。公司在定价时，要先计算单位变动成本和单位固定成本，公司最终确定的价格应该大于单位变动成本和单位固定成本之和。

12.1.2 UE 模型

对收入、变动成本和边际利润的分析，在公司实践中被频繁使用、验证和总结，因此业内逐渐形成了固定的方法论和模型，称之为 UE 模型。

1. 什么是 UE 模型

UE 是 "Unit Economics" 的缩写，中文翻译为单体经济。它是一个描述公司最小业务单元的收入、成本和利润关系的模型。

具体什么是最小业务单元，与公司的主营业务有关。卖课程的教育公司，其最小业务单元的可以是一个课程包；卖车的公司，其最小业务单元可以是一台车；卖衣服的公司，其最小业务单元可以是一件衣服；卖广告的公司，其最小业务单元可以是一个用户。

UE 模型有两个重要的构成部分：①最小业务单元；②收入、成本和利润三者之间的关系。

> **提示** UE 模型通常衡量的是收入、变动成本和边际利润之间的关系。当然，也有公司在使用的过程中，会将所有的成本都包含在内。

　　所以，UE 模型本质上就是找到公司的最小业务单元，然后对这个最小业务单元进行收入、变动成本和边际利润的分析。

　　这里大家会问，为什么要分析变动成本？

　　先来看一下一家公司的总利润是怎么产生的。我们用一个公式来表示：总利润=（单位收入-单位变动成本）×销售量-总固定成本，如图 12-2 所示。

图 12-2　总利润的计算公式

　　通过这个公式可以看出，公司要想有钱可赚，实现最终盈利，首先要保证"单位收入-单位变动成本"是正的。之后随着交易量或销售量的提升，规模经济就会出现，总有一天总固定成本会被抵消，从而实现盈利。当然，盈利的这一天是迟早会来的，可能早可能晚，但肯定会来。而如果"单位收入-单位变动成本"是负的，那么公司肯定不会盈利，除非改变其商业模式。

　　公式的前两个部分单位收入和单位变动成本，正是 UE 模型的基础构成部分。只有先保证基础构成部分，即单体经济盈利，才能保证后续的提升销售量有意义。

2. 为什么要使用 UE 模型

　　第一，公司的整体业务是由若干个最小业务单元构成的。使用 UE 模型可以帮助我们排除很多干扰因素，以便简便地看待公司和它所出现的问题，做到一叶知秋，窥知业务的全貌。

　　第二，UE 模型具有很强的拓展性和收缩性。它可以拓展，也可以拆解，能够将宏观的业务视角拆解为落地的动作。同时，它可以收缩，也可以提炼，能够将落地的动作提炼成宏观的业务视角。

　　第三，UE 模型是管理层思考业务问题的基础视角。它可以拆解为除"量"外的几乎所有业务子指标。通过这些业务子指标的波动，可以帮助老板监控和诊断业务现状。同时，通过业务子指标的表现和假设，可以预估业务未来的增长和瓶颈，帮助老板输出核心的预判。

3. UE 模型主要服务哪些群体

　　UE 模型虽然被广泛关注和使用，但通常是商业分析、经营分析及财务分析等人员用来服务管理层和决策人的，因此它是管理层思考问题常用的模型。但这并不意味着业务人员不需要了解这个模型，业务人员熟悉这个模型，有利于抓住管理层思考的方式，更好地加强与管理层的沟通和策略执行。一般来说，在公司内部，关注 UE 模型的主要有 3 类群体，UE 模型也主要服务这 3 类群体。

（1）投资人。

针对投资人，主要进行初创公司的 UE 模型预估，据此帮助投资人判断是否该投资公司、投资回收期有多长，以及投资的投入产出比是多少。

（2）决策人。

针对决策人，UE 模型主要提供 3 个分析方向。

- 第 1 个分析方向：进行 UE 模型未来趋势的预估，帮助决策人看清业务的增长方式和限制瓶颈，制定业务的目标、KPI 或 OKR，帮助他们做出战略部署。
- 第 2 个分析方向：进行各业务线 UE 模型的预估，帮助决策人看清各业务线的经营情况，用于决策各业务线的取舍、发展策略和资源分配。
- 第 3 个分析方向：进行新业务、新产品 UE 模型的预估，帮助决策人判断是否要开展新业务和开发新产品，以及如果开展新业务和开发新产品，它们的投入产出比是多少、风险点在哪里。

（3）业务线负责人。

针对业务线负责人，UE 模型主要提供 2 个分析方向。

- 第 1 个分析方向：进行基于 UE 模型的指标和业务监控，帮助业务线负责人监控业务的正常运转，并且对异常点进行归因，输出关键策略和业务抓手。
- 第 2 个分析方向：进行所负责业务线 UE 模型未来趋势的预估，帮助业务线负责人判断该业务线未来的增长和走向，拉齐与决策人的期望，制定本业务线的目标和策略。

4. 做经营分析多年的我，为什么没有见过 UE 模型

从 UE 模型的公式中就可以看出，UE 模型只是对公司商业模式的第一步验证。除 UE 模型外，还需要结合财务模型等其他方法判断公司的整体盈利能力。所以，UE 模型并非在所有公司都会使用，通常在两类公司或业务中使用较多。

（1）初创或未上市公司内部使用较多。

大型上市公司基本都步入稳定发展阶段，它们的商业模式已经被验证过是跑得通的。同时，它们也过了用营收换增长的阶段，更关注整体的财务状况。固定成本和变动成本的区别对上市公司来说不重要，它们都需要负担和控制。因此，它们一般使用利润表、损益表和现金流量表等进行盈利分析。

而初创或未上市公司更多地使用 UE 模型，原因在于其商业模式还未被验证过，也未成熟。初创公司在成立之初，往往需要投入大量的成本用于团队建设和购买设备、资产等固定成本上。由于大量固定成本和不规模经济的存在，因此其大概率要亏损。但如果仅因为前期亏损，就停止该业务是很不明智的行为。这时如果通过 UE 模型能够判断出其商业模式可行，边际利润大于 0，就意味着随着时间的推移和销售规模的增长，公司能够找到一条路径使毛利润超过固定成本。这时，前期因固定成本带来的亏损就可以

被抵消，那么在短期承受亏损是可行的。

（2）毛利润薄弱的公司或业务使用较多。

对于客单价较低而成本科目较多的公司或业务，如外卖业务、二手车电商业务，这些业务的毛利润非常低，只要成本稍加变动，就可能导致业务不盈利。

这些公司或业务通过 UE 模型中指标的拓展分析，首先能够时刻监控收入和成本的变化，严格控制成本，其次能够通过更细颗粒度指标的分析，寻找成本优化的空间和收入提升的机会。

12.1.3　3 步搭建基础 UE 模型

UE 模型的本质其实还是对业务的理解。如果对业务的熟悉度足够高，那么搭建一个基础的 UE 模型还是比较容易的，通常只需要 3 个步骤。

1. 选定最小业务单元

首先，需要根据业务和研究目的确定最小业务单元是什么，如一件衣服、一台车、一个用户、一个课程包等。

2. 拆解收入和成本结构

其次，需要把业务的收入构成和成本构成一一拆解出来。而要想拆解，就必须对业务和流程有足够深入的了解。同时，可以借助"商业模式画布"和"生命旅程图"进行拆解。一般来说，大部分公司的收入构成和成本构成包括以下几个方面。

（1）收入构成。

收入包括产品或服务收入、广告收入、佣金收入、会员收入、增值服务收入、金融收入和保险收入等。有的公司，只有一种收入；有的公司，业务比较多元化，可能包含多种收入。

（2）成本构成。

被广泛熟知的成本包括原材料成本、物流成本、销售成本、获客成本、租金成本、人力成本、维修成本和渠道分成等。

3. 计算单位收入、单位变动成本、单位边际利润和边际利润率

收入和成本结构拆解结束之后，就要计算单位收入、单位变动成本、单位边际利润和边际利润率了。

- 单位收入和单位变动成本：从数据库中提取总收入和总变动成本数据，除以销售量就可以得到单位收入和单位变动成本了。
- 单位边际利润=单位收入−单位变动成本。
- 边际利润率=单位边际利润/单位收入×100%。

12.1.4　3 种典型的 UE 模型

行业不同、业务不同、商业模式不同、公司经营水平不同，这些因素叠加会产生各式各样的 UE 模型。如果按是否盈利及盈利多少分类，那大致上可将其分为 3 类：盈利困难的 UE 模型、盈利薄弱的 UE 模型和盈利丰厚的 UE 模型。

1. 盈利困难的 UE 模型：教育行业

盈利困难的 UE 模型其实背后代表的是一种很难盈利的商业模式。这种模式的典型特征就是边际利润为负。

表 12-1 所示为某教育公司一个课程包的 UE 模型。从中能够看出，该教育公司一个课程包的收入是 10,000 元，而一个课程包的变动成本是 17,500 元，一个课程包的边际利润是-7,500 元，边际利润率为-75%。这是一种典型的很难盈利的商业模式。

如果一家公司的 UE 模型呈现类似的特征，则意味着该公司越扩大规模，它就会面临规模越大、亏损越多的困境。对这种公司来说，优化或改变现有的商业模式可能才是最好的选择。

表 12-1　某教育公司一个课程包的 UE 模型

科目	子科目	数值
收入	单位收入/元	10,000
	• 课程收入/元	10,000
成本	单位变动成本/元	17,500
	1. 获客成本/元	10,000
	• 线索成本/元	5,000
	• 销售成本/元	4,000
	• 体验课成本/元	1,000
	2. 课时成本/元	5,000
	• 外教课时费/元	5,000
	3. 服务成本/元	2,400
	• 辅导老师成本/元	2,000
	• 带宽成本/元	400
	4. 其他成本/元	100
利润	单位边际利润/元	-7,500
	边际利润率	-75%

2. 盈利薄弱的 UE 模型：二手车行业

盈利薄弱的 UE 模型其实背后代表的是一种虽然有盈利，但是盈利很薄弱的商业模式。这种模式的典型特征就是边际利润比较低。

表 12-2 所示为某二手车电商公司一台车的 UE 模型。从中能够看出，该二手车电

商公司一台车的收入是 12,500 元，而一台车的成本是 10,600 元，一台车的边际利润是 1,900 元，边际利润率为 15%。这就是一种典型的低盈利的商业模式。

如果一家公司的 UE 模型呈现类似的特征，则意味着该公司通过提收入、降成本的措施是能获得一定盈利空间的。但这种公司的规模效应是非常低的，即使后期进行规模化扩张，净利润可以提升的空间也是非常有限的。

表 12-2　某二手车电商公司一台车的 UE 模型

科目	子科目	数值
收入	单位收入/元	12,500
	• 佣金收入/元	10,000
	• 金融收入/元	2,000
	• 保险收入/元	500
成本	单位变动成本/元	10,600
	• 人力成本/元	5,000
	• 租金成本/元	1,000
	• 获客成本/元	1,200
	• 履约成本/元	1,500
	• 占资成本/元	1,200
	• 维修成本/元	500
	• 其他成本/元	200
利润	单位边际利润/元	1,900
	边际利润率	15%

3. 盈利丰厚的 UE 模型：电商行业

盈利丰厚的 UE 模型其实背后代表的是一种盈利能力非常棒的商业模式。这种模式的典型特征就是边际利润很高。

表 12-3 所示为某电商公司一个用户的 UE 模型。从中能够看出，该电商公司从一个用户身上获取的收入是 1,000 元，为该用户付出的成本是 500 元，一个用户的边际利润是 500 元，边际利润率为 50%。这就是一种典型的盈利丰厚的商业模式。

如果一家公司的 UE 模型呈现类似的特征，则意味着该公司的规模效应非常好，通过规模化扩张，其后期的净利润有非常大的提升空间。

表 12-3　某电商公司一个用户的 UE 模型

科目	子科目	数值
收入	单位收入/元	1,000
	• 收入（LTV）/元	1,000
成本	单位变动成本/元	500

续表

科目	子科目	数值
成本	• 获客成本/元	350
	• 运营成本/元	100
	• 其他成本/元	50
利润	单位边际利润/元	500
	边际利润率	50%

12.1.5 案例：3 步分析助力投资人做出投资决策

UE 模型一个很重要的作用就是帮助投资人判断是否要投资一家公司。在初创期，公司规模还没有做大时，投资人往往使用 UE 模型来验证公司的商业模式是否跑得通。如果 UE 模型跑得通，那意味着当公司做大规模时，其商业模式很大概率也是跑得通的。那么，投资人是如何使用 UE 模型进行判断的呢？这里以一个具体案例来说明。

某家初创的服装公司线上销售服装，目前已经营业 2 个月了，销售量是 5,000 件。一件衣服的单价是 100 元，一件衣服的原材料等生产成本是 30 元，获客成本是 30 元，物流成本是 10 元。另外，工厂后台人员及入驻电商平台等的固定成本为每年 60 万元。

这家公司目前总利润是亏损的，大概亏损 45 万元。它想获取投资以提升销售量，该如何说服投资人投资？

这是一个典型的用 UE 模型验证公司商业模式的问题。需要进行 3 个方向的验证：①商业模式是否跑得通；②什么时候盈利；③盈利是否可持续。

1. 搭建 UE 模型，计算边际利润

确定公司的最小业务单元为一件衣服，接着搭建一件衣服的 UE 模型。

- 一件衣服的收入：一件衣服的单价是 100 元。
- 一件衣服的变动成本：包含生产成本 30 元、获客成本 30 元、物流成本 10 元，总计 70 元。
- 一件衣服的边际利润：100-70= 30 元，单位边际利润>0。

此时，基本上可以验证这家公司的商业模式是非常健康的，只要提升销售量，它就可以抵消固定成本，实现最终盈利。

2. 寻找盈亏平衡点

虽然这家公司可以盈利，但可能是 1 年盈利，可能是 2 年盈利，也可能是 10 年盈利。那么，什么时候可以实现最终盈利？这是一个典型的计算盈亏平衡点的问题。

在上文中提到过计算盈亏平衡点的公式。

- 盈亏平衡点的销售量=固定成本/单位边际利润。

● 盈亏平衡点的销售额=固定成本/边际利润率。

将这家公司的数据代入公式中，得到：

● 盈亏平衡点的销售量= 600,000/30=20,000 件。

● 盈亏平衡点的销售额=600,000/30%=2,000,000 元。

这时就可以得出结论：当这家公司的年销售量突破 20,000 件，年销售额突破 200 万元时，它就可以实现盈亏平衡，正式进入盈利区。目前该公司 2 个月的销售量是 5,000 件，达到盈亏平衡点的 20,000 件只需 8 个月的时间。

3. 验证盈利可持续

公司的发展不是静态的，今日盈利不代表明日仍然盈利。同样，初始的 UE 模型也会发生变化。随着时间的推移，盈利的 UE 模型有可能变得不盈利。这时投资人就会怀疑公司是否具备可持续盈利能力，这时就要告诉投资人公司的 UE 模型是具备可持续盈利能力的。这家公司的 UE 模型是如何发生变化的？具体如表 12-4 所示。

表 12-4　某服装公司不同阶段的 UE 模型

科目	子科目	不同阶段的 UE 模型		
		初始	成本上升	生命周期
收入	单位收入/元	100	100	100
	● 衣服单价/元	100	100	100
成本	单位变动成本/元	70	100	60
	● 生产成本/元	30	30	30
	● 获客成本/元	30	60	20
	● 物流成本/元	10	10	10
利润	单位边际利润/元	30	0	40
	边际利润率	30%	0	40%

随着公司销售量的提升，它的买量成本开始逐步提升，获客成本由原来的 30 元提升至 60 元，单位边际利润由原来的 30 元降至 0 元（见表 12-4 第 4 列）。这时投资人就会怀疑这家公司是不是具备长久的盈利能力。此时要做的事情就是告诉投资人，这家公司是具备可持续盈利能力的。

如何让投资人相信？就要证明 UE 模型的结果可以持续优化。随着用户运营能力的提升和产品力的提升，该公司用户的生命周期开始延长。用户的复购频次提升至 3 次，分摊到一件衣服的获客成本就可以降至成本上升后的 1/3，为 20 元，单位边际利润由原来的 30 元也可以提升至 40 元（见表 12-4 第 5 列）。其 UE 模型的结果在进一步优化，这也意味着公司具备可持续盈利能力。

通过对该公司进行这 3 个方面的验证，投资人就可以判断出该公司的商业模式非常健康且具备盈利能力,通过提升销售量就可以突破盈亏平衡点实现盈利,且盈利能力不断优化具备可持续性,因此就可以做出决定:投资这家公司。

12.1.6 案例:6 步分析助力管理层制定来年预算

80%的商业分析师尤其是经营分析师,在年终时都会碰到制定来年预算的工作。制定来年预算就是承接公司的战略,通过一定的预测方法及模型测算来年的收入、成本和利润。其目的是为管理层制定目标、分配资源、规划业务提供数据参考和决策依据。

预算包括全量业务预算和单位业务预算,单位业务预算通常是全量业务预算的一部分。在制定单位业务预算时通常使用 UE 模型。那么,如何借助 UE 模型制定来年预算呢?这里以某二手车电商公司为例展开说明。

某二手车电商公司的主要商业模式是从卖车人手里购买二手车,然后将二手车卖给买车人,同时提供金融服务和保险服务。

公司决策人想知道来年的收入、成本、利润能做到什么水平,作为商业分析师,如何进行测算?需要以下 6 个步骤。

1. 梳理商业模式和流程,拆解收入和成本结构

对商业模式和流程梳理的最好方式就是画出业务的生命旅程图。在这个二手车的案例中,先确定最小业务单元为"一台车"。为了获取这台车的收入和成本结构,需要画出一台车的生命旅程图。

由于这家二手车电商公司的业务是由收车和售车两条线构成的,因此其一台车也分两条生命线来分析,如图 12-3 所示。

图 12-3 一台车的生命旅程图

(1)第一条生命线:收车生命线。

● 首先这家公司通过在各条渠道上投放广告,获取卖车人的线索,产生了"获客成本"。

- 接着检测师上门收车，产生了"人力成本"。
- 检测过关后，支付费用给卖车人，并且收取一部分佣金，产生了"佣金收入"。同时，因为支付的这部分费用一直到将车卖出去，会产生资金占用的成本，所以我们称为"占资成本"。
- 之后这台车会被维修和整备，产生了"维修成本"。
- 然后这台车被送入仓库进行存储，产生了"租金成本"。
- 到此为止，这台车的收车生命线结束。

（2）第二条生命线：售车生命线。

- 首先这家公司也是在各条渠道上投放广告，获取买车人的线索，产生了"获客成本"。
- 接着该公司会将买车人的线索分配给销售人员，让销售人员进行跟进，打电话邀约买车人线下看车，产生了"人力成本"。
- 买车人试车后，觉得满意，就会支付定金。
- 之后这台车会从仓库中出库，买车人将付款结清车款，购买该公司的金融服务和保险服务，同时要支付一部分佣金。这时产生了 3 个收入项："保险收入""金融收入""佣金收入"。
- 然后这台车被履约和交付，产生了"履约成本"。
- 到此为止，这台车的售车生命线结束。

根据这两条生命线，就可以对一台车的收入和成本结构进行拆解了。

- 一台车的收入包含 3 个项目，分别是佣金收入、金融收入和保险收入。可以用公式表达为：一台车的收入=佣金收入+金融收入+保险收入。
- 一台车的成本包含人力成本、租金成本、获客成本、履约成本、占资成本和维修成本。此外，还有检测工具、油费等比较小的成本项，我们这里统一表述为"其他成本"。可以用公式表达为：一台车的成本=人力成本+租金成本+获客成本+履约成本+占资成本+维修成本+其他成本。

将一台车的收入和成本结构拆解完之后，只要对这些收入和成本的子指标进行测算，最后求和即可推测出来年的收入、成本和利润。

如何对收入和成本的子指标进行测算？这时又是"数据指标体系"登上舞台、大显神通的时候了。

2. 搭建收入和成本指标体系

在这一步，运用前文介绍的相加和相乘的逻辑拆解法，将收入和成本的子指标拆解为二级指标、三级指标和过程指标，具体如图 12-4 所示。

图 12-4　某二手车电商公司的收入和成本指标体系

（1）一台车的收入指标体系。

- 一台车的佣金收入=车价×佣金率。
- 一台车的金融收入=车价×金融收入比例×金融车渗透率。
- 一台车的保险收入=单均保费×分佣比例×保险车渗透率。

（2）一台车的成本指标体系。

- 一台车的人力成本=一台车提成+基本工资/人效。
- 一台车的租金成本=单车位单天租金×车辆周转天数。
- 一台车的获客成本=线索成本/线索到付费转化率。而线索到付费转化率又可以拆解为 4 个过程指标，其计算公式为：线索到付费转化率=线索下发率×下发邀约率×邀约见面率×见面成交率。

提示　这 4 个过程指标从何而来？根据从"线索"到"付费"的转化流程和转化环节确定。

………………

搭建好收入和成本指标体系之后，借助这个指标体系，收入和成本各个子指标之间的关系都可以用公式呈现出来，那么通过对子指标的测算就可以得出来年的收入、成本和利润数据了。

3. 填充历史数据

如何对子指标进行测算？要先从数据库中提取各指标的历史数据。具体取多少年的数据？一般情况下，业务趋于稳定时，取 3~5 年的数据即可。提取出历史数据之后，按图 12-5 的格式整理好。

4. 假设不同的预估场景

来年毕竟还是未知的，所以在预估时，商业分析师需要充分考虑到可能出现的场景，这是做测算的必备功课。

假设什么样的场景则需要结合具体的研究目的和分析目的来确定。如果是做"整体业绩"的预估，那么给老板以乐观、中性和保守场景的预估是合适的。如果是帮老板做业务取舍和资源配置决策，那么分业务线做假设则比较合理。比如，美团外卖分成"1P业务"和"3P业务"等。

提示　1P 和 3P 是美团两种商业模式：1P 是美团自营配送；3P 是商家自行配送。

在二手车的案例中，由于是对来年的整体收入、成本和利润进行推测，因此假设乐观、中性和保守的场景是合适的。

科目	子科目	历史值						
收入	单位收入/元	12,500						
	• 佣金收入/元	10,000						
	车价/元	100,000						
	佣金率	10%						
	• 金融收入/元	2,000						
	车价/元	100,000						
	金融收入比例	10%						
	金融车渗透率	20%						
	• 保险收入/元	500						
	单均保费/元	3,000						
	分佣比例	30%						
	保险车渗透率	56%						
成本	单位变动成本/元	10,600						
	• 人力成本/元	5,000						
	一台车提成/元	4,000						
	基本工资/元	5,000						
	人效/台·月$^{-1}$	5						
	• 租金成本/元	1,000						
	单车位单天租金/元	25						
	车辆周转天数/天	40						
	• 获客成本/元	1,200						
	线索成本/元	12						
	线索到付费转化率	1.0%						
	• 履约成本/元	1,500						
	• 占资成本/元	1,200						
	车价/元	100,000						
	资金周转天数/天	48						
	• 维修成本/元	500						
	• 其他成本/元	200						
利润	单位边际利润/元	1,900						
	边际利润率	15%						

图 12-5　收入和成本历史数据表

5. 将指标分为 3 种：变量指标、常量指标和公式指标

将拆解的所有收入和成本的子指标进行划分，分为变量指标、常量指标和公式指标，分别在图 12-6 中用绿色、蓝色和白色单元格表示。

科目	子科目	历史值	预估					
			保守预估		乐观预估		中性预估	
			假设	值	假设	值	假设	值
收入	单位收入/元	12,500						
	• 佣金收入/元	10,000						
	车价/元	100,000						
	佣金率	10%						
	• 金融收入/元	2,000						
	车价/元	100,000						
	金融收入比例	10%						
	金融车渗透率	20%						
	• 保险收入/元	500						
	单均保费/元	3,000						
	分佣比例	30%						
	保险车渗透率	56%						
成本	单位变动成本/元	10,600						
	• 人力成本/元	5,000						
	一台车提成/元	4,000						
	基本工资/元	5,000						
	人效/台·月$^{-1}$	5						
	• 租金成本/元	1,000						
	单车位单天租金/元	25						
	车辆周转天数/天	40						
	• 获客成本/元	1,200						
	线索成本/元	12						
	线索到付费转化率	1.0%						
	• 履约成本/元	1,500						
	• 占资成本/元	1,200						
	车价/元	100,000						
	资金周转天数/天	48						
	• 维修成本/元	500						
	• 其他成本/元	200						
利润	单位边际利润/元	1,900						
	边际利润率	15%						

为变量指标，指可通过运营等手段优化的指标

为常量指标，指短期内不容易改变的指标

为公式指标，指可通过公式将常量指标和变量指标进行计算的指标

图 12-6　3 种指标的颜色区分

（1）变量指标。

变量指标是指通过运营和产品等手段可以优化与改变的指标。比如，车价、人效、线索到付费转化率等。

（2）常量指标。

常量指标是指在一定时间内比较难以改变或不能随意调整的指标。比如，佣金率、一台车提成、基本工资等。

（3）公式指标。

公式指标是指把常量指标和变量指标经过一定的加、减、乘、除运算而得到的指标。针对公式指标，需要在单元格里按照之前搭建好的指标体系写好公式，注意一定是公式不是数值。写好这个公式之后，不需要做任何动作，它可以自动计算。

提示　对于模型中的公式，要尽量写得简单，以方便调试和他人阅读。采取的原则是宁可多加一个辅助行或列，也不将公式复杂化。

如果必须使用复杂的公式，则应做好批注或备注，以方便后期更新。

不同类型的指标最好用不同的颜色进行标注，主要有两个用处。

（1）预测类的分析，基本上后期都会经历多轮测试和调整，而且很多情况下会在会议现场和高层决策人一起调整，这就要求这个模型必须简单、清晰，能够快速做出调整。用颜色清晰地区分出每种指标，能够快速找到需要调整的指标，在调整时不至于慌乱和出错。

（2）预测类的模型，很多时候会和其他团队一起调试和使用，甚至有时需要商业分析团队搭建出来供业务团队使用。因此，模型的易读性、易理解性和易调性非常重要。这时让大家一眼就能分辨指标类型，知道调整哪些数据是我们必须做到的，用颜色进行区分是一种非常明智的做法。

6. 展开策略假设和数值预估

将指标分类之后，需要对各指标的值进行预估。如何预估？需要与业务团队一起进行乐观、中性、保守场景下的策略假设和数值预估。

（1）变量指标。

针对变量指标的每次预估，都必须做假设。假设的本质是策略的调整和优化，每次假设之后要跟随一个预估的数值，如图 12-7 中的绿色单元格所示。

提示　以佣金收入为例，说明如何开展策略假设和数值预估。

首先找到佣金收入下的"车价"这个指标，是一个变量指标。接着与业务团队评估，来年通过策略改变能将该指标提升到什么水平，做出策略假设。

假设通过运营和销售激励策略的改变，如对销售高车价给予高激励，可以将原有 100,000 元的车价，在保守情况下提升至 103,000 元，在中性情况下提升至 105,000 元，在乐观情况下提升至 110,000 元。

科目	子科目	历史值	预估					
			保守预估		乐观预估		中性预估	
			假设	值	假设	值	假设	值
收入	单位收入/元	12,500		13,303		15,985		13,884
	• 佣金收入/元	10,000		10,300		12,100		10,500
	车价/元	100,000	运营激励	103,000	运营和销售激励	110,000	运营和销售激励	105,000
	佣金率	10%	保持不变	10%	佣金提升	11%	保持不变	10%
	• 金融收入/元	2,000		2,472		3,300		2,835
	车价/元	100,000	运营激励	103,000	运营和销售激励	110,000	运营和销售激励	105,000
	金融收入比例	10%	保持不变	10%	保持不变	10%	保持不变	10%
	金融车渗透率	20%	售卖政策激励	24%	售卖政策激励	30%	售卖政策激励	27%
	• 保险收入/元	500		531		585		549
	单均保费/元	3,000	保持不变	3,000	保持不变	3,000	保持不变	3,000
	分佣比例	30%	保持不变	30%	保持不变	30%	保持不变	30%
	保险车渗透率	56%	售卖政策激励	59%	售卖政策激励	65%	售卖政策激励	61%
成本	单位变动成本/元	10,600		10,612		10,499		10,604
	• 人力成本/元	5,000		4,833		5,125		4,914
	一台车提成/元	4,000	保持不变	4,000	激励成本提升	4,500	激励成本提升	4,200
	基本工资/元	5,000	保持不变	5,000	保持不变	5,000	保持不变	5,000
	人效/台·月[1]	5	销售赋能	6	销售赋能/工具优化	8	销售赋能/工具优化	7
	• 租金成本/元	1,000		1,000		760		950
	单车位单天租金/元	25	保持不变	25	租金降低	20	保持不变	25
	车辆周转天数/天	40	保持不变	40	周转加快	38	周转加快	38
	• 获客成本/元	1,200		943		776		880
	线索成本/元	12	买量价格上涨	13.2	买量价格上涨	13.2	买量价格上涨	13.2
	线索到付费转化率	1.0%	获客路径优化	1.4%	获客路径优化	1.7%	获客路径优化	1.5%
	• 履约成本/元	1,500	保持不变	1,500	保持不变	1,500	保持不变	1,500
	• 占资成本/元	1,200		1,236		1,238		1,260
	车价/元	100,000	运营激励	103,000	运营和销售激励	110,000	运营和销售激励	105,000
	资金周转天数/天	48	保持不变	48	周转加快	45	保持不变	48
	• 维修成本/元	500	第三方公司涨价	800	第三方公司涨价	800	第三方公司涨价	800
	• 其他成本/元	200	上涨	300	上涨	300	上涨	300
利润	单位边际利润/元	1,900		2,691		5,486		3,280
	边际利润率	15%		20%		34%		24%

为变量指标，指可通过运营等手段优化的指标

为常量指标，指短期内不容易改变的指标

为公式指标，指可通过公式将常量指标和变量指标进行计算的指标

图 12-7　UE 模型的策略假设和数值预估

（2）常量指标。

针对常量指标的每次预估，做出的假设都是保持不变，让假设的值直接等于历史值即可，如图 12-7 中的蓝色单元格所示。但常量指标并非一定不能改变。

> **提示** 这里仍然以佣金收入为例，首先找到常量指标"佣金率"，接着与业务团队评估，做出策略假设。因为常量指标一般情况下不会轻易改变，但也并不意味着完全不可以改变。
>
> - 假设在保守和中性情况下，"佣金率"保持历史值不变，为 10%。
> - 假设在乐观情况下，这个常量指标做出了改变，提升至 11%。

（3）公式指标。

因为在上一步中已经写好公式指标的计算公式了，所以这里不需要做任何动作，它就可以自动计算，如图 12-7 中的白色单元格所示。

提示　这里仍然以佣金收入为例，公式指标是"佣金收入"，它等于车价乘以佣金率。在把"车价"和"佣金率"这两个指标的数值填上之后，"佣金收入"这个指标就能够自动计算出来，不需要人工操作。

通过对不同场景和策略的一系列假设与预估，最终就可以得出如图 12-7 所示的完整表格了。通过此表格，我们不但对来年的收入、成本和利润做出了预测，更重要的是，它揭示了需要通过什么样的策略和路径去实现这些预测值。

12.2　敏感性测试到底在测试什么

在阅读券商公司或投资公司的研究报告时，经常会发现如图 12-8 所示的表，该表是券商公司对早教机构的分析，用来测试"满班率"和"消课率"的变化对早教机构"净利率"的影响。

净利率	满班率									满班率1%边际贡献均值
消课率	90%	85%	80%	75%	70%	65%	60%	55%	50%	
80%	28.9%	28.9%	26.8%	26.6%	24.0%	21.1%	20.4%	16.5%	15.2%	0.34%
75%	26.7%	26.7%	24.4%	24.2%	21.5%	18.3%	17.6%	13.5%	12.1%	0.37%
70%	24.2%	24.1%	21.7%	21.5%	18.6%	15.2%	14.4%	10.0%	8.5%	0.39%
65%	21.2%	21.2%	18.6%	18.3%	15.2%	11.6%	10.7%	6.0%	4.3%	0.42%
60%	17.8%	17.7%	14.9%	14.7%	11.3%	7.3%	6.4%	1.3%	-0.7%	0.46%
55%	13.7%	13.7%	10.6%	10.3%	6.6%	2.3%	1.3%	-5.7%	-8.3%	0.55%
50%	8.9%	8.8%	5.4%	5.1%	1.0%	-4.9%	-6.5%	-14.6%	-17.4%	0.66%
45%	2.9%	2.8%	-1.2%	-1.6%	-7.7%	-14.7%	-16.4%	-25.5%	-28.6%	0.79%
40%	-6.0%	-6.1%	-11.7%	-12.2%	-19.1%	-26.9%	-28.9%	-39.1%	-42.6%	0.91%
消课率1%边际贡献均值	0.87%	0.88%	0.96%	0.97%	1.08%	1.20%	1.23%	1.39%	1.45%	

假设：课单价180元

图 12-8　券商研究报告中的敏感性测试表（资料来源：广证恒生）

从图 12-8 中能够看出：当满班率为 90%、消课率为 80% 时，早教机构的净利率达到最大值 28.9%。随着满班率和消课率的降低，净利率也在逐渐降低。当满班率降至 50%、消课率降至 40% 时，早教机构的净利率跌至 -42.6%。

"满班率"和"消课率"就是两个变量，"净利率"是早教机构追求的目标。通过变量的变化发现其对目标的影响和变化规律，就是所谓的敏感性测试，这种形式的表格就是敏感性测试表。

12.2.1 单变量和多变量敏感性测试

我们来给敏感性测试下个定义。敏感性测试（Sensitivity Analysis）是指测试一个或多个因素的变化对最终结果的影响。

比如，测试"单价"的变化对"收入"的影响，测试"周转天数"的变化对"毛利润"的影响。

> **提示** 在上文的二手车案例中，车价、人效、线索到付费转化率等指标的变化都会对最终的边际利润产生影响。我们把车价、人效、线索到付费转化率这些影响最终结果的因素称为变动因素。
>
> 当车价、人效、线索到付费转化率这些变动因素发生变化时，测试其对边际利润的影响，这个分析过程称为敏感性测试。

1. 单变量敏感性测试

测试一个因素的变化对最终结果的影响，就是单变量敏感性测试。

> **提示** 测试当二手车的车价分别调整至 8 万元、9 万元、10 万元、11 万元、12 万元等不同值时，对边际利润的影响，就是对车价这个单变量的敏感性测试。

2. 多变量敏感性测试

测试两个及以上因素的变化对最终结果的影响，就是多变量敏感性测试。

> **提示** 测试当二手车的车价分别调整至 8 万元、9 万元、10 万元、11 万元、12 万元等不同值，以及人效分别调整至每月每人售卖 7 台车、8 台车、9 台车、10 台车、11 台车等不同值时，对边际利润的影响，就是车价和人效这两个多变量的敏感性测试。

12.2.2 敏感性测试的 3 个分析场景

在工作的很多场景中，我们都能够发现敏感性测试"忙碌"的身影，尤其是在以下 3 个场景中。

1. 开展业务的可行性判断

通过对某业务不同变量的调整，观察利润的变化情况，可以判断利润是否能达到预期，从而做出是否开展该业务的决策。

> **提示** 比如，公司决策层为新业务制定的净利率目标是 10%。通过敏感性测试对影响净利率的关键指标进行调整，观察净利率是否能达到 10%。如果能达到 10%，则开展新业务；如果不能，则放弃新业务。

2. 判断不同方案的风险承受能力

当多种方案能够达到相同的利润目标时，敏感性测试可以辅助公司判断各方案的风险。

提示　比如，某汽车公司想把净利率提升至 10% 左右，现有两种方式可实现。

- 第一种：人效提升至 20 台/月，续费率提升至 40%。
- 第二种：人效提升至 10 台/月，续费率提升至 45%。

第二种方案的风险比第一种方案要小，因为目前人效的最大值为 8 台/月，要提升至 20 台/月的难度非常大，风险也非常高。

3. 评估影响因素的敏感性系数

多个变动因素均会对利润等目标产生影响，但影响程度各不相同。有的对目标的影响程度较大，有的则影响程度较小。我们应重点关注影响大的关键指标。

（1）什么是敏感性系数。

影响程度通常用敏感性系数来表示，其计算公式为：敏感性系数=目标值变动百分比/变量指标值变动百分比。

- 敏感性系数有正负之分。敏感性系数为正，代表变量和目标是同方向变动；敏感性系数为负，代表变量和目标是反方向变动。
- 敏感性系数的绝对值有大小之分。敏感性系数的绝对值越大，代表变量对目标的影响程度越大。敏感性系数的绝对值大于或等于 1 为敏感因素，绝对值小于 1 为非敏感因素。

提示　比如，售价和退费率均对利润产生影响。售价的敏感性系数是 5，退费率的敏感性系数是-2。

这意味着：售价每提升 10%，利润将提升 50%；退费率每降低 10%，利润将提升 20%。售价对利润提升的影响更大。因此，涨价是提升利润的最有效手段。当然，价格下跌也将是公司的最大威胁。

（2）如何计算敏感性系数。

以一个案例来说明，假设某服装公司一件衣服的单价是 120 元，原材料成本是 40 元，获客成本是 10 元，导购成本是 20 元，衣服的年销售量是 4,000 件，该服装产品的总固定成本是 40,000 元。

如何判断各个变量对利润的影响程度？

第一，确定利润的基准值，利润=（单价-原材料成本-获客成本-导购成本）×销售量-固定成本=（120-40-10-20）×4,000-40,000=160,000 元。

第二，计算每个变量的敏感性系数。

- 假设每个变量都上涨 10%，计算利润的上涨幅度。假设单价上涨 10% 变为 132 元，则利润=（132-40-10-20）×4,000-40,000=208,000 元。
- 计算利润的上涨幅度=（208,000/160,000-1）×100%=30%。

- 计算单价的敏感性系数=30%/10%=3。
- 以此类推,求得其他指标的敏感性系数,如表 12-5 所示。

表 12-5　各个变量的敏感性系数

科目	指标	数值	敏感性系数
一件衣服的收入	单价/元	120	3.0
一件衣服的变动成本	原材料成本/元	40	−1.0
	获客成本/元	10	−0.3
	导购成本/元	20	−0.5
固定成本/元		40,000	−0.3
销售量/件		4,000	1.3
利润		160,000	—

第三,得出结论。

- 单价对利润的正向影响最大,销售量也是影响利润的一个敏感因素。原材料成本对利润是负向影响,也是影响利润的一个敏感因素。
- 获客成本、导购成本和固定成本的敏感性系数小于 1,属于非敏感因素。

12.2.3　如何开展敏感性测试

敏感性测试最大的优点是简单、易用、易操作,使用 Excel 就可以完成。这里以某服装公司的收入、成本和利润为例来说明。表 12-6 是某服装公司一件衣服的收入、成本和利润指标情况。这里要注意的是,这个表里的公式指标一定要写计算公式,而不是数值。

提示　敏感性测试本身比较简单,复杂的是业务。如果业务指标和流程非常多,各种指标的分类和关系就会错综复杂,这样就会为敏感性测试增添难度。所以,在做敏感性测试之前,梳理清楚指标体系及各个指标之间的关系非常重要,能为敏感性测试节省很多时间。

表 12-6　某服装公司一件衣服的收入、成本和利润

科目	指标	数值	指标类型
收入	单价/元	120	变量指标
成本	1. 原材料成本/元	40	变量指标
	2. 获客成本/元	50	公式指标=线索成本/线索到付费转化率
	• 线索成本/元	10	变量指标
	• 线索到付费转化率	20%	变量指标
	3. 导购成本/元	20	公式指标=提成+基本工资/人效
	• 提成/元	10	变量指标
	• 基本工资/元	1,000	常量指标
	• 人效/件·月$^{-1}$	100	变量指标

续表

科目	指标	数值	指标类型
利润	边际利润/元	10	公式指标=单价-原材料成本-获客成本-导购成本
	边际利润率	8%	公式指标=边际利润/单价×100%

1. 明确分析的最终目标

通常来说，利润和收入指标使用得比较多。比如，毛利率、净利率、ROE、IRR 等。本案例中该服装公司的最终目标为边际利润率。

2. 确定变量指标

具体设置哪些指标为变量指标，取决于业务和分析目的。在本案例中，确定单价、原材料成本、线索成本、线索到付费转化率、提成、人效为影响边际利润率的变量指标。

3. 设置变量指标的变化范围

这里以测试“单价”和“人效”两个变量指标的变化对边际利润率的影响为例。设置“人效”的变化范围为 80 件/月到 150 件/月，设置“单价”的变化范围为 100 元到 150 元，格式如图 12-9 所示。

		单价										
		100	105	110	115	120	125	130	135	140	145	150
人效	80											
	85											
	90											
	95											
	100											
	105											
	110											
	115											
	120											
	125											
	130											
	135											
	140											
	145											
	150											

图 12-9　变量指标变化范围的设置

4. 使用 Excel 的“模拟运算表”测试目标变化

（1）在“人效”所在列和“单价”所在行的交叉单元格处（见图 12-10 中的黄色单元格）设置公式，使其等于图 12-10 中左表的“边际利润率”所在单元格。

提示 交叉的单元格其实就是被模拟的单元格，其他边际利润率的单元格都是模拟该单元格的公式进行计算的。

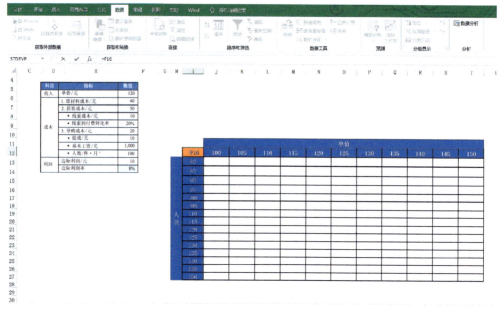

图 12-10　边际利润率的单元格引用公式设置

（2）选定表格（见图 12-11 中的黄色虚线框标注的区域），单击"数据"→"模拟分析"按钮，在弹出的快捷菜单中选择"模拟运算表"（见图 12-11 中的蓝色虚线框标注的区域）。

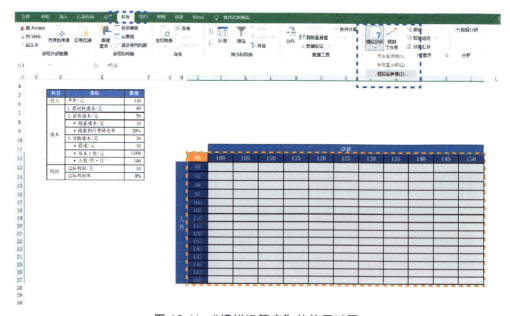

图 12-11　"模拟运算表"的使用过程

（3）之后，会弹出如图 12-12 所示的"模拟运算表"对话框。

- 在"输入引用行的单元格"中输入图 12-12 中左图"单价"所在的单元格位置。
- 在"输入引用列的单元格"中输入图 12-12 中左图"人效"所在的单元格位置。

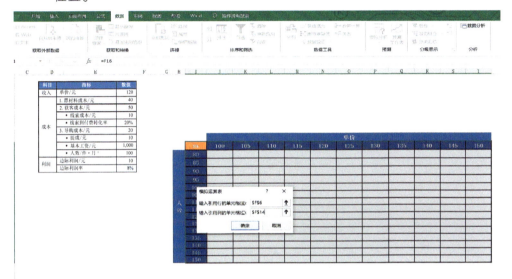

图 12-12　打开"模拟运算表"对话框

5. 输出敏感性测试结果表

单击"确定"按钮，就会得到如图 12-13 所示的敏感性测试结果表。表格中黑色字体所在的单元格区域就是不同人效和单价变化时的边际利润率。

从表中能够发现，当单价为 100 元，人效为 80 件/月时，边际利润率是-12.5%。当单价为 120 元，人效为 100 件/月时，边际利润率是 8.3%。

8%	100	105	110	115	120	125	130	135	140	145	150
80	-12.5%	-7.1%	-2.3%	2.2%	6.3%	10.0%	13.5%	16.7%	19.6%	22.4%	25.0%
85	-11.8%	-6.4%	-1.6%	2.8%	6.9%	10.6%	14.0%	17.2%	20.2%	22.9%	25.5%
90	-11.1%	-5.8%	-1.0%	3.4%	7.4%	11.1%	14.5%	17.7%	20.6%	23.4%	25.9%
95	-10.5%	-5.3%	-0.5%	3.9%	7.9%	11.6%	15.0%	18.1%	21.1%	23.8%	26.3%
100	-10.0%	-4.8%	0.0%	4.3%	8.3%	12.0%	15.4%	18.5%	21.4%	24.1%	26.7%
105	-9.5%	-4.3%	0.4%	4.8%	8.7%	12.4%	15.8%	18.9%	21.8%	24.5%	27.0%
110	-9.1%	-3.9%	0.8%	5.1%	9.1%	12.7%	16.1%	19.2%	22.1%	24.8%	27.3%
115	-8.7%	-3.5%	1.2%	5.5%	9.4%	13.0%	16.4%	19.5%	22.4%	25.0%	27.5%
120	-8.3%	-3.2%	1.5%	5.8%	9.7%	13.3%	16.7%	19.8%	22.6%	25.3%	27.8%
125	-8.0%	-2.9%	1.8%	6.1%	10.0%	13.6%	16.9%	20.0%	22.9%	25.5%	28.0%
130	-7.7%	-2.6%	2.1%	6.4%	10.3%	13.8%	17.2%	20.2%	23.1%	25.7%	28.2%
135	-7.4%	-2.3%	2.4%	6.6%	10.5%	14.1%	17.4%	20.4%	23.3%	25.9%	28.4%
140	-7.1%	-2.0%	2.6%	6.8%	10.7%	14.3%	17.6%	20.6%	23.5%	26.1%	28.6%
145	-6.9%	-1.8%	2.8%	7.0%	10.9%	14.5%	17.8%	20.8%	23.6%	26.3%	28.7%
150	-6.7%	-1.6%	3.0%	7.2%	11.1%	14.7%	17.9%	21.0%	23.8%	26.4%	28.9%

图 12-13　敏感性测试结果表

12.2.4　案例：敏感性测试和 UE 模型结合输出可行性决策

敏感性测试经常和 UE 模型结合使用，进行某业务或某项目的可行性决策。通过衡量某个因素的变动对该业务或该项目预期收益的影响程度，做出可行性决策。

仍以"天天向上"教育公司为例，其主营业务是提供大学生和成人英语一对一外教课程。公司于 2022 年 9 月新推出了一个套餐课程包，课程包售价 2,880 元，一共包含 24 节课，其中有 16 节外教课和 8 节中教课。每节外教课和每节中教课的课时价格是不一样的，平均每节课的单价是 120 元。

根据 2022 年 9 月的数据，发现该课程相比其他尝试的新课程，销售量还是可以的，但是利润不好。业务负责人现在有个需求，他想做一次研究分析，看看是继续售卖该课程还是停止售卖该课程。

这个案例是商业分析师在实际工作场景中经常碰到的，本质是辅助老板做决策的问题。遇到这样的问题，首先需要厘清解决问题的思路和步骤。

由于该课程的销售量是可以的，所以需要进一步观察一节课的利润情况。这时就需要分析一节课的 UE 模型了。如果其边际利润大于 0，就代表售卖该课程有利可图，则可以继续售卖该课程。如果其边际利润小于或等于 0，是不是就不卖这个课程了？

并不是！这时需要深入研究 UE 模型是否存在优化空间。如果通过策略优化可以将 UE 模型优化，则仍可以继续售卖该课程。如果没有优化空间，就放弃售卖该课程。

是否继续售卖课程的解题思路如图 12-14 所示。接着我们分步骤解决这个问题。

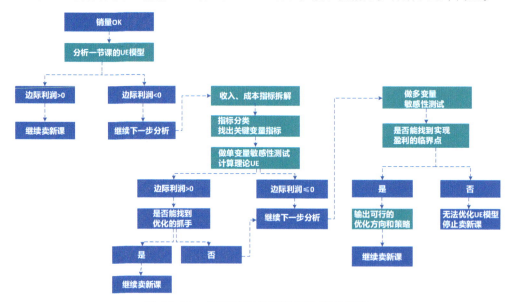

图 12-14　是否继续售卖课程的解题思路

1. 搭建 UE 模型，计算边际利润

确定该教育公司的最小业务单元为"一节课"。如何得到一节课的 UE 模型？需要对一节课的收入和成本结构进行拆解，如何拆解？采用"生命旅程图"法，画出该教育公司一节课的生命旅程图，如图 12-15 所示。一节课的生命旅程由两个阶段构成：用户购买之前的生命旅程和用户购买之后的生命旅程。

（1）用户购买之前的生命旅程。

- 首先，该教育公司在各条渠道上投放广告获取线索，产生了"线索成本"。
- 其次，该教育公司将线索分配给销售人员，让销售人员邀约用户上体验课，产生了"体验课成本"。
- 最后，上完体验课，销售人员会推荐用户签单买课，产生了一项收入和一项成本。收入为"课程收入"，成本为"销售成本"。

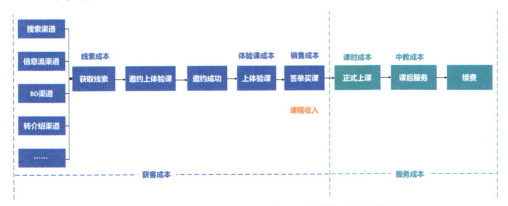

图 12-15　"天天向上"教育公司一节课的生命旅程图

提示　到此环节为止，线索成本、体验课成本、销售成本共同构成了获客成本。

（2）用户购买之后的生命旅程。

- 用户购买课程之后会正式上课，产生了"课时成本"。
- 上完课之后，由中教老师进行课后辅导和续费服务，产生了"中教成本"。

此外，购买之后还会产生宽带、促课消、赠课等其他细项成本，这里我们统一称为"其他成本"。

提示　到此环节为止，课时成本、中教成本、其他成本共同构成了服务成本。

经过两个阶段生命旅程的分析，基本就确定了 UE 模型的雏形。

- 一节课的收入为课程收入。
- 一节课的成本由两个大成本构成：①获客成本=线索成本+体验课成本+销售本；②服务成本=课时成本+中教成本+其他成本。这里的成本指变动成本。

从数据库中取出原始数据，计算出一节课的收入和成本，就得到 UE 模型，如表 12-7 所示。

表 12-7 "天天向上"教育公司一节课的 UE 模型

科目	子科目	9 月数值
收入	一节课的收入/元	120.0
成本	一节课的成本/元	285.3
	1. 获客成本/元	180.3
	● 线索成本/元	135.8
	● 体验课成本/元	0.4
	● 销售成本/元	44.1
	2. 服务成本/元	105.0
	● 课时成本/元	66.7
	● 中教成本/元	33.3
	● 其他成本/元	5.0
利润	一节课的边际利润/元	−165.3
	边际利润率	−137.8%

由表中数据可知：一节课的收入是 120 元，一节课的成本是 285.3 元，一节课的边际利润亏损 165.3 元。

从而得出结论：边际利润<0，是否继续售卖该课程还需要进一步验证。

2. 下钻式拆解收入和成本指标，构建指标体系

由 UE 模型可知，目前新课程的商业模式是没有办法实现盈利的，所以只能尝试探索现有的 UE 模型有没有优化空间。

如何探索？就需要对收入和成本指标进行下钻式拆解，将收入和成本指标拆解成二级、三级和过程指标，即构建收入和成本指标体系，如图 12-16 所示。通过子指标的分析，观察是否能找到优化空间。

3. 对拆解的指标进行分类

将第二步拆解好的子指标转变成表格的形式，如图 12-17 中的第 1 列所示，并将各个子指标进行分类，分为常量指标、变量指标和公式指标。

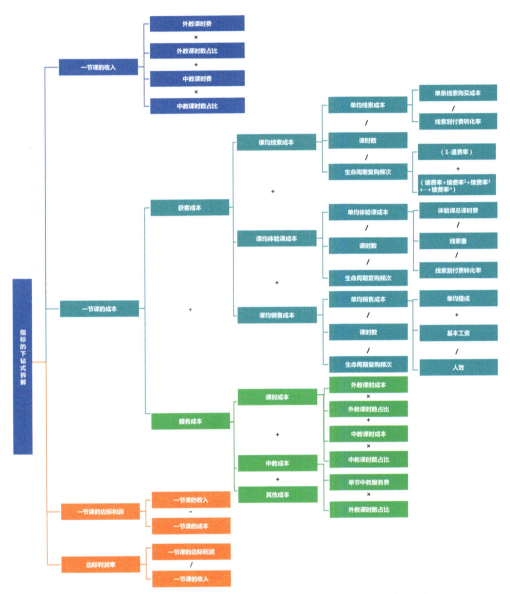

图 12-16　"天天向上"教育公司一节课的收入和成本指标体系

指标	指标分类	9 月实际值
一节课的收入/元	**公式**	**120.0**
•外教课时费/元	常量	140.0
•外教课时数占比	**关键变量**	**66.7%**
•中教课时费/元	常量	80.0
•中教课时数占比	公式	33.3%
一个课程包的获客成本/元	公式	8,854.7
（1）单均线索成本/元	公式	6,666.7
•单条线索购买成本/元	**关键变量**	**200.0**
•线索到付费转化率	**关键变量**	**3.0%**
（2）单均体验课成本/元	公式	21.3
•体验课总课时费/元	常量	640.0
•线索量/条	常量	1,000.0
•线索到付费转化率	**关键变量**	**3.0%**
（3）单均销售成本/元	公式	2,166.7
•单均提成/元	常量	500.0
•基本工资/元	常量	10,000 .0
•人效/节·月[1]	**关键变量**	**6.0**
课时数/节	常量	24.0
生命周期复购频次/次	公式	2.045
•续费率	常量	54.0%
•退费率	常量	10.0%
一节课的成本/元	**公式**	**285.3**
1.获客成本/元	**公式**	**180.3**
（1）课均线索成本/元	公式	135.8
（2）课均体验课成本/元	公式	0.4
（3）课均销售成本/元	公式	44.1
2.服务成本/元	**公式**	**105.0**
（1）课时成本/元	公式	66.7
•外教课时成本/元	常量	80.0
•中教课时成本/元	常量	40.0
•外教课时数占比	**关键变量**	**66.7%**
•中教课时数占比	公式	33.3%
（2）中教成本/元	公式	33.3
•单节中教服务费/元	公式	50.0
•外教课时数占比	**关键变量**	**66.7%**
（3）其他成本/元	常量	5.0
一节课的边际利润/元	**公式**	**−165.3**
边际利润率	**公式**	**−137.8%**

图 12-17　指标分类

（1）常量指标。

常量指标分为两大类，在图 12-17 中用墨绿色单元格表示。

● 第一类：在短时间内不会调整的指标，如课时费。

● 第二类：假设在本次分析中不会调整的指标，如续费率和退费率。

（2）关键变量指标。

关键变量指标是指对最终边际利润产生关键影响的指标，即做敏感性测试时需要改变的指标。在本案例中，定义了 4 个关键变量指标，在图 12-17 中用绿色单元格表示。

- "线索到付费转化率"：这个指标直接影响了"课均线索成本"和"课均体验课成本"，从而影响了"获客成本"。
- "外教课时数占比"：这个指标既影响了"一节课的收入"，也影响了"服务成本"。
- "单条线索购买成本"：这个指标直接影响了"课均线索成本"，从而影响了"获客成本"。
- "人效"：这个指标直接影响了"课均销售成本"，从而影响了"获客成本"。

（3）公式指标。

公式指标在图 12-17 中用白色单元格表示。

在公式指标所在的单元格内，应该写好公式，而不是数值。公式该如何写？通过数据指标体系就可以得到计算公式。

对各个指标设置好分类之后，填充 9 月的实际值到单元格中，就可以得到如图 12-17 所示的表格。

4. 开展关键变量指标的单变量敏感性测试

什么是单变量敏感性测试？它指的是改变 4 个关键变量指标中的 1 个变量指标，其他变量指标保持不变，假设这个变量指标能做到理论上的最优值，并计算边际利润，观察边际利润是否大于 0，以此判断 UE 模型是否能打平。

分别对 4 个关键变量指标做出 4 个假设。

（1）改变"线索到付费转化率"。

改变第 1 个关键变量指标"线索到付费转化率"，做出第 1 个假设：假设线索到付费转化率能够做到最优值，由 9 月的 3% 提升至 100%。

观察图 12-18"假设 1"所在的列，发现一节课的获客成本由原来的 180.3 元降低到了 48.2 元，而一节课的边际利润由原来的亏损 165.3 元优化到了亏损 33.2 元，但是仍然小于 0。

得出结论：通过优化单一的"线索到付费转化率"这个指标，即使将其提升至最高值，也没有办法打平 UE 模型。

提示　图 12-18 中假设列的数据从何而来？

　　　　只需要将 9 月的实际数据复制到假设所在的列即可。但要注意的是，白色单元格的公式指标一定要写计算公式，而不是数值。

　　　　做单变量敏感性测试时，只需要手动更改关键变量指标的值（见图 12-18 中的黄色字体），就可以自动计算出各个公式指标和最终的边际利润了。

指标	指标分类	9月实际值	单变量假设			
			假设1	假设2	假设3	假设4
一节课的收入/元	公式	120.0	120.0	80.0	120.0	120.0
•外教课时费/元	常量	140.0	140.0	140.0	140.0	140.0
•外教课时数占比	关键变量	66.7%	66.7%	0.0	66.7%	66.7%
•中教课时费/元	常量	80.0	80.0	80.0	80.0	80.0
•中教课时数占比	公式	33.3%	33.3%	100.0%	33.3%	33.3%
一个课程包的获客成本/元	公式	8,854.7	2,367.3	8,854.7	2,188.0	7,354.7
（1）单均线索成本/元	公式	6,666.7	200.0	6,666.7	0.0	6,666.7
•单条线索购买成本/元	关键变量	200.0	200.0	200.0	0.0	200.0
•线索到付费转化率	关键变量	3.0%	100.0%	3.0%	3.0%	3.0%
（2）单均体验课成本/元	公式	21.3	0.6	21.3	21.3	21.3
•体验课总课时费/元	常量	640.0	640.0	640.0	640.0	640.0
•线索量/条	常量	1,000.0	1,000.0	1,000.0	1,000.0	1,000.0
•线索到付费转化率	关键变量	3.0%	100.0%	3.0%	3.0%	3.0%
（3）单均销售成本/元	公式	2,166.7	2,166.7	2,166.7	2,166.7	666.7
•单均提成/元	常量	500.0	500.0	500.0	500.0	500.0
•基本工资/元	常量	10,000.0	10,000.0	10,000.0	10,000.0	10,000.0
•人效/节•月[1]	关键变量	6.0	6.0	6.0	6.0	60.0
课时数/节	常量	24.0	24.0	24.0	24.0	24.0
生命周期复购频次/次	公式	2.045	2.045	2.045	2.045	2.045
•续费率	常量	54.0%	54.0%	54.0%	54.0%	54.0%
•退费率	常量	10.0%	10.0%	10.0%	10.0%	10.0%
一节课的成本/元	公式	285.3	153.2	225.3	149.5	254.8
1.获客成本/元	公式	180.3	48.2	180.3	44.5	149.8
（1）课均线索成本/元	公式	135.8	4.1	135.8	0.0	135.8
（2）课均体验课成本/元	公式	0.4	0.0	0.4	0.4	0.4
（3）课均销售成本/元	公式	44.1	44.1	44.1	44.1	13.6
2.服务成本/元	公式	105.0	105.0	45.0	105.0	105.0
（1）课时成本/元	公式	66.7	66.7	40.0	66.7	66.7
•外教课时成本/元	常量	80.0	80.0	80.0	80.0	80.0
•中教课时成本/元	常量	40.0	40.0	40.0	40.0	40.0
•外教课时数占比	关键变量	66.7%	66.7%	0.0	66.7%	66.7%
•中教课时数占比	公式	33.3%	33.3%	100.0%	33.3%	33.3%
（2）中教成本/元	公式	33.3	33.3	0.0	33.3	33.3
•单节中教服务费/元	公式	50.0	50.0	50.0	50.0	50.0
•外教课时数占比	关键变量	66.7%	66.7%	0.0	66.7%	66.7%
（3）其他成本/元	常量	5.0	5.0	5.0	5.0	5.0
一节课的边际利润/元	公式	-165.3	-33.2	-145.3	-29.5	-134.8
边际利润率	公式	-137.8%	-27.7%	-181.6%	-24.6%	-112.3%

图 12-18　关键变量指标的单变量敏感性测试

（2）改变"外教课时数占比"。

改变第2个关键变量指标"外教课时数占比"，做出第2个假设：假设外教课时数占比能够降低至最小值（完全采用中教老师上课，这样能降低服务成本），由9月的66.7%降低至0。

观察图 12-18 "假设 2" 所在的列，发现一节课的服务成本由原来的 105 元降低到了 45 元，一节课的收入由原来的 120 元降低至 80 元，一节课的边际利润由原来的亏损 165.3 元优化到了亏损 145.3 元，但是仍然小于 0。

得出结论：通过优化单一的"外教课时数占比"这个指标，也是没有办法打平 UE 模型的。

> **提示** 由于外教课的课时费和成本与中教课不一样，因此当外教课时数占比发生变化时，会同时影响一节课的收入和成本。

（3）改变"单条线索购买成本"。

改变第 3 个关键变量指标"单条线索购买成本"，做出第 3 个假设：假设单条线索购买成本降低至最小值（免费获得线索），由 9 月的 200 元优化到 0 元。

观察图 12-18 "假设 3" 所在的列，发现一节课的获客成本由原来的 180.3 元降低到了 44.5 元，一节课的边际利润由原来的亏损 165.3 元优化到了亏损 29.5 元，但是仍然小于 0。

得出结论：通过优化单一的"单条线索购买成本"这个指标，仍然没有办法打平 UE 模型。

（4）改变"人效"。

改变第 4 个关键变量指标"人效"，做出第 4 个假设：假设人效由 9 月的 6 节/月提升至 60 节/月。

观察图 12-18 "假设 4" 所在的列，发现一节课的获客成本由原来的 180.3 元降低到了 149.8 元，一节课的边际利润由原来的亏损 165.3 元优化到了亏损 134.8 元，但是仍然小于 0。

得出结论：通过优化单一的"人效"这个指标，也没有办法打平 UE 模型。

通过对 4 个关键变量指标进行逐一的假设和敏感性测试，得出结论：无法通过单一变量指标的改变打平 UE 模型，实现盈利。因此，需要尝试多个变量指标的改变。

5. 开展关键变量指标的多变量敏感性测试

既然通过单一变量指标的改变无法打平 UE 模型，我们就需要进行多个变量指标的改变，即进行多变量敏感性测试。

什么是多变量敏感性测试？它指的是改变 4 个关键变量指标中的 2 个及以上变量指标，计算边际利润，观察边际利润是否大于 0，以此判断 UE 模型是否能打平。

这里假设改变其中的 3 个关键变量指标：外教课时数占比、人效和单条线索购买成本，如图 12-19 中的黄色单元格所示。

指标	指标分类	9月实际值	双变量假设
一节课的收入/元	公式	120.0	120.0
●外教课时费/元	常量	140.0	140.0
●外教课时数占比	关键变量	66.7%	66.7%
●中教课时费/元	常量	80.0	80.0
●中教课时数占比	公式	33.3%	33.3%
一个课程包的获客成本/元	公式	8,854.7	2,188.0
（1）单均线索成本/元	公式	6,666.7	0.0
●单条线索购买成本/元	关键变量	200.0	0.0
●线索到付费转化率	关键变量	3.0%	3.0%
（2）单均体验课成本/元	公式	21.3	21.3
●体验课总课时费/元	常量	640.0	640.0
●线索量/条	常量	1,000.0	1,000.0
●线索到付费转化率	关键变量	3.0%	3.0%
（3）单均销售成本/元	公式	2,166.7	2,166.7
●单均提成/元	常量	500.0	500.0
●基本工资/元	常量	10,000.0	10,000.0
●人效/节·月²	关键变量	6.0	6.0
课时数/节	常量	24.0	24.0
生命周期复购频次/次	公式	2.045	2.045
●续费率	常量	54.0%	54.0%
●退费率	常量	10.0%	10.0%
一节课的成本/元	公式	285.3	149.5
1.获客成本/元	公式	180.3	44.5
（1）课均线索成本/元	公式	135.8	0.0
（2）课均体验课成本/元	公式	0.4	0.4
（3）课均销售成本/元	公式	44.1	44.1
2.服务成本/元	公式	105.0	105.0
（1）课时成本/元	公式	66.7	66.7
●外教课时成本/元	常量	80.0	80.0
●中教课时成本/元	常量	40.0	40.0
●外教课时数占比	关键变量	66.7%	66.7%
●中教课时数占比	公式	33.3%	33.3%
（2）中教成本/元	公式	33.3	33.3
●单节中教服务费/元	常量	50.0	50.0
●外教课时数占比	关键变量	66.7%	66.7%
（3）其他成本/元	常量	5.0	5.0
一节课的边际利润/元	公式	-165.3	-29.5
边际利润率	公式	-137.8%	-24.6%

人效

149.5	6	10	15	20	25	30	35	40	45	50	55	60	65	70	75	80	85	90	95	100
80	0																			
83	5%																			
86	10%																			
89	15%																			
92	20%																			
95	25%																			
98	30%																			
101	35%																			
104	40%																			
107	45%																			
110	50%																			
113	55%																			
116	60%																			
119	65%																			
120	67%																			

一节课的收入　外教课时数占比

图 12-19　关键变量指标的多变量敏感性测试

首先将"单条线索购买成本"降为 0。"人效"和"外教课时数占比"刚开始不知道设置成多少值合适，这时需要对这两个指标做敏感性测试。

提示　① 为什么将"单条线索购买成本"降为 0？

做这个假设是因为和业务团队做过探讨，可通过其他产品给该课程引流，即该课程存在免费获客的可能性。所以，本质上还是基于对业务的深入了解。

② 为什么不改变"线索到付费转化率"这个指标？

因为将"单条线索购买成本"降为 0 之后，"线索到付费转化率"这个指标做多少，其实际意义并不大。

如何对"人效"和"外教课时数占比"开展敏感性测试？需要进行如下 8 个步骤的分析。

（1）找到"单条线索购买成本"所在的单元格，将其设置为 0。

（2）找到"外教课时数占比"所在的单元格，可以将其设置为任何值。

（3）找到"人效"所在的单元格，也可以将其设置为任何值。

（4）在空白单元格任意位置设置"人效"的改变范围。假设将"人效"从 6 节/月逐步提升到 100 节/月，如图 12-19 中右图蓝色单元格所示（第 1、2 行）。

（5）设置"外教课时数占比"的改变范围。假设其从 0 提升到 67%（这里将 66.7%取整，以便理解），如图 12-19 中右图蓝色单元格所示（第 2 列）。

（6）在"外教课时数占比"和"人效"交叉的单元格处设置一个引用公式，让它等于图 12-19 中左图表格里"一节课的成本"所在的单元格，如图 12-19 中的红色单元格所示。

（7）设置不同"外教课时数占比"对应的"一节课的收入"，结果如图 12-19 中右图蓝色单元格所示（第 1 列）。

> **提示**　比如，当"外教课时数占比"为 0 时，"一节课的收入"是 80 元；当"外教课时数占比"提升至 20%时，"一节课的收入"是 92 元；当"外教课时数占比"提升至 67%时，"一节课的收入"是 120 元。

（8）选定图 12-19 右图整个表，单击"数据"→"模拟分析"按钮，在弹出的快捷菜单中选择"模拟运算表"，就会出现如图 12-20 所示的"模拟运算表"对话框。

图 12-20　"模拟运算表"对话框

- 在"输入引用行的单元格"中输入图 12-19 中左图"人效"所在的单元格位置。
- 在"输入引用列的单元格"中输入图 12-19 中左图"外教课时数占比"所在的单元格位置。
- 单击"确定"按钮，就能得到多变量敏感性测试结果表。

6.　寻找实现盈利的临界点

在第 5 步，可以得到如图 12-21 所示的多变量敏感性测试结果表。如何分析这个表？需要从 4 个方向着手。

一节课的收入	外教课时数占比	6	10	15	20	25	30	35	40	45	50	55	60	65	70	75	80	85	90	95	100
	149.5																				
80	0%	90	76	69	66	64	62	61	60	60	59	59	59	58	58	58	58	58	58	58	58
83	5%	94	80	74	70	68	67	66	65	64	64	63	63	63	63	62	62	62	62	62	62
86	10%	99	85	78	75	73	71	70	70	68	68	68	67	67	67	67	67	67	67	67	67
89	15%	103	89	83	79	77	76	75	73	73	72	72	71	71	71	71	71	71	71	71	71
92	20%	108	94	87	84	82	80	79	78	78	77	77	76	76	76	76	76	76	76	76	76
95	25%	112	98	92	88	86	84	83	83	82	82	82	81	81	81	81	80	80	80	80	80
98	30%	117	103	96	93	91	89	88	86	86	86	85	85	85	85	85	85	85	85	85	85
101	35%	121	107	101	97	95	93	92	91	91	91	90	90	90	90	89	89	89	89	89	89
104	40%	126	112	105	102	100	98	97	96	95	95	95	95	94	94	94	94	94	94	94	94
107	45%	130	116	110	106	104	103	102	101	100	100	100	99	99	99	99	98	98	98	98	98
110	50%	135	121	114	111	109	107	106	106	105	104	104	104	103	103	103	103	103	103	103	103
113	55%	139	125	119	115	113	112	111	110	110	108	108	108	107	107	107	107	107	107	107	107
116	60%	144	130	123	120	118	116	115	115	114	113	113	113	112	112	112	112	112	112	112	112
119	65%	148	134	128	124	122	120	119	119	118	118	117	117	116	116	116	116	116	116	116	116
120	67%	150	136	130	126	124	123	120	120	120	120	119	118	118	118	118	118	118	118	118	118

一节课的收入　外教课时数占比　区域1：一节课的成本　区域2：一节课的收入

图 12-21　多变量敏感性测试结果表

（1）观察区域 1。

区域 1 代表不同"人效"和不同"外教课时数占比"对应的"一节课的成本"。

（2）观察区域 2。

区域 2 代表不同"外教课时数占比"对应的"一节课的收入"。

（3）观察绿色区域。

区域 1 里的绿色区域代表一节课的成本小于或等于收入的情景，即边际利润大于或等于 0 的区域。

（4）观察临界点。

黄色字体代表"临界点"。临界点是一节课的收入和成本非常接近的点，即边际利润约等于 0 的点，也是达到我们最初期望的点。临界点将区域 1 一分为二：

- 超过了这些临界点的右侧区域，就正式进入边际利润大于 0（也有等于 0 的情况）的盈利区。
- 未超过临界点的左侧区域，是边际利润小于 0 的非盈利区。

图 12-21 里有两类特殊的临界点。

- 第一类特殊的临界点：最下边黄色虚线框标注的这个点，即数字 120 所在的点。它代表的含义是当"人效"提升至 45 节/月，"外教课时数占比"保持 9 月 67% 的数值时，"一节课的收入"是 120 元，"一节课的成本"也是 120 元，此时边际利润等于 0，刚刚打平 UE 模型。
- 第二类特殊的临界点：最上边黄色虚线框标注的这些点。它们代表的含义是当"人效"提升至 10 节/月，"外教课时数占比"降低至 15% 及以下时，"一节课的收入"大于或等于"一节课的成本"，也是刚刚打平 UE 模型。

由此得出结论：根据多变量敏感性测试结果，发现了实现盈利的临界点。实现盈利的方式有两种。

- 将"单条线索购买成本"降为 0，降低"外教课时数占比"，提升"人效"。
- 将"单条线索购买成本"降为 0，保持现有的"外教课时数占比"不变，但是必须大幅提升"人效"。

> **提示** 临界点的高低与分析的目的和设定的判断标准有关。
>
> 比如，在教育公司的这个案例中，设定的标准是"一节课的收入"等于"一节课的成本"（边际利润等于 0）。
>
> 可能在其他分析中，需要边际利润率大于 40%，那么此时临界点在图 12-21 中就会右移。

7. 探索达到临界点的实现路径

在第 6 步，我们发现了达到临界点的条件：必须降低"单条线索购买成本"，必须提升"人效"，"外教课时数占比"可选择降低或保持不变。

那么，如何实现这些条件？这时需要商业分析团队与业务团队进行深度共建。

（1）如何将"单条线索购买成本"降为 0？

经过与业务团队沟通，找到实现的路径：重塑获客链路，改成其他课程导流的模式，从而降低"单条线索购买成本"。

（2）如何提升"人效"？

提升"人效"的实现路径有 3 条。

- 引入社群营销模式，改变现有的一对一电销模式。
- 进行销售 SOP 的优化。
- 对销售人员进行工具和培训的赋能。

（3）如何降低"外教课时数占比"？

这个只能是重新对课程进行设计，人为减少外教课时的数量。

到此为止，我们找到了打平 UE 模型的临界点，也找到了实现临界点的路径和策略。得出最终结论：可以继续售卖该课程。

12.3　"高大上"的财务模型究竟是什么

在 PE 机构、VC 机构、银行、券商公司、外资机构，以及大型公司的投融部中，经常听到的词汇就是估值建模和财务模型。这些知名机构的青睐加上"建模"这个词汇的加持，让很多人对财务模型望而生畏，产生了误解，认为财务模型是一种"高大上"的存在，是一种不可企及的奢望。现实真的是这样的吗？财务模型到底是一种什么样的存在？

12.3.1　揭开财务模型的神秘面纱，澄清 3 个普遍误解

基于对公司业务模式和财务知识的理解，通过对公司的历史财务和经营数据的分析，以及对未来业务的合理假设，利用 Excel 工具和加减乘除数学公式，为对公司未来业务或新业务的经营和财务状况做出预测而搭建的模型，就叫作财务模型。

基于这个定义，就能够澄清很多人对财务模型的 3 个普遍误解。

1. 财务模型很复杂

长久以来，没有做过财务模型的人，一听到"模型"这个词汇，就会形成首因效应，认为财务模型很复杂，一般人无法搭建财务模型。

而实际情况是财务模型并不复杂，搭建财务模型也不需要超能力，普通人照样可以搭建财务模型。

通常只需要具备 3 种能力：熟悉业务、掌握基础财务知识、熟练使用 Excel。多加

练习，任何人都可以搭建财务模型。

> **提示**
> - 熟悉业务：要求熟悉业务模式、业务流程、常用的数据指标，以及指标之间的逻辑和公式关系。
> - 掌握基础财务知识：要求高度熟悉利润表，对资产负债表和现金流量表有一定的熟悉度。
> - 熟练使用 Excel：要求脱离鼠标，熟练使用各种快捷键。

2. 财务模型需要编程和算法能力

在很多人的认知里，模型是与编程画等号的。因此，他们认为只有会编程和算法的人才能搭建财务模型。

而实际情况是财务模型不等于金融工程，也不等于量化模型，更不等于编程和算法。

大部分财务模型的计算非常简单，只要使用 Excel 基本就可以完成搭建。加减乘除四则公式，最多再加上开方和乘方，基本就涵盖财务模型中的大部分计算了。

3. 财务模型需要 100%准确

在大部分人的印象里，财务代表严谨，模型代表高效。因此，他们认为财务模型的预估能够做到 100%准确。

而实际情况是财务模型本质上是对公司未来经营和财务的预估，是一种预估行为。只要是预估就会有误差，不存在 100%准确。我们能做的就是提升准确度，但很大概率做不到 100%准确。

因此，只要我们搭建的财务模型能解释清楚预估逻辑、做到逻辑自洽，这个模型就是一个合格的财务模型。

12.3.2　如何搭建财务模型

在公司内部的经营分析中，学会如何搭建财务模型是每个商业分析师必备的一项能力。那么，具体如何搭建财务模型呢？具体要分 7 个步骤进行。

1. 通读历史财务和业务数据

在搭建财务模型前，需要从数据库中取出历史数据。历史数据包含两种类型。
- 财务数据：包括利润表、现金流量表、资产负债表的三表数据。
- 业务数据：包括用户数据、转化数据、流量数据、客户数据等。

> **提示** 历史数据取多长时间比较合适？
> - 如果公司的业务稳定，则一般取过去 3～5 年的数据即可。

- 如果公司的业务变动较大、收入不稳定、股东变更频繁，则参考较长时间的历史数据意义就不大了。

通读历史数据的目的有两个：①了解业务发展的阶段、趋势和背景，为在模型中做假设储备依据；②了解各业务指标之间的关系，为模型的搭建梳理好指标架构、逻辑关系和运算公式。

对于历史数据，需要在 Excel 中新建单独的 Sheet 来存储，以便后续方便地查找和参考。这些 Sheet 可以分别命名为"（历史）利润表""（历史）现金流量表""（历史）资产负债表""（历史）财务附注数据表""（历史）业务数据表"。

2. 搭建模型的核心预测架构

对历史数据有了了解之后，就可以初步确定模型的核心预测架构了。这时可以新建一个单独的 Sheet，进行核心预测，将其命名为"核心预测表"。在这个 Sheet 里，要设置好 4 个模块的内容，如图 12-22 所示。

- 指标结构：指预测模型里应该包含哪些指标，指标之间的结构和先后关系如何组织，指标之间通过什么逻辑和公式串联起来。
- 历史数据：设置好指标结构后，就可以将历史数据输入对应区域里。
- 预测区域：在设置好历史数据区域之后，设置预测区域，用来预测未来的数据。
- 拆解区域：按照预测的要求，可以将年度预测进行半年度、季度、月度等的拆解。

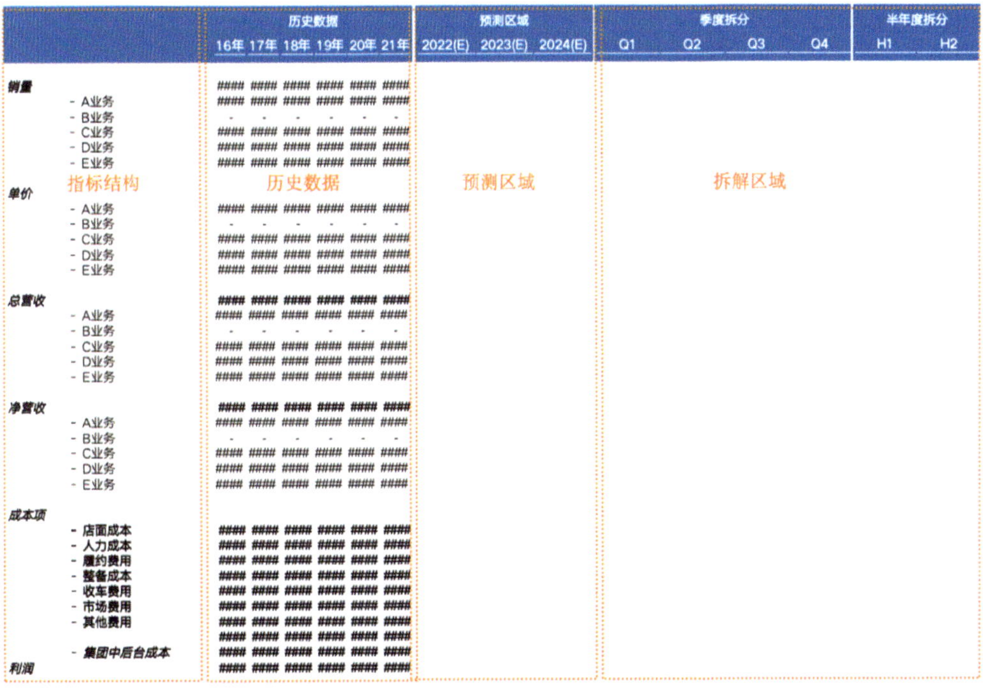

图 12-22　财务模型的核心预测架构

3. 设置核心常量

新建一个单独的 Sheet，用于设置核心常量，将其命名为"核心常量表"。将模型中高频使用的常量在该 Sheet 中罗列出来。

高频使用的常量包括税率、贷款利率、汇率、费率和转化率等指标。这些指标通常不会频繁发生改变，因此被称为常量指标。

提示 为什么要设置这样一个 Sheet？

因为后续在进行预测时，会频繁地使用这些常量指标参与计算。在计算时，就可以方便地进行引用。之后这些常量指标一旦发生变动，只需在这个 Sheet 里更改一次数据就可以，不必到整个表格里逐个修改。

在财务模型里，应该遵循的一个重要原则是"同一个输入值，在一个财务模型中最多只被手工输入一次"。

4. 做出核心假设

新建一个单独的 Sheet，用于做出核心假设，将其命名为"核心假设表"。预测的本质就是做出各种核心假设，没有假设就没有预测。

在这个 Sheet 里，需要将核心假设及假设数据罗列出来。比如，假设未来 2 年的收入增长率分别为 6% 和 9%；假设未来 2 年公司的市场占有率分别为 40% 和 50% 等。

在财务建模的过程中，核心假设会随着各种因素的变化而变化，需要我们不断地进行调整。同样，核心假设也单独用一个 Sheet 罗列，之后的调整和修改，在这个 Sheet 里做出操作即可，不必到整个表格里到处修改。

提示 想要让预测更加合理准确，假设至关重要！这就要求我们在做假设时，既要参考公司内部历史和现状数据，也要参考外部环境判断公司未来的发展。

- 从公司内部来看：需要考虑公司未来的战略、发展规划，以及产品、客户、服务、市场和销售变化趋势。只有这样，对关键指标的假设才不会脱离业务实际。

- 从公司外部来看：所处行业的增长趋势、生命周期、竞争格局，以及竞争对手的策略、毛利率和净利率水平等因素均需要进行参考。只有这样，对关键指标的假设才不会受限制。

5. 利用公式计算和预测

将第三步的核心常量、第四步的核心假设及第二步的指标用加减乘除公式组织起来，就可以在 Excel 中进行预测。然后，根据一定的拆解规则进行月度、季度和半年度的拆解，就能得到如图 12-23 所示的财务预算表了。

6. 开展敏感性测试

新建一个单独的 Sheet，开展变量指标的敏感性测试，将其命名为“敏感性测试表”。UE 模型经常与敏感性测试相伴使用，同理，财务模型通常也与敏感性测试如影随形。因此，进行敏感性测试通常是搭建财务模型不可缺少的一部分。通过敏感性测试可以测出当某个或某些变量指标发生变化时，结果的理论值和真实值存在什么差距。

3		历史数据						预测区域			季度拆分				半年度拆分	
5		16年	17年	18年	19年	20年	21年	2022(E)	2023(E)	2024(E)	Q1	Q2	Q3	Q4	H1	H2
7																
8	销量	#####	#####	#####	#####	#####	#####	#########	#########	#########	#####	#####	#####	#####	######	######
9	- A业务	#####	#####	#####	#####	#####	#####	#########	#########	#########	#####	#####	#####	#####	######	######
10	- B业务	#####	#####	#####	#####	#####	#####	#########	#########	#########	#####	#####	#####	#####	######	######
11	- C业务	#####	#####	#####	#####	#####	#####	#########	#########	#########	#####	#####	#####	#####	######	######
12	- D业务	#####	#####	#####	#####	#####	#####	#########	#########	#########	#####	#####	#####	#####	######	######
13	- E业务	#####	#####	#####	#####	#####	#####	#########	#########	#########	#####	#####	#####	#####	######	######
14																
15	单价															
16	- A业务	#####	#####	#####	#####	#####	#####	#########	#########	#########	#####	#####	#####	#####	######	######
17	- B业务	#####	#####	#####	#####	#####	#####	#########	#########	#########	#####	#####	#####	#####	######	######
18	- C业务	#####	#####	#####	#####	#####	#####	#########	#########	#########	#####	#####	#####	#####	######	######
19	- D业务	#####	#####	#####	#####	#####	#####	#########	#########	#########	#####	#####	#####	#####	######	######
20	- E业务	#####	#####	#####	#####	#####	#####	#########	#########	#########	#####	#####	#####	#####	######	######
21																
22	总营收	#####	#####	#####	#####	#####	#####	#########	#########	#########	#####	#####	#####	#####	######	######
23	- A业务	#####	#####	#####	#####	#####	#####	#########	#########	#########	#####	#####	#####	#####	######	######
24	- B业务	#####	#####	#####	#####	#####	#####	#########	#########	#########	#####	#####	#####	#####	######	######
25	- C业务	#####	#####	#####	#####	#####	#####	#########	#########	#########	#####	#####	#####	#####	######	######
26	- D业务	#####	#####	#####	#####	#####	#####	#########	#########	#########	#####	#####	#####	#####	######	######
27	- E业务	#####	#####	#####	#####	#####	#####	#########	#########	#########	#####	#####	#####	#####	######	######
28																
29	净营收	#####	#####	#####	#####	#####	#####	#########	#########	#########	#####	#####	#####	#####	######	######
30	- A业务	#####	#####	#####	#####	#####	#####	#########	#########	#########	#####	#####	#####	#####	######	######
31	- B业务	#####	#####	#####	#####	#####	#####	#########	#########	#########	#####	#####	#####	#####	######	######
32	- C业务	#####	#####	#####	#####	#####	#####	#########	#########	#########	#####	#####	#####	#####	######	######
33	- D业务	#####	#####	#####	#####	#####	#####	#########	#########	#########	#####	#####	#####	#####	######	######
34	- E业务	#####	#####	#####	#####	#####	#####	#########	#########	#########	#####	#####	#####	#####	######	######
35																
36	成本项															
37	- 店面成本	#####	#####	#####	#####	#####	#####	#########	#########	#########	#####	#####	#####	#####	######	######
47	- 人力成本	#####	#####	#####	#####	#####	#####	#########	#########	#########	#####	#####	#####	#####	######	######
56	- 履约费用	#####	#####	#####	#####	#####	#####	#########	#########	#########	#####	#####	#####	#####	######	######
63	- 整备成本	#####	#####	#####	#####	#####	#####	#########	#########	#########	#####	#####	#####	#####	######	######
67	- 收车费用	#####	#####	#####	#####	#####	#####	#########	#########	#########	#####	#####	#####	#####	######	######
68	- 市场费用	#####	#####	#####	#####	#####	#####	#########	#########	#########	#####	#####	#####	#####	######	######
69	- 其他费用	#####	#####	#####	#####	#####	#####	#########	#########	#########	#####	#####	#####	#####	######	######
74		#####	#####	#####	#####	#####	#####	#########	#########	#########	#####	#####	#####	#####	######	######
75	- 集团中后台成本	#####	#####	#####	#####	#####	#####	#########	#########	#########	#####	#####	#####	#####	######	######
78	利润	#######	#######	#######	#######	#######	#######	###########	###########	###########	######	######	######	#######	########	########

图 12-23　财务预算表示例

7. 输出 Summary

财务模型是公司内部开展经营分析和制定预算的“架子”，除“架子”外，还需要以总结的形式填充“血肉”。因此，输出财务模型的 Summary（预测结论）也是一个非常重要的部分。新建一个单独的 Sheet，用于输出 Summary，将其命名为“Summary 表”。

根据“核心预测表”预测的结果和“敏感性测试表”测试的结果，预测出收入、利润等情况，就可以输出核心判断，帮助管理层做出决策了。比如，判断公司在未来是否会盈利、利润能达到什么水平、公司未来的估值是多少、新业务是否要开展等。

以上 7 个步骤的分析既揭示了如何搭建一个基础的财务模型，也揭示了一个财务模型的基本构成。

一个完整的财务模型包括目录、核心预测架构、核心常量、核心假设、敏感性测试、Summary、历史数据 7 个部分，如表 12-8 所示。这 7 个部分最好呈现在不同的 Sheet 中

（见图 12-24 中的黄色虚线框）。

表 12-8 财务模型的基本构成

构成	Sheet 名称	作用
目录	目录表	对整张财务模型表的结构和内容进行导航
核心预测架构	核心预测表	用于预测未来的核心指标及其预测逻辑
核心常量	核心常量表	设定高频使用的常量指标数值
核心假设	核心假设表	对预测场景和指标做出核心假设
敏感性测试	敏感性测试表	测试不同变量指标的变化对目标的影响
Summary	Summary 表	对预测结果进行总结，输出结论、机遇点和风险点
历史数据	（历史）利润表	分析公司的收入、成本、费用和利润情况
	（历史）现金流量表	分析公司的现金流入和现金流出情况
	（历史）资产负债表	分析公司的资产和负债情况
	（历史）财务附注数据表	分析公司的重大交易或其他事项变更等情况
	（历史）业务数据表	分析公司的业务数据表现

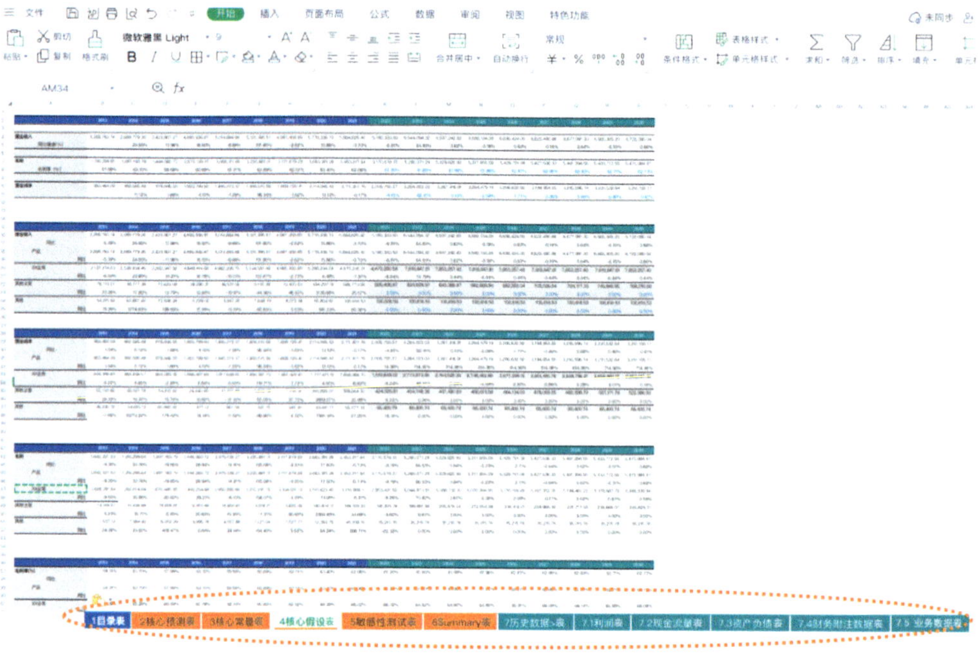

图 12-24 财务模型的不同 Sheet

12.3.3 商业分析中的"财务模型"

在公司内部，商业分析师尤其是经营分析师也需要经常与财务模型打交道。但他们使用的财务模型与投资机构、金融机构、券商机构、专业财务人员使用的财务模型还是存在明显区别的，主要体现在 4 个方面。

（1）商业分析师更关注"利润表"，搭建的财务模型也是围绕利润表展开的。而金融机构的财务模型须对三张表同时进行分析，需要做大量细致的配平工作。

（2）商业分析师对财务知识的要求不像专业财务人员那样严格。只要掌握了三张表的钩稽关系，基本就可以解决工作中的大部分问题。

（3）商业分析师多使用财务模型制定预算和进行业务可行性评估。而金融机构多使用财务模型进行股票和公司估值，用于做出投资决策。

（4）商业分析师在大多数情况下需要与财务 BP 配合进行业务的预测。商业分析师通常承担的是利润表的预估，财务 BP 则基于商业分析师的工作从财务整体视角进行把控。

> **提示**
> - BP 是英文"Business Partner"的缩写，译为"业务合作伙伴"。
> - 财务 BP 是公司设置的一个岗位，是财务部门派到业务部门一起合作的伙伴，是公司推行"业财一体化"催生的岗位。
> - 财务 BP 会与业务部门和商业分析部门紧密合作，开展财务分析、预测、预算管理和风险管理等方面的工作。

所以，商业分析师学习搭建财务模型一定要注意 3 个方面。

1. 高度熟悉利润表和业务模式

商业分析师既要对利润表中的各个科目、收入构成、成本构成非常熟悉，又要对各项收入、成本与业务指标的关联关系非常熟练。

商业分析师的核心价值在于"财务数据与业务数据的结合"。所谓"模型必须来源于业务，又能准确反映和预测业务"，说的就是这个道理。只有对业务及其核心指标足够了解，才能搭建出财务模型的指标结构，才能做出更加准确的判断和假设，才能预测出相对准确的结果。

有了相对准确的预估，就会形成良性的传导机制。当商业分析师将预测结果传递给财务 BP 和业务部门时，财务 BP 可以基于这个数据开展其他预估，业务部门对未来的认知也会变得清晰准确。

2. 保证模型的可调性

通常情况下，做好一个财务模型之后，后续调试几十次是很正常的现象。比如，增加新的指标、新的科目、新的维度，核心常量的改变、核心假设的调整，插列、插行、改变公式、改变数据等。这些情形不可避免，甚至可能是家常便饭。

由于财务模型直接服务于公司高层，因此经常需要商业分析师在面对公司管理层时现场调试公式和数据。这时就需要在高压环境下，能够做到使模型快速输出结果，不出差错。

如果调整了一个变量，就出现整个模型的崩溃，那么这个模型是失败的。

因此，商业分析师搭建的财务模型必须具备非常灵活的可调性，能够承受管理层、业务部门和财务部门的调试，能够在高压现场测试时快速调整公式和数据，在保证不会出错的情况下得出结果，且不会引起其他一连串的不良反应。

3. 增强模型的可读性

读财务模型犹如程序员读别人写的代码，没有注释将会是一场灾难。

商业分析师搭建的财务模型会被很多人使用。试想一下，当业务部门或财务 BP 阅读财务模型时，花了几天时间也没厘清指标的关系，他们心中会是什么感觉。

由此可知，商业分析师在搭建财务模型时一定要增强可读性。能够让别人看懂，不仅可以明白结果，还能快速厘清业务逻辑和业务关系。

如何增强财务模型的可读性？需要做好以下 4 个方面的工作。

- 指标的层次分明，架构清晰。
- 不同类型指标（如常量、变量和公式）分颜色表示，让人一目了然。
- 模型中的公式尽量简洁，多采用辅助列的形式。复杂的公式需要拆解成若干小步骤进行计算，既方便别人理解，也方便自己日后更改。
- 难以理解的指标或公式需要做好注释。

12.3.4 UE 模型和财务模型的区别

UE 模型和财务模型都是用来评价与预测公司经营及财务表现的。二者都可以用于制定预算，判断业务可行性。在使用时遵循的流程和方法也基本相似：都要对"指标分类"，都要"做出假设"，都会和"敏感性测试"相伴使用。

同时，UE 模型和财务模型也存在 3 个明显的区别。

1. 单体和规模的区别

- UE 模型只针对最小业务单元进行分析，可以理解为"单体"和"微观"的分析。
- 财务模型包含对销售量等规模类指标的分析，是对公司总体业务的分析，可以理解为"规模"和"宏观"的分析。

2. 部分和整体的区别

- 大部分的 UE 模型只包含对变动成本和边际利润的分析，缺乏对固定成本、税费和净利润的分析，可以理解为"部分"和"局部"的分析。
- 财务模型包含几乎所有财务科目的分析，不仅涉及变动成本的分析，还涉及固定成本、分摊费用、各种税费和净利润的分析，可以理解为"整体"和"全局"的分析。

3. 初创和成熟的区别

- UE 模型在初创公司、未上市公司、毛利润空间小的公司内部使用较多，主要用来验证商业模式，寻找商业模式的优化空间。
- 财务模型在成熟公司和上市公司使用较多，主要用来进行成本控制、利润预估和公司估值等。

第 5 篇

商业分析的重生循环：新业务/新数据/新优化增长

第13章

新业务可行性评估和量化

在第 2 篇中，介绍了商业分析的起源，即如何了解业务：包括知行业全貌、知彼和知己。在第 3 篇中，介绍了如何对业务进行量化：包括如何搭建数据指标体系、如何制定目标、如何布局监控体系、如何掌握数据分析的方法和模型。在第 4 篇中，介绍了商业分析的归宿，即如何驱动业务的优化和增长：包括用户运营业务、广告业务、电商业务、二手车和教育业务。至此，围绕公司的原有业务就完成了一轮完整的商业分析旅程：了解业务→量化业务→数据驱动业务。

但是商业分析的工作并没有结束。原有业务总会衰亡，一家公司必须具备及时发现新业务的能力，才能保证公司持续增长，避免原有业务衰亡带来的倒塌风险。

商业分析团队在新业务孵化和开展阶段则要发挥 3 个作用，如图 13-1 所示。

（1）在原有业务的商业分析过程中，时刻关注新业务的星星之火。

（2）对新业务开展可行性评估，筛选出最可行和最优的业务。

（3）当新业务开始运行时，帮助公司开启新一轮的商业分析工作：量化新业务，继续驱动新业务的优化和增长。

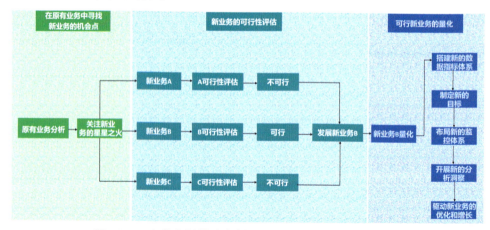

图 13-1　商业分析团队在新业务孵化和开展阶段的作用

13.1　新业务的可行性评估

　　欧洲著名的管理思想大师查尔斯·汉迪在《第二曲线：跨越"S 型曲线"的二次增长》中提到："在第一曲线达到巅峰之前，找到驱动企业二次腾飞的第二曲线。并且第二曲线必须在第一曲线达到顶点之前开始增长，企业永续增长的愿景就能实现。"

　　每条曲线滑过抛物线的极限点就会衰退，因此要想实现持续增长，就要提前布局：在第一曲线消失之前开始布局第二曲线，在第二曲线消失之前开始布局第三曲线，如图 13-2 所示。一条新的曲线就代表一个新的业务和机遇，而布局第二、三曲线的先导工作就是评估新业务的可行性。

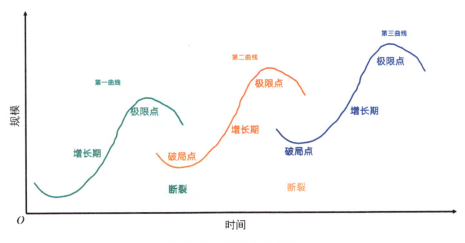

图 13-2　第二增长曲线

　　新业务的可行性是指正式开展和投入新业务是否可行。比如，做 2C 业务的公司开发新的 2B 业务是否可行，做线下业务的公司开发线上业务是否可行等。

　　新业务的可行性评估就是通过各种方式验证是否应该正式开展和投入新业务。如果验证可行，就会正式开展和投入新业务，就会出现第二增长曲线；如果验证不可行，就不会开展和投入新业务，而是继续寻找其他新机会。

　　为什么要做新业务的可行性评估？因为新业务需要投入大量的人力、物力和财力，既伴随着风险也伴随着机遇。通过评估，公司能够知道新业务是否具有市场，要投入多少，能带来多少回报，风险有多大，据此可以判断是否有能力投入这些资源，是否有实力承担这些风险。

　　那么，如何评估新业务是否可行呢？可从五大方向入手，如图 13-3 所示。

图 13-3　新业务可行性评估的五大方向

13.1.1　4 个方向判断新业务是否迎合市场需求

迎合市场需求是任何业务存在的前提，没有市场需求的业务是没有立足之地的。

公司的新业务只有迎合了市场需求，才具备可行性。如何判断新业务是否迎合市场需求？关键是明确新业务是否有"解决方案"可以解决"目标用户"群体在特定"场景"下的"痛点"。从这里，就可以总结出评估的 4 个方向：目标用户、场景、痛点和解决方案，如图 13-4 所示。在进行新业务的可行性评估时，如果这 4 个方向描述和定位不清楚，很可能意味着新业务的某个方向出现了问题，新业务的可行性就会降低。

图 13-4　判断新业务是否迎合市场需求的 4 个方向

1. 目标用户是否清晰

目标用户评估需要明确：新业务是否有明确的目标用户群体？目标用户群体的规模有多大，是否过于小众？目标用户群体是否可以细分？每个细分群体具备什么特征，有什么样的行为习惯？

2. 场景是否清晰

场景评估需要明确新业务解决的"是谁在什么时间、什么地点和哪些情景下"的问题。只有人物、时间、地点和情景齐备的场景才是清晰的场景。

比如，打车软件解决的是出行用户在上下班时间由家庭到公司的交通问题。再如，外卖软件解决的是吃饭用户在早中晚用餐时间在公司或学校的吃饭问题。后来外卖场景不断延伸，推出下午茶解决非用餐时间的吃饭问题，推出家庭套餐解决家庭用餐问题，推出健身餐解决健身群体在健身时的用餐问题。

3. 痛点是否明确

痛点评估需要明确新业务解决用户的什么问题和痛点。

比如，打车软件解决的是打车难和打车贵的痛点，外卖软件解决的是用户不想出门、吃饭排队和等待时间长的痛点。

4. 解决方案是否有用

解决方案评估需要明确新业务的解决方案是否真的能解决用户的痛点。

这里需要注意辨别"伪需求"。所谓"伪需求"，是指公司"提供的解决方案"并不是用户"真正的需求"，解决方案没有切中用户痛点。正如"顾客并不需要一个四分之一英寸的钻头，他只是需要一个四分之一英寸的洞"，"顾客买劳力士手表并不是为了看时间，他只是需要彰显身份"。

如果不能有效识别这种"伪需求"，在进行可行性评估时就容易得出错误的结论，后续新业务的开展就存在极大的不确定性和风险隐患。

13.1.2　3 个方面判断市场是否具有吸引力

当我们选择工作岗位时，会首选有吸引力的岗位。如何判断岗位的吸引力？通常我们会分析岗位的热门度、发展前景和在职员工待遇 3 个维度。岗位越热门、发展前景越好、在职员工待遇越好，吸引力越强，越会成为我们的首选。

同样的道理，在评估新业务的可行性时，新业务所在市场的吸引力越强，新业务的可行性就越高。如何判断市场是否具有吸引力？同样需要考虑 3 个因素：①市场规模有多大；②市场前景有多光明；③市场先行者的生存状况有多好。市场规模大、前景光明、市场先行者的生存状况好的市场，更具备吸引力。

1. 市场规模有多大

市场规模评估就是要搞清楚新业务的盘子和蛋糕有多大。只有市场规模大的业务才能分得更多的蛋糕，其市场吸引力越强。

那么，如何测算新业务所在市场的规模？这里就需要用到"2 种分析视角"和"2 种分析方法"。

（1）2 种分析视角。

2 种分析视角就是供给和需求的视角，即从一个行业的正反两面（供给端和需求端）分别测算市场规模。比如，广告业务的广告主视角和用户视角，外卖业务的商户视角和用户视角，零售咖啡业务的咖啡店视角和用户视角。

提示 2 种分析视角如何使用，我们在第 10 章介绍过，这里不再重复。

（2）2 种分析方法。

2 种分析方法是指使用"逻辑拆解"和"假设预估"的方法进行规模的测算。前者用于将一个难解的大问题拆解为若干可解的小问题，后者用于将不确定的问题转化为确定的问题。

提示 2 种分析方法如何使用，我们在第 2 章介绍过，这里不再重复。

2. 市场前景有多光明

市场前景评估就是要弄明白新业务所在市场的未来发展前景如何，是朝阳市场还是夕阳市场，是增量市场还是存量市场。判断市场前景有"2 个指标"和"2 种方法"。

（1）2 个指标。

- 第一个是市场规模增长速度。需要同时考虑增长速度的绝对数值和变化数值。绝对数值可以判断新业务的增长速度是快还是慢。变化数值用来判断新业务的增长是在变快还是在放缓。
- 第二个是市场集中度。同样需要同时考虑集中度的绝对数值和变化数值。绝对数值可以判断新业务是处于分散的状态还是处于集中的状态。变化数值用来判断新业务未来是会更加集中、分散还是稳定。

（2）2 种方法。

通过 2 种方法可以获取 2 个指标的数值，分别是桌面研究和专家访谈。

提示： 2 种方法如何使用，我们在第 3 章介绍过，这里不再重复。

评估新业务的可行性时，在不考虑其他因素的情况下，市场规模增长速度越快、市场集中度越高的业务，通常代表所在的是朝阳和存量市场，其吸引力越强，业务更具备可行性。

3. 市场先行者的生存状况有多好

新业务所在的市场可能是红海市场，也可能是蓝海市场，可能存在先行者，也可能没有先行者。通过研究先行者的有无和生存状况，可以判断市场是否具备吸引力，从而进一步判断新业务是否具备可行性。

（1）市场中是否有先行者。

- 如果新业务所在的市场中没有先行者，那也并不代表这是一个机遇，我们发现了金矿。很有可能这个市场是一个雷区：要么存在难以逾越的某些障碍，要么有更好的替代品或替代方案。对待此类市场尤其要谨慎开展调研，多维度思考。
- 如果新业务所在的市场中存在先行者，则需要进一步研究它们的生存状况。

（2）先行者的生存状况如何。

在研究先行者的生存状况之前，需要明确这些先行者是大公司还是小公司，是上市公司还是未上市公司。有大公司和上市公司入局的市场，往往盘子和蛋糕足够大，粥足够多，市场具备较强的吸引力。

这些先行者在这个市场里生存得好不好，境遇如何，能否吃到蛋糕、分到粥，这就是先行者的生存状况研究。

- 对于上市公司，可以通过其收入、收入增长速度、市场份额、成本、毛利润、净利润、市值等指标判断它们的生存状况和境遇。
- 对于未上市公司，可以通过其融资轮次、融资金额、投资方、估值、收入、收入增长速度、利润等指标判断它们的生存状况和境遇。

13.1.3　2 轮评分定位关键成功要素，评估公司是否具备实力

对于关键成功要素，业内简称为 CSF，也有的称为 KSF，分别是"Critical Success Factors"和"Key Success Factors"的缩写。它是指确保业务成功、实现业务目标所必须具备的关键要素或活动。

关键成功要素包括技术、品牌、产品、运营、渠道、员工、市场推广、资金、服务、品控、供应链、服务、成本、价格等。行业和业务不同，关键成功要素也不同。比如，奢侈品行业的关键成功要素是品牌，互联网行业的关键成功要素是产品、技术和运营，高科技行业的关键成功要素是技术，餐厅的关键成功要素是位置和菜品。找到行业的关键成功要素具有十分重要的意义，这样公司就可以把 80%的精力用于关键成功要素的提升和打磨上，所谓的"好钢用在刀刃上"就是这个道理。

在开展新业务的可行性评估时，如果公司在新业务的关键成功要素上具备核心竞争力，代表公司具备实力开展新业务，新业务的可行性就较高。相反，如果公司在新业务的关键成功要素上不具备竞争力，代表公司开展新业务需要建设的核心能力太多，对

公司来说是一项挑战，新业务的可行性就会降低。

所以，在开展新业务的可行性评估时，首先需要找到新业务的关键成功要素是什么，接着需要判断公司在新业务的关键成功要素上是否具备实力和能力。

1. 第一轮评分定位关键成功要素

如何找到新业务的关键成功要素？通常采用评分矩阵法，具体操作步骤如下。

（1）罗列出可能对新业务产生影响的所有要素，作为备选影响要素。

（2）对备选影响要素进行评分。具体由谁评分，可邀请对新业务熟悉的资深人士。

（3）计算每个备选影响要素的平均分，选出平均分最高的 4～6 个要素作为最终的关键成功要素，如图 13-5 所示。

备选影响要素		不同人员评分/分					平均分/分
		资深人士 A	资深人士 B	资深人士 C	资深人士 D	资深人士 E	
1	产品	2	1	2	1	2	1.6
2	技术	1	2	2	2	1	1.6
3	渠道	2	1	1	0	0	0.8
4	运营	2	1	2	2	1	1.6
5	品牌	1	2	2	1	2	1.6
6	供应链	0	1	0	1	0	0.4
7	服务	0	0	1	1	0	0.4
8	成本	1	1	1	2	1	1.2
9	资金	1	2	1	1	1	1.2
10	销售	1	1	1	1	1	1.0
11	政府公共关系	0	1	1	1	0	0.6
12	人才	2	1	2	1	2	1.6
13	市场推广	2	1	1	1	1	1.2
14	物流	0	1	0	1	0	0.4
15	生产制造	0	0	0	0	0	0
16	设计	0	0	0	1	1	0.4

图 13-5　备选影响要素的实力评分矩阵

2. 第二轮评分判断公司实力

第一步通过评分矩阵定位出新业务的关键成功要素后，需要进一步评估公司在关键成功要素上具备的实力。此时，需要进行第二轮评分，仍然采用评分矩阵法，具体操作步骤如下。

（1）罗列出第一步定位到的关键成功要素。

（2）筛选出新业务所在市场的主要先行者。

（3）对先行者和自身公司的每个关键成功要素进行评分，计算总得分。

（4）对比自身公司和先行者的实力差距，判断自身公司在关键成功要素上是否具备实力。

图 13-6 所示为自身公司和 5 个先行者的实力对比，自身公司明显处于下风和劣势。说明其在关键成功要素上不具备较好的实力，新业务的可行性不高。

关键成功要素		不同公司实力评分/分					
		先行者 A	先行者 B	先行者 C	先行者 D	先行者 E	自身公司
1	产品	5	4	3	3	4	2
2	技术	4	4	3	3	2	2
4	运营	2	3	2	4	4	2
5	品牌	5	5	3	2	2	1
12	人才	4	3	3	2	1	2
总得分		20	19	14	14	13	9

图 13-6　关键成功要素的实力评分矩阵

13.1.4　2 个模型测算公司财务是否具备可操作性

评估新业务是否可行，还必须分析其在财务上是否行得通。比如，我们想开一家奶茶店，在店铺选址、目标用户、原料供应、员工等诸多因素都考虑好之后，如果没有考虑财务和资金情况，那么这个店铺能不能开起来，仍然是一个未知数。所以，在评估新业务时，财务测算是一个必不可少的环节。

财务测算需要从 2 个方面开展：UE 模型测算和财务模型测算。

1. UE 模型判断商业模式

UE 模型主要用来测算新业务的商业模式是否跑得通，主要分析最小业务单元的收入、变动成本和边际利润的关系。

比如开一家奶茶店，需要测算一杯奶茶的售价和原料成本。如果售价无法覆盖变动成本，那么卖的奶茶越多，赔的钱就会越多。这说明开奶茶店很可能不具备可行性，就不是一个好的选择。

提示　UE 模型如何使用，我们在第 12 章介绍过，这里不再重复。

2. 财务模型判断 ROI 和回收周期

财务模型主要用来测算新业务的 ROI 和回收周期，即测算新业务需要投入多少钱，能带来多少回报，投入的钱什么时候能收回。财务模型主要分析新业务的整体规模、总收入、总成本、ROI 和回收周期，具体如表 13-1 所示。

比如开一家奶茶店，需要测算店铺能卖多少杯奶茶，每月的总收入有多少，总成本（如原料、租金、水电、人工、推广等）有多少，每月的 ROI 是多少。

提示　财务模型的测算我们在第 12 章介绍过。因为新业务涉及诸多未知的因素，所以关键的步骤就是确定收入和成本项目，明确核心常量和变量，做出核心假设和开展敏感性测试。这里不再重复。

表 13-1 新业务的财务模型

科目		第 1 年	第 2 年	第 3 年
规模	用户量、销售量			
	单用户收入、客单价			
收入	总收入			
	• 细分收入 A			
	• 细分收入 B			
成本	总成本			
	• 产品开发成本			
	• 推广获客成本			
	• 人力成本			
	• 其他成本			
	• 其他费用			
利润	毛利润率			
	净利润率			
ROI	总收入/总成本			

13.1.5　5 个方面预估风险是否在可承受范围之内

任何新业务都有风险，风险和收益总是相伴而生的。预估风险，既可以让公司衡量自己对这些风险的承受能力，又可以让公司有心理预期，提前采取措施，做好风险应对。当风险来临时，可以从容冷静地应对风险，不至于给公司带来毁灭性打击。

因此，预估风险是评估新业务时需要考虑的一个重要因素。如果新业务面临的风险过大，远远超出公司的可承受范围，新业务的可行性就会降低。

评估时需要考虑的风险包括政策、技术、法律、经济和社会文化，尤其是行业政策对公司新业务的影响非常大，或许一项政策的变更和调整就会导致新业务不具备可行性。所以，在评估时一定要做好风险的预估工作，常见的风险如表 13-2 所示。

表 13-2 评估新业务时常见的风险

风险类型	具体内容
政策风险	各种行业政策：教育"双减"政策、房地产政策、游戏版号政策、金融 P2P 政策、新能源补贴政策等

续表

风险类型	具体内容
技术风险	技术的更新换代、数据保护和泄露等
法律风险	专利、版权、用户隐私等
经济风险	经济衰退、货币政策调整、财政政策调整、通货膨胀等
社会文化风险	地域保护风险、文化抵制风险等

13.2　可行新业务的量化

通过新业务的可行性评估，就可以判断出新业务是否具备可行性。如果验证具备可行性，新业务就可以正式开展和投入了。为了保证新业务的正常开展，同样需要将新业务进行量化操作，商业分析新一轮的"量化"工作也就开始了。

新一轮的工作和上一轮遵循同样的流程，方法和模型同样适用。不同的是，随着业务的改变，数据指标体系需要重新搭建，目标需要重新制定，监控体系需要重新布局，数据需要重新复盘和分析，以指导和辅助新业务的优化和增长。

13.2.1　搭建新的数据指标体系

新业务正式开启的同时，需要了解公司新的战略规划。基于新的战略规划，确定新的北极星指标。

在新的北极星指标确定后，使用"2 个模型"和"2 种方法"，将北极星指标拆解成不同业务单元的策略和二级指标，就形成了新数据指标体系的雏形，再进行数据采集和报表开发即可完成整个流程。具体如图 13-7 所示。

（1）2 个模型。

2 个模型即 OSM 模型和 UJM 模型。前者用来将新的北极星指标拆解成不同的策略和二级指标。后者用来梳理业务流程和路径，将策略和二级指标流程化，分别拆解为落地动作和过程指标。

（2）2 种方法。

2 种方法即将指标下钻式拆解的方法，可以通过乘积方式（M=A×B×C×D）和加总方式（M=A+B+C+D）拆解，形成上级指标和下级指标之间的逻辑关联。

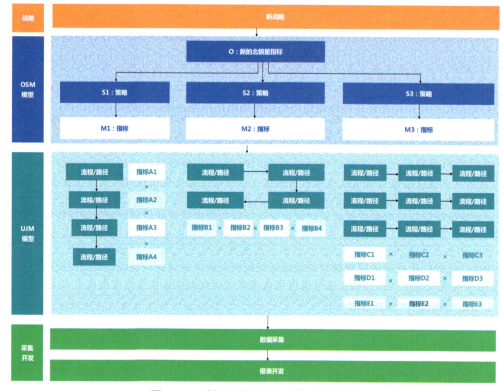

图 13-7　新数据指标体系搭建流程图

13.2.2　制定新的目标

确定了新的北极星指标之后，就可以着手制定新的目标了。公司的新北极星指标定多少数值合适？各业务部门为了完成新的北极星指标，分别应该承担什么样的指标和多少数值的指标？各部门如何将年度目标拆解至月度，如何将大团队目标拆解至小团队，如何将业务的大目标拆解至各流程？这时，仍然采用"2 个模型"制定目标，采用"3 条线路"拆解目标。具体如图 13-8 所示。

（1）2 个模型。

2 个模型是用来测算和制定目标的 2 种方法。"算法模型"进行首轮粗测，采用回归预测的方式预估目标的范围值。"业务模型"在粗测的基础上进行精细预估，联合各业务部门搭建业务预估框架，从业务和策略的视角预估目标的精确值，并能给出目标的具体实现路径，既能告知管理层目标定多少合适，又能告知各部门实现目标的策略和方案。

（2）3 条线路。

3 条线路指的是拆解目标的方法。"时间线"用于将年度目标拆解至月度。"管理模式线"用于将大团队目标拆解至小团队。"业务流程线"用于将业务的大目标拆解至各流程。

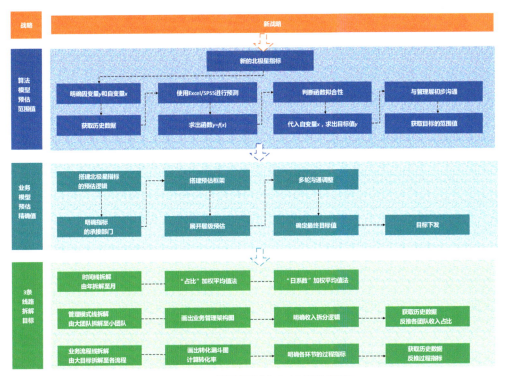

图 13-8　新目标制定和拆解流程图

13.2.3　布局新的监控体系

新的监控体系需要能够及时覆盖和监测新业务的变化，并能识别异常、做出预警，及时发现和解决问题，保证新业务的正常运转。这就需要设置 2 层机制和流程，具体如图 13-9 所示。

（1）监控机制。

监控机制的作用就是全方位覆盖业务，及时捕捉到业务的变化。因此，监控机制的设置要明确服务哪些人员，设置哪些监控指标，监控的时间和频率如何安排，监控哪些产品、流程和团队。

（2）预警机制。

预警机制的作用就是能够及时识别异常，并能鉴别是否真的异常，异常的波动幅度有多大，是否要开展深度归因分析，是否要预警，以及通过什么方式预警和触达相关业务人员。

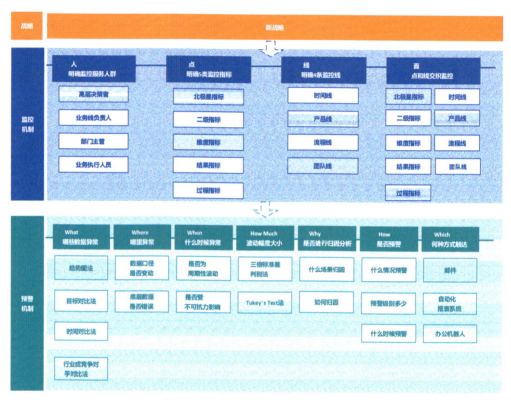

图 13-9　新监控体系布局流程图

13.2.4　开展新的分析洞察，驱动新业务的优化和增长

在重新搭建好了新业务的数据指标体系、制定了新的目标和布局了新的监控体系之后，就可以对新业务开展深度洞察，驱动新业务的新一轮优化和增长。新的分析洞察方向和驱动业务方向如表 13-3 所示。到此为止，商业分析的第二次生命之旅结束。

表 13-3　新的分析洞察方向和驱动业务方向

分析洞察方向		驱动业务方向
问题诊断	数据波动分析	分析业务是否正常运行，是否存在问题
	归因分析	定位问题发生的原因，提出业务解决方案
复盘评估	月/季/年度业务复盘	评估业务的开展效果，发现做得好和不好的方面
	各种活动效果评估	评估各种活动的开展效果，优化设计下一轮活动
	业务优先级评估	协助管理层进行业务线取舍、资源和人力配置
预测预算	年度预算制定	协助管理层制定年度目标，开展年度业务规划
	关键指标预测	协助管理层制定业务关键策略
	业务天花板预测	协助管理层看清业务天花板，寻找第二增长曲线

续表

	分析洞察方向	驱动业务方向
业务探索	增加功能的可行性探索	评估是否要优化、升级和增加产品功能
	新业务可行性探索	评估是否要开展新业务
增长策略制定	收入/GMV/留存率提升策略制定	制定提升收入/GMV/留存率等的方案和策略
	客户开发策略制定	制定开发客户的方案和策略
外部研究	行业研究	协助管理层制定战略和业务规划
	竞争对手研究	学习标杆公司，寻找第二增长曲线

13.2.5　开启新一轮的循环

商业分析工作就是在"业务—数据—业务"的旅程中循环往复，一环接一环，一轮接一轮，生生不息，代代不已。商业分析的价值最终也体现在 2 个循环中。

（1）实现数据驱动业务的循环：用数据驱动业务的持续优化和增长。

（2）探索业务的"飞轮"循环：助力管理层找到自身业务的飞轮。

提示 飞轮理论是亚马逊创始人贝索斯提出的，它是亚马逊商业模式和业务运营逻辑的核心思想提炼。飞轮理论是亚马逊业务持续飞转的支撑。

飞轮理论的核心逻辑是：客户体验的提升能带来更多的流量，流量的增加会吸引更多的卖家入驻亚马逊，更多的卖家带来了更加丰富的商品和更低的价格，从而带动新一轮客户体验的提升。随着这个过程的不断循环往复，亚马逊的高固定成本就会被分摊，就会以更低的价格出售商品给客户，而低价格又一次提升了客户体验。这样不断循环往复，带动亚马逊整个业务像飞轮一样快速旋转起来。具体如图 13-10 所示。

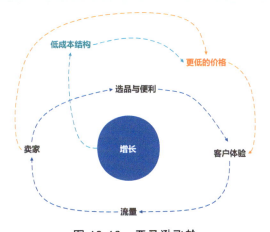

图 13-10　亚马逊飞轮

第14章

新业务评估实际案例——二手车公司拓展线上新业务

在第13章中，我们介绍了公司开启第二增长曲线的先导工作——如何开展新业务的可行性评估。如果新业务没有通过可行性验证，就不适合正式运行；如果新业务通过了可行性验证，就可以正式开启测试和开发工作。

本章将通过一个案例介绍如何开展可行性评估：验证二手车公司由线下业务拓展至线上新业务的可行性。

W公司是一家售卖二手车的电商公司。该公司主要从卖车人手里收取二手车，将二手车进行一定程度的维修整备后再售卖给买车人，同时为买车人提供金融贷款服务和保险购买服务。该公司的收入来源为收车佣金、售车佣金、金融收入和保险收入。同时，有收入就会产生成本，该公司的成本包括人力成本、履约成本、占资成本、维修成本（整备成本）、租金成本、获客成本等。

W公司售卖二手车的流程为公司从各条渠道上获取买车人的线索，之后将线索分配给销售人员，让销售人员打电话邀约客户，客户接受邀请后需要先去线下体验店试车，才会最终购买二手车。

由于涉及"线下体验和看车"环节，即买车人需要到店里看车才会达成交易，因此整个交易周期非常长，交易效率非常低，销售人员的人力成本非常高。此外，W公司还需设置专门的二手车店面，因此还需承担较高的店面租金，以及装修、水电和人力成本。这导致W公司的成本一直居高不下，整个业务的净利润一直为负数，公司一直处于亏损状态。

W公司管理层希望提升售卖二手车的效率，实现盈利，希望由"线下看车"的重运营模式转为"线上看车"的轻运营模式：买车人不用再到店里看车，而是通过线上看车模式实现二手车的购买。

这种模式当时（2021年）在国内还没有公司敢于尝试。针对W公司这种由线下看车转为线上看车且国内无人尝试的模式，如何分析其线上看车模式的可行性？

14.1　国外先行者验证成功模式，资本市场给予较高估值

在国人的观念里，汽车属于大件物品，即使是标准化程度较高的新车，大部分人也会选择先去店里试驾后再决定是否购买。对于二手车，由于每台车的车况不同，商品的标准化程度不高，因此人们更会选择去店里看车试驾。对于线上看车这种模式，消费者的认知度还比较差，没有公司敢于尝试。因此，在国内相当于是一个空白市场。

那么，如何判断空白市场的吸引力？线上售卖二手车和线下售卖二手车面对的客户群体相同，本质上市场规模是一样的，只是模式不同而已。因此，只能寻找其他路径判断市场吸引力。

国内市场没有先行者，那么我们可以去国外找，通过国外市场先行者的生存状况判断市场吸引力。

通过调研发现，在美国和欧洲市场，线上看车模式已经出现，有众多的先行者在尝试这种模式。很多公司已成功上市，验证了模式的可行性，且得到了资本市场的青睐和肯定。通过对比线下看车模式和线上看车模式发现，采用线上看车模式的二手车公司比传统二手车公司有更高的估值，具体如图 14-1 所示。

模式类型	先行者名称	地区	市盈率（PE）		市净率（PB）		市销率（PS）	
			Min	Max	Min	Max	Min	Max
线下看车模式	先行者 A	美国	21.00	26.73	3.77	4.79	0.83	1.05
	先行者 B	欧洲	—	—			2.23	2.81
线上看车模式	先行者 C	美国	−110.39	−96.61	99.64	119.11	8.88	10.24
	先行者 D	美国	−23.08	−18.05	3.62	4.63	3.54	4.52
	先行者 E	美国	−196.55	−164.51	4.44	5.33	4.47	5.79
	先行者 F	美国	—	—	4.13	4.64	9.65	11.49

图 14-1　2021 年国外不同模式二手车公司的估值

14.2　关键成功要素具备基础建设能力

通过对国外市场先行者的研究与分析，梳理出了线上看车模式的 3 个关键成功要素。

1. 二手车的标准化程度

二手车的标准化程度越高，消费者越有可能线上看车和购买。如果购买一台二手车就像在京东购买一台电视机和冰箱等标准化物品一样，消费者就不用现场检查和体验二手车了，那么消费者自然而然也放心在线上购买。这背后需要二手车具备较高的标准化程度。

每台二手车都是独一无二的，因为它们被使用过的状况都不一样。那么，如何让它们变得标准化？这就需要通过整备恢复它们的原貌，保证二手车不会出问题。如何恢复

它们的原貌？这就需要增加每台车的整备成本。

国外市场先行者之所以受资本市场青睐，能较好地开展线上看车模式，很大一个原因就是它们通过增加整备成本提升了二手车的标准化程度。与它们的整备成本相比，W公司在整备上的花费过低。

2. 售后服务体验

为什么消费者愿意在京东上购买家电等大件贵重物品？除标准化程度高外，还有一个重要原因是这些物品能提供良好的售后服务体验与保障。当商品出现问题时，会无条件退换。

因此，要想让消费者在线体验和购买二手车，就必须提升售后服务能力，让消费者无后顾之忧。

3. 平台新功能的开发

线上看车需要二手车平台具备相应的产品和功能支持，让消费者通过平台的产品和功能就能很好地体验与观察二手车的车况，达到与消费者去店里体验同样的效果，只有这样消费者才能接受线上看车模式。所以，线上看车模式必须有相应的产品和功能支持，如直播、AR、VR 等功能和技术。

由于国内市场还没有公司尝试线上看车模式，因此 W 公司无法与其他公司进行实力的比较，只能判断自身在关键成功要素上具备什么样的实力，目前能做到什么水平。

- 在"二手车的标准化程度"这个关键成功要素上，W 公司目前具备整备能力，且与整备供应商有良好的合作关系。W 公司需要的是提升每台车的整备成本，以提升其标准化程度。
- 在"售后服务体验"这个关键成功要素上，W 公司设有专门的售后服务团队。但由于线上看车模式对售后服务能力有更高的要求，因此 W 公司现有的售后服务能力还需要提升与加强，这就需要提升客户维护的费用。
- 在"平台新功能的开发"这个关键成功要素上，W 公司需要在现有产品的基础上，增加线上看车功能。

通过对 W 公司自身所具备实力的评估，初步判断在 3 个关键成功要素上，W 公司具备一定的基础建设能力，没有明显的壁垒和制约因素。

14.3　财务模型乐观，净利润有望提升

对 W 公司的财务评估，这里采用线下看车模式和线上看车模式对比的分析方法，观察线上看车模式相比线下看车模式的变化点与改进点。

经过财务测算和对比，发现线上看车模式可以极大地提升售卖效率，从而极大地改善 W 公司的财务状况，具体如图 14-2 所示。

科目		线下看车模式	线上看车模式
销售量	总销售量/台	20,000	100,000
收入	每台车的收入/元	12,500	13,300
	• 收车佣金/元	5,000	5,100
	• 售车佣金/元	5,000	5,100
	• 金融收入/元	2,000	2,500
	• 保险收入/元	500	600
成本	每台车的成本/元	13,100	12,630
	1. 人力成本/元	5,000	4,210
	• 销售人力成本/元	2,200	1,550
	• 门店人力成本/元	330	210
	• 其他人力成本/元	2,470	2,450
	2. 履约成本/元	1,500	2,050
	• 客户维护成本/元	150	700
	• 代驾运输等成本/元	1,350	1,350
	3. 占资成本/元	1,200	1,190
	4. 维修成本（整备成本）/元	500	1,200
	5. 租金成本/元	1,000	800
	6. 获客成本/元	1,200	1,000
	7. 其他变动成本/元	200	180
	8. 中后台等固定成本/元	2,500	2,000
利润	每台车的净利润/元	−600	670
	净利润率	−4.8%	5.0%

图 14-2　线上看车模式和线下看车模式的财务模型对比

1. 线下看车模式的财务表现：亏损

在线下看车模式下，W 公司的总销售量仅 2 万台，每台车的收入为 12,500 元，每台车的成本为 13,100 元，每台车净亏损 600 元，净利润率为−4.8%。

2. 线上看车模式的财务表现：规模化+盈利

根据国外市场先行者的经验，对 W 公司拓展线上看车模式的财务表现进行了测算，结果如图 14-2 第 4 列所示。

在线上看车模式下，总销售量预估会提升至 10 万台，预估将抢占 10%的市场份额。每台车的收入可以提升至 13,300 元，每台车的成本可以降低至 12,630 元，每台车的净利润可以提升至 670 元，净利润率最终提升至 5%。

为什么线上看车模式会改善财务模型？

- 线上看车模式取消了线下带看的环节，加快了交易周期，提升了销售人员的售卖效率。在线下看车模式下，每个销售人员每月的人效为 10 台车。如果采用线上看车模式，由于每个销售人员处理的线索量和转化率均提升，因此人效预估可以提升 2 倍。人效的提升带来了销售人力成本的优化。
- 线上看车模式使原有的线索转化路径缩短，从线索到付费的转化率和转化周期均提升。转化率的提升带来了获客成本的优化。

- 由于采用线上看车模式，因此 W 公司不再需要位置好和装修好的店面，而只需要仓库即可。由店面改为仓库的操作，可以降低租金和装修费用。同时，没有店面也不再需要店长和店面运营人员，而只需要几个仓库管理员即可。因此，门店的人力成本和租金成本又可以降低。

- 由于线上看车模式提升了效率，可以实现大规模售卖，而销售量的大幅增加，又可以冲抵中后台等固定成本，使固定成本得以优化。

提示 并不是所有的成本项都能优化和降低。我们在上文中提到，线上看车模式的关键成功要素是要提高商品的标准化程度和售后服务体验，这就需要增加整备成本和客户维护成本。

在测算时已经将这两个成本项做了提升假设，如图 14-2 中的黄色字体所示。

综上所述，线上看车模式可以带来规模效应和大幅优化成本，尤其可以优化销售人力成本、门店人力成本、租金成本、获客成本和中后台等固定成本，使这些成本大幅降低，从而摆脱 W 公司原有模式不盈利的困境，实现业务的最终盈利。

14.4 案例结果：建议实行线上看车模式

通过市场先行者的生存状况、关键成功要素的能力分析、财务状况的测算，得出结论：线上看车模式存在可行性，可以拓展线上看车模式。具体评估过程如图 14-3 所示。但是存在风险点，即消费者对线上看车模式的接受程度和感化时间。

图 14-3 线上看车模式可行性评估

- 国内线上看车市场还属于空白市场，国外已经有数家先行者尝试了该模式，并且验证了该模式的可行性。它们的生存状况较好，很多公司已上市，且受到资本市场的青睐和肯定，资本市场看好它们的未来，给予它们相比线下看车模式更高的估值。因此，判断线上看车市场具备较强的吸引力。

- 在影响线上看车模式的 3 个关键成功要素中，通过对 W 公司的实力评估，判断其已经具备一定的基础和能力去建设这些关键成功因素。
- 通过财务模型测算，发现线上看车模式能极大地降低销售和门店的人力成本、租金成本、获客成本，并冲抵固定成本，提高售卖二手车的效率，加快售卖速度，实现规模化售卖。因此，线上看车模式可以有效地改善 W 公司现有净利润亏损的局面，实现净利润扭亏为盈。

14.5　新业务的量化和评估

虽然线上看车模式面临的市场和消费者与线下看车模式一样，但是其业务的逻辑、实现路径、流程都与线下看车模式有很大的区别。比如，我们在上文中测算的成本结构，以及线索的转化流程、整备流程、售后服务模式等，这些流程都需要重塑。一旦业务和流程重塑，业务的量化和评估工作也需要重塑，包括重新搭建数据指标体系、重新制定目标、重新布局监控体系、重新开展深度评估和洞察。

第 6 篇
登高望远

第 15 章

商业分析的发展路径和能力修炼

在前文，我们对商业分析的工作场景做了详细介绍。进入最后一章，我们登高望远，将展望商业分析的发展前景，以及指出如何锻炼强大的商业分析能力，提出商业分析师的职业发展路径和必经阶段。

15.1 商业分析的发展前景如何

任何岗位的发展前景都取决于其价值，商业分析也不例外，其发展前景取决于其为企业和团队带来的价值。岗位类型及其贡献的价值如表 15-1 所示。

表 15-1　岗位类型及其贡献的价值

岗位类型	岗位价值
销售	为企业带来客户，从而带来收入
产品	为企业设计、开发出用户或客户满意的产品
运营	为产品获取和维护用户，并促进用户付费，为企业带来收入
市场	为企业传播品牌形象和价值，维护与各种媒体和政府等的关系
财务	为企业管理好收入、成本、支出和利润
人力	为企业招募、储备和培养人才

商业分析的价值在哪里？企业老板对商业分析的价值期待可以用一张闭环图来表示，如图 15-1 所示。他们期望商业分析部门为企业贡献从梳理业务到内部数据建设与处理、到外部行业及竞争对手信息追踪与鉴别、到输出结论、到联动业务部门输出落地策略和方案、到推动业务执行、再到评估与复盘结果的整个闭环价值。通过这张闭环图，可以看出整个市场和老板对商业分析抱有很大的期待，这也意味着它有比较不错的发展前景。

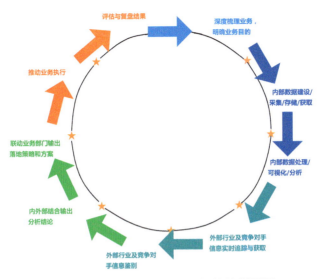

图 15-1 老板期待的商业分析价值闭环图

但在实际工作场景中，由于组织架构、团队设置、权限赋予等各种原因，大部分企业的商业分析工作是没有形成价值闭环的。有的企业在价值闭环的链条里缺口很大，有的企业就差几个环节就可以完成价值闭环。很多企业在推动业务执行环节出现缺口，不能完成价值闭环，如图 15-2 所示。商业分析没有完成老板期待的价值闭环，目前还欣欣向荣的一个原因就是，在某个工作模块上商业分析可以做到最好，能够极大地提升业务效率。

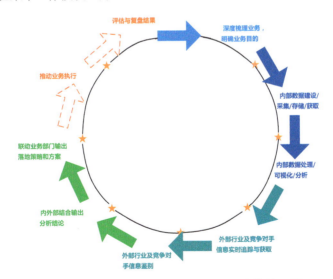

图 15-2 实际工作场景中的商业分析价值缺口图

所以，商业分析的价值有两个：①把某个模块做到极致；②完成老板期待的价值闭环。通过图 15-1 的闭环图，可以将商业分析工作分为 5 个模块。在这 5 个模块里，"内部数据建设"可以创造稀缺价值，"外部行业及竞争对手追踪""输出分析结论和落地方案"可以创造可见价值，是商业分析可能做到极致的模块。这5个模块分别如下。

（1）深度梳理业务。

对于这个模块的工作，商业分析想要做到极致很难。因为商业分析部门毕竟不是业务部门，对业务的梳理始终不可能做到像业务部门那样极致。

（2）内部数据建设。

这个是商业分析可能做到极致的模块，主要由数据分析团队承担。由于业务部门缺乏专业的数仓、统计和工具知识，因此很难高效率地做起来。

（3）外部行业及竞争对手追踪。

这个也是商业分析可能做到极致的模块，主要由战略分析或经营分析团队承担。但由于这个模块的工作不产生直接价值，如果价值不被老板看见，一定会被当成"鸡肋"岗位。所以，这个岗位一定要离老板近，能让老板感受到价值。

（4）输出分析结论和落地方案。

这个也是商业分析可能做到极致的模块，也主要由战略分析或经营分析团队承担。与第3个模块类似，它也不产生直接价值，因此一定要离老板近。

（5）推动业务执行，复盘评估。

这个模块是导致商业分析没有形成价值闭环的主要原因，这除与商业分析师本身的能力和素质有关外，还与整个企业对商业分析的定位和赋予的权限有关，所以是比较难以解决的问题。要想做好这个模块的工作，一定要离老板近且保证被赋予足够的权限，只有这样才有抓手去调动资源和协调业务。

对于专业的商业分析师而言，随着更多的人进入这个岗位，供给会越来越多，岗位要求也会越来越高，"内卷"也会越来越严重，竞争也会越来越激烈。总体而言，有两个好的发展方向：①创造可见价值，寻找能够直接与老板近距离接触的岗位；②创造稀缺价值，寻找数据驱动的技术岗位。

15.1.1　创造可见价值，直接向老板汇报的战略分析或经营分析岗位

创造可见价值，就是工作成果能够被老板直接感知和看到。商业分析有一个不太好的特点，就是大部分的工作成果基本上是服务业务部门的，所以最后衡量价值时往往被低估，而业务部门输出的价值就会被放大，因为业绩是由业务部门直接产生的，这会让老板产生一种错觉：商业分析的价值没有那么大。所以，商业分析师要寻找直接向老板汇报的岗位，搞定老板，让他看到自己的工作价值非常重要。

目前可以创造可见价值的是战略分析或经营分析岗位，这个岗位离老板最近。但这并不意味着，身处这个岗位上，就可以高枕无忧了。古人云"伴君如伴虎"，同样离老板近就需要具备硬实力和输出高价值。

在输出高价值方面，这个岗位最基本的要求是将分析模块的工作做到极致，输出高质量的分析结论和策略建议。同时，这个岗位还是最有可能完成价值闭环的岗位。因此，在硬实力方面，商业分析师不仅需要具备数据和财务等过硬的专业能力，还需要具备汇报和沟通的软技能，更需要具备行业视野和格局。总体来说，就是懂数据、会算账、有视野和善沟通。

1. 懂数据

懂数据就是将各条业务线的指标，弄得明明白白、清清楚楚、条理清晰、口径统一，对数据指标体系成竹于胸。

当老板需要数据时能够快速输出，且能够追踪数据指标体系这张宝藏图的脉络，快速追根溯源，找出宝藏，定位原因。

2. 会算账

会算账就是熟练掌握财务模型和 UE 模型，对收入、成本、利润烂熟于心，能够帮老板算清钱的事，能够告诉老板做这件事花多少钱、赚多少钱，做那件事可节省多少钱。

3. 有视野

有视野就是紧密跟踪外部行业和竞争对手的最新动态，时不时和老板汇报这些动态，时不时提点业务上的点子，让老板知道我们不仅在监控内部业务，还在追踪外部动态，我们的分析不是闭门造车，而是综合内外部因素多方论证的。

4. 善沟通

善沟通不等于花言巧语，而是知道老板想什么、要什么，想老板之所想，急老板之所急，给老板之所要。善沟通也不等于与老板沟通，而是要找到与各业务部门高效沟通的正确方式。

15.1.2　创造稀缺价值，偏重技术的数据科学家

创造稀缺价值，就是通过别人缺乏的技能帮业务部门解决问题。这个比较好理解，就是具备一般人不具备的能力。想想在日常分析中哪些事情是一般人做不了的，这就是稀缺岗位的价值，和商业分析挂钩的、能创造稀缺价值的岗位通常是数据科学家。

数据科学家是真正意义上用数据驱动业务的岗位，与战略分析或经营分析岗位偏重于业务不同，其核心是运用算法、技术和模型等进行数据分析，挖掘普通定量和定性分析无法得出的洞察结果。

数据科学家表面上看起来是一个技术岗位，而实际上具备很强的综合性，需要具备统计学、数学、计算机和商科的交叉知识。可以总结为 4 点，就是精统计、会算法、善建模、懂预测。

1. 精统计

精统计就是学会常见的统计方法，这些是数据科学家必须掌握的技能，尤其是回归、聚类、分类、相关等。没有这些方法做支撑，不管是测试、建模还是预测都将很难开展。

2. 会算法

会算法就是熟悉机器学习技巧和算法，能够获取、清洗和测试数据。

3. 善建模

善建模就是能够梳理和发现数据的关系，并将之标准化为模型，提升自动化解决问题的效率。

4. 懂预测

懂预测就是通过模型高效、精准预测未来，解决商业问题。

15.2　如何锻炼强大的商业分析能力

在第 1 章中介绍了商业分析的三大能力模型：逻辑思维能力、商业理解能力和数据分析与整合能力。如何锻炼商业分析的这 3 种能力，快速实现商业分析师的进阶？主要通过"利其器""钻业务""补盲区""做赋能" 4 步，由学习知识到参与业务实践、到检验盲区、再到大规模赋能他人，一步一步实现商业分析师的进阶，如图 15-3 所示。

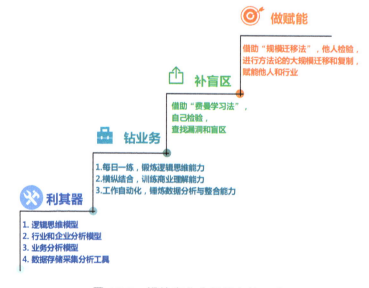

图 15-3　锻炼商业分析能力的 4 步

15.2.1　熟知各种分析方法、模型和工具

古人说："工欲善其事，必先利其器。"延伸到商业分析领域，这里的"利其器"就是熟练掌握各种分析方法、模型和工具。在商业分析工作中，高频使用的分析方法、模型和工具包含 4 类：①逻辑思维模型；②行业和企业分析模型；③业务分析模型；④数据存储采集分析工具。

1. 逻辑思维模型

逻辑思维模型主要用于锻炼逻辑思维能力、拆解问题和搭建框架能力。它包括 MECE 分析法、5W2H 分析法、归纳演绎分析法、六顶帽子分析法、鱼骨图分析法、假设检验分析法、逻辑树分析法、SCQA 模型、STAR 分析法、头脑风暴法，如图 15-4 所示。

图 15-4　常见的逻辑思维模型

2. 行业和企业分析模型

行业和企业分析模型主要用于开展外部行业研究、企业研究和竞争对手研究，提升对外部的商业理解能力。它包括宏观环境分析、战略分析、竞争分析、财务分析、营销分析、企业分析和产业链分析，如图 15-5 所示。

3. 业务分析模型

业务分析模型主要用于深入分析特定的业务线，提升对企业内部的商业理解能力。业务线通常包括用户、产品、运营、数据，这些业务线相对来说会比较成熟，有很多实践经验被沉淀和总结出来，就形成了如图 15-6 所示的业务分析模型。

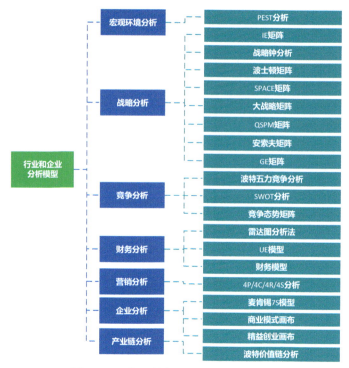

图 15-5   常见的行业和企业分析模型

图 15-6   常见的业务分析模型

4. 数据存储采集分析工具

数据存储采集分析工具用于进行数据存储、采集、处理分析、可视化及呈现汇报，主要提升数据分析与整合能力，如图 15-7 所示。

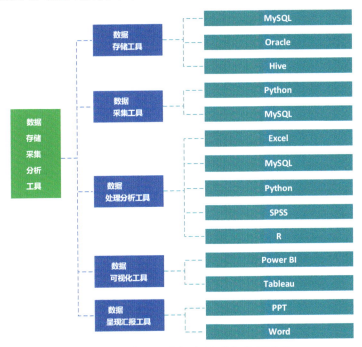

图 15-7　常见的数据存储采集分析工具

15.2.2　参与业务实践，深度使用分析方法、模型和工具

英文中有个短句"Practice makes perfect"，中文就是"熟能生巧"。

在我们学习了商业分析常用的分析方法、模型和工具之后，此时仍然处于"知道"和"懂得"的阶段，离"精通"和"输出价值"还有很远的距离。任何东西如果不上手操作，则永远无法精通；如果不应用于业务，则永远没有办法输出价值。因此，只有不断练习，深度参与业务实践，重复使用这些"利器"，才能将它们和业务融合，熟练、精通甚至创新，从而游刃有余地用它们分析和洞察业务，真正实现学习"利器"的价值。

那么，如何利用学到的分析方法、模型和工具去练习逻辑思维能力、商业理解能力、数据分析与整合能力？

1. 每日一练，锻炼逻辑思维能力

每天练习一道逻辑思维题，不需要花费很多时间，在纸上把自己的分析思路画出来或写出来就可以。不要追求答案的对错，答案没有对错之分，只有分析思维的差异。

常见的逻辑思维题从哪里来？平常在阅读时，做一个有心人，将碰到的好玩的题目整理成一张清单，如表 15-2 所示。每天从清单中选择一道题目并思考，之后划掉即可。

表 15-2　常见的逻辑思维题清单

问题类型	逻辑思维题
测算型逻辑思维题	人有多少根头发
	北京有多少家星巴克
	芝加哥有多少个钢琴调音师
	北京有多少个加油站
	上海有多少辆出租车
解释型逻辑思维题	如何向小孩子解释正态分布
	如何向邻居老奶奶解释产品经理、用户运营、程序员的工作
	如何向邻居老奶奶解释贝叶斯定理
	井盖为什么是圆的
方法型逻辑思维题	给你一袋大米，如何从中取出 100 万粒
	一根针掉入了大海，如何捞

2. 横纵结合，训练商业理解能力

我们日常工作的企业就是一个典型的商业环境，只要围绕这个实际的商业环境做纵向和横向的延伸，就可以很好地训练商业理解能力，具体有 3 种方法。

（1）横向延伸至行业。

每两周对自己所在的行业做个分析，利用上文梳理的行业和企业分析模型总结行业现状、趋势、痛点、机会点。

（2）横向拓展至企业。

每周尝试分析一家企业，追踪企业的最新战略、策略、产品运营动作，总结企业的优势、劣势、关键成功要素、关键失败要素等。那么，选择哪些企业进行分析？有两种选择方式。

- 在做行业分析时，将自己所在行业的企业列一张清单，这些企业是我们的直接或间接或潜在的竞争对手，对它们保持关注和追踪不仅是本职工作所在，更是训练商业理解能力的最好方法。
- 如果有买股票或基金，那么对这些股票或基金涉及的企业进行研究，不仅可以训练商业理解能力，还可以降低投资风险，获取投资收益。

（3）纵向渗透至企业业务。

每周分析一个业务专题，向业务持续渗透，分析业务流程、业务管理架构、业务表现、业务问题等。

分析的专题来自哪里？当然来自实际工作，需要自己总结。日常工作中要把遇到的业务问题记录下来，同样列一张清单。

- 与用户运营部门接触紧密，可以分析"如何提升用户留存率""如何做流失用户召回"等诸如此类的问题，具体问题清单如表 15-3 所示。

表 15-3　用户运营业务问题清单

问题大类	问题小类	具体问题
指标体系	数据指标体系	如何搭建用户侧的数据指标体系
模型/方法	分析模型/方法	常用的用户分析模型/方法有哪些
		每种分析模型/方法在使用过程中有哪些缺点
	预测模型/方法	预测模型/方法都用过哪些
		主要用在哪些业务场景中
		使用过程中经常遇到哪些问题
用户运营经典 AARRR	用户拉新分析	用户拉新渠道有哪些
		如何评估各个渠道的效果？有哪些指标和方法
		获客渠道很多，怎样对注册量变化大的获客渠道进行预警
	用户活跃分析	DAU 下滑了如何分析
		提升 DAU 的方法有哪些
		如何预测未来的 DAU
	用户留存分析	用户留存率下降了如何分析
		如何提升用户留存率
	用户沉睡分析	如何唤醒沉睡用户
	用户流失分析	用户流失率提升了如何分析
		新老用户流失有什么不同
		如何降低用户流失率
	用户转化漏斗分析	用户转化率/付费率下降了如何分析
		如何提升用户转化率/付费率（如滴滴、美团外卖）
用户续费/复购	用户复购分析	用户复购率下降了如何分析
		如何提升用户复购率
	用户客单价分析	用户客单价下滑了如何分析
		如何提升用户客单价
	用户续费分析	用户续费率下降了如何分析
		提升用户续费率的措施有哪些
用户收入产出比	ROI 分析	ROI 是如何计算的
		LTV 是如何计算和预测的
	获客成本	业务线的获客成本包括哪些？是如何计算的
		获客成本降低的方式有哪些
用户补贴和活动策略	用户补贴策略	如何做用户补贴策略
		如何策划打车券的运营方案
	用户活动策略	如何选择两种活动，如"赠券"和"打折"
		如果两种活动同时做，需要采用哪些模型/方法
		活动之后的效果如何评估

问题大类	问题小类	具体问题
用户分层运营	用户分层分析	所在业务线的用户分析如何做分层？为什么这么分层
		对用户进行分层分析时，RFM 分析和聚类分析有什么不同
用户识别	异常用户识别	如何识别作弊用户
		打车平台如何防止订单中发生风险
		怎么做恶意刷单检测

- 与销售部门配合比较多，可以分析"销售额下滑了如何应对""大客户收入占比太高了如何应对"等诸如此类的问题，具体问题清单如表 15-4 所示。

表 15-4　销售业务问题清单

问题大类	问题小类	具体问题
目标制定和拆解	目标制定	如何制定销售目标
		制定的目标如何让销售部门信服
		如何制定销售的过程指标
	目标拆解	制定的销售目标是如何在销售部门之间进行拆解的
数据监控	异常监控	如何监控销售数据
	异常预警	什么情况下，对老板和销售部门做出预警提示
	未达标分析	销售业绩未达到预期时，如何进行分析
	日/周/月/季/年报	针对销售业务线，日/周/月/季/年报有什么区别
专项分析	异动分析	销售业绩下滑时，如何进行分析
	预测分析	如何预测未来的销售量或销售额？有哪几种方法
	漏斗分析	销售部门的销售转化漏斗是什么样子的
	复盘评估	企业做了一场促销活动，如何评估促销活动的效果
	可行性评估	新品上市如何进行评估
策略	销售提升策略	如何通过商业分析助力销售部门提升销售效率
		2B 销售和 2C 销售的业务与流程有什么区别
	人效提升策略	销售人员的人效是如何计算的
		平常提升人效的方式有哪些
	客户销售策略	客户是如何进行分层的
		不同的客户销售策略有什么不同
		对大客户的依赖程度如何？如何看待对大客户依赖较强这种情况

3. 工作自动化，锤炼数据分析与整合能力

由于企业和岗位的差异性，有的人每天的商业分析工作就是与数据库和报表自动化打交道，数据分析与整合能力会提升很快。但并非所有的人都有机会接触企业的数据库，这部分人提升数据分析与整合能力有两条路径。

（1）尝试把手头的工作报表化和自动化。

系统地梳理一下手头的工作就会发现，有很多工作是高频重复做的，需要报表化和

自动化的就是这些高频重复的工作。

将高频重复工作报表化和自动化有两个原因：①大量重复的、机械性的工作带给我们的工作价值并不大；②报表化和自动化之后可以提高工作效率，留出更多的时间去做附加值高的事情。

对商业分析岗位来说，如果手头有这样的工作，最好的方式就是自己想办法，把这些工作报表化和自动化，哪怕老板并没有要求这么做。需要报表化和自动化的日常工作如表 15-5 所示。

表 15-5　需要报表化和自动化的日常工作

工作类型		具体工作内容
定期工作	监控/预警	日/周/月/季/半年/年监控
	复盘	日/周/月/季/半年/年复盘
	邮件	监控业务的邮件 复盘的邮件 下发目标的邮件 审批的邮件
	预算	季度/半年度/年度预算工作（企业及业务相对稳定）
	目标	目标的制定及拆解（企业及业务相对稳定）
不定期工作	业务数据需求	业务对某些数据的需求达 3 次及以上

（2）定期面试和刷题。

去哪里刷题？力扣（LeetCode）和牛客网足够了。为什么要面试和刷题？有些企业为了规避业务风险、降低管理难度，对每个岗位的工作内容和权限都有规定。这也意味着，在很长时间内我们做的都是对一家企业有利的重复性事情，很大可能这些事情在其他企业并不适用。而面试和刷题能够让我们知道整个行业市场对人才和岗位的要求，这样就能够及时补齐自己身上缺少的专业和技能。

因此，让自己保持危机感，保持对数据和技术的熟练度，实时追踪行业趋势，就是定期面试和刷题的本质。

15.2.3　践行"费曼学习法"，通过自检查找漏洞和盲区

在上文中，我们学习了商业分析的分析方法、模型和工具，以及如何在业务实践中使用它们，接下来就要检验学习和实践的效果了。

那么，如何自我检验效果呢？建议采用"费曼学习法"。费曼学习法的核心是对学到的知识进行输出，检验效果并查找漏洞和盲区。

有时，我们觉得学到的东西都会了、都懂了、都用到了。如果有这样的感觉，就可以尝试一下费曼学习法，和别人口头分享，或者写作，或者直播，或者去面试，或者给

别人讲课。在这个过程中，如果觉得卡顿，就意味着有些问题还是没有思考清楚，仍存在思维和学习盲区，就需要重新巩固；如果觉得流畅，就要想怎么简化学到的内容。整体流程如图 15-8 所示。

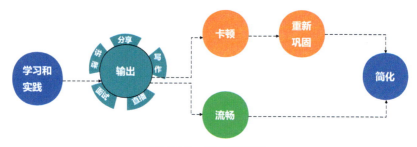

图 15-8　费曼学习法

15.2.4　尝试"规模迁移法"，通过他检进行大规模赋能

我们自身可以通过费曼学习法查找漏洞和盲区，并不断进行巩固和简化。然而学习和实践的结果，尤其是在企业中的业绩，往往不是自我认可就可以的，而是要得到他人的认可。如何得到他人的认可？就需要将工作方法和结果进行方法论的总结，并将方法论赋能给他人，这时就要用到"规模迁移法"。

规模迁移法的核心是把学习和实践的方法论运用到其他人身上或其他企业中，检验方法论是否具备大规模复制和迁移的能力。

有时，我们觉得学到的知识在工作中实践成功了，也取得了一定的工作业绩。如果有这样的感觉，就可以尝试一下规模迁移法，把学习和实践的结果进行方法论的总结，把总结到的方法论分享给其他人，运用到其他业务甚至其他企业中，先小批量地观察目前的方法论是否具备可复制性。如果具备小范围可复制性就大规模推广，并再次验证是否具备可复制性，直至精简优化；如果不具备小范围可复制性，就需要重新学习和实践。整体流程如图 15-9 所示。

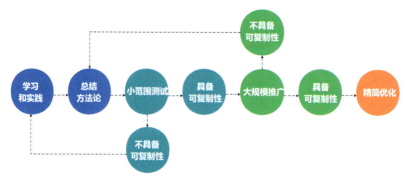

图 15-9　规模迁移法

提示 费曼学习法和规模迁移法的区别如表 15-6 所示。

- 费曼学习法主要检验学习和实践的知识是否存在漏洞及盲区，是一个自检和自我优化、完善的过程。
- 规模迁移法主要验证学习和实践的方法论是否具备大规模复制和迁移的能力，是一个他检和大规模赋能的过程。

表 15-6　费曼学习法和规模迁移法的区别

检验方法	检验形式	作用	带来的价值
费曼学习法	输出：分享、写作、直播、面试、讲课等	检验学习和实践结果是否存在漏洞及盲区	自检：自我优化和完善
规模迁移法	总结+实践：总结方法论，大规模实践	检验学习和实践结果是否具备大规模复制与迁移的能力	他检：为他人赋能

15.3　商业分析师的职业发展路径及要经历哪几个阶段

在上文中，我们介绍了锻炼商业分析能力的方法和路径，但知道了方法并不代表能一蹴而就，立马到达商业分析的巅峰，方法只能加快成长速度。商业分析能力也不是一朝一夕就能练成的，而是日积月累，不断学习和实践积累的结果。作为商业分析师，既不能急于求成，祈求一步到位，也不能一味埋头苦干，被困在一个阶段迟迟不能突破。而是要知道商业分析师的职业发展路径，清楚商业分析师要经历哪几个阶段，每个阶段该做什么，尊重和正视成长规律。

一棵桃树的生长周期要经历幼树期、结果初期、结果盛期、衰老期这 4 个阶段。通常，幼树期要经历 1～3 年，这段时间桃树要扎树根、长树冠，为开花做准备；结果初期要经历 3～5 年；5～15 年为结果盛期；15 年后进入衰老期。大部分桃树都要经历这 4 个阶段，不会从幼树期直接到结果盛期或衰老期。人类种植桃树很难改变这 4 个阶段，能改变的就是通过提供合适的土壤、阳光、水分和科学的虫害防治方法，加快或延长每个阶段的时间。比如，让幼树期缩短至 2 年，让结果盛期延长至 20 年。

商业分析师的成长与此类似，大部分商业分析师都会经历初级商业分析师、中级商业分析师、高级商业分析师和"骨灰级"商业分析师 4 个成长阶段。只有经历过每个阶段的千锤百炼，方能向更高阶段迈进，这本质上是一种打怪升级的游戏。每个阶段经历的时间或长或短，取决于每个人的悟性、努力、热爱和投入，但一般不太可能跨级进阶。商业分析师要做的就是知道每个阶段该做什么、使用什么方法能加快每个阶段的成长速度。

大部分的商业分析师，在其职业生涯里基本都会到接触涵盖初级、中级和高级 3 个等级的 11 项工作内容。在不同阶段，商业分析师接触和从事的工作内容也会有明显的差别，如表 15-7 所示。

（1）初级工作内容。

主要是与内部数据打交道的常规性工作，包括取数、搭建数据指标体系和日常监控 3 项工作内容。

（2）中级工作内容。

主要是参与内部业务的规则制定和结果评估工作，包括制定/拆解目标、业务诊断和业务评估 3 项工作内容。

（3）高级工作内容。

主要是结合内外部分析开展企业的未来预测和方向探索工作，包括业务归因、专题报告、业务预测、策略建议和第二增长曲线探索 5 项工作内容。

表 15-7　不同阶段的商业分析师在做什么

工作内容		初级商业分析师	中级商业分析师	高级商业分析师	"骨灰级"商业分析师
初级	取数	★★★★★	★★★	★	★
	搭建数据指标体系	★★★★★	★★★	★	★
	日常监控	★★★★★	★★★	★	★
中级	制定/拆解目标	★★	★★★★★	★★	★
	业务诊断	★★	★★★★★	★★	★
	业务评估	★★	★★★★★	★★	★
高级	业务归因	—	★★★★	★★★★★	★★★★
	专题报告	—	★★	★★★★★	★★★
	业务预测	—	★	★★★★★	★★★
	策略建议	—	★	★★★	★★★★★
	第二增长曲线探索	—	—	★★★	★★★★★
Output		解决 What 的问题	解决 What、部分 Why 的问题	解决 What、部分 Why、部分 How 的问题	解决 Why、How、Next What 的问题

同时，由于工作内容的差异，加之接触的人群不同，承担的目标迥异，因此不同阶段的商业分析师采用的数据工具、分析模型、研究方法及深度思考方法也是不同的，如表 15-8 所示。这些决定了商业分析师在每个阶段停留的时长，是决定商业分析师成长速度的关键。

表 15-8　不同阶段的商业分析师解决问题的方法

解决问题的方法		初级 商业分析师	中级 商业分析师	高级 商业分析师	"骨灰级" 商业分析师
数据 工具	数仓和报表体系	★★★	★★★★★	★★★★★	★★★
	SQL/Python/Excel	★★★★★	★★★★★	★★★	★
分析 模型	逻辑思维模型	★	★★★	★★★★	★★★★★
	行业和企业分析模型	★	★★★	★★★★★	★
	业务分析模型	★★	★★★★★	★★★★★	★
研究 方法	内部数据分析方法	★★	★★★★★	★★★★★	★★★★★
	与行业专家沟通	—	★★	★★★★	★★★★★
	行业资讯	★	★★	★★★★	★★★★★
	行业研究报告	—	★★	★★★★	★★★★★
深度 思考 方法	完整的业务逻辑大图	—	★	★★★	★★★★★
	完整的行业全景图	—	—	★★	★★★★★

15.3.1　初级商业分析师

在工作内容上（见表 15-7 "初级商业分析师" 一列），初级商业分析师大部分从事取数、搭建数据指标体系和日常监控的基础工作，会参与少量的制定/拆解目标、业务诊断和业务评估工作。用一句话概括，初级商业分析师主要解决 "是什么（What）" 的问题。

在解决问题的方法上（见表 15-8 "初级商业分析师" 一列），大部分初级商业分析师依赖数据工具，工作重点多放在内部业务上，对逻辑思维还没有认知，对开眼看行业处于朦胧的阶段。

- 对数据工具十分依赖：尤其依赖 SQL、Python 和 Excel，当然也会重视数仓和报表体系。
- 对分析模型的使用不太熟练：相比之下，由于频繁接触取数工作，因此在业务分析模型的使用上相对较好，对底层的逻辑思维模型还没有形成认知，对行业和企业分析模型很少使用。
- 对研究方法缺乏认知：大部分依赖内部数据分析方法，只有少部分会关注行业资讯。

15.3.2　中级商业分析师

在工作内容上（见表 15-7 "中级商业分析师" 一列），中级商业分析师仍然要承担一部分取数、搭建数据指标体系和日常监控的基础工作，但这一部分的工作内容会明显减少，更多的时间开始往制定/拆解目标、业务诊断、业务评估和业务归因上迁移。同时，部分优秀的中级商业分析师会承担少量高端的专题报告、业务预测和策略建议工作。用一句话概括，中级商业分析师主要解决"是什么（What）和部分为什么（Why）"的问题。

在解决问题的方法上（见表 15-8"中级商业分析师"一列），中级商业分析师仍然高度依赖数据工具，但明显开始对分析模型和研究方法有了深入认知，开始有意识地认知行业，意识到深度思考的重要性，大脑里开始拼凑业务逻辑大图。

- 对数据工具仍然重度依赖：虽然仍然依赖 SQL、Python 和 Excel，但也明显重视数仓和报表体系。
- 对分析模型的使用开始熟练：在业务分析模型上已经形成系统认知，使用非常娴熟，并且开始重视行业和企业分析模型及底层的逻辑思维模型。
- 对研究方法开始形成系统认知：在内部数据分析方法上已经形成自己的分析体系，开始关注行业资讯和行业研究报告，有意识地与行业专家沟通。
- 对深度思考方法不再浮于表面：开始深度思考，拼凑所从事业务的逻辑大图。

15.3.3　高级商业分析师

在工作内容上（见表 15-7"高级商业分析师"一列），高级商业分析师基本上不会承担取数、搭建数据指标体系、日常监控的基础工作，主要起指导作用，承担的中级工作内容（如制定/拆解目标、业务诊断）也会明显减少，会承担更多的业务归因、专题报告和业务预测等高级工作内容。同时，部分优秀的高级商业分析师会承担部分策略建议和第二增长曲线探索工作。用一句话概括，高级商业分析师主要解决"是什么（What）、部分为什么（Why）和部分如何做（How）"的问题。

在解决问题的方法上（见表 15-8"高级商业分析师"一列），对数据工具已经非常娴熟了；对分析模型的熟练已经由业务分析模型拓展至行业和企业分析模型；对研究方法也较为熟练，由内部数据分析方法延伸至整个行业；业务逻辑大图基本成型，开始拼凑行业全景图。

- 数据工具的重要性降低：基础工具 SQL、Python 和 Excel 不再重要，会更多使用数仓和报表体系。
- 对分析模型的使用游刃有余：对业务分析模型、行业和企业分析模型均已经形成系统认知，使用非常娴熟，对底层逻辑思维模型的使用也开始成熟。
- 对研究方法的运用形成成熟体系：不管是内部数据分析方法、行业资讯、行业研究报告还是与行业专家沟通，均形成了自己的成熟认知和体系架构。
- 对深度思考方法较为熟练：深度思考成为一种习惯，多年拼凑的业务逻辑大图基本成型，开始拼凑行业全景图。

15.3.4 "骨灰级"商业分析师

在工作内容上（见表 15-7 "'骨灰级'商业分析师"一列），"骨灰级"商业分析师基本上不会承担初级和中级工作内容，起的是规划、指引和监督的作用。他们会将大部分时间花在业务归因、策略建议和第二增长曲线探索的高级工作内容上，承担的是寻找解决方案和探索方向的作用。用一句话概括，"骨灰级"商业分析师主要解决"为什么（Why）、如何做（How）及下一个是什么（Next What）"的问题。

在解决问题的方法上（见表 15-8 "'骨灰级'商业分析师"一列），"骨灰级"商业分析师不再局限于各种模型和框架的桎梏，有意识地利用底层的逻辑思维模型来解决问题，视野更加宽阔，格局更为宏大，他们已经拼凑出了完整的业务逻辑大图和行业全景图。

- 数据工具的重要性降低：基础工具 SQL、Python 和 Excel 不再重要，会使用数仓和报表体系。
- 对分析模型的使用更加自由：摆脱了对前人和固有模型的依赖，更多依赖底层的逻辑思维模型思考解决问题的方式。
- 对研究方法的运用不拘一格：关注行业资讯和行业研究报告，重视与行业专家的高质量沟通，对行业动向和趋势非常敏感，且熟练运用内部数据分析方法。
- 对深度思考方法熟练掌握：已经拼凑出了完整的业务逻辑大图和行业全景图，而且会动态改变，实时更新。